가르친다는 것은

최고의 선생님 51명이 말하는 가르침의 도

가르친다는 것은
최고의 선생님 51명이 말하는 가르침의 도

지은이 빌 스무트 **옮긴이** 노상미 **펴낸곳** 이매진 **펴낸이** 정철수
편집 기인선 최예원 **디자인** 오혜진 **마케팅** 김둘미
첫 번째 찍은 날 2011년 5월 15일 **두 번째 찍은 날** 2011년 7월 15일
등록 2003년 5월 14일 제313-2003-0183호
주소 서울시 마포구 합정동 370-33 3층 **전화** 02-3141-1917 **팩스** 02-3141-0917
이메일 imaginepub@naver.com **블로그** blog.naver.com/imaginepub
ISBN 978-89-93985-47-4 (03370)

• 환경을 생각하는 재생 종이로 만든 책입니다. 표지는 앙코르 190그램, 본문은 그린라이트 70그램입니다.
• 값은 뒤표지에 있습니다.

⊙ **일러두기**
• 본문에 나오는 각주는 모두 옮긴이가 붙인 것입니다.
• 지은이와 인터뷰 대상자의 주는 괄호 안에 넣고 글자 크기를 줄였습니다.
• 인터뷰 중에 있는 지문도 괄호 안에 넣었습니다.
• 단행본, 정기간행물, 신문에는 겹꺾쇠《 》를 썼고, 논문, 연극, 영화, 그림 등에는 홑꺾쇠〈 〉를 썼습니다.

가르친다는 것은

최고의 선생님 51명이 말하는 가르침의 도

빌 스무트 지음 | 노상미 옮김

이매진

서문 10

1장 학교에서 가르친다는 것

좋은 선생님은 자기가 어디 있는지 알아야 합니다 20
존 파지 사립 고등학교 영어 교사

1학년 아이들을 가르치는 것보다 더 즐거운 일은 없을 거예요 25
리네트 웨인 초등학교 1학년 교사

아이들이 배우는 걸 모험으로 느낄 수 있었으면 좋겠어요 33
스티븐 레비 초등학교 4학년 교사

전 절대로 포기하지 않습니다 41
캐슬린 엥글 중학교 체육 교사

학교생활을 즐겁게 할 수 있도록 도와주는 일이 정말 중요합니다 48
디어드리 그로드 중학교 언어와 사회 교사

아름다운 것들 중에는 어려운 게 많습니다 54
폴 카라피올 고등학교 수학 교사

87분 동안 45분을 효과적으로 공부한다면 누가 봐도 괜찮은 거죠 63
마이크 아우어바흐 고등학교 생물과 화학 교사

전 기회를 제공하는 사람입니다 72
데이비드 레저슨 특수 교육

2장 대학에서 가르친다는 것

설명이 아니라 질문을 통해 가르쳐야 합니다 82
에릭 마저 물리학 교수

가르치는 걸 진짜로 좋아하지 않는다면 다른 일을 해야죠 91
엘렌 페플리 원예학 교수

관점을 가질 수는 있지만, 다른 쪽에 관해서도 공정해야지요 97
토마스 버클리 신부 신학

가르치다 보면…… 선생이 배우게 되지 103
윌리엄 개스 철학 교수

최고의 교사는 가르치는 주제에 관한 열정을 학생에게 전달할 수 있는 교사입니다 111
수잔 몰러 언론학 교수

서로 의견을 주고받는 토론이 중요합니다 116
잭 메츠걸 성인 교육

3장 의사들을 가르친다는 것

질병이 아니라 환자를 치료하라 122
레슬리 힐거 피부과

가르치면 주는 것보다 배우는 게 많습니다 128
앨런 프라이드먼 신경외과

전 가르치는 일에 몹시 끌립니다 135
크레이그 캠블 정신과

4장 예술가들을 가르친다는 것

마법처럼 아이들이 변합니다 146
알렉산더 사치 파블라타 서커스

교사가 바라는 건 학생 하나하나가 바뀌는 거죠 151
수키 소럴 발레

가르치다 보니 더 좋은 사진작가가 되었습니다 160
키스 카터 사진

학생들은 언제든 더 나아질 수 있습니다 166
데이비드 켈시 피아노와 성악

반드시 해내야겠다는 마음이 가장 중요한 겁니다 175
랜 사만사 챙 창조적 글쓰기

재능을 줄 수는 없어도 재능을 쓸 수 있게 도울 수는 있어요 182
마틴 랜도 연기

5장 만들고 고치는 일을 가르친다는 것

저는 긍지를 불어넣으려고 애씁니다 194
키나 맥아피 목공

저는 매일 웃으며 가르치러 갑니다 201
랄프 살렘 난방과 배관

청출어람, 그게 가장 큰 보람이죠 208
디이터 쇼르너 제빵과 파이 아트

탁월한 분위기를 조성하면 탁월해지고 싶은 사람들은 그렇게 됩니다 214
더그 버틀러 장제술

6장 운동을 가르친다는 것

자기가 자신을 지도하는 것, 그게 궁극적인 목표죠 224
톰 놀런드 농구 슈팅

속도는 배움의 적입니다 232
아서 래인 펜싱

전 오늘도 배우고 있습니다 238
마이크 하일먼 악어 레슬링

개별적으로 가르쳐야 합니다. 사람마다 성격이 다르니까요 243
마크 왈러캐시어크 카 레이싱

왜 실패할 걸 걱정합니까? 잘할 가능성 30퍼센트에 신경 써야지 250
론 워싱턴 메이저 리그 야구

7장 인간에 관해 가르친다는 것

가르친다는 것은 실제로 나 자신으로 귀착됩니다 258
로키타 카터 탄트라

순수한 배움을 향한 열정을 심어줘야 합니다 268
잰 초젠 베이스 선

여러분 자신의 목소리를 찾으세요 277
로버트 스미스 신학대학원 교수

여러분 바깥에 있는 게 아니에요. 여러분 안에 있습니다 284
캐서린 로스 섹시 댄싱

우리 앞에 간 사람들이 우리의 선생님들입니다 290
트라후이톨리니(에르네스토 콜린 알베레스) 스페인어와 아스텍 춤

8장 소외된 사람들을 가르친다는 것

인문학은 우리가 소중히 여기고 믿는 바를 가르쳐줍니다 298
자네트 라일리 클레멘트 프로그램

있는 그대로 받아들이고 어떤 사람이 되려고 하건 인정해줘야죠 305
베티 마틴 여성 수감자 교육

가르친다는 건 사심 없이 베푸는 것이죠 311
사이나 트레이스먼 교도소 명상과 요가 지도

모든 사람의 얘기는 중요해요. 모든 사람의 고통은 귀중한 거예요 318
로데사 존스 여성 수감자 예술 교육

9장 안전 요원들을 가르친다는 것

가르치는 모든 게 심각해야 합니다. 목숨이 달린 일이니까요 328
다니엘 푸슨 해병대 훈련 교관

늘 초심자의 마음으로 돌아가야 합니다 334
롭 마가오 민간인과 법 집행 요원 무예 지도

훈련이 목숨을 구합니다 344
빈스 던 소방 훈련관

좋은 선생님은 좋은 지도자입니다 352
캐시 미첼 FBI아카데미 강사

10장 정치가와 사업가를 가르친다는 것

가르친다는 건 영감을 주는 문제입니다 362
마이클 앤사 기업 컨설턴트

지식을 물려주는 게 다음 세대를 도와주는 길이지요 368
에밀 존스 정치 멘토

저는 변화의 산파입니다 376
마이클 벨 기업 컨설턴트

강의를 아주 열심히 준비합니다 383
한나 라일리 볼스 고위 경영자 교육 과정

배울 수 있는 분위기를 마련하는 게 가장 중요한 방법입니다 390
조지 슐츠 정치 멘토

세상이 어쩔지 생각해보라고 합니다 395
데이비드 킹 초선 의원 프로그램 책임자

감사의 말 402

옮긴이의 글 403

내 인생 최고의 선생님인
어머니 헬렌 로자 스무트(1918~2002)의 영전에
이 책을 바칩니다.

서문

이 책을 준비하는 동안 가장 기억에 남는 일 중 하나는 아서 레인이라는 90대의 은퇴한 펜싱 코치를 인터뷰한 일이다. 코치에게 뭔가를 묻자 대답을 하면서 펜싱 포일* 잡는 법을 가르쳐주었다. 직접 두 손으로 내 양손을 감싸고 칼을 제대로 잡게 하더니, 칼을 이쪽저쪽으로 움직이게 하면서 왜 이렇게 칼을 잡아야 가장 좋은지 설명했다. 그러자 그 말이 옳다는 것을 내 손과 마음으로 알 수 있었다. 말 그대로 몸으로 그 말을 이해한 것이다. 아서 레인이 손을 치운 뒤에도 그 손의 감촉을 느낄 수 있었다. 그렇게 배운 건 신체의 감각으로 오래도록 남았다.

이 사례는 교육이 어떤 것인지 아주 잘 보여주고 있다. 나는 교육의 3요소를 교사와 학생 그리고 그 둘 사이에 통하는 것이라고 생각한다. 그런데 교사와 학생 사이에는 무엇이 통하는 것일까? 어떻게 통하는 것일까? 나이 든 펜싱 코치가 내 손을 잡고 칼을 쥐는 법을 설명했을 때 내 손에는 무슨 일이 일어났던 것일까? 뭔가를 배우게 되는 그런 변화는 어떻게 생기는 것일까? 훌륭한 선생님들에게 가르친다는 것은 뭘까?

이런 것들이 궁금해서 훌륭한 선생님들 51명과 과연 가르친다는 게 무엇인지 이야기를 나누게 됐다. 오래전부터 나는 스터즈 터클Studs Terkel의 책을 아주 좋아했다. 사람들의 직업과 대공황 시절의 추억, 2차 대전 때 겪은 일들에 관해 인터뷰한 글들을 보면서 선생님을 인터뷰한 책도 썼더라면 좋았을 거

---

* 칼끝에 솜뭉치를 붙인 연습용 펜싱 칼.

라는 생각을 했다. 그런 아쉬움이 아이디어를 낳더니 내가 해봐야겠다는 생각으로 이어져, 결국에는 이 일에 뛰어들게 됐다.

당연히 학교에서 가르치는 선생님들이 먼저 생각났다. 하지만 이내 가르침이란 사회 곳곳에 있다는 사실을 깨달았다. 그래서 훌륭한 선생님들을 찾아보고, 가는 곳마다 영감에 넘치는 인물들을 만났다. 너그럽게도 그 선생님들은 가르침을 주제로 기꺼이 대화에 응해줬다. 그 사람들 중에는 초등학교 1학년을 가르치는 선생님부터 대학에서 물리학을 강의하는 교수, 소방관을 훈련시키는 교관, 문예창작을 가르치는 강사, 뇌 수술법을 가르치는 외과 의사, 섹시한 춤을 가르치는 무용수에다 서커스를 가르치는 사람까지 있었다.

2006년 6월에 시작한 인터뷰는 2009년 1월에 끝났다. 내가 만난 선생님들은 분야는 다 달랐지만 뭔가 공통점이 있었다. 가르치는 방식이 같았다는 얘기가 아니다. 그건 전혀 아니었다. 그렇게 다양한 사람들이 그렇게 다양한 분야를 그토록 다양한 방식으로 가르치고 있는데도 보편적인 뭔가가 있었다는 말이다. 그래서 여기서 들은 얘기를 저기서 듣는 경우가 드물지 않았고, 초등학교 1학년 아이들에게 읽기와 쓰기를 가르치는 선생님의 말과 어른들한테 악어와 씨름하는 법을 가르치는 사람의 말이 거의 같을 때도 있었다.

한 가지 공통점을 들자면 훌륭한 선생님들은 하나같이 가르치는 일을 단순한 직업이라기보다는 사명이라 여겼다. 가르친다는 것은 진지한 목표이자 성스런 헌신의 대상이었다. 초등학교 교사인 리네트 웨인은 '가르치는 일이 날 선택했다'는 말로 이것을 간단히 표현했다. 선생님들은 사명감을 갖고 있었으며, 뭔가를 배우게 되는 변화를 일으키는 게 바로 그 사람들의 대의였다.

우리는 흔히 자기 직업을 좋아하느냐는 질문을 받으면, 좋아했다면 직업이 안 됐을 거라고 농담삼아 말하곤 한다. 그런데 나와 대화를 나눈 선생님들은 하나같이 '열정'이니 '기쁨'이니 하는 말들을 써가면서 자신의 직업에 애정을 드리냈다. 선생님들에게 가르친다는 건 단지 직업만이 아니었다. 그것은 자신이 누구인지, 이 세상에서 자신의 자리가 어디인지 말해주는 것이었다. 은퇴한 선생님들도 가르치는 얘기를 할 때면 어느새 현재형을 쓰는 경우가 많았는데, 그것은 아직도 가르치고 싶어서가 아니라 가르치고 있을 때야말로 진정한 자기 자신이었기 때문이다.

사립 고등학교에서 영어를 가르치는 존 파지 선생님은 훌륭한 교사를 알아보는 방법은 '진정으로 교실에 있는지' 보면 된다고 했다는 예전 교장 선생님 얘기를 들려줬다. 인터뷰를 하는 동안 자꾸 그 말이 생각났다. 나와 대화를 나눈 선생님들은 가르치는 일이야말로 진심으로 자신의 일이고 교실이야말로 자기가 있어야 할 곳이라고 느끼는 것 같았기 때문이다. 교직에 들어섰을 때부터 그렇게 느낀 건 아니었어도, 그 시절을 되돌아보다 세월 속에서 얻은 것은, 교실이야말로 자기가 있어야 할 곳이라는 깨달음이었다.

교사의 진정성은 중요하다. 교육이 아무리 중층적이고 복잡하고 다채롭고 도전적이라고 해도 기본적으로는 인간관계이기 때문이다. 배움이란 배우는 사람을 변화시킨다. 한 가지 사실을 아는 것은 작은 변화를 낳지만, 행동하는 법을 배우고 수술하는 법을 배우고 군인이나 작가가 되는 법을 배우게 되면 큰 변화가 생긴다. 시를 이해하지 못하던 이가 시를 사랑하게 되면 새로운 사람이 되는 것이다. 그런데 가르침을 받기로, 즉 변하기로 마음을 먹자면 신뢰가 전제돼야 한다. 그래서 교사는 교실 안에서 진정성을 보여줘야 한다. 진정성이야말로 신뢰의 토대이기 때문이다.

그런데 신뢰를 형성하는 가장 중요한 요소는 관심이다. 내가 만난 교사들은 학생들에게 관심이 있었으며, 학생들이 뭘 알게 되는지가 중요하다고 했다. 교사는 한 인간으로서 학생에게 관심을 갖고, 배우는 것에도 관심을 보인다. 그런 관심은 한갓 감정이나 소망의 차원이 아니다. '사랑'처럼 '관심'도 적극적인 행위다. 오랜 시간에 걸쳐서 또 교사들이 자신의 일에 바치는 지대한 노력으로 드러나는 것이다. 중학교에서 체육을 가르치는 선생님이 학생에게 자기 발끝을 내려다보게 하고는 학생의 행동에 관해 이야기를 하는 '발끝 대화'부터 철학 교수가 명료한 강의를 하기 위해 쏟는 엄청난 노력까지,

이 모든 게 관심의 표현이다. 교육의 3요소란 교사와 학생 그리고 그 사이에 통하는 무엇이다. 그런데 여기서 교사와 학생 사이에 통하는 것은 인간관계에 속하는 일이며, 또 인간관계에 좌우된다. 교사와 학생 간에 통하는 그것을 실어 나르는 게 바로 교사의 관심이다. 교사는 학생을 생각하고 학생을 알려고 노력하며, 학생을 주의 깊게 관찰해서 학생한테 필요한 게 무엇인지 결정한다. FBI 아카데미에서 교관들의 교육을 담당하고 있는 캐시 미첼은 교육의 제1원칙은 '학생 중심이어야 한다'고 했다. 세계적으로 유명한 신경외과 의사는 의대생과 수련의를 모두 성공적으로 가르치는 비결이 무엇이냐는 질문에 '친밀한 관계를 유지하는 것'이라고 말했다.

훌륭한 선생님들은 학생들을 개개인으로 보며, 학생 하나하나가 독특한 존재임을 안다. 교육에 내재한 한 가지 문제점은 교육이란 통상 집단적으로 행해지는데, 교사는 학생 한 사람 한 사람을 알아야만 한다는 것이다. 게다가 학생 개개인이 배우는 방식이 어쩔 수 없이 다 다르다는 사실도 이해해야만 한다. 또 교사는 학생 개개인의 숨은 자질도 찾아내야 한다. 초등학교 4학년을 가르치는 스티븐 레비는 '아이들 하나하나가 갖고 있는 고유한 재능을 볼 수 있도록 해달라고 늘 기도했다'고 말했다.

훌륭한 선생님들은 자기 자신이 아니라 대의를 위해 일한다는 걸 잘 알고 있기에 겸손하다. 나와 이야기를 나눈 교사들 중 자의식이 강한 사람들은 거의 없었지만, 그런 기미를 조금이라도 보인 교사들도 가르칠 때는 자존심 같은 건 다 떨쳐버린다는 걸 분명히 알 수 있었다. 문하생을 길러내는 선생님은 아무도 없었다. 궁극적으로 교사가 학생에게 주는 것은 스스로 앞길을 헤쳐나갈 수 있는 능력이다. 제빵사인 디터 쇼르너는 제자들이 자신보다 낫기를 바란다고 했다. 이 선생님들과 대화를 나누는 동안 자꾸 하이쿠의 대가인 바쇼가 한 말이 떠올랐다. "옛 시인들의 발자취를 따르지 말고 그들이 추구했던 것을 구하라."

훌륭한 선생님들은 학생한테만 관심이 있는 게 아니라 가르치는 내용에도 열렬한 애정을 보였다. 빈스 던은 화재를 탐구하는 의욕이 넘쳤다. 화재를 조사하고 연구해서 책을 쓴다. 폴 카라피올은 수학이 아름답다고 했다. 수키 소럴은 발레를 가르치기만 하는 게 아니라 조지 발란신*에 관한 책도 썼다. 다른 선생님들도 마찬가지였다. 물리학을 가르치는 사람부터 서커스를 가르치는 사람까지 모두 자신의 분야에 관해 열렬한 애정을 토로했다. 그 사람들한테는 가르친다는 게 자신의 전문성을 보완하는 수단이 아니라 그것을 완성하는 일이었다.

18세기 위대한 경험주의 철학자들은 인간의 마음은 태어날 때는 텅 빈 상태였다가 살아가면서 경험으로 채워진다고 생각했다. 그래서 존 로크는 마음을 '빈 서판'이라 했고, 데이비드 흄은 '빈 벽장'이라 했다. 그러나 메이저 리그의 외야수들을 지도하는 론 워싱턴은 그렇게 보지 않는다. 론 워싱턴은 '그냥 집어넣는 게 아니다'라고 했다. 섹시한 춤을 가르치는 캐서린 로스는 '당신 안에 있는 것'이라는 말을 했다. 나와 얘기를 나눈 교사들은 하나같이 지식이 전달된다고 생각했지만, 교육의 3요소에서 선생과 제자 사이에 전달되는 것은 정보 이상이라고 생각했다.

칸트는 이 18세기 경험주의자들을 연구한 뒤 마음이란 외부에서 들어오는 것을 그저 받아들이기만 하는 수동적인 존재가 아니라, 주어진 감각에 형식을 부과해서 능동적으로 조직한다는 결론을 내렸다. 그렇다면 이 선생님들은 칸트주의자나 후기 칸트주의자일 것이다. 선생님들은 자신이 하는 일이 정보를 주입하는 게 아니라 사고하고 인식하고 마음을 훈련하는 법을 가르치는 것이라고 생각하기 때문이다. 선생님들이 하는 일은 이미 있는 능력을 개발하는 것이며, 잠재된 능력을 실현시키는 것이다.

플라톤의 대화편《메노Meno》를 보면 소크라테스가 노예 소년에게 피타고라스 정리를 가르치는 장면이 나온다. 그런데 소크라테스는 소년에게 그 정

* George Balanchine(1904~1983). 러시아 출신 안무가.

리를 설명해주는 게 아니라 질문을 함으로써 소년한테서 기하학적 통찰을 이끌어내는데, 그 과정에서 소년은 스스로 피타고라스 정리를 발견한다. 농구 코치인 톰 놀란은 '못 배우게 하려면 답을 알려주면 된다'고 간단히 표현했다. 그리고 기업 컨설턴트인 마이클 엔사는 가르칠 때 가장 중요한 건 좋은 질문을 던지는 것이라고 말했다. 이 교사들이 가장 많이 인용한 사람은 소크라테스였다.

많은 선생님들이 체험 학습의 중요성을 얘기했다. 여성 경영인을 교육하는 한나 라일리 볼스는 가상 시나리오를 이용한 사례 중심 교육법으로 가르친다. 지금은 교사들을 대상으로 상호 작용 기술을 가르치고 있는 스티븐 레비는 예전에는 밀 키우기부터 빵 만들기까지 모든 과정을 다 체험할 수 있는 커리큘럼을 짜서 초등학교 4학년을 가르쳤다. 물리학 교수인 에릭 마저는 '배운다는 건 운동 경기를 관람하는 것하고 다르다'고 말했다.

이런 이야기를 들을 때면 공자의 말이 생각난다. "들으면 잊어버리지만 보면 생각나고 해보면 안다." 이 말을 인용하거나 공자를 언급한 선생님은 아무도 없었지만 가르치는 일을 통해 공자의 지혜를 실천하고 있는 사람들은 많았다.

그래도 너무 속단하지는 말자. 22년간의 학창 시절 동안 내가 만난 최고의 선생님들은 그냥 강의를 한 분들이었다. 이 '그냥' 강의들은 시대를 초월한 최고의 철학들을 명료하게 해석해 아름다움을 부여한, 언어로 세운 대성당이었다. 강의를 듣는 걸 수동적인 배움이라고 치부하기도 하지만, 과연 '수동적'이라는 말이 뭔가를 듣고는 그 핵심에 가서 쾅하고 부딪치는 강렬한 경험을 표현하기에 적합한 말인지는 잘 모르겠다. 교사들은 깊이 생각해서 기술을 선택하지만 가르침이란 기술로 환원될 수 없다. 또 지루한 강의들도 많지만 강의를 예술의 수준으로 끌어올려, 40년 전 내가 윌리엄 개스의 강의를 듣고 그런 것처럼 감수성이 풍부한 학생을 영원히 변모시키는 강의를 하는 교사들도 있다.

그리고 교사들이 가르치는 건 내용만이 아니다. 가르치고 배운다는 게 어떤 것인지도 가르친다. 그래서 뭘 배웠는지는 흐릿해도 어떻게 무엇으로 배웠으며, 배운 것 이상을 알게 됐을 때 얼마나 짜릿했는지, 또 선생님이 얼마나 열정적으로 가르쳤는지 하는 것들은 잊지 못한다. 날짜나 화학식, 인물들의 이름은 희미해져도 그 수업의 분위기는 남는 것이다.

교육의 3요소는 객관적인 시간, 크로노스^{chronos} 속에 존재한다. 하지만 배움에는 그 자체의 시간, 카이로스^{kairos}가 있다. 배우는 게 더딜 때도 있다. 아무것도 못 배울 때도 있다. 연습과 반복만 할 때도 있고 많은 선생님들이 '아하!'의 순간이라고 표현하는, 섬광처럼 한순간에 모든 걸 이해하게 되는 때도 있다. 배움이 더딜 때는 배우는 사람도 가르치는 사람도 힘들다. 교사들은 이 사실을 잘 알고 있다. 수키 소럴에게 발레를 배우는 일은 체력을 기르고 근육에 기억을 시켜야만 하는 일이다. 빨리 되는 일이 아니다. 또 그래서도 안 된다. 펜싱을 가르치는 아서 레인은 '속도는 배움의 적'이라고 했다.

그래서 가르치는 일에는 인내가 필요하다. 학생이 못되게 굴어도 냉정을 잃지 않는다거나 학생이 '알아먹을 때까지' 포기하지 않는다는 의미의, 우리가 보통 생각하는 그런 인내가 아니라 시간의 본성을 이해한 데서 나오는 그런 인내 말이다. 훌륭한 선생님들은 매 순간이 기나긴 여정의 일부라는 걸 알고 있다. 저 먼 과거부터 미지의 미래로 이어지는 그런 여정의 일부인 것이다. 가르친다는 것은 미래를 믿는 일이면서 커다란 도박이기도 하다. 소방관들을 가르치는 소방 교관은 어떻게 가르치느냐에 따라 생명을 구할 수도 있고 잃을 수도 있다는 것을 잘 알고 있다. 사진을 가르치는 사람은 자신의 노력으로 학생의 일상 속으로 예술이 들어갈 수 있기를 바란다. 그리고 다른 의미이기는 하지만, 이 일 역시 생을 좌우하는 문제다.

훌륭한 선생님들은 커리큘럼을 짜는 데 타고난 사람들이다. 자기 분야에서만 전문가가 아니라 뭐가 중요하고 뭐가 덜 중요한지 판단할 수 있는 예리한 감각도 지니고 있다. 그래서 가장 필수적인 게 무엇이며 그것을 어떤 단계로 나눠 어떻게 소개할지 잘 알고 있다. 교사가 기획하지 않는 커리큘럼으로 수업을 하게 하는 공립 학교는 교육의 3요소가 지닌 가치를 떨어트려왔다. 그리고 이런 환경 탓에 우수한 교사들이 능력을 충분히 발휘할 수 있는 독립 학교나 사립 학교로 떠난다. 미리 짜인 교과 과정을 따르기만 하는 심부름꾼 같은 존재가 되고 싶지 않기 때문이다.

훌륭한 선생님들은 자기가 하는 일에 자부심이 강하다. 목적의식이 확고하고 어떻게 해야 그 목적을 이룰 수 있는지도 잘 알고 있다. 또 모르는 게 별로 없는 현대인이고 나이와 상관없이 하나같이 생동하는 젊음을 보유하고 있다는 점이 특이했지만, 결코 유행을 좇는다거나 교육 얘기를 하면서 교육 관련 전문 용어나 특수 용어를 쓰지 않는다는 점이 참으로 인상적이었다. 그런 용어들은 직접 가르치지 않는 교육 행정가와 이론가들이나 쓰는 모양이었다. 또 교사들은 과학 기술 얘기를 할 때면 그런 것은 도구에 지나지 않는다는 견해를 보였다. 초등학교 1학년을 가르치는 리네트 웨인은 쌍방향 흰 칠판*을 가져간대도 아쉬울 게 없다고 했다. '과학 기술은 그걸 사용하는 교사보다 못하다'는 게 상식적인 그 선생님이 내린 결론이었다.

나는 60년대에 성장했다. 2차 대전 참전 용사의 아들로 소도시에서 태어나 보이스카우트 대원으로 자란 나는 미국이 진리와 정의의 편이라 생각하면서 대학에 들어갔다. 그러다 대다수 우리 세대처럼 베트남 전쟁과 그 전쟁을 옹호하기 위해 정부가 퍼뜨린 거짓말, 기업들의 착취, 전세계 많은 정부들을 잠식하는 미국 정부의 행태와 변화를 요구하는 고귀한 인물들이 암살당한 일, 그리고 마침내는 워터게이트처럼 도덕적으로 추잡한 사건들한테 깊은 영향을 받게 됐다. 이런 일들 때문에 조국을 향한 믿음을 잃어버렸고, 수십 년 동안 배신감에 치를 떨었다. 그래서 세상을 바꾸는 운동에 참여했지만, 성공보다 실패가 훨씬 많았다. 그런데 마침 미국에서 정치적 리더십에 변화의

● 컴퓨터와 연결된 하얀색 화면으로, 학생들과 쌍방향 수업을 할 수 있게 해주는 도구.

기운이 몰려오던 시점에서 51명의 훌륭한 선생님들을 인터뷰하다가 고등학생 때 이후로 잃어버린 미국을 향한 믿음이 되살아났다. 선생님들이 지닌 뜨거운 인간애를 직접 느끼면서 감동을 받고, 그분들이 하는 일이 정말 중요하고 가치 있는 일이라 생각하며 희망에 부풀었다.

수감 여성들을 가르치는, 열정과 생동감과 카리스마가 넘치는 행위 예술가 로데사 존슨은 무슨 얘기를 하다가 '만일 우리가 진정으로 지금 여기에 있을 수 있다면 어디든 갈 수 있다'는 말을 했다. 그 지혜로운 말을 들으니 교육의 3요소가 지니는 가능성이 이 나라와 세계에 정말 소중하다는 생각이 들었다. 또 훌륭한 선생님들과 대화를 나누고 나면 왜 교육의 3요소란 근본적이고도 기적 같다는 생각이 들었는지 그 이유를 알 수 있을 것만 같았다. 교육의 3요소는 탄소가 생명에 근본적인 것처럼 근본적이다. 기본적으로 꼭 필요하다는 얘기다. 지식과 기술과 지혜가 한 사람에게서 다른 사람에게로, 한 세대에서 다음 세대로 전해지는 것은 교육을 통해서 가능하다. 우리의 인간성이 고양되고 지식이 보존되고 구축되고 확장되고 재탄생하는 것도 다 교육을 통해서 가능하다. 우리를 인간으로 만드는 것은 무엇인가? 어떻게 식량을 재배하는 법을 알게 되는가? 집을 짓는 법은? 예술 작품을 창조하는 일은? 전쟁을 하는 법은? 종교 행위는? 다 교육을 통한다.

교육은 또 기적 같다. 성모상이 눈물을 흘린다거나 수십 미터 높이에서 떨어지고도 목숨을 건지는 일처럼 아주 드문 일이라서가 아니라, 싹이 나고 아이가 태어나는 것처럼 창조란 게 늘 그렇듯 기적처럼 보인다는 의미에서 그렇다. 누군가 뭘 이해하지 못하고 있을 때 선생님이 나타난다. 둘 사이에 뭔가가 통하고 학생은 이해하게 된다.'교사, 학생, 그리고 둘 사이에 통하는 그것. 이 교육의 3요소는 날마다 일어나는 기적이다.

1장

Conversations with Great Teachers

학교에서
가르친다는 것

"좋은 선생님은
자기가 어디 있는지 알아야 합니다"

존 파지 사립 고등학교 영어 교사 캘리포니아 주 오클랜드에 있는 대학 입학 준비 학교에서 20년 넘게 영어를 가르치고 있다. 그 학교는 서해안 지역에서 가장 우수한 사립 고등학교 중 하나인데, 최근 몇 년간 졸업생들은 존 파지를 최고의 선생님이자 가장 기억에 남는 선생님으로 뽑았다. 존 파지는 명문 고등학교인 앤도버를 장학생으로 다녔으며, 프린스턴대학교에서 학사 학위를, 하버드대학교에서 석사 학위를 받았다. 평화봉사단 활동을 한 뒤 캘리포니아 댄빌에 있는 어시니언 고등학교와 명문 사립 고등학교인 초우트에서 가르친 적도 있다.

실제로 어떤 걸 가르치십니까?

제가 가르치고 싶은 것은 즐거움입니다. 우수한 아이들이 다니는 학교에 있기 때문인지는 모르겠습니다만, 실력을 기르는 것은 부차적인 일인 것 같습니다. 그건 그냥 아이들이 해야 할 걸 할 때 생기는 것이죠.

제가 정말 바라는 건 문학을 통해 인생을 즐길 수 있고, 더 나아가 더 잘 살 수 있다는 사실을 아이들이 알게 되는 겁니다. 아이들은 감수성이 강해서 감정과 관념, 그리고 삶의 깊이, 그러니까 T. S. 엘리엇이 단테에 관해 말한 것처럼, '인간 감정의 저 높은 곳에서 밑바닥까지' 느낄 수 있기 때문이죠. 또 홀든(《호밀밭의 파수꾼》의 주인공 홀든 콜필드)이 피비가 회전목마를 타고 빙글빙글 도는 모습을 바라보다가 우는데, 그런 순간…… 문학이란 그런 순간들로, 삶이 멈추고 우리가 그걸 바라볼 수 있는 그런 순간들로 충만하다는 걸 가르쳐줍니다.

저는 실력이야 어떻든 간에 아이들이 자기 안에 불꽃 하나씩을 갖고 있어서 뭔가에 흥분하고 그걸 사랑하고 진짜로 즐기는 게 정말 좋습니다. 아이들이 우리가 읽은 책에 관해 뭔가 말하고 싶고 물어보고 싶어서 교실로 들어올 때가 정말 좋습니다. 점수를 잘 받기 위해서가 아니라, 5단락짜리 작문을 쓰는 법을 알고 싶어서가 아니라요. 나이가 들수록 점점 더 그런 일이 지겹습니다. 그냥 그런 일들이 중요해 보이지가 않아요. 때로는 그다지 중요하게 여겨지지 않아서 안 가르치는 것들도 있는 것 같습니다. 가르쳐야만 하는데도요.

그러니까 전 아이들이 즐기고 감상하고 즐거움을 찾았으면 좋겠습니다. 최우수 등급에 속하는 제 학생 하나가 이 점을 떠올려 주었습니다. 리자라는 아이인데요, 리자는 파트너스라고 여름에 열리는 중학생 대상의 취약학생 학습증진 프로그램에서 제 보조 교사입니다. 언젠가 파트너스 학생들이 시를 얘기하고 있었는데, 리자가 '그런데 뭘 좋아해?'라고 묻는 소리가 들리더군요. 그때 전 깨달았습니다. 제가 칠판에 여러 질문을 써놓았지만 그 질문은 넣지 않았다는 걸요. 좀 창피하더군요. 그래서 수업이 끝날 때 학생들에게 말했죠. "우연히 리자가 '뭘 좋아하느냐'고 묻는 걸 들었는데, 그걸 가장 먼저 물었으면 싶다. 어떤 일이 즐겁니? 뭐가 재미있고 신나니?"

그러다가 아는 게 좀 많아지면 아이들은 질문을 하고 이해하지 못한 것에 호기심을 갖게 되고 그걸 즐기게 됩니다. 이런 것도 전 가르치고 싶습니다. 그러니까 이해하지 못하는 것도 감상할 줄 아는, 그런 미묘한 것 말입니다. 예술이란 정밀과학이 아니고 또 그렇게 되지도 않을 겁니다. 그런데 정밀과학 가르치듯 가르치면 제대로 가르치는 게 아니죠. 그래서 제가 5단락짜리 에세이를 좋아하지 않는 겁니다. 너무 기계적이잖아요. 문학을 감상하면서 어린 학생들이 패러독스나 아이러니 같은 기교와 더불어서, 혹은 이러지도 저러지도 못하고, 그렇다고 둘 다를 선택할 수도 없어서 계속 모순과 더불어 살아가는 법을 더 빨리 배울수록, 그걸 더 빨리 이해할수록, 나는 더 행복하고, 더 잘 가르칠 수 있다는 느낌이 듭니다.

저는 또 아이들에게……그러니까 '경외심'을 가르치고 싶습니다. 좀 성스러운 뉘앙스를 풍겨서 꼭 맞는 표현은 아니지만, 그건 하던 일을 멈추고 뭔가를 감상하게 만드는 그런 겁니다. 삶이 갈수록 빨라지고 있으니까요. 첨단 기술의 세계는 우리가 소중히 여기는 그런 집중을 장려하지 않습니다. 우리는 그렇게 집중을 하면서 자랐는데요. 아이들은 살면서 그런 걸 모르고 자랍니다. 저는 아이들에게 느긋해지라고 가르치고 싶습니다. 시 때문이든 아니면 다른 것을 위해서든 말입니다.

저는 또한 어떤 종류의 삶의 원칙들이 있다고 믿습니다. 명료성과 단순성 그리고 인내입니다. 오늘날에는 그다지 볼 수 없는 가치들이죠. 즐거움과 기쁨, 느긋함과 주시, 그리고 침묵도, 이런 것들을 중시해 그런 가치들이 생성될 수 있기를 바랍니다.

지금은 겸손함은 접으시고, 교사로서 성공하신 비결을 좀 말씀해주십시오. 교육이 지니는 역설 중 하나는 교육자에게 가르치는 법을 교육시키기가 어렵다는 건데요, 이제 막 교직에 들어선 신참 교사가 어떻게 가르치느냐고 묻는다면 뭐라고 대답하시겠습니까?

제 생각에 그건 '진정으로 교실에 있는 것'과 관련이 있는 것 같습니다. 사실 이 말은 제가 한 게 아니라 예전에 파지 학교에 교장으로 있던 로버트 볼드윈이 한 말입니다. 아이들은 척하는 걸 그냥 알아봅니다. 척하는 것만 아니라 누가 준비를 아주 잘해오고, 누가 진정성도 없이 내용만 주입하려 하고, 누가 딴 속셈으로 교실에 들어오고, 누가 융통성이 없거나 꽉 막혀 있는지 아이들은 다 알아챕니다. 아이들은 똑똑해서 선생이 아무리 진짜인 척 꾸며도 다 알아냅니다.

그렇다고 제가 교실에서 페르소나를 사용하지 않는다는 얘기는 아닙니다. 저도 어떤 역할을 연기할 때가 있습니다. 하지만 대체로……이런 말이 맞는지 모르겠지만, 저는 제 자신입니다. 그 말이 그런 뜻이잖아요? 제가 읽는 융

심리학책에 따르면 우리는 한 사람이 아니라 많은, 많은 자아로 되어 있는데, 이런 상이한 자아들이 나올 수 있다는 게 교육의 흥미로운 점이라고도 하더군요. 하지만 아이들은 그 모든 것 저변에서 그 진정성의 존재를 느낍니다. 그리고 일단 '진정성이 있다'고 느끼면 신뢰를 합니다. 신뢰가 없으면 아무 일도 일어나지 않습니다.

언젠가 동료 선생님 한 분이 '우리는 우리가 가르치는 학생들의 신뢰를 얻어내야 한다'고 하시더군요. 저는 종종 학기 첫날 9학년들에게 말합니다. "여러분 중에는 내가 선생님이라서 그리고 이 학교가 훌륭한 학교라서 날 존경하는 사람이 많을 것이다. 하지만 날 신뢰하기에 앞서 내가 너희들의 존경과 신뢰를 받을 만한 선생님인지부터 알아보기 바란다." 신뢰가 안 생기면 아이들은 그걸 가장하거나 어떤 식으로 속이려 들기 쉬운데……, 아니 속이려 드는 게 아니라 노력을 안 하죠. 자유롭게 해보지 않는 겁니다. 실패해도 좋다는 생각이 없으면 결국 아무것도 배울 수 없습니다. 저는 되도록이면 아이들을 격려합니다. 때로는 점수나 성공에 너무 집착해서 할 수 없을 것 같은 건 아예 시도도 안 하는 애들이 있습니다. 그러나 만일 아이들이 저를 신뢰하고, 또 서로…….

수업 첫날 저는 칠판에 '예의^{civility}'라는 말을 쓰고, 라틴어 'citizen'에서 유래한 그 말의 의미를 설명합니다. 만일 우리가 이 탁자를 중심으로 형성된 공동체의 좋은 시민들이라면(우리 학교에는 실제로 하크니스 탁자들이 있습니다), 그건 나를 신뢰하는 것만이 아니라 서로 신뢰한다는 얘기입니다(사회사업가인 에드워드 하크니스는 1931년 필립 엑서터 아카데미에 커다란 타원형 탁자들을 기부했는데, 기부자의 이름을 본 따 그 탁자를 하크니스 탁자라 부른다). 그리고 이런 방식은 폭넓은 전통을 갖고 있습니다. 서구에서는 소크라테스까지 거슬러 올라가는 전통이고, 동양에서도 마찬가지입니다. 우리에게는 나이든 사람이 젊은이들을 모아놓고 가르치는 이런 전통이 있습니다. 저는 그 전통을 존경합니다. 저는 화를 잘 내는 사람이 아닙니다만, 아이들이 예의에 어긋나는 행동을 했다고 판단되면 화를 냅니다. 바보처럼 굴거나 말을 따라하거나 그럴 때가 아니라, 무례하게 굴거나 인신공격성 발언을 하면서 하크니스 탁자에 다가오는 걸 방해하는 짓을 할 때죠.

그래서 어떻게 가르치느냐고 묻는다면 이렇게 답하겠습니다. "그건 사실상 무슨 책을 읽었고, 어떤 학교를 다녔느냐 하고는 상관없다." 과장이긴 합니다만, 아무튼 그렇게 말하겠습니다. "그리고 교실에 들어가거든 딱 그 자리에 있어야 할 사람이 와 있다는 인상을 풍겨라."

빌 브래들리가 프린스턴대학교에서 농구 선수로 활약하고 있을 때 존 맥피가 빌에 관한 훌륭한 책을 썼습니다. 제목이《어디 있는 지 아는 것^{A Sense of Where You Are}》이었습니다. 좋은 선생님은 자기가 어디 있는지 아는 사람일 겁니다. 좋은 학교에 근무하는 훌륭한 고등학교 선생님은 엄한 사람도 아니고 잡다한 기술적 요령들로 무장한 사범대 출신도 아닙니다. 진정으로 교실에 있는 사람이고, 학생들의 존경을 차곡차곡 쌓아가는 사람입니다.

"1학년 아이들을 가르치는 것보다 더 즐거운 일은 없을 거예요"

리네트 웨인 초등학교 1학년 교사 미시시피 강 상류에 있는 인구 2만 2000명의 미네소타 주 헤이스팅스에 자리한 크리스타 매콜리프 초등학교에서 1학년을 가르친다. 28년간 초등학교에 재직하면서 유치원생부터 5학년 아이들까지 많은 아이들을 가르쳤다. 평생 미네소타에서 살아온 웨인은 위노나주립대학교에서 학사학위를, 미네소타대학교에서 석사학위를 받았다. 2008년에 미국교육협회가 주는 우수교사 상을 받았다.

학년마다 중요한 게 다 다른 것 같습니다. 1학년에서 가장 중요한 사실 중 하나는 아이들 대다수가 읽기를 처음 배운다는 거지요. 하지만 다 그런 건 아니에요. 1학년에 들어오는 아이들 수준은 다양하니까요. 이미 읽기를 배우고 들어오는 아이들도 있고, 글자가 뭐고 소리가 뭔지도 모르는 아이들도 있답니다. 그래서 1학년에서는 수준별 수업이 중요합니다.

이 책을 읽는 독자들 중에는 본인이 1학년일 때 빼놓고는 주변에 1학년 아이가 없는 경우도 있을 텐데요. 일곱 살짜리 아이들은 어떤가요? 얼마나 큰 겁니까?
음, 대답하기 정말 어렵네요. 아이들은 다 각자 독특하고 달라서요. 아주 호기심이 많은 나이죠. 아주 열심히 배우려고 하고요. 대부분 학교에 오는 걸 아주 좋아해요. 배우는 것도 정말 좋아하고. 그 조그마한 애들은 스펀지 같습니다. 그냥 주는 대로 다 빨아들이려 하지요.

나이가 많은 사람들은 지금 학교에서 1학년 아이들이 뭘 배우는 줄 알면 깜짝 놀랄 거예요. 상당히 어려워졌거든요. 지금은 아이들에게 바라는 기대치가 높아졌고 아이들도 꽤 잘 해내고 있어요. 제가 가르치는 아이들만 봐도 예전보다 실력이 월등해요. 몇 년 전부터 교과 과정이 나날이 어려워지고 있는 건 분명한 사실입니다.

이제는 학년마다 숙제가 있어요. 읽기 시간에 읽는 책을 밤에 읽어 오라거나 수학 연습문제를 풀어오라고도 하지요. 1학년은 고학년만큼 숙제가 많지는 않아요. 대신 부모님들에게 부탁을 해야 합니다. 솔직한 대화를 나눠야 해요. 아이들이 읽기를 배울 때는 시간을 내서 아이들에게 책을 읽어줘야 한다고요. 읽는 걸 들어봐야 배울 수 있으니까요. 그리고 일단 아이들이 읽을 수 있게 되면 시간을 내서 아이들이 읽는 걸 들어주라고요. 만일 과학 기술이나 학습 게임만 믿었다가는 읽기를 잘할 수 없다고 말이죠. 읽는 건 실제로 읽어봐야 하는 거거든요. 부모님이 들어줘야 해요. 부모님 또한 아이가 책을 읽는 걸 들어줄 때는 텔레비전도 끄고 컴퓨터도 꺼야 합니다.

전 아직 손자가 없지만 손자가 생기면……. 우리 애들을 가르치는 일을 과학 기술에 다 떠넘기지 않도록 정말 신경을 써야 할 것 같습니다.

교과 수준이 왜 높아진 건가요?
주의 수준이 높아졌기 때문인 것 같습니다. 주마다 정해 놓은 수준이란 게 있어요. 우리 아이들은 이 정도는 배워야 한다는 그런 기대치요. 또 이른바 '뒤처지는 아이가 없게 하겠다'는 학습부진아 대책으로 내놓은 초중등교육법 때문인 듯도 하고요. 그러니까 학교로 하달되는 수준들 때문인 거죠. 국가 차원에서 정한 것이든 주 차원에서 정한 것이든 간에요. 또 물론 해당 교육구의 기대치와 그 교육구가 선택한 커리큘럼도 한몫하지요.

이렇게 수준이 높아진 게 좋다고 생각하십니까, 아니면 아이들에게 너무 많은

걸 요구하고 있다는 생각을 하시나요?

수준에 관해서는 사람마다 의견이 다를 겁니다. 우리 같은 선생님들은 그 수준이 어떤 것이고 우리에게 기대하는 바가 뭔지 아는 게 중요한 것 같습니다. 가끔은 직접 가르쳐본 적도 없는 사람들이 우리에게 거는 기대 때문에 좀……, 이렇게 말해도 될지 모르겠는데, 좀 '좌절감'이 생긴다고나 할까 아니면……. (망설인다.) 이 얘기를 정확히 하고 싶네요. 우리는 우리 아이들을 위해서 높은 수준을 가지려고 하는 것 같습니다. 그럴 필요도 있는 것 같고요. 안 그러면 뒤에 가서 우리 아이들이 더 큰 어려움에 봉착하게 될 테니까요. 그런데 어떤 교육구에서 이 수준을 사용하고 이행하는 방식은 학교에 따라 다를 겁니다. 다행스럽게도 우리 학교에서는 이런 수준들을 놓고 전문적인 대화를 나눌 수가 있답니다. 그래서 훨씬 편하지요.

어디서 가르치든 가르치는 내용을 잘 알아야 합니다. 유치원 선생님이든 대학교수든 그건 마찬가지라고 생각해요. 하지만 특히 어린아이들을 가르칠 때는 어린이의 발달 단계도 잘 알아야 하고, 가르칠 내용을 어떻게 가르칠지도 잘 알고 있어야 합니다. 커리큘럼은 아이들 위주로 그 발달 단계에 맞게 짜야 합니다. 그래서 뭘 가르치는지도 중요하지만 교수법과 그 내용을 전달하는 방식도 무척 중요하지요.

읽기를 배울 때, 그리고 글자와 소리를 배울 때 어떤 아이들한테는 시각적인 방법이 효과적이지만 또 촉각적인, 그러니까 만지는 걸 통해서 배우는 게 더 잘 맞는 애들도 있어요. 그래서 아이들을 이해시키려면 커리큘럼을 다양한 방식으로 전달해야 합니다. 때로는 복합적인 방식으로요. 그냥 다 말로만 해서는 안 되죠. 모든 아이들의 이해 수준에 맞추자면 다양하게 접근해야 해요.

우리 교실에는 스마트보드(컴퓨터에 연결된 터치스크린 방식의 상호작용이 가능한 화이트보드)가 있습니다. 다들 기술 참 좋다며 감탄하죠. 글쎄요, 과학 기술의 효용성이란 쓰는 사람에게 달린 거지요. 온갖 걸 갖춰놔도 효과적으로 사용하지 못한다면 특별할 게 없죠.

그래도 스마트보드 같은 첨단 장비들이, 그러니까 칠판과 분필보다 좋은 점이 있지 않나요?

특히 아주 어린애들을 가르치는 선생님은 다양한 것들을 이용해서 가르칠 수 있어야 좋은 선생님이라고 생각해요. 전 벽도 이용하고 칠판도 이용하고 스마트보드도 이용합니다. 과학 기술 장비는 정보를 새로운 방식으로 전달할 수 있게 해주지요. 그럼 이런 장비들이 없어도 가르칠 수 있을까요? 물론이죠. 그렇지만 그런 장비가 있으면 아이들을 새롭고도 다양한 방식으로 가르칠 수가 있지요.

수준별 학습 얘기도 그렇고 지금까지 몇 가지 말씀을 해주셨지만, 그밖에도 선생님으로서 성공하신 비결이 있다면 어떤 것입니까?

무엇보다 저는 제 일을 정말 사랑합니다. 전 종종 제가 교직을 택한 게 아닌 것 같다고 말합니다. 교직이 절 선택한 거라고요. 전 아주 어릴 적부터 제가 교사가 되리라는 걸 알고 있었답니다.

전 교실에만 있고 싶었어요. 다른 곳은 가고 싶지 않았죠. 제가 가르치는 아이들뿐 아니라 제 직업과 관련된 다른 문제에 관해서도 전 아주 열정적이랍니다. 그러니까 가르치는 일을 사랑하고 또 아이들과 그리고 교육과 관련된 문제들에 열정을 가진 게 지금의 저를 만든 것 같습니다. 그리고 제 일을 하면서 성장하는 방법을 모색하게 한 것 같고요.

또한 전 2000년도에 우수교사 인증(미국교육수준위원회가 엄격한 과정을 통해 우수교사 인증을 해준다)을 받았는데요. 그 심사를 받으면서 제가 하는 일을 높은 국가 수준과 찬찬히 비교하고 검토할 수 있었습니다. 덕분에 제가 교실에서 하는 일을 분석하고 그게 효과적인지 아닌지 알게 됐고, 또 제 일을 계속하면서 개선책을 모색할 수 있게 됐죠.

아이들을 가르칠 때 받으신 학위들이 많은 도움이 되던가요? 사범대를 대단찮

게 여기는 사람들도 있는데요.

아주 어릴 적부터 선생님이 되고 싶다는 생각이 확고했기 때문에 대학에 가서 배울 건 모두 다 배웠습니다. 그래서 졸업도 3년 만에 했지요. 전 교실에 들어갈 만반의 채비가 돼 있었죠. 운 좋게도 학부생 때 교생실습을 할 수 있었어요. 제가 졸업한 게 1975년인데요, 그때는 교실에 미리 들여보내지 않았거든요. 교사가 돼야 교실에 들어갈 수 있었죠. 그런데 저는 그 전에 들어갈 수 있어서 미리 다양한 경험을 했지요. 요즘에는 사실상 더 빨리 교실에 들어가는 사범대생들이 많은데요, 자신이 정말 교직을 원하는지 결정하는 데 도움이 될 것 같습니다.

또 저는 우리 교육구에 들어오는 신임 교사들을 적극 도와주려고 해요. 너무나 많은 교사들이 교직에 들어선 지 5년 안에 학교를 떠나고 있어요. 만일 본격적으로 교직에 나서기 전에 학교에 와서 여러 경험을 해보지 않는다면 그런 일이 더 많이 벌어질 겁니다.

아이들만 가르치시는 게 아니라 다른 선생님들한테 멘토링도 하시는 거군요.

예. 아주 적극적으로 하고 있어요. 한 10년쯤 전에 다른 교사와 함께 교사 지원 모임을 만들었어요. 우리 교육구에 들어오는 신임 교사들을 규합하려고요. 또 교직 첫 해에 생기는 일들에 관해 편하게 얘기를 나눌 수 있는 공간을 마련해줘야겠다는 취지에서요. 신임 교사들에게 필요한 도움을 주려고 그 모임을 만든 거죠. 그 뒤에 우리 교육구에 우리 모임과 비슷한 일대일 멘토링 프로그램이 생겼어요. 신임 교사들을 도와주는 일은 정말 중요합니다. 그래야 가장 똑똑하고 훌륭한 선생님들이 학교를 떠나는 일이 없지요.

신임 교사들에게 성공적인 멘토링을 할 수 있는 비결은 무엇입니까?

신임 교사에게 필요한 지원을 아끼지 않는 거죠. 커리큘럼과 관련해서든 교수법에 관한 것이든 간에요. 아니면 정말 답답하고 어찌할 바를 몰라 할 때 어깨라도 대주는 겁니다. 새로운 선생님들과 만나게 되면 그 사람들이 성장하는 것만큼 저도 함께 성장합니다. 그러면서 힘을 얻지요. 선생님들끼리 이렇게 접촉을 하고, 또 교실에서 하는 일에 관해 직업적인 대화를 나눌 필요가 있다고 생각합니다. 사실 근무 시간에는 시간이 나지 않아요. 늘 그 다음 수업 준비를 해야 하니까요. 그래서 선생님들끼리 직업상 필요한 대화를 나눌 시간이 없지요.

25년 전과 비교해볼 때, 많이 달라진 건가요, 아니면 똑같은가요?
달라졌죠. 그리고 지금도 달라지고 있고요. 교실에서 변화를 일으키려면 어떻게 할까 전 끊임없이 모색합니다. 그런데 제가 아무리 바꾸고 싶어도 제 학생들을 만나 필요한 게 뭔지, 그걸 알기 전에는 뭘 어떻게 바꾸고 싶은 건지 저도 모르는 거죠. 교사란 계속 성장하고 배우고 변해야 한다고 생각합니다. 지금의 전 29년 전 사범대를 졸업했을 때의 그 사람이 아닙니다. 오고 가는 학생들과 더불어 계속 성장해왔지요.

제 교육철학은 그다지 바뀌지 않은 것 같은데 실제 제가 하는 일은 변했습니다. 미국교육수준위원회의 심사는 정말 엄격합니다. 그 과정을 통해 저학년을 위한 수준 높은 국가 수준을 보고 거기에 따르다 보면 그게 다 성적과 관계가 있으며 학생들과 함께 하는 요 몇 달 사이에 할 수 있는 한 최대로 학생들의 실력을 끌어올리는 문제라는 걸 알게 됩니다. 미국교육수준위원회의 심사를 받으면서 실제로 제가 교실에서 하는 일이 무엇이고 그 결과 어떤 일이 생기는지, 그리고 제 가르침이 미치는 영향에 관해 좀더 집중적으로 생각해보게 됐습니다. 그렇게 평가를 해보면 제가 어떻게 가르치는지 알 수 있답니다. 그러면 그것을 가르치는 데 반영하고 또 평가를 하고 또 반영하고 또 평가를 합니다. 이런 게 정말로 중요하다는 것을 미국교육위원회의 우수교사 인증을 받으면서 새삼 깨닫게 된 것 같습니다. 새로운 건 아니었지만 종종 잊고 있던 그런 생각들을 다시 떠올릴 수 있는 계기가 됐죠.

부모 노릇을 할 때도 그렇지만 가르치다 보면 한편으로는 칭찬을 해줘서 자존감을 높여주고 다른 한편으로는 비판을 통해 개선시키려는 노력을 병행해야 하는데요, 그 사이에서 적절한 균형을 유지한다는 건 어려운 일입니다. 선생님은 어떻게 하십니까?

아이들은 자기가 하는 일이 가치 있는 일이라는 걸 느낄 수 있어야 하고 또 그런 걸 하면서 기분이 좋아야 합니다. 하지만 한계라는 것도 필요하고 분명하게 지시를 받는 것도 필요하다고 생각해요. 저는 교실에서 아주 엄격하지만 우리 교실에 오시면 아이들이 아주 따스한 보살핌을 받고 있다는 인상을 받으실 겁니다. 우리 교실에서는 아이들이 저만 존중하는 게 아니라 서로 존중한답니다.

다른 많은 주들과 달리 미네소타와 이곳 학교는 인종적으로 그다지 다양한 것 같지는 않던데요.

해가 갈수록 소수 인종 학생 비율이 커지고 있습니다. 그리고 인종적 다양성은 아니지만 우리 교실 안에도 많은 다양성이 존재합니다. 가난한 아이들도 있고, 특별 교육을 받는 아이들도 있고, 특수 지도를 받는 아이들도 있지요. 제게는 뇌성마비인 아들이 하나 있습니다. 지금 스물다섯인데요, 지난 10월에 결혼을 했답니다. 세인트존스대학교에 진학했는데 아주 잘 해냈어요. 부모니까 늘 걱정이 됐죠. 과연 겉으로 드러난 장애를 뚫고 그 안에 들어 있는 한 인간을 알아볼 수 있는 그런 특별한 사람을 만날 수 있을까 하고요. 부모라면 다들 자식에 관해 그런 걱정을 하는 것 같아요. 자기 아이가 다른 게 뭐든 간에요. 피부색이든 돈이든 교육 수준이든 간에요. 부모라면 다들 자기 아이가 눈에 보이는 차이에 구애받지 않고 기분 좋게 학교생활을 해나갈 수 있도록 선생님들이 도와주길 바라지요.

가르치시다가 자기 음성을 통해 어릴 적 선생님의 목소리를 들은 적이 있나요?

아마 제가 가장 좋아하는 선생님은 제 1학년 때 선생님일 겁니다. 제가 미국 교육협회가 주는 우수교사 상을 받자 고향 신문사가 그 소식을 듣고 절 인터뷰했는데, 기억나는 선생님이 있냐고 해서 그분 성함을 말했지요. 그러자 신문을 보신 그 선생님께서 축하한다는 편지를 보내셨더군요. 저를 기억하고 있다면서요. 제가 그분처럼 하고 있는지는 잘 모르겠지만 그분이 제게 어떤 느낌을 갖게 해주었는지는 기억하고 있답니다. 그리고 제가 제 학생들에게 해주고 싶은 게 바로 그런 느낌을 갖게 해주는 거예요. 자신이 소중한 존재고 사랑받고 있으며 또 자기가 하는 일이 인정받고 있다고 아이들이 느낄 수 있기를 바랍니다.

다행히도 저는 주민이 다 합쳐서 1000명밖에 안 되는 미네소타 뉴리치랜드라는 작은 마을에서 자랐고, 학교에 다니면서 내내 좋은 선생님들을 만났답니다.

그 선생님은 어떤 분인데 그렇게 좋아하셨나요?

그분은 정말이지 우리 모두 다 이 세상에서 가장 특별한 존재라도 되는 것처럼 느끼게 해주셨어요. 정말 친절하시고 다정하셨는데, 천성이 그러셨어요. 정말 좋아하면 실망시키고 싶지 않은 법이죠. 전 선생님이 말씀만 하시면 벌떡 일어나려고 엉덩이를 들썩이며 앉아 있었지요. 그 선생님이 어떤 기분을 느끼게 해주셨는지, 정말이지 지금까지도 생생해요. 45년이라는 세월이 흘렀는데도 말입니다.

지금 1학년을 가르치고 계신데요. 행복해보이는데, 어떠세요?

전 정말 제 일을 좋아합니다. 그 '아하!' 하는 순간을 사랑하죠. 새로운 단어를 배웠거나 책 읽는 걸 배웠을 때, 또 책을 읽거나 뭘 배우면서 자신감이 생겼을 때, 아이들 표정이 환해지는 게 보인답니다. 1학년 아이들을 가르치는 것보다 더 즐거운 일은 없을 거예요.

"아이들이 배우는 걸
모험으로 느낄 수 있었으면 좋겠어요"

스티븐 레비 초등학교 4학년 교사 27년 동안 교사로 재직하면서 유치원생부터 대학생에 이르기까지 모든 연령대의 학생들을 가르쳤는데, 주로 4학년과 5학년을 맡았다. 레비는 1992~1993년 매사추세츠 올해의 선생님 상과, 일반 초등학교 선생님을 대상으로 전국에서 가장 뛰어난 교사에게 수여하는 1994~1995년 디즈니 미국교사 상을 받았다. 또 2001년에는 프로젝트 학습을 전국에 파급시킨 공로를 인정받아 조 오케이 상을 받았으며, 역사 교사 부문 존 F. 케네디 상을 수상하기도 했다. 또한 여러 교육 잡지에 다양한 논문들을 게재했고, 1996년에는 《맨 처음부터 시작하기 ─ 하나의 교실은 그 자체가 커리큘럼이다(Starting from Scratch: One Classroom Builds Its Own Curriculum)》라는 책을 출판하기도 했다. 지금은 '탐험 학습 아웃워드 바운드(Expeditionary Learning Outward Bound)'의 고문으로 있다. 레비와 4학년을 어떻게 가르쳤는지 이야기를 나눴다.

저는 4학년 때가 어린 시절의 황금기라고 생각합니다. 로마인이 되기 전의 그리스인들 같다고나 할까요. 그 나이의 아이들은 아직도 조금은 이상적인 세계에서 삽니다. 실제로 중요하고 진지한 일을 해낼 수 있는 지적 능력을 충분히 갖췄으면서도 냉소주의나 반항심에 물들지 않는, 청소년기의 호르몬의 영향을 아직 받지 않은 나이죠.

그 연령대의 아이들을 가르칠 때 우선적인 목표를 어디다 두셨습니까?
목표를 정할 때는 아이들의 발달 수준을 고려하지만 거기에 못지않게 지역 환경도 고려합니다. 게다가 지난 십년 간 많은 변화가 있었죠. 이제는 아이들이 중요한 시험에서 좋은 성적을 내게 해주는 게 선생님들의 주된 관심사가 됐습니다. 심지어 4학년 애들을 가르치는데도 말입니다. 공부를 잘 가르쳐 실력을 키워주는 게 교사의 주된 목적이 되어버렸습니다.

저는 매사추세츠의 렉싱턴이라는 소도시에게 가르쳤습니다. 꽤 잘사는 곳입니다. 그래서 전 제가 가르치는 아이들이 어떤 아이들인지 생각해 몇 가지 중점적인 목표를 정했습니다. 렉싱턴은 다른 도시에서는 볼 수 없는 특수한 빈곤을 앓고 있더군요. 그곳은 감사가 빈곤한 곳이었어요. 이건 제가 만든 말입니다. 그곳 아이들은 어느 정도 특권층에 속했고 삶 속에서 많은 축복을 누리고 있었습니다. 그런데 이런 축복들이 연민이나 봉사 정신을 일깨우지 못한다면, 그래서 자기가 가진 것들을 더 나은 세상을 만드는 데 쓰지 않고 자신의 신분을 상승시키는 데다 다 써버린다면 그런 축복이란 것도 좋을 게 없다는 생각과 더불어 또 아이들이 자기가 가진 것들을 당연시하게 될 거라는 생각도 들더군요. 또 수월하거나 처음에 되는 일이 아니면 애써 노력도 하지 않을 테고, 그럼 고군분투하며 살아가야 하는 사람들한테서 볼 수 있는 그런 인내심도 갖추지 못할 거라는 생각도 들었습니다.

그래서 저는 아이들이 당연시하는 것들을 새로 만들어내야만 하는 프로젝트를 기획하게 됐고, 그 프로젝트를 수행하는 모든 활동을 실제로 평가하게 됐습니다.

예를 들어 어떤 프로젝트들을 기획하셨습니까?

가령 밀을 재배해 그것으로 한 덩이의 빵을 만들기까지 필요한 모든 과정을 아이들이 직접 다 해볼 수 있도록 했습니다. 그 과정에서 우리는 커리큘럼에 들어 있는 많은 것들을 공부했습니다. 밀의 싹을 틔우면서 많은 과학 실험을 했고, 밀을 밀가루로 만들면서 분쇄기의 작동 원리를 살펴보고 기계도 간단히 공부했습니다. 빵을 만드는 단계에서는 분수를 배웠어요. 빵은 밀가루로 대략 80덩이의 빵을 구웠으니까요. 우리는 그때 식민지 생활과 메이플라워호를 타고 미국으로 건너온 청교도를 공부하는 중이었어요. 원한다고 해서 바로 얻을 수 있는 게 아니라는 걸 경험하게 해주면 아이들에게 유익할 거라고 생각했죠.

양털 가지고도 비슷한 프로젝트를 했는데요. 아이들에게 가공하지 않는 양털을 주고 어떻게 하면 옷의 재료가 되는 모직을 만들 수 있는지 알아보라고 했죠. 양털을 고르고 빗질하고 실로 뽑고 뜨개질을 하고 짜고 염색하는 걸 배우는 데 몇 달이 걸렸습니다. 아이들이 그런 경험을 통해 자기네 생각처럼 인생만사 쉽지는 않다는 걸 알게 됐으면 싶었습니다.

아이들과 한 최고의 프로젝트는 등교 첫날 아이들을 아무것도 없는 텅 빈 교실에 들어서게 한 겁니다. 아이들이 해결해야 할 문제는 설계를 하고 자금을 조달해서 그 공간을 교실로 만드는 것이었습니다. 제가 가장 좋아한 프로젝트였는데, 그건 제가 아이들을 아무것도 없는 상태에다 놓아두는 걸 좋아하기 때문입니다. 그럼 아이들은 노력해서 스스로 얻어내는 방법을 찾을 수밖에 없거든요.

해마다 이런 프로젝트들을 진행하셨습니까?

조금씩 달랐죠. 하지만 밀 프로젝트처럼 매년 한 것들도 있습니다. 어떤 일을 반복해서 해보고 또 해보면 좋습니다. 그럼 개선되고 심화되면서 점점 나아지니까요. 또 교과 내용과 더 밀접하게 연계해 더 실력을 향상시킬 수도 있고요. 그래도 전 아무도 해본 적 없는 새롭고도 선구적인 일을 하고 싶었습니다. 그래서 아이들이 배우는 걸 모험으로 느낄 수 있게 말입니다.

빈 교실 프로젝트를 진행할 때, 아이들이 어떻게 해결하던가요?

최초로 미국에 건너온 청교도를 공부하는 때였는데요. 그게 커리큘럼 대부분을 차지하고 있었어요. 저는 아이들이 문제에 부딪칠 때마다 청교도들도 그런 문제에 부딪쳤는지 알아보자고 했고, 또 그랬을 경우 청교도들은 어떻게 그 문제를 해결했는지 조사해보자는 식으로 프로젝트와 교과 과정을 연계시켰습니다.

첫째 문제는 돈을 마련하는 일이었어요. 그래서 우리는 청교도들은 항해에 필요한 자금을 어떻게 조달했는지 조사했고, 투자 회사를 찾아내 돈을 마련했다는 사실을 알아냈죠. 우리도 청교도들이 한 대로 해보기로 했습니다. 아이들은 투자가 뭔지 배우고 나서 도시 안에 있는 모든 사업체에다 주식을 사달라는 편지를 수백 통 보냈죠. 44주를 팔았죠. 주식을 산 목수에게는 책상을 설계해달라고 부탁했고, 회계사에게는 우리가 가진 모든 돈의 흐름을 추적할 수 있도록 장부를 쓰는 법을 가르쳐달라고 했죠. 은행이 주식을 샀을 때는 이자가 어떻게 발생하는지 설명해달라고 했고요. 주식을 산 어느 은퇴한 수리공은 책상 만드는 일을 도와주었죠. 우리는 학기가 끝날 무렵에야 책상들을 다 만들었어요. 상판이 있어 위쪽으로 젖힐 수 있는 멋진 책상이었죠. 정말 신나는 한 해였습니다. 교사로서 제가 보낸 최고의 해였습니다.

시험도 많아지고 '뒤처지는 아이가 없게 하겠다'는 학습부진아 대책법 때문에 프로젝트 교육이 힘들어지지는 않았습니까?

아주 많이 힘들어졌습니다. 사실 시험이 어려워지면 선생님들은 참여 수업이나 교육 수준과는 직접 관계가 없는 수업은 제쳐놓게 됩니다. 그래서 저는 밖에 나가서 어떻게 하면 프로젝트 교육을 계속할 수 있을지 보여주는 게 제 사명이라 생각하고 있습니다. 신중하게 기획해서 엄밀하게 짜놓으면 프로젝트 수업은 아이들이 치러야 하는 시험도 잘 볼 수 있게 해줄 뿐 아니라 인생을 살아가는 데도 많은 도움이 될 테니까요. 그래서 저는 지금 주로 그런 프로젝트들이 어떤 것인지 선생님들에게 보여주는 일을 하고 있습니다.

학부모나 학교 관리자들이 선생님의 프로젝트 수업을 반대하지는 않았나요?

새로운 일을 시작하자면 반대는 늘 있기 마련입니다. 전 반대가 있을 거라 예상했어요. 특히 학부모들이 반대할 거라고 생각했죠. 그래서 학년이 시작되기 전 여름 동안 여러 차례 학부모들을 만나 제 계획을 설명했습니다. 제 프로젝트로 어떻게 교과 과정을 다 소화할 수 있고 또 그런 식으로 공부하는 게 결국은 자녀를 하버드에 보내는 데도 더 유리하다는 점을 보여주었죠. 학부모들의 반대가 심했다면 프로젝트 수업을 진행할 수 없었을 겁니다.

관리자들의 경우는 아이들이 뭔가를 보여주는 한 간섭하지 않고 하고 싶은 대로 하게 내버려두더군요. 물론 우리 반 애들의 시험 성적이 반드시 좋아야 했죠. 만일 이런 프로젝트를 수행한 아이들이 시험을 망쳤다면 프로젝트 수업은 끝장이 났을 겁니다. 그런데 저희 반 애들은 시험 성적이 다른 반 애들만큼이나, 때로는 그 이상으로 좋았어요. 사고하고 문제를 해결하는 능력을 키웠기 때문인 것 같았습니다. 프로젝트를 수행하면서 길러지는 능력이죠. 시험이란 게 어쨌거나 쓸모가 있는 거라면, 우리 반 애들이 단련한 문제 해결 능력 같은 걸 평가해야죠.

프로젝트 학습은 이 나라에서는 하나의 도전이죠. 그동안 너무 가볍다는 비판을 받아왔는데, 맞는 말입니다. 고대 이집트에 관해 배운다면서 몇 주 동안이나 각설탕을 가지고 피라미드를 만드는 식이었으니까요. 그렇게 하면 재미는 있겠지만 아이들은 아무것도 못 배우죠. 그러니까 생각을 바꿔서 학과 내용을 제대로 가르칠 수 있고 아이들의 능력을 길러줄 수 있는 그런 프로젝트를 기획해야 합니다.

어떻게 하다 프로젝트 교육을 생각해내신 겁니까?
작은 데서 출발했죠. 재미있게 가르쳐보고 싶다는 생각에서 시작했다가 거기에 관해 글도 써보고 생각도 하게 됐습니다. 전 늘 프로젝트 교육을 하고 싶었어요. 처음에는 그렇게 철저하게 능력을 습득하는 쪽으로 연계시키지는 못했던 것 같습니다. 그런 프로젝트들을 필요한 전략들과 더불어 단계별로 상세하게 제시하는 게 고문인 제가 요즘 주로 하는 일입니다.

예술가든 과학자든 선생님이든, 창조적인 일을 하다 보면 처음에는 어떤 충동에서 시작했다가 나중에 가서야 완전한 설명과 이론화로 나아가는 것 같습니다.

맞습니다. 어떤 선생님도 그 비슷한 말씀을 하시더군요. 준비, 발사, 조준이라고요. 대부분 별 생각 없이 뛰어들었다가 나중에 가서야 개선하고 기술하고 사람들에게 설명하는 방법을 생각해내죠.

'감사의 빈곤' 얘기를 다시 해보죠. 그 문제와 관련해 선생님의 교육 방법이 학생들에게 효과가 있었다고 보십니까? 능력을 측정할 수는 있지만 어떤 태도가 형성됐는지 평가하는 건 어렵지 않나요?

꽤 많은 효과가 있었다고 생각합니다. 뭐든 간에 관련된 증거를 어떻게 얻어내는가가 진짜 문제죠. 한 가지 방법은 일기를 쓰게 하는 겁니다. 어떤 봉사를 했고 예전에는 당연시했지만 이제는 고마운 줄 알게 된 그런 일들을 써놓은 아이들의 일기를 읽으면서 늘 큰 보람을 느꼈습니다.

아이들의 인성 발달에 목표를 둔 교사에게는 자신의 교육이 효과가 있었는지 측정할 수 있는 방법을 찾아내는 게 큰일입니다.

오랫동안 같은 소도시에 있다 보면 어른이 된 제자들을 자주 만나실 텐데요.

재미있게도 제자들 중에는 교사가 된 친구들이 많습니다. 실제로 그 친구들 몇몇에게 멘토가 되어주고 있답니다. 전 제 교육 방식이 학생들에게 장기적으로 어떤 영향을 미치는지 무척 궁금했어요. 그래서 빈 교실 프로젝트를 수행하던 반 아이들과 2년 뒤에 반창회를 했죠. 아이들이 6학년이 됐을 때요. 아이들에게 뭐가 생각나느냐고 물어봤습니다. 그러고는 아이들과 두 시간 반 동안 제 생애에서 가장 멋진 교육적 대화를 나눴습니다. 그 뒤에 또 같은 애들과 반창회를 한 번 더 했습니다. 그 아이들이 고등학교를 졸업했을 때였어요. 다시 한 번 아이들에게 뭘 배운 것 같으냐고 물었죠. 아이들이 이구동성으로 '그래, 맞아' 하며 인정했던 건 학교에서만 배우는 게 아니라는 사실을 깨달았다는 거였습니다. 살면서 배우는 거라는 걸 알게 됐다고 하더군요.

프로젝트 교육 말고도, 선생님으로서 성공한 요인이 어디에 있다고 보십니까?

모든 아이들한테서 그 아이만이 지니고 있는 재능을 본 것 때문이 아닐까 싶습니다. 그러니까 학생들 개개인이 갖고 있는 정신 같은 것, 아홉 살의 몸 안에 갇혀 있다고 해도 온전히 그 아이만이 갖고 있는 그 어떤 것 말입니다. 일종의 가능성이라고나 할까요. 그래요, 진부한 표현이지만 가능성이요. 겉으로는 전혀 드러나지 않는 그런 자질을 봤기 때문인 것 같습니다. 그래서 건방지고 만사를 좌지우지하려는 가련한 아이들 속에서는 리더십의 자질을 보고, 징징대거나 불평을 늘어놓는 아이들에게서는 고통을 귀중한 자산으로 바꾸는 심오한 능력을 본 겁니다. 저는 늘 아이들 하나하나한테서 그 아이만이 갖고 있는 재능을 보게 해달라고 기도를 많이 했습니다. 만일 제가 콧물을 줄줄 흘리는 모습이나 다른 애들 뺨을 때리는 모습만 보지 않고, 아이들이 갖고 있는 그런 부분을 알아보고 거기다 말을 건다면, 그건 제가 그 아이들 속에 들어 있는 가능성을 들여다보는 것이죠.

7학년이나 8학년쯤 되면 야수 수준으로 망가졌다가 어느새 그런 상태를 벗어나 다시 인간이 되기로 마음먹는 애들도 많았습니다. 아이들은 어느 순간이 되면 자신의 모습을 되돌아보게 됩니다. 그리고 일단 그 반성의 빛이 자신의 내면을 환히 비추게 되면 아이들은 두 가지 사실을 깨닫더군요. 자기가 정말 바보처럼 굴었다는 사실과 그런데도 내가 자기와 있는 걸 좋아했다는 사실이죠. 저한테 와서 그런 얘기를 한 아이들이 여럿이었습니다. 그러니까 저 아이에게는 내가 아무런 영향도 못 줬구나 싶은 문제아들도 있기는 하지만, 나중에는 그런 아이들이 돌아와 제가 영향을 줬다고 깨우쳐줍니다.

이런 아이들을 가르칠 때는 장차 이 애들이 커서 뭐가 될지 전혀 모릅니다. 누가 어부가 되고 누가 외과의사가 될지 또 누가 공장에서 일하게 될지 몰라요. 하지만 아이들이 커서 뭐가 되든 간에, 어쨌거나 인생의 모든 걸 알 수 있게 되기를, 그래서 인생의 교훈을 배우고 그것을 더 큰 원리에다, 그러니까 우리가 누구고 우리가 어떻게 서로 연결되어 있는가 말해주는 그런 원리에

다 연계시킬 수 있기를 바랄 수는 있습니다. 제가 가르친 아이들이 모두 그렇게 되기를 바랍니다. 제 아이들이 어쨌거나 우리가 하는 모든 일이 서로 연결되어 있다는 걸 알게 되고, 그 뒤에서 작용하는 어떤 정신을 볼 수 있기를 바랍니다. 지상의 인공물들 사이로 그 모든 것 뒤에 가로놓인 원리들을 우리가 모두 꿰뚫어 볼 수 있어야 한다는 사실을 깨닫게 되기를 바랍니다.

몇 년 전에 어느 대학에서 강연을 했는데, 한 여성이 선생님으로 일상생활을 어떻게 보내느냐고 묻더군요. 제 말을 듣고 교직은 시간이 너무 많이 드는 직업이라고 여긴 듯했습니다. 교직에 들어선 지 3년쯤 되면 50퍼센트의 선생님이 교직을 떠난다는 통계도 있더군요. 그러고 보면 우리 세대는 가르치는 일이 세상을 구할 수 있다고 생각했기 때문에 교직을 선택한 것 같습니다. 우리는 정치를 믿지 않았습니다. 제도도 종교도 믿지 않았어요. 우리는 그저 새로운 세대를 다르게 생각할 수 있도록 교육시키는 길만이, 그래서 연민을 알고 정의와 평등과 진리의 편에 설 수 있는 그런 사람으로 키우는 길만이 세상을 구하는 최선의 방법이라고 생각한 것 같습니다. 우리는 그런 열정으로 교직에 들어섰습니다.

만일 가르치는 일을 여느 직업처럼 생각하고 시작한다면, 마음속 깊이 이런 도덕적 책임감을 느끼지 않고 교직에 들어선다면, 선생님으로서 성공하기 위해 치러야 하는 도전들과 장시간의 고된 노동을 견뎌내지 못할 겁니다. 특히나 도전적인 도시의 교육 환경과 비우호적인 환경 속에서 살아가는 아이들 틈에서는 말입니다. 제 말이 늙은이의 잔소리로 들리겠지만 괜찮은 직업 같아서 그리고 아이들을 좋아하니까 교직을 선택해서는 안 됩니다. 그러면 오래 가지 못합니다.

맞는 말씀입니다. 교직은 천직이죠.
그럼요.

"전 절대로 포기하지 않습니다"

캐슬린 엥글 중학교 체육 교사　인구 3000명인 와이오밍 주 뉴캐슬에서 24년째 학생들을 가르치고 있다. 사우스다코타 주에 있는 스피어피쉬 블랙힐스주립대학교에서 학사와 석사학위를 받았다. 밀켄 재단이 주는 교육자 상과 디즈니 셜루트에서 주는 교사 상을 비롯해 많은 상을 받았으며, 1994년에는 올해의 와이오밍 중등체육교사 상을 받았고, 2008년에는 교사 명예의 전당에 이름을 올렸다.

전 6학년, 7학년, 8학년 체육을 담당하고 있습니다. 기본 운동 능력과 체육 이론 그리고 사회적 행동을 가르칩니다. 일주일에 이틀은 이론 교육을 하고, 남은 시간에는 4가지를 돌아가면서 가르칩니다. 스포츠와 단체 경기, 체력 단련과 야외 활동을 9주씩 가르치죠.

중학교 시절에는 '사회적 행동'을 배우는 게 아주 중요한 것 같습니다. 최근에 '무서운 여학생들' 얘기가 많이 나오고 있는데, 선생님 학교에서도 그런 일이 있나요?

제가 보기에 그건 자존감의 문제인 것 같습니다. 다른 사람을 찍어 누르거나 다른 사람을 못살게 구는 사람들은 자기 자신을 좋아하지 않는 것 같더군요. 그래서 자존감이 문제라고 생각합니다. 사회 어디서나 그런 문제가 있습니다. 어른들도 다를 바 없지요. 만일 계속해서 좋은 본보기를 보여주고 행동

41

지도를 해준다면 학생들은 자신의 행동에 책임을 지게 될 겁니다.

특별한 지도 방법이 있나요?

전 '발끝 대화'를 하는 선생으로 유명합니다. 서로 못되게 굴면서도 늘 하는 짓이다 보니 의식도 못하는 그런 애들을 상대할 때 쓰는 방법이죠. 교실이나 체육관 심지어 탈의실에서도 그런 애들이 있습니다. 전 그런 아이들한테 자기 발끝을 쳐다보게 하고는 얘기를 합니다. 자기가 어떤 행동을 했고 다른 사람들은 그런 행동을 어떻게 보는지, 또 자기가 그런 행동을 하고 있다는 걸 아는지 모르는지 얘기를 하죠. 자기 발끝을 보게 하고 있으면 아이들은 눈알을 굴린다거나 어깨를 쓱 올리며 무시한다거나 서로 손을 대는 장난질을 못합니다. 자기네끼리 서로 쳐다보고 있으면 제 말을 안 듣거든요. 하지만 각자 발끝을 보게 하면 생각을 하게 되죠. 그래서 발끝 대화는 효과가 아주 좋았습니다. 보통은 애들이 찾아와서 '자기가 무슨 짓을 하고 있는지 정말 몰랐다'고 얘기합니다.

사이가 나쁜 애들은 협력해서 문제를 해결해야만 하는 팀 운동을 시키기도 합니다. 강 건너기 게임 같은 걸 시키는데, 진짜 강을 건너는 건 아니고요, 아무튼 그 게임을 하려면 서로 협력하지 않으면 안 되죠. 대개의 경우 가장 싫어하는 애들끼리 가장 협력을 잘하는데요, 서로 경쟁심이 강하기 때문인 것 같습니다. 하지만 그런 게임은 팀 위주라 자신뿐 아니라 다른 사람들 생각도 하게 해줍니다.

그런 팀 운동이 장기적으로 효과가 있던가요?

전 다행히도 3년 넘게 같은 아이들을 지도할 수 있습니다. 그래서 그 효과가 어떤지 확실히 알 수 있죠. 교과 과정은 아이들에게 기대하는 것에 맞춰져 있습니다. 아이들에게 책임감을 갖게 하고 높은 기대를 걸고 그 기대에 부응해 줄 것을 줄기차게 요구하면 아이들은 능력을 발휘합니다. 아이들의 존경과 사랑을 얻게 되면 아이들은 실망시키기보다는 해보려고 노력을 하지요.

제게는 그게 비결입니다. 아이들이 알아야만 합니다. 선생님이 자기한테 거는 기대가 합당한 것이고, 화를 내더라도 자신들을 여전히 사랑한다는 것을요. 그래서 전 아이들에게 너희들의 행동에 화가 난 거지 너희들 자체에 화가 난 건 아니라고 얘기합니다. 아이들은 상대방이 자기를 미워하고 화를 내기를 바랍니다. 그래야 자기도 화를 내고 자기 행동을 변명할 수 있으니까요. 우리가 아이들에게 모범을 보여주고 책임감을 가르쳐줘야 합니다.

자존감 얘기를 하셨는데, 그 나이의 아이들에게 특히 중요하다고 생각하는 게 또 있습니까?

그 나이 때는 부모가 아주 중요한 구실을 합니다. 그 나이 때 아이들은 부모의 품에서 벗어나려고 안달을 하지요. 밖으로 싸돌며 또래끼리 있으려고 하는데, 부모들은 일일이 따라다닐 수가 없죠. 부모님의 역할이 아주 중요합니다. 선생님의 역할도 중요하구요. 또 아이들이 믿을 수 있는 다른 어른들의 구실도 중요합니다.

인구가 3000명밖에 안 되는 아주 작은 도시에서 가르치고 계시는데, 그게 좋다고 생각하십니까? 아니면 여기 학생들도 대도시 학생들과 마찬가지의 문제를 갖고 있나요?

확실히 이곳은 문화가 좀 다릅니다. 하지만 애들은 어딜 가나 똑같은 것 같아요. 미디어의 영향 탓이 특히 큽니다. 여기 애들도 대도시 애들과 똑같은 걸 보니까요. 그래서 어른한테 말대꾸하고 무례하게 굴지요. 텔레비전이나 영화, 컴퓨터 게임 같은 걸 보면서 그런 호전적인 행동들을 배우는 것 같습니다. 가정과 학교에서 감시를 해야 합니다.

그러나 소도시여서 좋은 점도 있습니다. 방과 후에 우체국 같은 데서 학부모를 만나 학생 문제를 상의할 수도 있거든요. 대도시라면 못하죠. 하지만 도시 선생님들도 학생 집으로 전화를 해서 아이의 행동에 부모와 아이가 함께 책임을 질 수 있게 해주면 좋겠습니다.

지금까지는 사회적 행동에 대해서 얘기를 나눴는데, 체육에 관한 얘기를 해보죠. 제가 중학교 다닐 때는 체육 시간은 우리끼리 운동장에 나가 뛰어다니는 시간이었는데요.

공을 굴리거나 육상만 하는 그런 군대식 체육 교육을 개선해보려고 다른 체육 교사들과 함께 참 열심히 싸웠습니다. 전 모든 아이들이 참여하는, 그리고 신체, 정신, 정서 모든 부분을 발달시키는 체육 수업을 하려고 노력합니다. 구식 체육 교육을 몰아내고 생활 체육을 옹호하느라 무척 힘들었습니다. 좋은 프로그램을 준비해서 전인교육을 시킬 수 있다면 교육청에서 훨씬 많은 지원을 해줄 거라고 생각합니다.

저는 신체 단련에 중점을 둡니다. 어릴 적에 과체중이었는데 운동이 절 구했죠. 하루에 30~40분 걷는 것만으로도 우리 사회에서 문제가 되고 있는 비만과 당뇨 같은 문제들을 해결할 수 있다면, 우리 아이들에게 평생을 살아갈 수 있는 도구를 주는 거라고 생각합니다.

아이들은 6학년 쯤 되면 운동을 좋아하는 아이와 좋아하지 않는 아이로 갈린다는 걸 많은 통계가 보여주고 있습니다. 체육 시간에 피구처럼 늘 누군가를 탈락시키고 제외시키는 그런 게임을 절대 못하게 하면 좋겠습니다. 우리는 모든 체형에 맞는 활동과 체력 단련법을 제공하고 아이들이 즐기면서 할 수 있는 운동을 시킵니다. 그래서 평생 할 수 있게요.

탈락 게임 대신 우리는 연속 게임이라고 하는 걸 합니다. 피구를 변형한 건데요, 만일 한 아이가 공을, 발포 고무로 된 공을 맞으면 다음 코트로 가서 다른 활동에 참여하게 됩니다. 그러면 아이들은 35분 내내 뛰게 되죠. 한 명도 제외되지 않습니다. 특수 교육을 받는 학생도 마찬가지입니다.

남학생과 여학생을 모두 가르치십니까?

체력 단련실에 갈 때만 남학생과 여학생을 나눕니다. 중학생들, 특히 7학년과 8학년 여학생들은 남학생들이 없어야 더 열심히 하거든요. 성장기라 남자애들이 없어야 편하게 활동합니다. 하지만 매스 게임을 할 때는 남자애들과 함께하고 싶어합니다. 도전을 원하는 거죠.

식생활 지도도 하시나요?

그럼요. 정크 푸드와 고도로 정제된 설탕 그리고 고혈당 식품에 늘 손이 더쉽게 가지요. 그런 것들이 우리를 죽이고 있습니다. 말 그대로요. 아이들이 정크 푸드에 손대지 않도록 필요한 지식과 방법을 알려주려고 노력하고 있습니다. 비만과 당뇨에 맞선 싸움을 멈춰서는 안 됩니다. 아주 중요한 일이죠. 먹는 걸로 우리 몸을 망치는 짓은 정말 미친 짓입니다. 그런데 많은 음식들이 그런 식으로 생산되고 있어요. 온갖 방부제를 뿌려대고 첨가물을 집어넣고.

하루 종일 영양가 있는 음식만 먹을 수 있는 구역을 만들어서 샐러드와 과일과 채소를 먹을 수 있게 해준다면 도움이 될 겁니다. 실제로 그렇게 하려고 애를 쓰고 있죠. 부모님들 도움도 필요한 일입니다.

또 우리는 체육 교육을 아주 엄하게 시키고 있어서 아이들은 6학년 중반쯤 지나면 건강의 중요성을 알고 좋은 식습관이 건강을 유지하는 한 방법이라는 것을 알게 됩니다. 초등학교에서는 식생활과 관련된 각종 안내문을 가정으로 보냅니다.

많은 상을 받았는데, 선생님으로서 성공하신 비결이 뭔가요?

전 제가 혁신적인 사람이라고 생각합니다. 늘 열심히 노력하고 있고요. 그리고 열정이 생기는 일은 추구해야 한다고 생각합니다. 전 변화를 사랑합니다. 아이들이 자신이 원하는 그런 사람이 되는 걸 보면 정말 좋고, 그 과정에서 제가 도움이 됐기를 바랍니다. 저는 질서를 지키라고 합니다. 문을 쾅쾅 두드

려답니다. 전 절대로 포기하지 않습니다. 아이들을 가르치는 일을 제 사명이라 생각합니다. 그래서 다른 일을 할 생각이 전혀 없어요. 신체적인 영역에서 아이들에게 기회를 주고 그걸 통해 아이들이 가치 있는 뭔가를 배울 수 있기를 바랄 뿐입니다.

최고는 모르겠지만 유능한 선생님이었으면 좋겠습니다. 변화를 일으킬 수 있는 선생님이 되고 싶습니다. 중학생 나이 때는 누가 뭔 소리를 해도 그게 뭔 말인지 모릅니다. 나이가 좀 들어야 깨닫더군요. 졸업한 지 몇 년 지나고 나면 아이들한테서 뭘 정확히 가르쳐줘서 고맙다거나 운동과 식생활의 중요성을 알게 해줘서 감사하다는 카드와 편지를 많이 받습니다. 중학생 아이들은 크느라고 정신이 없어서 당장은 귀를 기울이지 않습니다. 그래서 나중에 그런 편지를 받고서야 제가 아이들에게 변화를 일으켰다는 사실을 분명히 알게 되는 거죠.

더 젊은 교사들에게 멘토가 되어주시는지.
그럼요. 제가 멘토링을 해주고 있는 선생님들이 아마 20명은 될 겁니다. 그 선생님들은 제 가족이나 다름없습니다. 제가 멘토링을 해주고 있는 선생님들은 늘 제게 전화를 해서 이러저러할 때는 어떻게 하면 좋겠느냐고 묻습니다. 저는 해결 지향적이고 행동 중심적인 사람입니다. 저한테 물어보면 해결책을 찾을 수 있다는 걸 잘 알고 있는 것 같습니다.

조언을 하는데 어떤 원칙 같은 게 있나요, 아니면 그냥 자연스럽게 나오나요?
그냥 자연스럽게 나옵니다. 교직에 들어선 첫해 아주 훌륭한 교장 선생님을 만났습니다. 그리고 제 어머니와 할머니도 교사셨죠. 제 두 딸도 교사가 되려고 합니다. 만일 올바른 일을 단순하게 만들고 옳지 않은 일을 복잡하게 만들어놓으면 늘 올바른 일을 택하게 됩니다. 저는 그렇게 살았고, 사람들도 그걸 아는 것 같습니다. 전 늘 제 머리 위에 햇살을 이고 구름을 물리칠 수 있기를 바랍니다. 사람들은 제가 그런 사람인 걸 아는 것 같습니다. 그래서 계속 다른 사람의 멘토가 되는 것 같고요. 저는 두 팔을 벌리고 가슴을 활짝 엽니다. 제가 저녁 시간에 늦는 경우는 대체로 누군가와, 대개 저보다 젊은 교사와 얘기를 하다가 그런 겁니다. 또 제게도 멘토링을 해주시는 훌륭한 분들이 계십니다.

저와 얘기를 나눈 교사들 중 부모님 한쪽이 교사인 분들이 아주 많더군요. 제어머니도 선생님이셨지요.

제 할머니는 교실 하나짜리 학교에서 가르치셨어요. 그분은 절 데려가서 교실 한쪽 구석에 앉히고는 구경하게 하셨죠. 학생이 열댓 명 정도 됐는데 연령별로 다 있는데다 다들 농장 출신이었죠. 할머니는 불을 피우고 점심도 만들고 애들도 가르치셨어요. 또 아이들끼리 서로 가르치기도 했고요. 전 놀라서 그 광경을 바라보았습니다.

지금 와 생각해보니 늘 저도 할머니와 똑같은 일을 하게 될 줄 알고 있던 것 같습니다. 전 학습 장애가 있었는데 신체적으로는 뛰어났어요. 나중에 가서 학습 장애 중 일부는 극복했죠. 할머니께서 한 아이에게 하신 말이 생각납니다. "네가 가서 자니가 배수 공부하는 것 좀 도와줘야겠다. 오늘은 어려워하는구나." 그러자 그 아이가 벌떡 일어나 도와주러 갔어요. 정말이지 아주 놀라운 광경이었죠. 그리고 이제 제가 체육을 가르치면서 그렇게 하고 있습니다. 어떤 학생이 뭘 못하고 힘들어하면 전 잘하는 아이를 그 아이에게 붙여줍니다. 그럼 잘하는 아이가 그 아이의 선생이 되는 거죠. 전 언제나 그렇게 하는 게 정말 좋습니다.

"학교생활을 즐겁게 할 수 있도록
도와주는 일이 정말 중요합니다"

디어드리 그로드 중학교 언어와 사회 교사 뉴저지 주 호보켄에 있는 호보켄 차터스쿨●에서 학생들을 가르친다. 그 학교의 근본 이념 중 하나는 서비스 학습●●이다. 지원서를 받아 추첨을 통해 학생을 선발하는 데 한 학년당 정원이 22명이다. 그로드는 코스타리카와 브롱크스에서 가르친 경험이 있으며, 호보켄 차터스쿨에서 7년째 교사로 재직하고 있다. 2007년에 교육 과정 개발과 감독 협회한테서 젊은 우수교사 상을 받았다.

대학 1학년 때 일주일에 두 번 보스턴에 있는 한 교도소에서 자원봉사를 했습니다. 하루 종일 ESL과 GED●●● 수업을 했는데요, 그때 교사가 되기로 마음을 먹었죠. 제 친구들 중에는 가르치다 보면 온몸에서 진이 다 빠지는 것만 같다는 이들이 있는데요, 그럼 전 교도소에 가서 한번 가르쳐보라고 해요. 거기 학생들은 배우고 싶어하거든요. 자신이 잘못된 선택을 해서 거기 와 있다는 걸 잘 알고 있답니다. 학교를 다니다가 그렇게 된 사람들도 있고요. 그래서 아주 열심히 공부합니다. 언젠가는 누가 자기네는 숙제할 시간이 널렸으니 숙제를 잔뜩 내달라고 하더군요.

● 국가 지원을 받아 교사, 부모, 지역 단체가 설립한 학교로, 교육 행정 기관의 간섭을 받지 않는 일종의 대안학교.
●● 체험 학습, 현장 학습의 일환으로 배운 걸 사회봉사와 연계시키는 교육법.
●●● 미국 정부와 교육청에서 인증한 미국 정규 고등학교 졸업장 취득 과정.

지금은 차터스쿨에서 교편을 잡고 계신데요.

예, 일반 공립 학교에서 1년간 가르치기도 했어요. 지금은 차터스쿨에 있는데요, 이곳에서는 교사들에게 훨씬 더 많은 자유를 줍니다. 그래서 교사가 커리큘럼을 짜죠. 공립 학교는 훨씬 규격화되어 있어요. 특히 '학습부진아 대책법'이 나온 이후로는 더 심해졌지요.

이곳에서는 보통 교과서가 없어요. 언어 시간에는 《생쥐와 인간Mice and Men》이나 《맥베스Macbeth》같은 책들을 읽어요. 또 작문도 많이 하고요. 사회 시간에는 UN과 NGO를 공부하면서 인권에 관한 단원을 배우죠. 저는 학생들을 UN에 데려갑니다. 남아공의 인종차별 정책인 아파르트헤이트를 공부하고, 지금은 전세계에 있는 지뢰에 관해 공부하고 있어요. 시민의식 형성과 관련된 프로젝트들을 진행하고 있는데, 학생들은 지뢰와 관련된 문제들을 조사하면서 좀더 참여하는 시민이 되죠.

우리 학교의 근간 중 하나는 서비스 학습입니다. 그래서 언어 시간에는 《연을 쫓는 아이The Kite Runner》나 《파르바나The Breadwinner》 같은 소설에서 발췌한 글들을 읽고 사회 시간에는 조사 기술을 배웁니다. 그리고 나서 학생들은 오타와 조약* 같은 지뢰와 관련된 사실들을 조사합니다. 언어 시간에는 설득력 있게 에세이를 쓰는 법을 배우는데 '미합중국이 오타와 조약에 서명해야 하는가'나 '지뢰가 미국인에게 직접적인 영향을 주지 않더라도 우리는 관심을 가져야 하는가' 같은 주제들에서 글감을 선택합니다. 이런 걸 하면서 우리는 학생들에게 많은 걸 할 줄 알게 가르치고, 좀더 참여적인 시민이 되어 필요한 정보를 갖춰 세상을 바꾸는 일에 동참하라고 격려합니다.

우리 학교는 교사들에게 많은 재량권을 주기 때문에 훌륭한 교사들이 많습니다. 다들 공립 학교에는 있고 싶어하지 않아요. 공립 학교는 교사도 지겹게 만들고 학생들도 지루하게 만드는, 어리석고 창의성이라고는 조금도 허

● 대인지뢰금지조약.

용하지 않는 미리 짜진 커리큘럼을 하달받지요.

그래도 우리 역시 일반 공립 학교와 마찬가지로 학생의 성적에 책임을 져야 하고 주에서 주관하는 시험을 똑같이 치러야 합니다. 그러므로 그 시험이 테스트하는 모든 걸 가르쳐야 하지요. 하지만 우리 학교는 교사가 알아서 주의 수준을 맞출 방법을 찾아낼 거라고 믿고 맡겨주죠. 그런 문제들을 선생님들이 해결할 수 없다고 생각하는 학교들도 있는 것 같더군요.

어떤 방식으로 가르치나요?

학생들의 필요에 맞추려고 합니다. 그래서 작년에 가르친 방식과 올해 가르치는 방식이 다를 때도 있답니다. 학생이 어떤 개념을 잘 이해하지 못하면 다음에는 방식을 달리합니다. 전 되도록 학생들이 열심히 노력하도록 만듭니다. 저 혼자 칠판 앞에서 떠들면 학생들은 수업에 적극적으로 참여하지 않을 겁니다. 물론 1년에 몇 번은 45분 내내 저 혼자 떠들다 수업을 끝낼 때도 있어요. 실제 아이들도 잘 따라주고 전달해야 할 정보들이 너무 많아서요. 하지만 그러고 나면 다른 날에는 아이들끼리 45분 내내 공부를 하고 저는 그냥 도와주기만 합니다. 그러니까 날마다 다르죠.

저는 사전에 모든 걸 꼼꼼하게 계획했다가 그대로 하는 스타일이 아닙니다. 늘 학생들 제안에 마음을 열어두죠. 그리고 만일 뭐가 잘 안되면, 그리고 문제가 제 수업 방식에 있는 것 같으면 새로운 방식을 시도합니다.

아이들은 제가 잘 가르치려고 노력하며 자기들이 잘 배울 수 있기를 바란다는 걸 아는 것 같습니다. 자신들에게 많은 기대를 걸고 있다는 것도요. 아이들은 기대를 하면 할수록 더욱더 열심히 노력합니다. 기대에 부응하고 싶어 하는 거죠. 아이들은 자신의 지성과 능력을 존중해주면 그걸 알아보거든요.

학생들 수준은 다양한가요?

예. 특별 지도가 필요한 아이들도 많지만, 다른 학교에서는 능력 발휘가 충분히 안 된다고 생각해 자녀를 이 학교로 보내는 부모들도 많아요. 그래서 재능이 뛰어난 아이들과 특별 지도가 필요한 아이들이 같은 반에 있답니다.

그럼 어떻게 가르칩니까? 말씀하신 《생쥐와 인간》은 접근하기가 좀 쉬운 책이지만 《맥베스》를 읽는 건 중학생한테는 힘들 텐데요. 사실 성인들도 읽기 쉬운 책은 아니죠.

맞습니다. 《맥베스》의 경우는 주로 연극을 합니다. 책을 다 읽긴 하는데 활동이나 그룹 활동을 많이 하죠. 모든 막을 시작하기에 앞서 다들 그 막에서 유명한 대사 열 줄 정도를 외워야 합니다. 맥베스 인형이 있어서 그걸 차례로 돌리는데, 그 인형을 받으면 대사를 큰소리로 외치는 거예요. 한 줄만 해도 되고, 그것도 안 되면 책을 보고 할 수도 있어요. 그런 식으로 하면 그 언어에 친숙해집니다. 그런 뒤 조를 짜서 다음 막에서는 무슨 일이 생길지 예상해보고 어떤 어조로 말할지 정합니다. 그래서 모든 아이들이 시작하기에 앞서 어느 정도 작품을 이해하게 됩니다.

셰익스피어가 어렵긴 해도 읽고 쓰는 걸 힘들어하는 아이들은 연극으로 하면 훨씬 쉬워합니다. 묘사가 별로 없고 그냥 대화인데다가 인물 묘사도 짧고 요점만 말하니까요. 그래서 우리가 《맥베스》를 다룰 때는 시각적이고 연극적인 요소를 많이 가미합니다. 요 2년간 맥베스를 연기하고 모든 대사를 다 외운 아이는 특별 지도를 받는 아이였답니다.

또 아우슈비츠 강제 수용소의 참상을 그린 엘리 위젤Elie Wiesel의 《밤Night》도 교재로 썼는데요. 그 책은 어려워서 독서 능력이 약한 아이들에게는 아트 슈피겔만Art Spegelman이 그린 홀로코스트 만화책인 《쥐》를 줬죠. 그런 뒤 모두 다 모여 두 책에서 발견한 주제에 관해 함께 얘기를 나눴어요. 《밤》을 읽은 아이들은 만화로 된 소설이 정말 재미있다고 생각하면서 만화를 읽은 아이들에게 계속 질문을 하고 만화책을 빌려가더군요. 또 《쥐》를 읽은 아이들은 《밤》을 빌려가고요. 읽고 나서 또 서로 질문을 했어요. 그렇게 돌아가더군요.

교육의 한 단계이자 인생의 한 단계로서 중학교 시절에 아이들에게 가장 필요한 게 무엇인 것 같습니까?

정말 중요한 시기지요. 너무나 많은 변화를 겪는 나이이고 자신감을 잃어버리고 또 새로운 것에 관심을 갖는 때입니다. 관심을 표현하고 학교를 믿고 좋은 가치관을 가져야 할 아주 중요한 나이인 것 같아요. 학교생활을 즐겁게 할 수 있도록 도와주는 게 정말 중요합니다. 뭔가를 성취했다고, 똑똑해졌다고 느끼도록 도와줘야 해요. 서비스 학습은 그런 면에서 정말 효과적이라고 생각합니다. 아이들은 열정적이고 자기주장이 강하며 현실에 저항하고 싶어 하니까요. 세상에는 많은 문제들이 생기고 있고, 아이들은 그런 것들에 관해 자기 의견을 강력하게 표현하고 싶어하고 싸우고 싶어합니다. 또 학교 공부와 관련성도 알게 되죠. 이런 것들이 시험을 대비하거나 실력을 키우는 데 도움이 된다는 걸 모를 수도 있지만, 사회에 도움이 되는 편지나 에세이를 쓰는 일에 관심을 가짐으로써 아이들은 가장 좋은 공부를 하는 거죠. 아이들의 자신감을 길러주고 시민운동에 참여할 수 있게 해주는 건 정말로 중요한 일입니다.

그 나이에 생기는 문제들 중 어떤 것들은, 가령 남을 괴롭힌다거나 '무서운 여학생들' 같은 문제는 정서 불안에서 기인합니다. 이 시기의 아이들은 여러 가지 변화들을 겪고, 또 불안한 탓에 그토록 '쿨한 것'에 집착합니다. 그래서 우리는 홈룸 시간이나 수업 시간에 될 수 있는 한 그런 문제를 자주 다루려고 합니다. 《생쥐와 인간》을 읽으면서 자신을 높이기 위해 타인을 깎아내리는 행동인지, 그리고 그것이 과연 고결한 행동인지 이야기를 많이 나눕니다. 노벨상 수상자들에 관해 자주 알아보고 역사적으로 우리가 따라야 할 품성을 보여준 인물들이 누군지 토론합니다. 언젠가 아이들이 '세상에, 너 꼭 컬리(《생쥐와 인간》에 나오는 인물)처럼 군다'고 말하는 걸 들었습니다. 그렇게 아이들은 닮은 걸 알아봅니다.

처음 교사가 됐을 때와 비교해서 많이 달라지셨나요?

서비스 학습을 하는 게 가장 많이 달라진 것입니다. 여기 오기 전에는 서비스 학습이 뭔지 잘 몰랐습니다. 그 학습법을 지도받은 뒤 수업을 거기에 맞춰 하게 됐죠. 또 이제는 가르치는 일이 정말 쉬워졌습니다. 가르치는 게 좀더 체계적이 됐고요. 또 얼마간 가르치다 보면 이게 잘될지 안될지 알게 됐습니다. 이제는 신임 교사가 새로운 방법을 시도하는 걸 보면 그게 잘될지 안될지 알 수 있게 됐죠. 저도 신임 때는 몰랐을 겁니다. 그런 건 그러니까…….

무슨 말씀인지 알겠네요. 겪다 보면 본능적으로 알게 되죠.

맞아요.

"아름다운 것들 중에는 어려운 게 많습니다"

폴 카라피올 고등학교 수학 교사 시카고에 있는 입학생을 선발하는 공립 학교, 월터 페이튼 대학 예비학교에서 수학을 가르친다. 그 전에는 필립스 아카데미와 앤도버 그리고 프로비던스 세인트 멜 학교에서 교편을 잡았다. 하버드대학교에서 학사학위를, 시카고대학교에서 석사학위를 받았다. 미국수학협회가 탁월한 고등학교 수학 교사에게 주는 이디스 메이 슬라이프 상을 받았다. 여름 방학을 맞은 월터 페이튼 교정에서 얘기를 나눴다. 자신은 '거창한 교육 이론' 같은 것은 갖고 있지 않다고 폴 카라피올은 미리 못을 박았다.

가능한 한 최선을 다해서 수학이 정말 멋지고 재미있다는 걸 보여주면 아이들은 수학을 배우고 싶어하더군요. 수업을 계속 흥미 있고 재미있게 이끌고 또 그렇게 하려고 노력하면, 그래서 사실상 아이들이 날마다 뭔가를 발견하고 해결하게 되면, 수학을 좋아하게 됩니다.

핵심어는 '멋지고 재미있는'이 되겠군요. 이런 말이 모든 수학 수업에 해당되지는 않을 텐데요. 아마 선생님은 그런 수업을 몇 번 해보셨을 것 같은데, 수학을 어떻게 재미있게 가르치십니까?

한 단계 물러서야 한다고 생각합니다. 가장 중요한 건 깔끔하고 멋진 수학을 가르치는 겁니다. 놀라운 연관성과 개념들이 연달아 나오는 그런 수학이요. 예상은 좀 할 수 있어도 날마다 똑같지는 않은 그런 수학 말입니다. '이 얘기를 하는 게 오늘로 5일 째야. 작년에도 일주일 얘기했고 재작년에도 일주일 얘기 했어' 같은 말은 하지 않는 거죠. 설사 복습을 하더라도 새로운 걸 배우는 것처럼 참신하게 가르치는 겁니다.

아름답다는 생각이 드는 그런 수학을 보여줘야 합니다. 중요해서 꼭 가르쳐야 될 것 같은 장이나 주제를 보면 전 '여기서 가장 아름다운 개념은 뭘까? 이 부분을 가르칠 때 뭐가 제일 재미있을까?' 이런 생각을 합니다. 그 다음에는 이걸 아이들한테 어떻게 가르칠까 생각하죠. 그런데 아름다운 것 중에는 어려운 게 많습니다. 대체로 우리가 만나는 아이들은 아주 뛰어난 애들은 아닙니다. 그래서 이런 건 이해하지 못할 테니 가르치지 말자고 생각하죠. 그래서 아이들은 끝내 아름다운 수학 같은 건 모르고 맙니다. 그럼 수학을 싫어하게 되죠. 그래놓고 놀라는 겁니다. 만일 영어를 수학처럼 가르친다면 고등학교 2학년이나 3학년이 될 때까지는 아무도 시나 단편 소설을 못 읽을 겁니다. 그래놓고서는 왜 아이들이 독서를 싫어할까 궁금해 하겠죠.

그래서 정말 아름답다고 생각하면 그 다음에는 '이걸 어떻게 아이들에게 알기 쉽게 설명해줄까?'를 물어야 합니다. 이건 복잡한 문제입니다. 이 정리는 어떤 개념에 기초하고 있나? 이걸 가르치려면 아이들이 사전에 어떤 걸 알고 있어야 할까? 뭘 잘 몰라서 공부하던 도중에 그만두지 않으려면 뭘 알고 있어야 할까? 그러니까 아이들이 어디서 강하고 어디서 부족한지 정말로 잘 알고 있어야 합니다. 연달아 한 과정을 몇 년씩 가르치다 보면 어느 정도 알게 됩니다. 처음 가르칠 때는 '와, 정말 어렵네, 몇 명이나 이해할지 모르겠군' 합니다. 그러다 두 번째 가르칠 때는 애들이 잘 모른다는 걸 이미 알고 있으니까 일주일 전에 미리 연습이나 복습 같은 걸 합니다. 그럼 다음 해는 수업을 더 잘하게 됩니다.

또 다른 건 1년 내내 수업을 하다 보면 그 수업에 대해 잘 알게 됩니다. 수업은 할 때마다 다 다릅니다. 그래서 어떤 해에는 문제가 많던 수업이 다른 해에는 문제가 없을 수도 있고 또 그 반대의 경우가 생기기도 합니다.

자, 이제 어떻게 수학을 재미있게 가르치느냐는 선생님의 질문에 대답을 해보겠습니다. 수학은 그냥 바라보기만 하면 정말 지루합니다. 그래서 아이들이 실제로 수학에 관해 생각할 수 있는 활동과 수업을 해야 한다고 생각합니다. 자기 생각을 전개하고, 추측을 해보고, 그 생각을 시험해보면서 연관성을 찾고, 추론을 해보고, 패턴을 찾게 하는 겁니다. 지금 제가 말한 건 '똑같은 걸 50번 해보는 것'과 완전히 다른 것입니다. 제 경험상 똑같은 걸 50번 해보면 절대 좋은 결과가 안 생깁니다. 그런 일을 할 수 있는 선생님들도 있겠지만 전 아닙니다. 저는 절대 '오늘은 5차 방정식을 풀겠다' 같은 말은 하고 싶지 않습니다. 그럼 아이들은 처음부터 그 말을 알아듣거나 못 알아듣거나 둘 중 하나일 텐데, 그 말을 못 알아듣는 애들한테는 그런 말이 뭉툭한 몽둥이로 머리를 내리치는 것과 같을 테고, 그 말을 알아듣는 애들한테는 그런 걸 푸는 일이 특별히 재미있지도 않을 테니까요.

수학이 아름답다는 말이 무슨 뜻이냐고 학생들이 물어본 적이 있나요? 노을은 아름답지만, 수학이 아름다워요?

물어봐야 하는 건데, 그런 적은 없습니다. 적어도 직접적으로는요. 전 수학을 하면 아주 신이 납니다. 수학이 아름답다는 제 말은 그런 뜻일 겁니다. 만일 그런 질문을 받았다면 이렇게 대답했을 겁니다. 수학은 어떤 유기적인 통일성을 갖고 있어서 몇 가지 개념만 알고 있으면 A지점에서 B지점으로 갈 수가 있다고요. 그것은 사물들 사이에 연관성을 보여줍니다. 이전에는 볼 수 없었을 그런 연관성을요. 이런 연관성을 이해하게 되면 또 다른 통찰로 나아가게 되고, 그럼 '아하'의 순간에 들어서는 거죠. 뭐라 표현해야 할지 모르겠는데…… 어떤 걸 보면서 '와, 정말 깔끔하다'라고 말하게 되는 겁니다. 문제 하나를 풀면 잠시 잠깐 '아하'의 순간을 경험하게 되지만 이전에는 이해하지 못한 정리나 그 정리에 대한 증명을 돌연 이해하게 되면 거대한 '아하'의 순간 속으로 들어가게 됩니다.

현실 속의 예나 구체적인 물건을 가지고 수학을 가르치려고 하십니까? 수학에는 현실과 상관없는 것들이 많던데요.

그렇지요. 아이들이 수학을 좋아하게 하는 방법은 많으면 많을수록 좋다고 생각합니다. 게다가, 제게 수학이란 연관성을 발견하는 일입니다. 다른 표현이나 다른 개념을 연관시키는 것, 그게 수학이 하는 일이죠. 그래서 포물선 모양으로 종이를 접는 건 그렇게 멋지진 않지만 포물선이 뭔지 이해하는 데는 도움이 됩니다. 저는 늘 아이들이 손으로 직접 해볼 수 있는 방법을 찾습니다. 그게 늘 응용은 아니라고 해도요.

특히 어려운 걸 가르칠 때, 학생들 능력으로는 도저히 이해하지 못할 테니 가르치지 말아야겠다고 생각하신 적이 있나요?

그런 경우는 별로 없었습니다. 물론 학생들 사이에는 배우는 걸 얼마나 빨리 소화하느냐에서는 차이가 있긴 하지만, 그렇게 말하면 너무 과장하는 겁니다. 아이들은 다 배우는 속도가 다를 뿐만 아니라 같은 아이라 해도 이건 빨리 배워도 저건 빨리 배우지 못하는 경우가 있습니다. 혹은 딱 한 가지를 이해 못하는 경우도 있고요.

저는 가끔 학생들에게 제가 6학년 때 겪은 일을 얘기해줍니다. 아버지가 제게 역수를 가르쳐주셨어요. 있잖아요, 5분의 3과 5분의 3을 곱하면 15분의 15가 돼서 1이 되는 거요. 여기에 뭐 그렇게 어려운 게 있겠습니까? 복잡하지 않잖아요. 그리고 제 학생들도 어려워하지 않아요. 그런데 전 그걸 이해를 못했어요. 뭔 말인지를 몰라 울었다니까요. 아이들은 제 얘기를 듣고 희망을 갖습니다. 그랬던 저도 그걸 넘어섰으니까요.

보통 학생이 뭘 이해하지 못하면 그건 학생의 능력 탓이 아니라 교사가 성급한 탓입니다. 처음 교사를 할 때는 학생의 이해력과 관련해서 단정적이고 성급한 판단을 내릴 때도 많았습니다. 하지만 이제는 그런 생각이 무슨 도움이 되나 싶습니다.

파스칼의 내기의 수학 선생님 버전 같군요. 선생님은 아이들이 할 수 있다는 쪽에 거시는 거군요.

맞습니다. 그렇게 말하니 멋지군요. 학기 첫날 올해는 모든 아이들이 수학을 아주 잘하게 될 거라는 확고한 믿음을 가지고 교실에 들어가야 합니다. 교사에게 그런 믿음이 없으면 아이들은 눈치를 채고 따라주지 않습니다. 그런데 교사가 정말 그렇게 믿으면 학생들은 그 교사를 신뢰하게 되죠.

앞에서 늘 새롭고 신나게 가르치려고 하신다고 했는데요, 이해가 빠른 학생도 있고 느린 학생도 있을 텐데, 이해가 빠른 아이들은 그 아이들대로 분발시키면서 이해가 느린 학생들도 뒤처지지 않게 하는 방법이 있나요?

그건 제가 늘 더 잘해보려고 노력하는 문제입니다. 같은 종류의 문제를 3일 내내 40문제를 푸는 건 도움이 안 됩니다. 하지만 같은 종류의 문제를 1년에 걸쳐 120문제를 푼다면 괜찮은 거죠. 뭐 120개는 많을지 몰라도 정말로 중요한 걸 공부한다면 확실히 50문제나 60문제쯤은 지나친 게 아닐 겁니다.

예를 하나 들어보겠습니다. 이 학교에 온 첫해에 선 그래프를 가르치는데, 수업이 끝날 무렵에 반 아이들의 70퍼센트가 선 그래프를 그릴 수 있게 됐습니다. 하지만 30퍼센트는 못 그렸는데 1학년 대수에서 선 그래프는 정말 중요한 단원이죠. 그래서 이틀 꼴로 선 그래프 문제가 등장했고, 저는 그 30퍼센트 아이들 중 '고칠' 아이를 한 명씩 골랐습니다. 그리고 그 아이 옆으로 가서 함께 문제를 풀었어요. 그러고도 안 되면 점심시간에 오라고 해서 몇 문제를 더 풀었죠. 그렇게 해서 선 그래프를 그릴 줄 아는 아이들이 72퍼센트가 되면 또 이틀 뒤에는 다른 아이를 골라 그렇게 했습니다. 그래서 이틀 마다 한 아이씩 골라서 하면 지루해하지 않습니다. 게다가 어떤 아이를 고쳐준 다음 날 그 아이의 표정을 보면 정말 기분이 좋습니다. '와아, 난 할 수 있어요'라고 말하는 것만 같죠. 그런 뒤 그 아이들에게 선 그래프를 그리는 고급 문제를 내주고 그걸 이미 풀 줄 아는 아이들에게는 선 그래프 문제가 아니라 새로운 문제를 풀게 하는 겁니다.

　이런 식으로 복습을 하고 앞으로 배울 걸 미리 준비하면서 전 늘 앞으로 일주일 뒤에는 아이들에게 뭘 가르쳐야 할까, 아이들이 그걸 배울 수 있으려면 오늘은 뭘 가르쳐야 할까 생각합니다. 이런 식으로 하면 뒤에 처지는 아이들 없이 진도를 맞출 수 있습니다. 하지만 그렇게 해도 만족스러운 건 결코 아닙니다. 그런 면에서 제가 자기 수업이 완벽하지 않다고 말하는 최초의 사람일 텐데, 이렇게 미리 준비한 듯 답변을 하고 있으니 마음이 편치 않습니다.

수학을 가르치시는데, 대학에서도 대학원에서도 전공이 철학이었잖아요. 그게 어떤 식으로든 수학을 가르치는 데 영향을 주었습니까?
학생들을 가르치는 방식에 많은 영향을 미쳤죠. 철학에서 윤리학과 논리학을 전공했습니다. 그래서 학생들 말에 더 귀를 기울일 수 있고 자율성을 더 많이 허용하는 것 같습니다. 전제적인 면도 있지만요. 가령 수업에 들어올 때는 반드시 이름표(시카고의 공립 학교에서는 모든 학생이 이름표를 착용함)를 착용하게 합니다. 하지만 다른 면에서는 전 정말 학생들이 수학을 자기 것으로 만들었으면 좋겠습니다. 그래서 교실에서 지켜야 할 것들이 많이 있지만 전 그다지 신경 쓰지 않습니다. 제가 신경을 쓰는 것은 학생들이 수학을 잘 하게 되는 것입니다. 서로 의견을 들어주고 생각을 나누고……. 그런 과정에서 규율을 지켰는지는 상관하지 않습니다. 그룹 안에서 많은 아이들이 얘기를 해서 좀 소란스러워도 괜찮다고 생각합니다.

　또 제가 주로 읽는 철학자들이 거창한 이론 체계를 세우는 것에 아주 회의적인 인물들이었다는 사실도 영향을 미치는 것 같습니다. 그래서 전 교육 이론 같은 게 별로 없습니다. 제 일을 많이 생각하지만 '거창한 이론' 같은 건 없습니다. 교육 관련 논문도 많이 읽지 않고요. 그래야 하는 건지도 모르는데요. 무슨 회의에 가도 수학 교육하고는 상관없는 수학 관련 분과로 들어갑니다.

그러니까 연역적이기보다는 귀납적이시네요.

웃기죠. 왜냐하면 전 지적으로는 연역적인 사람에 가까우니까요. 하지만 교사가 연역적인 이론가가 되기는 어렵습니다. 근데 이런 얘기도 이론에 속하는 게 아닌지 모르겠군요. (함께 웃음) 아무튼 아무리 거창한 이론이라고 해도 언제든 그 반대 사례가 100개도 넘습니다. 그 모든 아이들 중 어떤 이론과 딱 맞아 떨어지는 아이는 한 명도 없습니다.

한 가지 예를 들어 보겠습니다. 좀 전에 토론이 정말 중요하다는 얘기를 했는데요. 전 올해 두 반 아이들에게 똑같은 과정을 가르쳤습니다. 되돌아보는 시간을 가지려고 하루에 한 반만 가르치게 시간표를 짰습니다. 한 반은 아이들도 많은데다 아이들이 말도 많아서 날마다 엄청나게 토론을 합니다. 그 반 수업을 끝내고 나오면, '그래, 이 맛에 선생 하는 거지! 내가 가르친 반 중에 최고야'라는 소리가 절로 나옵니다. 수학을 별로 좋아하지 않는 애들도 수업을 마치고 나가면서 '카라피올 선생님, 진짜 재미있었어요'라고 합니다.

다른 한 반은 학생 수도 적고 정말 우수한 애들도 몇 명 있는데, 그 반 아이들은 다들 조용합니다. 왜 말을 해야 하는지 설명해줘도 수업 끝날 때까지 조용해요. 그래 어떤 날은 제가 관객을 웃기지도 못하는 코미디언이 된 기분입니다. 하지만 시험을 보면 이 반 애들 성적이 늘 더 좋습니다. 글쎄요, 이건 그냥 사소한 예일 뿐이고, 그래서 일반화하기도 어렵고 또 변수도 많습니다. 그래도 제게 이론이란 게 있다면, 아이들은 토론을 통해 수학을 가장 잘 배운다는 겁니다. 또 어떤 반이 있더라?

또 저는 토론이 특히 중요한 반 하나를 가르치고 있는데요. 정말로 다음 단계로 나아가길 원하는 2, 3학년들에게 수학에 기본 개념들을 소개하는 수업입니다. 제가 지금 소개한다고 했는데, 그건 사실 틀린 말입니다. 무어의 방법(텍사스대학교 교수 무어$^{R. L. Moore}$의 이름을 딴)이라 알려진 방법을 채택했으니까요. 일련의 중요한 정의와 정리들을 소개하고 학생들에게 그걸 증명해보라고 하는 겁니다. 그래서 수업은 아이들이 이런 문제들의 해결책을 제시하는 것으로 진행되죠.

수업 첫날 전 일부러 학생들 쪽에 가 앉아서 왜 제가 거기에 앉아 있는지 그 이유를 설명합니다. 이 수업 시간에 수학을 공부하게 될 사람은 바로 너희들이라고 얘기를 하는 거지요. 모든 수업을 그렇게 하는 게, 일종의 제 염원입니다. 그런데 이 반에서는 그런 식으로 수업을 하는 게 아주 적절합니다. 수학적으로 꽤나 앞서 있는 아이들인데다가 칠판 앞에서 수학을 설명하는 게 아주 자연스런 애들이거든요. 다른 반 아이들은 아직 거기까지는 이르지 못했죠. 제가 거기까지 데리고 가야 합니다. 하지만 이 반 아이들은 이미 도달해 있어요. 독립적으로 사고하고 있어서 이 증명이 옳은 건지 틀린 건지 저한테 물어보는 일 없이 자기네들끼리 비판을 주고받을 수 있습니다. 전 되도록 말을 적게 하려고 합니다. 질문에 답만 하려고 하죠.

우리는 수 이론부터 시작합니다. 전 비전공자들에게는, 우리가 3학년부터 5학년 때까지 배우는 게 그거지만 그 원리에 관해서는 어떤 선생님도 설명한 바 없는 수학이 바로 그거라고 얘기합니다. 그 다음에는 미적분학의 기본 정리들을 공부합니다. 우리가 이런 식으로 공부할 수 있는 것은 정해진 커리큘럼이 없기 때문이기도 합니다. 그 반은 어떤 일련의 것들을 다 다뤄야 하는 AP*반이 아니니까요. 그래서 제가 아이들에게 어떤 문제들을 내주고 애들이 그걸 해결하는 데 3주가 걸려도 괜찮습니다. 우리는 제 생각에 정말로 아름다운 수학에 관해 얘기를 하고 아이들은 거기에 호기심을 갖습니다. 호기심에 공부를 하는 겁니다. 그 수업은 정말 재미있습니다.

더 하고 싶은 말씀이 있나요?
우리는 수학을 가르치는 얘기를 했는데, 하지만 그건 그냥 제 일의 일부일

---

* Advanced placement. 미국에서 고등학생이 대학 진학 전에 대학에서 인정해주는 학점을 취득할 수 있는 고급 학습 과정.

뿐입니다. 제가 수학을 가르치는 건 아이들과 공부하는 게 정말 좋기 때문입니다. 5년 전에 2~3학년이 주관하는 신입생 오리엔테이션을 담당하는 모임 하나를 만들었는데요. 그게 제가 가장 보람을 느낀 일 중 하나입니다. 그건 수학하고는 상관없는 일이죠.

저는 수학을 정말 좋아하고 수학경시대회도 아주 좋아합니다. 그런데 만일 수학경시대회와 관련해서 가장 생각나는 게 뭐냐고 묻는다면, 아이들과 함께 버스를 타고 가는 거라고 대답을 할 겁니다. 때로는 완전히 바보 같은 대화를 나누기도 합니다. 베이글 얘기 같은 거요. 또 때로는 아주 진지한 대화를 나누기도 합니다. 몇 년 전에는 수학경시대회 때문에 자고 온 적이 있었는데, 남학생 4명이 숨어 있다가 저하고 다른 수학 교사를 덮치더니 자기네들 방으로 끌고 가더군요. 남자들끼리 얘기 좀 하자고요. 정말 귀여웠어요. 그 아이들은 어떻게 해야 여자 친구를 사귈 수 있는지 알고 싶어했어요. 그 생각을 하니 눈물이 다 나는군요. 제 교직 생활 중 가장 기억에 남는 일 중 하나입니다. 그 아이들은 누군가 그런 얘기를 해줄 사람이 필요했는데 절 그런 상대로 본 거죠. 그렇게 봐주니 기분이 참 좋았죠. 그 일은 '와, 애들이 날 좋아하는구나' 하는 자부심 증진 차원에서 그치지 않았습니다. 실제로 제가 도움이 됐던 것 같았거든요. 학기말에 그 아이들 모두 여자 친구를 사귀게 됐으니 말입니다!

이런 것은 교육의 사적인 측면이지만, 크게 보면 이런 게 중요합니다. 제가 가르치는 애들 중에 대학에서 수학을 전공할 아이들이 몇이나 되겠습니까. 물론 대학에서도 수학을 공부하게 될 것이고, 그래서 아이들이 준비를 갖추길 바랍니다. 저는 종종 아이들에게 수학을 가르칠 때의 내 목표는 너희가 수학 실력이 달려서 뭘 못하는 일이 없게 하는 거라고 말하곤 합니다. 좀 더 일반적인 목표를 말한다면, 제가 가르친 학생들이 건강하고 행복한 어른으로 자랐으면 좋겠습니다. 그리고 그 과정에 제가 도움이 된다면, 그건 정말 영광이죠.

"87분 동안 45분을 효과적으로 공부한다면 누가 봐도 괜찮은 거죠"

마이크 아우어바흐 고등학교 생물과 화학 교사   버몬트 주 브래틀보로에 있는 브래틀보로 고등학교에서 생물과 화학을 가르친다. 정규 학교뿐 아니라 학교를 중퇴할 위험에 놓인 학생들을 위한 대안학교에서도 가르치고 있다. 2008년에는 CIBA 재단에서 주는 고등학교 모범교사 상을 받았다.

저는 보통 행동이나 심리사회적인 이유로 주류 환경에서는 어려움을 겪는 아이들을 위해 외부에 세운 대안학교에서 과학을 가르칩니다. 또 실력이 너무 안 돼 이 학교로 오는 애들도 많은데, 대략 8학년 정도의 교과 과정을 가르치는 이 학교에서 실력을 보충해 정규 학교로 돌아가면 더 잘할 거라고 생각하는 거지요. 하지만 실제로 아이들 대부분이 여기서 고등학교 시절을 다 보냅니다. 저는 보통 학급과 우등반도 가르치지만 주변부 아이들을 지도하는 게 제 장기라고들 하더군요.

저는 십대 아이들과 말이 잘 통합니다. 아주 직접적이고 솔직하게 대화를 합니다. 보통 교사들보다 제가 좀 거칠거든요. 페인트칠부터 웨이터에 철거 작업까지 안 해본 게 없어서요. 훨씬 더 고약한 일도 해봤고요. (싱긋 웃음) 그래서 대학을 갓 나와 바로 교사가 된 사람들보다는 애들과 마음이 더 잘 통하는 것 같습니다. 아이들도 제가 있는 그대로 말한다는 걸 아는 것 같고요. 장담하건대, 버몬트 주에서 학생들과 '니 엄마' 놀이를 하는 과학 선생은 저 밖에 없을 겁니다.

니 엄마 놀이요?

상대방의 엄마를 모욕하는 말장난이죠. '니 엄마는 정말 못생겼어' 뭐 이런 식으로 하는 건데요. 순전히 재미로 하는 겁니다. 제때에 나오면 재밌어요. 전 아이들이 규율을 좀 안 지켜도 내버려둡니다.

그렇게 장난을 치면서 정말 뭘 가르칠 수 있던가요? 종종 젊은 교사들이 그런 문제로 힘들어 하던데요.

매 학기마다 그런 위험을 무릅쓰죠. 또 때로는 제 생각보다 훨씬 나쁜 쪽으로 끝날 때도 있고요. 제 교육 방식에 따르는 위험이죠. 하지만 그래도 애들은 보통 언제가 공부할 시간인지 잘 압니다. 할 일을 해야 한다는 걸 아는 거죠. 존중한다는 걸 보여주는 겁니다.

저는 자주 제 얘기를 들려주거나 이야기를 해줍니다. 거의 날마다 그런 이야기로 수업을 시작하죠. 또는 주말에 뭘 했나 물어보기도 하고 재밌는 얘기가 있으면 해달라고도 합니다. 아니면 제가 그런 얘기를 하기도 하고요. 전 아는 이야기도 많고 해본 일도 많으니까요. 제가 그 나이였을 때를 생각해보면 우린 정말 선생님들 이야기를 듣고 싶어했어요. 선생님들의 인간적인 모습을 보고 싶었던 거죠. 그래서 저는 아이들에게 제가 십대였을 때 얘기나 처음으로 가졌던 직업, 또 멍청하게 굴다 2000달러를 날린 얘기들을 해줍니다. 또 술 마시고 운전한 얘기가 나오면 꼭 내 이야기 같아서 정말 눈물이 확 솟습니다. 우리는 늘 그렇게 수업을 시작합니다.

모든 수업을 그런 식으로 하시나요, 아니면 대안학교 수업만 그렇게 하십니까?

모든 수업을 정말 다 그렇게 합니다. 하지만 고급반을 가르칠 때는 좀더 빨리 본업으로 들어가죠. 할 게 많으니까요. 하지만 전 학생들이 편안한 마음으로 공부를 할 수 있게끔 수업을 시작하는 게 좋습니다. 애들을 좀 자연스럽게 내버려두고 말도 좀 걸고, 어쩌나 보면서요. 그렇게 하면 그런 환경에 좀 더 편안해 하고 수업을 들어야 하는 것도 덜 싫어하니까요.

대안학교 수업은 성공적인가요? 끝날 때쯤 되면 살아가면서 도움이 될 만한 과학적 지식을 좀 배워갑니까?

솔직히 말씀드리면 그렇지 못합니다. 이 프로그램의 목적은 중퇴를 막는 게 전부입니다. 놔두면 100퍼센트 낙제할 애들을 데려다가 아주 쉬운 환경에 두는 거죠. 수업 중에 일어나 토스트를 만들어서 소파에 가 앉아 먹어도 됩니다. 힘든 일이라고는 등교를 해야 한다는 것과 지나치게 무례하게 굴면 안 된다는 정도입니다. 그렇게 해도 3분의 2가 실패합니다. 너무 여러 번 건물 밖으로 쫓겨나거나, 너무 자주 약이나 술에 취해 등교하면 퇴학입니다.

수업은 괜찮습니다. 되도록 흥미 있게 하려고 합니다. 아주 실제적인 수업을 하죠. 잡은 곤충의 수를 세어 볼래? 어떤 종류들이지? 그 곤충들 먹이 그물을 한번 만들어볼까?

하지만 안 됩니다. 이 애들은 뭘 배워보려고 애를 쓰는 애들도 아니고, 저는 지미 스미스*가 아니니 좋은 영화가 나올 리 없죠. 사운드 트랙도 없고 애들이 제대로 살기로 결심하는 기적 같은 일도 안 일어납니다. 그런 모습을 보고 있으면 정말 마음이 좋지 않습니다. 전 다른 선생님들보다는 아이들 취향에 맞춰서 좀더 재미있고 쉽게 가르치려 합니다만 그래도 여전히 안 됩니다.

이 프로그램은 아이들이 좀더 큰 성취감을 맛볼 수 있도록 짜인 게 아닙니다. 간간히 주류에서 그냥 조금 벗어난 아이들도 몇 명 있고, 그런 아이들은 성공 가능성도 좀 있습니다. 게다가 그중에는 제 수업을 통해 긍정적인 경험

● Jimmy Smiths. 미국 배우.

을 하면서 약간의 자신감을 얻는 아이들도 있습니다. 그런 일이 있긴 합니다만 크게 성공적이라고는 못하겠습니다. 아이들이 아예 공부를 놓아버리지 않게 하는 게 제 일입니다. 1년에 한두 명 정도는 잘 해내고 몇 명은 졸업도 하지만, 그래서 보람도 있긴 한데, 대다수는 아닙니다. 여기는 제가 최선을 다해 가르치는 곳은 아닙니다.

제가 주로 노력하는 일은 아이들이 날마다 자기 행동을 돌아볼 수 있게 해주는 겁니다. 이곳 아이들은 호전적이고 까다롭고 매사 죽어라 핑계를 댑니다. 대다수가 백인이고, 도시적이길 원하고, 말은 흑인처럼 하고 또 텔레비전에서 들은 속어를 그대로 씁니다. 또 깡패가 되고 싶어하고, 그래서 그런 식으로 행동하죠.

전 인간이 어떻게 행동하는지 본보기를 보여주려고 노력합니다. 급여를 받고 8학년들을 가르치는 사람은 어떻게 행동하는지 보여주려고 하죠. 가령 누가 나한테 직업상으로든 사회적으로든 간에 '안 돼'라고 말하면 날뛰면서 물건을 집어던지고 큰 소리로 욕을 해대지 않으려고 정말 열심히 노력합니다. 아이들은 그런 식으로 굴 테니까요. 그리고 그 점을 지적해주려고 합니다. 비록 제가 좌절감을 느끼더라도, 선생님은 어떻게 행동했는지 애들에게 말해주는 겁니다.

대안학교에서 가르치면서 보람을 느끼시나요, 아니면 주로 실망감과 좌절감을 느끼십니까?

어쩔 때는 앞으로 또 한 학기를 보낼 생각을 하면 겁부터 납니다. 어떻게 될지 아니까요. 작년에는 학기 초에 아이들이 10명이었는데 연말이 되니까 남자아이 둘은 쫓겨났고, 또 한 애는 약물 치료를 받으러갔고, 여자아이들 중에는 3명이 임신을 했죠. 그래서 겁이 나는 겁니다. 제가 아무리 최선을 다해도 결과가 끔찍하리라는 걸 잘 아니까요. 애들이 조금만 노력하면 할 수 있게 해줘도, 해내야겠다는 생각이 전혀 없으면 실패한다는 걸 알게 됩니다. 아침에 깨우거나 학교에 데려다주거나 숙제를 했는지 물어봐 줄 사람이 집에 아무도 없으면, 또 일을 하거나 일을 했던 사람이 아무도 없으면, 몇 대째 말입니다. 또 집에 사람이 있어도 정신적으로 문제가 있거나 자기와 마찬가지로 술이나 약에 절어 있다면, 성공할 가능성은 별로 없는 거죠.

그러긴 해도 함께 앉아 그냥 얘기만 하고 있으면 그 아이들이 제 제자들 중 가장 현명한 것 같다는 생각이 듭니다. 그 아이들은 현실에 관해서는 보는 눈이 정확합니다. 관찰력도 날카롭고 재빨라서 방심할 수가 없죠.

이 학교에서 그 애들을 데리고 있는 동안 그 악순환의 고리를 끊어버릴 방법 좀 없을까요?

그런 악순환은 대물림된다는 겁니다. 그래서 어렵습니다. 쉽게 끊어버릴 수가 없어요. 그러니 전 거창한 방법 같은 건 모르겠습니다. 그러나 너무 늦기 전에 이 애들이 쓸 만한 기술을 배울 수 있다면 도움이 될 겁니다. 정말로 할 줄 아는 게 아무것도 없는데다 전과 기록까지 달고서 일을 찾는다면 어떻게 되겠습니까. 만일 이 아이들이 뭔가를 배울 수만 있다면……, 그런 게 필요한 게 아닌가 싶습니다.

자기 자신을 통제하는 법과 사람들 사이에서 행동하는 법부터 가르쳐야죠. 이 아이들한테 가장 결핍되어 있는 게 진지함입니다. 자기 자신을 포함해서 누구도 진지하게 대하지를 않아요. 자신들을 잠재성을 지닌 존재로 보지도 않고, 합법적인 세계에서는 얻을 게 아무것도 없다고 생각해요. 사실 다분히 그렇긴 하죠. 이미 그 아이들을 그런 애들로 치부해버렸으니까요.

학교에서 보여주려고 하는 건 '뒤처지는 아이가 없다'는 기록입니다. 중퇴생을 현재보다 10명 더 낮추는 게 목표고, 그 10명이 졸업하는 걸 보려고 예산을 투자합니다. 그러니까 이런 애들 중에서 과학자를 길러내려는 게 아니죠. 그저 졸업만 시키려는 거지요. 그렇다고 그 아이들을 포기해버렸다는 얘기는 아닙니다. 상담사를 파견해서 아이들의 감정 문제나 중독 문제를 조사하니까요. 하지만 아이들은 상담사를 데리고 놉니다. 웃기다는 거죠. 상담사를 약을 올려 화나게 만들고, 그래서 상담사가 가버리면 비웃습니다. 그러니까 이 아이들을 진지한 환경 속에 두지 않고서는, 그래서 마침내 어엿한 사람 노릇을 할 수 있게 해주지 않고서는, 성공할 가능성이 없습니다. 그런데 아이들 대다수는 상상할 수 있는 최악의 상태인 집으로 돌아갑니다.

그러니 전 어떻게 이 악순환의 고리를 끊어야 할지 모르겠습니다. 어쩌면 모범적인 모습을 보여주고 정말 인간적으로 대하면서 한 번에 한 아이씩 고쳐나갈 수도 있을 겁니다. 그리고 인생을 좀더 진지하게 살 수 있으며, 그렇게 살면 보답이 따를 거라고 말도 해주고요.

이제 정규 학교 수업 얘기 좀 해볼까요?
그게 좋겠습니다.

지금까지 아주 성공하신 선생님으로 인정받으셨는데요, 그 비결이 뭐라고 생각하십니까?
전 대상, 사건, 그리고 유비를 이용해서 과학을 가르치려고 합니다. 어떤 과학 개념을 가르치든 일상에서 일어나는 일이나 우리가 잘 알고 있는 사물들에서 그 예를 볼 수 있습니다. 그래서 확산과 삼투를 가르칠 때는 수업에 빠지려고 기를 쓰는 학생을 예로 들기도 하고 유사분열을 배울 때는 아이들에게 춤을 좀 춰보라고도 합니다. 상표가 붙어 있는 46개의 아이스크림 막대를 커피 컵에다 가득 담아놓고, 그 막대 각각을 염색체로 가정하면서 공부를 하기도 합니다. 또 플레이 도*를 이용하기도 하는데, 바보 같지만 바로 그래서 아이들은 집중을 합니다. 제 수업 시간이 즐거운 놀이 시간은 아니니까요.

또 저는 주기율표를 그냥 가리키면서 어쩌고저쩌고 하지 않고, 카드들을

---

* 어린아이들이 갖고 노는 빵 반죽 같은 질감의 공작 재료.

뗐다 붙였다 할 수 있는 펠트 천으로 된 주기율표를 이용합니다. 제가 고안한 건 아니고 어떤 화학 선생님이 만든 걸 책에서 보고 따왔죠. 그래서 제가 만들어낸 것도 많이 사용하지만 여기저기서 집어온 것들도 있습니다. 전 아이들이 이미 알고 있는 걸 손에 쥐어주고 그걸 이용해서 새로운 걸 가르치는 게 좋습니다. 아이들은 이미 CD 플레이어가 어떻게 작동하는지 잘 알고 있습니다. 그런데 그걸 이용해서 리보솜 안에서 단백질이 어떻게 만들어지는지 보여줄 수 있다면 멋진 거죠. 그래서 저는 얘기를 해주고 대상과 유비를 이용합니다. 대부분은 그냥 재미있으라고 그렇게 합니다. 저한테는 효과적인 방법입니다.

지금까지 말씀드린 것 중 제가 고안한 게 몇 개 있기는 하지만, 그냥 전 이런 식으로 가르친다는 거지 책을 쓸 수 있을 만큼 뭐 대단한 게 있는 건 아닙니다. 우리는 서로 좋아하고 함께 웃고 하다가, 귀를 기울여야 할 때가 되면 아이들은 그렇게 합니다. 87분 동안 45분을 효과적으로 공부한다면 현실적으로 봤을 때 누가 봐도 괜찮은 거죠.

선생님의 스스럼없고 격식 없는 수업 태도에 관리자들이 신경을 쓰지는 않나요?
가끔은 좀 전에 애들과 한 얘기가 학부모나 관리자들 귀에 들어가면 안 되는데 싶을 때가 있습니다. 지저분하거나 비윤리적인 얘기를 해서 그런 게 아니라 좀 까놓고 말할 때가 있어서요. 또 요점을 이해할 수 있다면 좀 빈정거리는 말들이 오가도 내버려두기도 하고요. 하지만 효과적인 방법입니다. 그 시기에는 그렇게 하면 수업이 더 잘됩니다. 교육위원들 앞에서 아무렇지도 않게 제 방식을 옹호할 수는 없겠지만, 그런 식으로 가르치면 애들은 더 잘 배웁니다. 전 흥미롭게 수업을 진행해서 아이들이 과학이 재미있다고 생각하면서 교실을 나가길 바랍니다.

제가 처음 교사가 됐을 때 선생님 한 분이 잊지 못할 말씀을 해줬습니다. 처음 하는 일이라 어떻게 해야 할지 몰라서 그분에게 도움을 청했죠. 수업을 어떻게 해야 할지, 커리큘럼은 어떻게 짜야할지 모르겠더라고요. 그런데 그분은 '해줄 이야기가 아무것도 없어요. 그 안에서는 당신이 총잡이오'라고 하면서 딱 잘라 거절하더군요. 그러고는 가버리는 겁니다. 그런데 그게 정말 사실이었습니다. 나와 30명의 아이들, 그리고 내가 어떻게 하느냐에 달린 거죠.

어떻게 그런 교수법을 채택하게 된 겁니까? 시행착오를 거치셨나요?
시행착오를 거쳤죠. 그게 가장 크죠. 학과 부장님한테 아주 현명한 충고도 듣고, 신임 때는 2년간 정기적으로 그분 지도를 받기도 했습니다. 그리고 도중에 교육학 과정도 이수했고요. 하지만 시행착오가 가장 중요하죠. 전 여러 해에 걸쳐서 저한테 효과적인 전략과 수단과 활동들은 모으고, 효과가 없는 건 버렸습니다.

저도 과학을 아주 잘하는 학생은 아니었어요. 그런데 수업을 듣다 보니까 잘한다는 걸 알게 됐죠. 게다가 고등학교를 졸업한 지 10년 만에 대학에 가서 과학을 전공했습니다. 그래서 학생들이 갖고 있는 재능을 깨닫게 해주는 일이 중요하다고 생각합니다. 그게 봉사니까요. 아이가 자신이 뭘 잘하는지 알게 되는 것, 그건 중요한 겁니다. 제가 가르친 학생 중에 이동 주택에 사는 여학생이 하나 있었는데, 기본적으로 갈 데가 아무데도 없었어요. 그래서 과학을 잘하니까 커뮤니티 칼리지*에 들어가 방사선 기술자 과정을 밟아보라고 했죠. 지금 그 아이는 거길 다니고 있는데, 그게 제게는 굉장한 일입니다.

어떤 사람의 노벨상 수상 연설에 제 이름이 등장한다면 멋지겠죠. 하지만 제게 중요한 건 아이들이 자기 재능을 찾을 수 있게끔 도와주는 거고, 아이들에게 왜 이 일이 잘됐고 잘못됐는지 알려주는 겁니다.

누군가 훌륭한 선생님은 훌륭한 코치처럼 팀원들이 다 있는 데서 한 선수를 향해 '이봐, 자네는 이러저러한 데서 자네 몫을 하지 않았어. 그러니 노력

---

* 학비가 무료인 일반인 대상 2년제 직업학교.

하도록 해'라고 말한다고 하더군요. 이런 건 비판하는 것하고는 상관없죠. 그냥 잘못한 걸 알려주는 거죠. 마찬가지로, 잘했을 때도 그걸 알려주는 게 중요합니다.

세상에서 가장 형편없는 선생님은 '잘했다'라고 말하는 선생님이죠. 뭘 잘했는지를 말해주지 않으니까요. 저는 학생에게 정확히 지적해줍니다. 과학 시험 성적은 C여도 글씨를 깨끗하게 썼으면 그 얘기를 해줍니다. 그러면서 또 한편으로 왜 답안지 내용이 충분하지 못한지도 설명해줍니다.

학생들이 좌절의 벽을 넘어서고 포기하고 싶은 충동을 극복할 수 있도록 도와주는 일이 제가 할 일이라고 생각합니다. 그래서 그걸 넘어서라고, 뚫고 나가라고 아이들에게 말해주는 일도 중요하다고 생각합니다. 아이들은 말하죠, '전 수학을 잘 못해서 수학과 관련된 것은 못해요'라고요. 그럼 전 말합니다, '아니, 넌 할 수 있어'라고요. 중요한 건 아이들과 함께 가야 한다는 겁니다. 왜냐하면 나를 따라 복잡한, 그러나 궁극적으로는 합리적인 과정을 통과할 수 있으려면 정신을 바짝 차리고 들어줘야 하는데, 만일 아이들이 절 지루하게 말만 늘어놓는 그런 사람으로 본다면 제 말에 귀를 기울이지 않을 테니까요. 지뢰밭을 지나 아이들에게 가는데, 그 지뢰는 대부분 아이들이 던진 것입니다. 가령 '나는 수학을 못해'라고 하면서요. 그런데 그걸 지나서 아이들에게 가야 합니다.

제 방식대로 하면 아이들이 지뢰밭을 건너 절 따라오게 할 수 있습니다. 아이들은 제가 무슨 얘기를 하는지 이해하니까요. 또 제가 헛소리를 안 하고 자기들을 위해 장애물들을 제거하려고 애쓴다는 걸 아니까요. 그것은 신뢰를 쌓는 문제입니다. 절 신뢰하게 되면, 그러니까 그냥 지루하게 말만 늘어놓는 그런 사람이 아니라 정말로 자기네 손을 잡고 한 걸음 한 걸음 함께 가려고 한다는 걸 믿게 되면 정말로 발을 뗄지도 모르죠. 그러면 모든 교사들이 말하는 그 순간이 도래하는 겁니다. 그 '아하' 하는 순간 말입니다. 그것보다 좋은 건 없죠.

"전 기회를 제공하는 사람입니다"

데이비드 레저슨 특수 교육 플로리다 주 브로워드 카운티에 있는 공립 학교에서 특수 교육을 담당하고 있다. 대학에서 신학과 미국학을 전공했고, 교육학 석사와 박사학위를 취득했다. 뉴욕과 플로리다에서 20년 넘도록 교직에 종사하면서 많은 교사 상을 받았다. 특수 교육 분야에서는 널리 알려진 인물로, 2008년에는 교사 명예의 전당에 이름을 올렸다. 대화를 나누는 동안 따스함과 관대함 그리고 무한한 에너지를 느낄 수 있었다.

전 취학 전 아동부터 스물두 살 먹은 학생까지 가르칩니다. 이 아이들은 이른바 '철저히 특수 지도'를 해야 하는 학생들이죠. 다양한 형태의 자폐증과 다운증후군 그리고 뇌성마비를 갖고 있는 학생들입니다. 휠체어에 앉아 있는 애들도 있고, 말을 한마디도 못하는 애들도 많습니다. 또 '의학적으로 허약한' 아이들도 있고요.

이 아이들 대부분은 일종의 자기 세계에서만 삽니다. 교실에 들어오면 어떤 애들은 의자에 앉아서 물건을 갖고 놉니다. 어떤 애들은 바닥에 있는 매트 위에 드러눕죠. 거기가 더 편하니까요. 또 여기저기 돌아다니면서 의자에 앉기 싫어하는 애들도 있습니다. 휠체어에 앉아 있는 애들도 많고요. 어쩔 때는 이렇게나 다양할 수도 있나 싶습니다. 아주 힘들지만 보람도 큰 그런 일입니다.

뭘 가르치기에 앞서 아이들 상태부터 살펴야 합니다. 덥거나 춥지는 않는지, 화가 나 있거나 불안해하는 건 아닌지. 행복한지 슬픈지, 아니면 화장실을 가고 싶은 건 아닌지 말이죠. 우리에게는 당연한 너무나 많은 일들이 이 아이들과 이 아이들을 돌보는 사람들한테는 엄청난 문제들입니다. 그래요, 정말 힘든 일이죠.

그 아이들에게 음악을 가르치신다고요.
음악을 가르치려고 해서 가르치게 된 건 아니었습니다. 어쩌다 학교에 기타를 가져와 애들과 함께 노래를 하게 됐어요. 그러다 타악기 몇 개를 나눠줬죠. 심한 자폐증을 가진 십대 아이들이었는데 꽤 잘 따라왔어요. 그런데 우연히 교장 선생님이 지나가다 그 모습을 보게 됐습니다. 그렇게 많은 애들이 실제로 그룹 활동에 참여하는 모습을 처음 봤다고 하시더군요.

그래서 매일 음악 수업을 하게 됐고 다른 선생님들도 자기 학생들을 데려와 음악을 가르쳐달라고 했습니다. 그러자 교장 선생님이 전 학교 차원에서 음악 교육을 시작해달라고 해 프로그램을 준비하게 됐죠. 교장 선생님이 정식 허가를 내주면서 창의적인 물살을 타기 시작한 겁니다.

교장 선생님이 참 대단한 분이셨어요. 상대의 강점이 뭔지 파악해서 그걸 살려내는 참 보기 드문 관리자셨습니다. 그분 밑에서라면 저한테 꼭 맞는 일을 찾아내 잘할 수 있을 것 같은, 그런 분이셨어요.

이 학교에서 오기 전에 다른 교육구에 있는 학교에 있었는데, 거기에 젊은 교감이 있었습니다. 제게 위협을 느끼는 것 같았습니다. 제가 교직 경력이 20년이 넘고 박사학위도 있었기 때문에 그랬던 거지요. 전 그런 건 신경도 안 쓰는 사람인데, 그 사람은 그랬던 겁니다. 그런데 특수 교육이나 특별 지도에 관해서는 쥐뿔도 아는 게 없었어요. 그래서 저랑 늘 부딪혔습니다. 언젠가는 저보고 자기가 본 선생 중에 최악이라고 하더군요. 결국 전 학교를 그만두고 새로 시작해보려고 다른 일을 찾았지요.

그런데 우연히 이 일이 들어왔습니다. 뜻밖의 행운이었죠. 이 일 덕분에 때로는 모험도 해볼 만 하다는 걸 알게 됐습니다. 사표를 낸다는 건 큰일이죠. 그건 곧 4~5개월 동안 실업자로 살아야 한다는 뜻이니까요. 회의가 들기 시작하죠. 하지만 지금은 죽어 천국에 온 기분입니다.

박사학위가 있는데도 평교사로 있는 건 보기 드문 일이죠. 종종 왜 관리자가 되지 않느냐고 묻는 사람들이 있습니다. 급여가 훨씬 많아질 테니까요. 그러나 전 책상 앞에 앉아 사무나 보고 회의나 하는 건 싫다고 합니다. 전 회의가 싫습니다. 애들과 함께 공부하는 게 좋지요. 그게 제가 가장 좋아하는 일입니다.

구체적으로 어떻게 가르치십니까? 음악으로 어떤 일들을 하십니까?
학생들을 수업에 참여시킬 방법을 찾는 일이 큰일이었습니다. 지금도 마찬가지입니다. 여전히 큰 문제지요. 대부분의 아이들은 자기 세계에 꼭 박혀 있는 것처럼 보입니다. 문제는 어떻게 하면 그 아이들을 자기 외부에 있는 것과 유의미한 관계를 맺게 해서 좀더 참여하게 만들 것인가입니다. 그런데 음악이 놀랄 정도로 효과적이라는 걸 알게 됐습니다. 그래서 거창하게 말한다면 이렇게 표현할 수 있을 겁니다. '음악은 마법이다, 음악은 뇌에 영향을 미쳐서 아이들의 집중력을 높이는 데 도움이 된다'고요.

학교에 있는 기술자에게 부탁을 했죠. 몸을 잘 움직이지 못하는 애들이 많은데, 헤드 스위치나 무릎 스위치는 작동시킬 수 있으니까 아이들이 그 스위치를 치면 북소리가 나게 해달라고요. 우리가 만든 것 중에는 현재 상품으로 나온 것도 있습니다. 스위치를 치면 팔 같은 게 오르락내리락 하고 움직이며 셰이커*나 탬버린을 흔들고 드럼머신이 작동합니다.

제 방에 가면 20여 가지의 다양한 장치들을 보실 수 있습니다. 버튼을 누르면 음악이 나오고 드럼이나 버블 기계가 작동합니다. 그래서 예전에는 그

● 흔들어 소리를 내는 타악기.

냥 바보처럼 휠체어에 가만히 앉아 있거나 모여 있어도 상호 교류를 하지 않던 아이들이 이제는 이런 버튼들을 누르게 됐습니다.

아이들 중에는 시간이 걸리는 애들도 있습니다. 이제 막 인과관계를 배우는 중이라서요. 그러니까 스위치를 치면 불빛이 들어오죠. 펑키하고 사이키델릭한 불빛 같은 것이요. 그럼 아이들은 '와, 이 스위치를 치니까 멋진 일이 생기네' 하는 겁니다.

이렇게 해서 저는 아이들에게 노래 몇 곡을 가르쳤습니다. 저는 기타를 치고 아이들은 자기 스위치들, 이른바 맞춤 스위치들로 연주를 했어요. 몇몇 학생에게는 언어치료사의 도움을 받아 수화를 가르쳤습니다. 기본적으로 말을 못하는 애들이죠. 그런데 그런 애들이 일어나 연주를 합니다. 전 우리 노래 한 곡 한 곡을 파워포인트로 만들었습니다. 그래서 우리의 콘서트는 관객에게 다양한 감각적 경험을 선사합니다. 우리에게 연주는 여러 가지 감각 경험이기 때문이죠. 아이들은 휠체어에 앉아서 조명 쇼를 하고 드럼 치는 효과를 냅니다. 그러니까 휠체어에 앉아 있는 아이들이 스위치를 켤 때마다 스크린 위에 다른 이미지가 나타납니다. 이제는 무선 스위치도 있습니다. 어떤 아이는 헤드 스위치를 어떤 아이는 무릎 스위치를 사용하죠.

가령 제가 '이제 정말 비가 그쳤어요. 사방을 둘러봐요. 하늘이 온통 파래요'라고 노래를 부르면 아이들은 이때 스위치를 쳐서 파란 하늘이 스크린 위에 나타나게 만듭니다. 아이들 중에는 정상적인 지능을 가진 아이들도 있지만, 거의 말도 못하고 움직이지도 못하기 때문에 그걸 이해하기까지는 시간이 걸린다는 걸 사람들은 잘 모릅니다. 다른 아이들은 기능이 훨씬 떨어집니다. 그래서 자신이 스위치를 치면 무슨 일이 생긴다는 것만 압니다. 그리고 스크린에 뭐가 나타나든 상관없을 때도 있습니다. 3, 4초마다 바뀌기만 하면 되죠. 이렇게 기능이 많이 떨어지는 애들도 슬라이드 쇼는 상연할 수 있습니다. 그래서 우리는 생음악을 하고 아이들이 조종하는 컴퓨터로 시각적 프레젠테이션을 합니다. 아이들은 그런 식으로 연주에 참여합니다. 현재 우리 레퍼토리는 15곡입니다.

바로 올해 일어난 일인데요. 중증 자폐증을 갖고 있는 한 여자아이가 있었습니다. 그 아이는 교실 뒤편에 앉아 거의 말도 하지 않았어요. 한두 마디나 했을까요, 대부분 자기만의 세계 속에 빠져 있었죠. 때론 느닷없이 뭐라고 소리를 지르기도 했습니다. 저는 그 아이에게 마이크를 주었어요. 그러자 그 아이가 노래를 하기 시작했어요. 정확한 가사로 디즈니 애니메이션 〈알라딘〉에 나오는 노래, 〈아름다운 세상A Whole New World〉을 부르는 거예요. 발음은 그다지 좋지 않았지만, 그 노래를 부르고 있다는 걸 바로 알 수 있었죠. 그 방에 있던 선생님들과 보조 선생님들 모두 입이 딱 벌어졌지요. 바로 2~3개월 전 일입니다. 그때부터 그 아이는 장기자랑에 나가 노래를 했습니다. 제가 뒤에서 음악을 연주하면 그 아이는 〈아름다운 세상〉처럼 음악적으로 복잡한 노래를 두 곡 부릅니다. 그러니 문제가 어디 있던 걸까요? 문제는 우리, 교사들한테 있던 겁니다. 우리는 그 아이가 그런 걸 할 수 있다는 걸 몰랐던 거죠. 교사인 우리는 대부분 이 아이들을 규격화된 상자 속에 가둬버립니다. 이 아이는 이걸 못하고 저 아이는 저걸 못한다는 식으로 목록을 만들고 내면화해버리죠. 특수 교육을 담당하고 있는 우리 교사들은 '딱지를 붙이는 게 불구를 만든다Labeling is disabling'는 얘기를 합니다. 그래놓고 그런 짓을 가장 많이 하는 겁니다.

우리는 아이들을 양로원과 다른 학교에도 데려갔습니다. 공연예술센터에 가서 1000명이 넘는 사람들 앞에서 공연도 두 차례 했습니다. 그런데 공연을 하고 있으니까 영웅들 같더군요. 애들이 와서 우리 아이들보고 사인을 해달라고 하더군요. 우리 아이들은 자신에게 솔직하고 정말 다른 사람들을 감동시키는 아름다움을 지니고 있습니다. 그 아이들은 너무 감동적이에요. 그렇게 자란 걸 보니 기분이 좋았죠. 너무 수줍어서 다른 사람 앞에서 아무것도 못하던 아이들도 있었는데, 이제 아마추어 공연자가 다 됐더군요. 아이들의 자아를 성장시키고 자신감을 불어넣어준 아주 놀라운 사건이었습니다.

제 좌우명 중 하나는 '특수 교육에 특수한 건 없다. 그건 그냥 좋은 교육일 뿐이다'입니다. 특수 교육에서 하는 일들은 일반 교육에서 다 하는 것들입니다. 아이 하나하나에게 뭐가 최선인지를 알아내고 아이에게 동기를 부여하고 참여하게 만들 방법을 알아내는 것이죠.

특수 교육 석사과정에 있을 때 훌륭한 교수님을 한 분 만났습니다. 언젠가 그분이 칠판에다 'GOK'라고 쓰더군요. 그리고 말씀하셨어요. 우리가 한 아이의 사소한 흠을 들추고, 그 부모나 정신과 의사 그리고 교사들이, 또 교장과 행동심리학자들이 나름대로 정보를 갖고 모두 이 아이는 이런 아이다, 이 아이가 할 수 있는 건 이것이고 이 아이는 여기까지 할 수 있다고 판단을 내릴 때, 'GOK'만 기억하라고 했습니다. 신만이 아신다God only knows는 걸 말입니다.

선생님께서 그 말을 입증하신 거군요.

언젠가 소년원에 있는 십대 애들을 데려다가 특수 교육을 받는 어린아이들의 개인교사를 시켜야겠다는 생각이 들었습니다. 학교 당국의 동의를 어떻게 얻어냈는지는 모르겠습니다. 아무튼 그런 애들은 몇 년 동안이나 '넌 책임감이 없어. 베풀 줄은 모르고 그저 받기만 하지. 사회적으로 넌 불량품이야' 같은 말만 듣던 애들이죠. 그런데 느닷없이 '책임질 일을 줄게. 넌 이제부터 교사고 이 애들이 네 학생들이야'라는 말을 듣게 된 겁니다. 그 일은 소년원에 있는 10대 아이들 3명과 시작한 시험적인 프로그램이었습니다. 처음에는 간수가 그 애들을 차에 태우고 와서 아이들과 같은 방에 있었습니다. 도망갈까 봐서요. 그러다 마침내 아이들끼리 버스나 자전거를 타고 학교에 올 수 있게 됐습니다. 그중에 한 아이가 생각나는데요. 언젠가 비바람이 몹시 몰아치던 날이었어요. 전 그 아이가 못 올 거라고 생각했죠. 그런데 자전거를 타고 뼛속까지 젖어서는 학교에 왔더군요. 그리고는 '수업을 빼먹을 수는 없죠'라고 하는 겁니다. 그 세 명의 아이들은 결국 소년원을 나왔습니다. 우리 특수 교육 아동들 교사 노릇을 한 덕분에요.

어떻게 그런 생각을 하시게 됐습니까?

대학을 졸업한 뒤 랍비 학교에 가서 신학 학사학위를 받았는데요. 캠퍼스 구경을 했던 때가 생각납니다. 커다란 방에 들어갔더니 탁자들이 있고 사람들이 그 앞에서 책을 보고 있는데 정말 시끄러웠어요. 진짜 그렇게 시끄러울 수가 없었어요. 여기가 뭐하는 곳이냐고 물었더니 안내하던 사람이 공부하는 곳이래요. 헤브라이어로는 베이트 미드라쉬beit midrash인데 '공부하는 집'이라는 뜻이죠. 그러고는 영어로는 도서관이 가장 좋은 번역일 거라고 하더군요. 근데 우리는 도서관에서 떠들지 않잖아요. 그런데 그곳은 시끄러웠죠. 효과적인 유대인식 학습 방법은 학생끼리 일대일로 배우는 거라고 설명해주더군요. 그걸 헤브루타hevruta라고 하는데, 이건 '교우'라는 말입니다. 그러니까 그것은 친구끼리 공부한다는 뜻이었어요.

이 학교에서는 한 시간 수업을 하면 다음 두 시간은 다른 학생과 짝을 지어 공부를 합니다. 훨씬 더 상호작용적인 방식으로 공부를 하는 거죠. 대학에서 일주일에 8시간 정도 수업을 듣다가 하루에 8시간, 9시간, 10시간 공부하는 랍비 학교로 가게 된 겁니다. 얼마나 배우는 게 많은지 무척 행복해서 자다가도 벌떡 일어났다니까요. 뒤에 가서 나한테도 효과적이면 다른 사람들한테도 효과적일 거라는 생각이 들었죠. 전 배우는 데 흥미를 잃고 있었거든요. 낙제하지 않을 정도로만 공부했죠. B마이너스 정도로 만족했으니까요. 부모님으로서는 미칠 노릇이었죠. 전 동기도 없고 지루해 하면서 그래도 통과는 했잖아요 하는 식이었으니까요. 랍비 학교에서 그렇게 많은 걸 즐겁게 배울 수 있던 건 학습 방법, 이 친구끼리 공부하는 방법 덕분이었습니다.

랍비 학교를 졸업하고 특수 교육 석사과정을 밟으면서 공립 학교 아이들한테 그 학습법을 시도해보자고 마음을 먹었습니다. 지나치게 내성적인 아이들뿐 아니라 행동에 문제가 있는 아이들한테도 그 방법을 썼죠. 그러니까

과잉행동과 과소행동 장애를 겪는 애들에게 다 써본 겁니다. 효과는 놀라웠습니다. 중퇴할 위험이 있는 고등학생들한테도 써봤습니다. 이 애들은 학교에 나오는 걸 끔찍이 싫어하고 어떤 방법도 소용없는 애들이었죠. 저는 동료 상호작용 학습법을 그 애들한테 썼습니다. 그 아이들한테 몇 살 어린 애들을 가르치게 했더니 효과가 놀라웠습니다.

이 방법은 교사의 권위를 그렇게 강하게 내세우지 않는 학습 방법입니다. 그러니까 교사가 '전능한 내가 지식을 전달할 테니 너희는 그냥 받기만 하면 된다'는 식의 태도를 취하는 방법이 아니죠. 그것은 구식 학교 모델이고 군대식 모델입니다. 많은 관리자들이 선생님들한테도 이런 식입니다. 신뢰라는 게 없죠. 그렇게 수업을 하는 선생님들도 있지만, 학생들한테 수업의 일부를 책임지게 해준다면 교사들은 통제력을 조금 잃는 대신 더 많은 걸 얻게 됩니다. 아이들이 공부에 흥미를 갖게 되는 거죠. 책임이 주어지면 아이들은 이것에 부응해 다른 아이들과 함께 공부를 합니다. 조금 늦춰주고 조금 내버려두면 훨씬 많은 효과를 거둘 수 있어요.

그러니 형제여, 네게 맡기마.

2장
Conversations with Great Teachers

대학에서
가르친다는 것

"설명이 아니라 질문을 통해
가르쳐야 합니다"

에릭 마저 물리학 교수　네덜란드 암스테르담에서 태어나 라이덴대학교에서 공부했다. 박사학위를
취득한 뒤, 1982년에 하버드대학교에 연구원으로 왔다가 2년 뒤 교수가 됐다. 지금은 하버드대학교 물
리학과 응용물리학 발칸스키 교수로, 분광학과 광산란, 물질과 레이저 펄스의 상호 작용, 나노광자공
학 분야에 큰 기여를 한 세계적으로 유명한 과학자다. 200편이 넘는 과학 논문을 썼고, 12개의 특허
를 취득했다. 또 물리학과 화학을 가르치는 방법에 관한 유명한 책인《동료 교수법 — 사용자 지도서
(Peer Instruction: A User's Manual)》을 썼으며, 미국뿐만 아니라 전세계에서 관련 워크숍을 열었다.

**제가 알아보니 교수님은 본인이 배운 기존의 방식대로 강의를 하면서 하버드 학
생들한테 높은 평가를 받았지만, 패러다임을 바꿔 물리학을 가르치는 새로운 방
법을 개발하셨는데요.**

제가 기본적으로 절 가르친 분들처럼 가르쳤다고 하셨는데, 정확히 맞는 얘
깁니다. 전 1984년에 하버드에서 조교수가 돼 의예과 학생들을 대상으로 하
는 대형 물리학 강좌를 맡게 됐습니다. 일반적으로 의예과 학생들이라 물리
학을 배우고 싶어 그 강의를 듣는 게 아니었습니다. 필수 과목인 거죠. 그 강
의를 어떻게 진행할 건지 생각해보지 않았습니다. 뻔했으니까요. 그동안 절
가르친 모든 교수들처럼 가르칠 생각이었죠. 그런 방법이 효과가 있었는지도
자문해보지 않았습니다. 지금 와 생각해보면 그런 식으로 가르치는 건 효과
적인 방법이 아니었으니까 제가 받은 교육에도 구멍이 많이 있었을 겁니다.

강의를 시작했는데 결과가 아주 좋았습니다. 학기말에 학생들한테 높은

평가를 받았고, 학생들은 제가 내준 과제도 잘 해왔고 시험 결과도 좋았으니까, 전 아주 좋은 선생이었던 거죠. 그런데 1990년에 학생들이 물리학 입문 강의를 통해 배우는 게 거의 없다고 주장하는 논문들을 접하게 됐습니다. 29문항으로 출제한 시험지를 가지고 물리학 입문 수강생들을 대상으로 학기 초와 학기 말에 테스트를 해보면 점수 차이가 거의 안 난다는 거였어요.

전 말도 안 된다고 생각했어요. 나한테 배우는 학생들은 안 그럴 거라고 생각했죠. 그래서 제 학생들에게 그 시험을 보게 했는데 결과가 제가 원하던 것과는 딴판이었어요. 과제도 잘 해오고 절 높이 평가해줬어도 제 학생들은 사실상 아무것도 못 배우고 있다는 첫 번째 신호였죠. 기계적으로 외워서 이해도 못하면서 그냥 따라하고 있던 겁니다. 지식을 자기 것으로 만들지도 못하면서 과제를 해왔고요. 그러니까 한 귀로 듣고 한 귀로 흘린 거지요.

과학자로서 제가 배운 것 중 하나는 데이터의 중요성입니다. 그런데 제가 좋은 선생이라는 걸 반증하는 데이터가 나온 거죠.

그 시험에는 어떤 문제가 있었습니까?
물리학 입문 강의를 듣는 학생은 대부분 뉴턴의 3법칙이 뭔지 말할 수 있습니다. 만일 두 물체가 서로 힘을 행사하면 두 물체의 힘의 크기는 같지만 그 방향은 반대라는 겁니다. 달리 말하자면 내가 벽을 밀 때 그 힘은 벽이 날 되미는 힘과 똑같다는 거죠.

그 시험에는 트럭과 승용차가 충돌하는 문제가 있었습니다. 가벼운 승용차에 미치는 무거운 트럭의 힘은 트럭에 미치는 작은 승용차의 힘보다 클까, 같을까, 작을까를 물었죠. 두 차가 충돌하면 승용차는 뒤로 밀리고 트럭은 속도만 줍니다. 승용차가 받는 충격은 트럭이 받는 충격보다 훨씬 큰 거죠. 즉 두 물체의 힘은 똑같지만 승용차가 질량이 더 작기 때문에 충격이 더 큰 겁니다. 그런데 뉴턴의 3법칙이 뭔지 줄줄 말할 수 있는, 하버드를 다니는 제 학생들 대다수가 승용차에 미치는 트럭의 힘이 트럭에 미치는 승용차의 힘보다 크다고 써놨더군요. 그러니까 물리학을 추상적으로는 공부할 수 있지만 일상생활에 적용하면 연관을 못 시키는 거였어요.

잠깐만요, 저도 모르겠는데요. 제가 물리학 시간에 배운 바로는 'F=ma'인 것 같은데요. 트럭의 질량이 훨씬 크지 않나요?
맞습니다. 그래서 일정한 힘에 대해 질량을 크게 하면 가속도는 작아집니다. 질량이 커지면 가속도는 줄죠. 승용차와 트럭이 충돌할 때 트럭의 질량이 더 크면 승용차는 뒤로 밀리고 트럭은 그냥 속도가 줄겠죠.

이건 둘째 주 강의 주제입니다. 그 다음 주 강의는 바로 이 바탕 위에서 진행됩니다. 그러니 학기 말에 이걸 모른다는 건 둘째 주 이후부터는 강의를 못 따라왔다는 얘기죠. 그런데도 학생들이 문제를 풀 수 있었다는 건 실재 세계가 어떻게 움직이는지 정확한 심상 모형°도 없이 그냥 알려준 대로 따라했다는 얘기밖에 안 되는 거지요.

제가 모은 데이터에 따르면 저는 좋은 선생이 아니었습니다. 한동안 대학원 강의나 해야 하는 건 아닐까 고민했죠. 그 시험이 잘못된 건 아니었을까 의심도 해봤지만 얼마 뒤 잘못된 건 제가 낸 시험이었다는 결론을 내렸죠. 학생들이 아무 생각 없이 가르쳐준 대로만 해도 통과할 수 있게 시험을 냈으니까요. 하지만 과학이란 그런 게 아니죠.

그러다 문제의 원인은 시험도 학생도 아니고 제가 가르치는 방식에 있다는 걸 깨달았습니다. 학생들한테 높은 평가를 받았지만 전 몹시 형편없는 선생이었던 겁니다. 처음에는 이 문제를 어떻게 해결해야 할지 몰랐습니다. 이런 문제를 해결하는 데 도움이 될 만한 일을 겪어본 적이 없었으니까요.

그런데 우연찮게도 해결책이 제 앞에 나타났습니다. 정확히 말하면 제 강의실에 나타났죠. 사실 그동안 전 학생들이 제 시험이 너무 쉽다고 생각하지

° Mental model. 세상에서 일어날 수 있는 사건이나 상황을 묘사하는 마음의 표상.

나 않을까 걱정을 했습니다. 수학을 몰라도 전혀 문제가 없었으니까요. 하지만 학생들은 시험이 쉽다고 생각하지 않았어요. 자기들이 잘 모른다는 사실을 스스로 잘 알고 있었으니까요. 학기말이라 곧 기말고사를 치러야 해 학생들은 걱정을 하고 있었어요. 따로 시간을 내서 그 문제들을 설명해달라고 부탁하더군요. 저는 야간에 강의실 하나를 잡아서 보강을 했습니다. 그 트럭 문제가 나오자 전 할 수 있는 한 설명을 잘 해줬습니다. 칠판에 그림까지 그려가면서요. 그리고 학생들을 둘러봤더니 다들 표정이 어리벙벙해요. 질문을 하라니까 뭐가 뭔지 몰라서 한마디도 못하더군요. 전 다시 설명을 했고 이번에는 잘했거니 했는데, 또다시 많은 학생들 표정이 어리벙벙해요. 왜 이게 머릿속에 안 들어갈까, 생각해봤죠.

그래도 반은 알아먹었더군요. 그런데 순간적으로 '옆 사람과 함께 토론을 해보세요'라는 말이 나왔습니다. 지금 생각해도 왜 그 말이 나왔는지 잘 모르겠는데, 아무튼 그러자 여태 제 수업에서는 볼 수 없던 일이 일어났습니다. 강의실이 터질 것 같았어요. 모두 얘기를 하는 겁니다. 승용차가 어쩌고 트럭이 어쩌고 손짓까지 해가면서요. 이해하고 싶었던 겁니다. 그리고 몇 분 있다가 다들 이해하게 됐죠.

그래서 전 이 방법을 제 강의 시간에 써야겠다고 생각했습니다. 몇 년이나 같은 강의실에서 200여 명의 학생들에게 강의를 했는데, 강의를 잠깐 멈추고 질문 있느냐고 물어보면 싸늘한 침묵만 흘렀거든요.

만일 당신과 제가 같은 강의를 듣는다고 해봐요. 그럴 때 당신이 저한테 설명해주는 게 교수가 설명해주는 것보다 나을 수도 있어요. 당신은 최근에야 알게 됐지만 교수는 몇 년 전에 배웠던 거니까요. 교수는 전문가라 초보자의 어려움을 잘 모를 테지만, 학생은 이해하는 데 따르는 난관이 뭔지 알 수 있을 겁니다. 그리고 어떻게 해야 그걸 넘어설 수 있는지도요.

그래서 전 이듬해 강의를 시작하면서 미리 말해두었습니다. 설명이 아니라 질문을 통해서 가르칠 거라고요. 이건 그렇게 혁신적인 방법이 아닙니다. 소크라테스가 2000년도 더 전에 썼던 방법이니까요. 저는 교육이란 두 가지로 구성돼 있다고 생각합니다. 첫째 교육은 정보를 전달합니다. 그래서 강의실 자리가 반원형으로 배치되어 있는 거죠. 책이 일상화되기 전에는 한 세대에서 다음 세대로 정보를 전달하는 유일한 방법이 강의였습니다. 하지만 교육이란 정보 전달에서 그치지 않습니다. 그럼요, 그 이상이죠. 학생은 정보를 받아서 소화하고 흡수해야 합니다. 그걸 이해하고 이미 알고 있는 것과 연관시켜 심상 모형을 형성해야 하는 거죠. 그냥 머릿속에다 저장하는 게 아닙니다. 특히 과학은요.

제 자신이 공부한 걸 돌아봤더니 제가 뭘 배우게 된 건 대체로 강의실 안이 아니었더군요. 강의실에 들어가 정보를 얻었지만, 그러고 나면 왜 그런지 알고 싶었습니다. 그래서 물리학자가 된 겁니다. 하지만 제 학생들은 대부분 의예과 학생들이거나 공학도들입니다. 그 학생들은 물리학자가 되고 싶은 게 아닙니다. 배운 걸 이해할 시간도 그럴 에너지도 없어요.

교육이란 정보 전달과 그 정보를 소화해서 흡수하는 과정이라고 본다면 두 가지 중에 어떤 게 더 힘들까요? 두 번째가 더 힘들다는 데 모두 동의할 겁니다. 정보는 아주 손쉽게 얻을 수 있습니다. 인터넷, 인쇄물 등 아무데서나 얻을 수 있지요. 그러니 정보 수집 단계는 강의실 밖으로 던져버려야 합니다. 인문학을 공부하셨으니 제 말이 이해가 되실 겁니다. 만일 제가 셰익스피어를 가르쳤다면 강의실에 들어가 책을 펴고 학생들에게 그걸 읽어주지는 않았을 겁니다. 학생들에게 미리 읽어오라고 했겠지요. 그런데 과학에서는 그렇게 하지 않았던 겁니다. 일반적으로 우리는 학생들에게 책을 읽어준 겁니다. 그것도 셰익스피어보다 훨씬 재미없는 책을요.

그래서 전 정보 수집 단계는 강의실 밖으로 던져버리고 소화 흡수에 집중하기로 했습니다. 이제 저는 학생들에게 강의에 들어오기 전에 책을 읽고 어떤 부분이 어려운지 미리 얘기하라고 합니다. 그리고 수업이 있기 전날 밤 웹사이트에 들어가 학생들이 어떤 부분을 어려워하는지 확인합니다. 그러나 다음 날 강의 시간에 학생들이 어렵다고 한 부분들을 설명해주지는 않습니다. 대신 이런 질문을 한 학생들이 있는데 생각할 시간을 주겠다고 합니다. 전 대개 그 질문을 선다형으로 만들어 제시합니다. 그래야 빨리 집계를 할 수 있으니까요. 보통 학생들은 강의실에서 리모컨을 사용하지만 거수로도 의견을 표현할 수 있습니다. 그래서 저는 그 문제를 전체 학생들이 어떻게 생각하고 있는지 알 수 있습니다. 대강 반은 알고 반은 모르는 그런 문제를 목표로 삼습니다. 그러고는 주변에 다른 생각을 가진 사람이 있으면 설득해보라고 하죠. 맞는 답을 알고 있는 사람이 틀린 답을 알고 있는 사람을 더 잘 설득합니다. 저는 이런 방법을 '동료 교수법peer instruction'이라고 부릅니다. 그러니까 학생들끼리 서로 가르치는 거죠.

이 방법을 쓰면 학생들은 계속해서 수업에 참여하게 됩니다. 숙고하고 참여하고 토론하고 다시 참여하게 되죠. 2~3분간 토론을 하고 나서 학생들은 다시 투표를 하거든요. 또 저 역시 피드백을 계속 받게 됩니다. 학생들이 잘 이해했는지 보려고 기말고사 때까지 기다릴 필요가 없죠. 성적에 반영되지 않으니까 위험 부담도 전혀 없이 학생들 지식을 계속해서 측정할 수 있습니다. 저도 융통성 있게 대처할 수 있고요. 이 단원을 끝내고 진도를 나가야할지 아니면 좀더 시간을 투자해야 할지 알 수 있으니까요.

1991년부터 대체로 이런 식으로 가르치고 있습니다. 그리고 다시는 옛 방식을 돌아보지 않았습니다.

물리학 입문 말고 다른 강의에서도 이 방법을 사용하십니까?
예. 참여를 통해 훨씬 많은 걸 배우게 되니까요. 누가 피아노를 연주하는 걸 보기만 해서는 피아노를 못 배웁니다. 직접 해봐야죠. 열심히 음계를 쳐보고 손가락을 움직여야죠. 다른 걸 배우는 것도 마찬가지입니다. 배운다는 것은 운동 경기를 관람하는 것과는 다릅니다. 직접 해봐야 하는 겁니다.

지금까지 저는 교육을 정보 전달과 거기에 따르는 소화 흡수의 과정이라고 말했습니다. 소화 흡수에 초점을 맞췄는데, 이건 학생들이 그 정보에 접근할 수 있다는 걸 전제한 겁니다. 하지만 책이나 논문으로 나와 있지 않는 아주 고급 과정을 대학원에서 강의하는 경우에는 선택의 여지가 없습니다. 먼저 학생들에게 정보를 알려줘야 합니다. 그래야 소화하고 흡수할 수 있으니까요. 2년마다 이탈리아에서 강의를 하는데요, 70명이 참석합니다. 교수가 35명, 대학원생과 박사 후 과정에 있는 연구원이 35명입니다. 우리는 제 전공 분야, 그러니까 광학과 레이저 분야에서 새로 나온 사실들에 관해 얘기합니다. 일곱 차례 강의를 한 뒤 남은 2주 동안은 청강생 틈에 앉아 다른 사람이 하는 강의를 듣습니다. 다른 사람이 강의하는 걸 그렇게 오래 듣고 있으니까 정말 힘들더군요. 게다가 무슨 말을 하는지 몰라 두 시간 내내 헤매면 남은 5시간은 저하고는 아무런 상관도 없게 됩니다. 그럼 노트북을 열고 메일이나 확인하는 거죠. 그래서 저는 그 새로운 방법을 썼습니다. 하지만 이 사람들은 제 학생이 아니라 동료들이라서 걱정을 좀 했는데, 멋지게 먹히더군요.

지금까지는 어떤 사람이 이해한 바를 다른 사람에게 이해시키는 것에 관해서 대화를 나눴는데요, 하지만 과학이란 결국 새로운 걸 알아내는 활동이잖습니까. 문명이 거기에 달려 있죠. 편리한 장치부터 끔찍한 질병 치료제에 이르기까지 모든 게 거기서 나오니까요.
물론이죠.

그럼 그 단계에서는 가르치는 방식이 다르나요? 과학적 창의성은 어떻게 가르치십니까? 아니, 과학적 창의성을 가르칠 수도 있는 건가요?
음악적 창의성은 어떻게 가르칠까요? 예술적 창조와 과학적 창조가 그다지 다르지 않다는 게 제 생각입니다. 다 하면서 배우는 거죠. 듣고 배우는 게 아니라요. 과학이란 서로 관련이 없어 보이는 많은 사물들을 설명해줄 수 있는 근본 법칙을 찾는 활동입니다. 그러면 서로 다르게 보이는 현상을 같은 원리로 설명할 수 있게 됩니다. 이것 따로 저것 따로 설명할 필요가 없지요. 두 현상의 원인은 같으니까요. 이것이 과학이 지닌 아름다움입니다.

그러니 과학적 창의성은 이런 심오한 통일적 패턴을 발견하는 데 있는 겁니다. 그런 유형의 창의성은 패턴을 알아보는 능력이지만 개발할 수 있는 사고 능력이기도 합니다. 저는 인간이라면 누구나 이런 사고 능력을 갖고 있다고 봅니다. 과학자만 그런 능력을 갖는 게 아니죠. 인간이라면 누구나 어느 정도는 세계가 어떻게 움직이는지 알기 원하는 과학자입니다. 유치원에서 아이들이 놀거나 어떤 프로젝트를 하는 걸 보기만 해도 알 수 있습니다. 사람들은 마술을 좋아하는데, 왜 그럴까요? 설명할 수 없는 일들이 벌어지는 것처럼 보이기 때문이죠. 하지만 우리는 늘 무의식적으로 '분명 이렇게 했거나 저렇게 했을 거야'라고 생각합니다. 진짜 마술 같은 건 없다는 걸 잘 알고 있기 때문에 사실을 알고 싶어하는 겁니다. 세계를 합리적으로 설명하고 주변의 현상을 이해하고 싶어하는 건 인간의 천성입니다. 그건 배울 수도 있는 거지만 사고하는 능력이죠. 강의할 때 학생에게 질문을 하고, 그 문제를 숙고하게 하고, 그런 다음 서로 토론하게 하는 건 기본적으로 이런 사고 능력을 훈련시키는 겁니다. 그런 사고 능력이 물리학 자체보다 훨씬 소중한 겁니다. 제 수업을 듣는 이들은 의예과 학생들이니까요. 뉴턴의 법칙을 알고 있는지 누가 신경 쓰겠습니까? 그런다고 더 나은 의사가 되는 것도 아닌데요. 하지만 훌륭한 사고 능력을 갖추는 건 중요합니다. 그래야 이전에는 못 본 증상을 보이는 심각한 환자를 보게 돼도 그 증상들을 분석해 논리적인 결론을 도출할 수 있으니까요. 그리고 그건 삶과 죽음을 결정하는 일이잖습니까?

마치 교수님의 좌우명이 '하면서 배운다' 같군요.

'하면서 배운다'기보다는 '생각하면서 배운다'고 말하고 싶군요. 왜 그런지 그 이유를 말씀드릴게요. 전국을 돌며 과학 교육에 대해 강연을 하면서 보니까 많은 사람들이 '실습' 얘기를 하더군요. 학생들이 아주 엄격한 지시 사항을 준수하며 실험을 하는, 그러니까 이걸 여기다 붓고 미터기를 저기까지 돌리고 숫자를 기록하라고 시키는 그런 실험 말입니다. 그건 실제로 학생이 하긴 하지만 머리를 쓰는 건 아니죠. 머리를 써야죠.

제 실험실도 좀더 발견 지향적으로 바꿔야 했습니다. 여기 어떤 문제가 있으니 해답을 찾아보라는 식으로요. 그러자 학생들이 훨씬 힘들어 하더군요. 하지만 그 결과는 훨씬 오래갔습니다. 한 학생의 말대로 일단 뭘 알아내면 그건 평생 그 학생의 것이 되거든요. 내가 알아냈지 누가 말해준 게 아니라는 점에서 자신감을 키워주는 정도에서 그치지 않습니다. 한 번 알아냈으면 다음에도 알아낼 수 있다는 걸 깨닫게 되는 거죠.

유치원과 초등학교에서는 학생 스스로 알아내는 활동을 많이 합니다. 그러다 중학교와 고등학교로 가면 수업이 아주 규격화돼 버립니다. 이제 알아내는 활동은 없게 되고 그저 정보를 억지로 주입받게 됩니다.

제 수업에 들어와서 스스로 알아내야 한다는 것에 무척 당황하는 학생들이 있습니다. 그래서 기말 평가서에 이렇게 씁니다. "마저 교수님은 아무것도 가르쳐주지 않았습니다. 다 우리 스스로 배워야 했습니다." 이제 전 '무대 위의 현자'가 아닙니다. '옆에서 안내해주는 사람'이죠. 학생들이 배울 수 있게 도와주지만 대신 배워줄 수는 없습니다. 제가 할 수 있는 최선은 학생들을 안내해주고 배우는 데 가장 도움이 되는 환경을 만들어주는 겁니다.

그런데 많은 선생님들이 '가르쳐야 할 범위' 걱정을 하는데요. 교수님 방식대로 하면 진도를 다 못 빼지는 않나요?

더 많이 나갔을 겁니다. 하지만 범위를 고수하지는 않습니다. 그게 무슨 소용이 있습니까? 범위를 줄여야겠다고 생각했습니다. 안 그러면 너무 많은 정보를 쑤셔 넣으려고 애를 쓰게 되니까요. 그런데 이제 진도가 더 빨라졌습니다. 어느 게 중요할까요, '얼마나 진도를 빨리 빼나'일까요? 아니면 '얼마나 많은 학생이 따라오느냐'일까요?

"가르치는 걸 진짜로 좋아하지 않는다면 다른 일을 해야죠"

엘렌 페플리 원예학 교수 1984년부터 텍사스 공과대학에서 원예학을 가르치고 있다. 원예학 분야에서는 잘 알려진 인물이며, 2005년 총장 우수교수 상을 비롯해 많은 상을 받았다.

원예학은 농학의 한 분야인데요, 사람들은 대부분 농학을 농업으로 착각해요. 트랙터 같은 거대한 장비로 면화나 수수, 밀 같은 걸 재배하는 게 농업이라면, 원예학은 식물학이나 응용생물학에 가깝습니다. 채소 작물이나 유실 작물, 관상 작물을 다루죠.

학생들에게 기본 지식을 알려준 다음 여러 작물에 그 지식을 응용하도록 합니다. 원예학에 속하는 여러 가지 분야도 소개합니다. 채소, 과일, 관상작물 등. 제 목적은 학생들의 생각을 바꿔주는 겁니다. 왜냐하면 의회에서 만들어지는 많은 법들이 농학을 전혀 모르는 사람들 손에 좌우되고 있기 때문입니다. 저는 학생들이 제 강의실을 떠날 때 원예에 대해 잘 아는 사람이 돼 있길 바랍니다.

원예학 강의는 기본적으로 4학점짜리인데, 일주일에 3시간은 강의를 하고 두 시간은 실습실에서 실습을 합니다. 전 강의와 실습을 병행하려고 노력

91

합니다. 강의실에서 배운 지식을 실습실에서 응용할 수 있게 말이죠. 학생들은 씨앗과 무성생식을 통해 식물을 번식시키는 걸 배우고, 분재를 만들고, 토피어리*를 배우고, 증산 작용**에 관해 배웁니다. 우리한테는 수경 재배실도 있는 데 학생들이 거기서 오이를 재배하고 수확합니다. 제가 몇 년 간 나사에서 받는 기금의 일부로 운영하고 있죠.

다른 강의들도 하는데요, 예를 들면 채소 작물에 관한 강의가 있습니다. 채소에 관해 배우게 되지요. 아마 학생들이 지금까지 알고 있던 것보다 훨씬 많은 종류의 채소에 관해서요. 전 학생들을 농장으로 데려갑니다. 책을 내려놓고 캠퍼스 밖으로 나가죠. 오이를 기계로 수확해 가공하는 것도 보고 수박과 호박을 재배하는 곳도 찾아갑니다. 학생들은 사람들이 수확하는 모습을 보면서 어떤 노력과 어떤 전문적인 지식이 필요한지 배우게 됩니다. 그리고 사회와 정치 얘기도 합니다. 왜냐하면 원예학에서는 이민이 커다란 이슈이기 때문입니다. 원예학은 노동 집약적인 분야니까요. 이 강의는 현장 실습이 많습니다. 덕분에 학생들은 식물에 관한 과학적 지식뿐 아니라 산업에 관해서도 알게 되지요.

조사를 해본 적은 없지만 제 학생들의 90퍼센트는 농업과 상관없는 집안 출신이고 앞으로도 농업을 하겠다는 생각은 없을 겁니다. 대다수가 도시 애들이니까요. 농업과 관련된 가정 출신이라고 해도 밀이나 면화 같은 걸 대량 재배하는 대농장 집안 출신일 겁니다. 원예를 하는 집안 출신은 거의 없지요.

최근 들어 점차 음식, 특히 그 영양 상태와 위생 상태에 관해 신경을 많이 쓰는 추세인데요, 그런 경향이 교수님 강의에 어떤 영향을 줬나요?
예, 가르치는 내용에는 영향을 미쳤습니다. 하지만 가르치는 방식에는 아님

● 나무를 동물 모양으로 조경하는 법.
●● 잎의 뒷면에 있는 기공을 통해 물이 기체 상태로 식물체 밖으로 빠져나가는 작용.

니다. 10년 전부터 피토케미컬* 강의를 하고 있는데요. 피토케미칼은 식물이 생산하는 화합 물질로 비영양학적인 방식으로 식물 내에서 사용이 됩니다. 피토케미컬 강좌는 상당히 고급 과정이고 화학이 많이 들어갑니다. 산화 방지제가 어떤 작용을 하는지, 그 임상학적 측면을 연구하고 항암 물질 같은 것들도 연구를 합니다.

그리고 하위 강좌들에서는 그냥 기본적인 화합 물질들을 소개하고 색상에 근거해 음식을 선택하는 방법을 알려줍니다. 색상이 강렬할수록 건강에 좋죠. 저는 강의를 할 때마다 균형 잡힌 식사의 중요성을 역설합니다. 학생들이 알아야 하니까요. 우리 학생들 대부분은 그걸 잘 몰라요. 가령 실습실에서 오이를 기르는데 오이를 한 번도 먹어본 적이 없는 애들도 있어요. 햄버거와 프렌치프라이밖에 몰라요. 그러고는 오이를 먹어보고 정말 맛있다고 하죠. 그러다 오이가 맛만 좋은 게 아니라 건강에도 좋다는 걸 배웁니다. 예전에 라박**에는 '오늘 리코펜***을 드셨나요?'라고 쓴 수박 광고판이 있었습니다. 학생들은 리코펜이 건강에 어떻게 좋은지 알게 됩니다. 리코펜은 특히 남자들에게 좋지요. 전립선암에 걸릴 위험을 낮춰주니까요. 그런 사실을 알고 나면 학생들은 앞으로 수박과 토마토를 먹겠다고 해요. 그러니 그게 학생들에게 영향을 미친 거죠.

교수로서 성공하신 비결이 어디에 있다고 생각하시나요?

전 아주 훌륭한 선생님들을 만났습니다. 다 그분들 덕분이죠. 그리고 제가 배운 것 중에 하나는 모든 말에 긍정적으로 답하려고 노력하라는 겁니다. 전 그렇게 하려고 노력했습니다.

● 식물 속에 들어 있는 화학 물질로 식물 자체에서는 경쟁 식물의 생장을 방해하거나, 각종 미생물과 해충 등한테서 자신의 몸을 보호하는 기능 등을 한다. 또 사람의 몸에 들어가면 항산화 물질이나 세포 손상을 억제하는 작용을 해 건강을 유지시켜 준다. 식물생리활성영양소, 식물내재영양소라고도 한다.
●● 텍사스 주 서북부의 도시.
●●● 피토케미컬의 일종으로 토마토와 수박 같은 붉은색 과일에 풍부함.

예를 들어 제가 '식물한테는 뭐가 필요할까요?'라고 물었는데 학생이 '산소'라고 대답을 해요. 광합성을 하는 한 이 대답은 틀린 대답이죠. 하지만 전 '아니, 틀렸어'라고 말하는 대신, 그걸 돌려서 '산소는 호흡에 사용되지만 식물이 포도당을 만들기 위해서는 뭐가 필요할까요?'라고 묻는 겁니다. 그렇게 학생 자신이 정확한 답을 알아낼 수 있도록 이끌죠. 그런 식으로 긍정적으로 말하려고 노력합니다. 그게 제가 배운 것이고 또 제가 하려고 노력하는 일입니다.

교수님만의 비결도 있나요?

전 제 강의를 들을 때 모자를 못 쓰게 한답니다. 근데 그게 큰 문제예요. 남학생들뿐 아니라 여학생들도 야구 모자를 쓰고 다니니까요. 농업학교에서는 카우보이모자를 쓰는 아이들도 있습니다. 몇 년 전만 해도 남자가 모자를 쓰고 있더라도 여자 앞에서는 벗었답니다. 그런데 요즘 학생들은 에티켓도 몰라요. 그래서 전 제 강의 시간에 에티켓을 가르칩니다. 강의 시간에 모자를 못 쓰게 하는 것도 그 일부죠. 전 학생들에게 그게 싫으면 이 강의를 끊고 다른 강의를 들으라고 합니다.

또 뉴멕시코주립대학교에 다닐 때 제 은사님한테 배운 것도 있어요. 그건 학생들 이름을 다 외우는 겁니다. 수강생이 100명에서 120명 정도 되는 강좌가 하나 있는데, 전 무엇보다 먼저 학생들 이름을 다 외우려고 합니다. 좌석표를 갖고 다니며 매번 출석을 점검하죠. 최소한 학생 이름은 외우려고 하고 더 나아가 개인적으로도 알려고 노력합니다.

또 신입생을 대상으로 하는 원예학 기초 강의 시간에는 자주 간단한 테스트를 합니다. 강의를 시작할 때 하는데, 벌을 주려고 그런 게 아니라 배운 걸 보강하거나 그날 하게 될 강의에 관해 생각해보라고 그러는 겁니다.

그래서 출석 점검을 하고 수업의 4분의 1을 빠진 학생에게는 나하고 면담을 하지 않으면 낙제를 하게 될 거라고 알립니다. 그러면 학생들은 날 찾아와서는 거의 매번 '죄송합니다. 그렇게 많이 빠진 줄 몰랐어요'라고 하지요. 그럼 전 비유를 들어가며 애기를 합니다. "만일 자네가 직장인이라면 어떻게 될까? 자네 사장이 그렇게 많이 빠져도 내버려둘까? 이봐, 이게 자네 직업이야. 그러니 학교에서 공부를 할 건지 말 건지 결정하도록 해." 개중에는 여태까지 자기를 직접 불러 '준비를 잘해서 수업에 들어오라'며 걱정을 해주는 교수는 없었다고 말하는 학생들도 있었습니다.

제가 그렇게 해서 대학 생활을 좀더 잘하게 된 학생들도 있었기를 바랍니다. 신입생들한테만 그렇게 하는데요. 하지만 학생들에게 출석을 하는 게 생존 기술이라고 말합니다. 그리고 강의에 나오지 않으면 이미 낙제를 하고 있는 거라고 하지요.

교수 생활을 하신 지 24년이 넘었는데요. 옛날 학생들과 비교해 지금 학생들은 어떻습니까, 다른가요?

실력은 떨어진 것 같습니다. 말하기와 쓰기 능력이 갈수록 떨어집니다. 단 한 문단도 못 쓰는 학생들이 정말 비일비재해요. 지금 학생들은 20년 전 학생들보다 작문 실력뿐 아니라 이해력도 떨어집니다. 요즘 학생들은 모든 걸 다 갖다 안겨주길 바라요. '공부할 것 요약 좀 해주세요'라고 한다니까요. 그럼 전 강의 시간에 다 알려줬다고 하지요. 숟가락으로 떠먹여주는 걸 받아만 먹다가 고등학교를 졸업했구나 싶죠.

그 까닭이 어디에 있다고 보십니까?

소규모 학교를 나온 아이들은 더 낫습니다. 규모가 큰 학교를 나온 애들은 작문 실력이 형편이 없어요. 거대한 공립 학교 제도 때문이 아닌가 싶습니다. 실제로 공립 학교가 어떤지 잘 모르지만 우리 때처럼 작문을 가르치지는 않는 것 같습니다.

걱정되는 건 작문 실력만이 아닙니다. 15년 전부터 시험을 낼 때마다 보너스 문제를 내는데요, 늘 지리에 관한 문제를 냈어요. 가령 카네이션을 콜롬비아에서 길러 배편으로 네덜란드로 보내는 얘기를 할 경우 또는 점적관수시스템*을 개발한 이스라엘 얘기를 할 경우, 학생들에게 콜롬비아나 이스라엘을 지도에서 찾아 X표를 하라는 문제를 냅니다. 그런데 그 나라들의 위치를 지도에서 찾아내는 아이들은 100명 중 4명밖에 안 됩니다. 심지어 그 나라들이 어느 대륙에 있는지 모르는 애들도 수두룩하다는 겁니다. 놀랄 일이지요.

교육과 관련해서 하고 싶으신 말씀이 있습니까?

사랑해야 한다는 겁니다. 가르치는 일을 사랑하지 않는다면 다른 일을 해야죠. 대학에도 보면 가르쳐야 해서 가르치는 사람들이 있습니다. 그러니 잘 가르치지 못하는 겁니다. 가르치는 일을 사랑해야 하고, 그리고 가르치는 일을 사랑하게 되면 학생을 사랑하게 됩니다.

전구에 불이 들어오는 그 순간을 전 사랑합니다. 강의할 때 보게 되는데요. 새로운 원리나 개념을 가르칠 때 학생이 마치 헤드라이트 불빛을 받은 사슴마냥, 그러니까 이런 표정이죠. '교수님이 뭔 소리를 하는 건지 도통 모르겠군'. 그러다, 찰칵 하고 불이 들어오는데, 정말 놀랍죠.

● 마이크로 플라스틱 튜브 끝에서 물방울을 똑똑 떨어지게 하거나 천천히 흘러나오도록 해 원하는 부위에만 제한적으로 소량의 물을 지속적으로 공급하는 관수 방법.

"관점을 가질 수는 있지만, 다른 쪽에 관해서도 공정해야지요"

토마스 버클리 신부 신학 캘리포니아 주 버클리에 있는 신학교와 신학대학원과 결연을 맺은, 신학대학원 연합 소속 예수회 신학교에서 가르치고 있다. 전공은 미국 종교사로, 교회와 국가의 관계 그리고 종교와 사회정책 간의 상호작용을 주로 연구한다.

우리 학교는 사제 서품을 받을 준비를 하는 학생들도 있지만, 이미 사제 서품을 받고 고급 종교 학위 과정을 밟는 사람들도 있습니다. 또 학생들 중 반 정도는 서품을 받지 않고 사목 활동을 준비하고 있는 사람들이지요. 그중에는 교사가 될 사람들도 있습니다. 오늘날 교회는 50년 전하고는 너무나 다릅니다. 이제는 남자든 여자든, 사제든 평신도든 적극적으로 사목 활동을 할 수 있습니다. 온갖 종류의 일이 있습니다. 학문적 차원에서든 목회 활동의 차원에서든 그런 일들을 할 수 있도록 사람들을 준비시키는 게 우리의 일입니다. 전 학문 쪽을 담당하고 있지요. 종교사를 가르칩니다. 사회사의 한 분과지요. 전 종교와 정치를 가르치는 게 아주 좋아요. 제 어머니께서 그런 건 절대 입에 올려서는 안 된다고 하셨거든요.

전 교회사를 가르치는 게 아주 좋습니다. 그건 한 사람이나 한 집단의 핵심과 연관된 주제를 다루지요. 그래서 가령 가구나 복식 같은 지엽적인 문제

같은 건 얘기하지 않습니다. 종교사는 사람들이 갖고 있는 가장 심오한 가치들은 무엇인지, 그 핵심적인 신념은 무엇인지에 관해 얘기를 합니다.

성직자가 되려고 하는 사람에게 학문적인 면은 어떤 구실을 합니까? 그런 게 필요한 건지 의심하는 이들도 있는데요.

절대적으로 필요합니다. 신은 준비되지 않은 멍청한 사제들, 이해하지도 못하면서 전후 맥락은 살피지 않고 아무데서나 뚝 떼다가 아무 데나 갖다 붙이며 성경을 가르치는 무지한 인간들한테서 우리를 보호하십니다. 서품을 받는 사제들은 정말이지 학문적인 교육을 충분히 받아야 합니다. 그런데 그 모든 공부를 여기서 3, 4년 만에 끝낼 수는 없어요. 우리가 해줄 수 있는 건 그 기반을 닦아주고 몇 가지 도구를 제공하는 겁니다. 여기를 떠난 뒤에도 혼자 공부할 수 있게 말입니다. 설교단에 서 있는 사람이 자기가 뭔 말을 하고 있는지는 반드시 알아야지요.

　멍청한 사제와 목사들은 차고도 넘칩니다. 더는 필요하지 않아요. 그 사람들은 골칫거립니다. 사람들에게 해를 끼쳐요. 왜냐하면 인간의 삶에 절대적으로 중요한 믿음의 문제를 다루는 사람들이니까요. 사람들에게 좋지 못한 정치적 충고를 하는 것도 해롭지만 좋지 못한 영적 충고를 하는 것은 훨씬 더 나쁜 일입니다.

기독교의 이름으로 혹은 미합중국 헌법 제정자들의 유지라는 명목으로 미디어를 통해 말하는 사람들을 보면 정말 답답할 때가 있을 것 같은데요.

대개 그런 사람들은 속셈이 따로 있는 사람들입니다. 자신의 주장을 증명하려고 헌법 제정자들을 이용하는 걸까요? 정말 이해나 하는 걸까요? 그 사람들이 그 시대적 맥락 속으로 들어가 그때의 논쟁들과 의제들 그리고 관심사를 이해할 수 있을까요? 그게 정말 중요한 겁니다. 제퍼슨이 마음속에 그리던 미국은 결코 오늘날의 미국이 아니었습니다. 제퍼슨이 이러저러하게 말했으니 그걸 오늘에 적용할 수 있다고 하는 건 정말이지 견강부회지요.

저는 교회와 국가가 절대적으로 분리돼야 한다고 생각합니다. 특히 현대 사회에서는요. 종교적인 인물들이 정치적 결정에 관여하는 건 엄청난 잘못입니다. 그러나 교회가 국가를 향해 도덕적 가치에 관해서는 얘기할 수도 있다고 봐요. 정반대되는 두 가지 견해가 있을 수 있을 겁니다. 종교적 가치와 관심사에 따라 정치적 결정이 내려져야 한다는 견해와 종교는 거기에 관해 할 말이 전혀 없다는 견해. 전 양쪽 다 틀렸다고 생각합니다.

어떻게 적절한 균형을 유지할 수 있을까요?

낙태 문제를 봅시다. 가장 논쟁이 되고 있는 문제지요. 가톨릭교도라면 낙태 합법화를 지지하는 정치가들에게 투표를 해서는 안 된다고 말하는 주교들을 봅시다. 저라면 생명이란 수태되는 순간부터 엄청나게 소중한 거라고 말하겠습니다. 그 소중한 걸 어떻게 하면 가장 잘 보존할 수 있을까? 낙태 문제 이상이지요. 그것은 생명의 문제입니다. 매 순간의 생명에 관한 것이지요. 사형을 당할 누군가의 생명에 관한 문제고, 충분한 음식이 없고, 치료를 받지 못하는 사람들에 관한 문제입니다. 생명의 문제는 베르나르딘^{Bernardin} 추기경께서 솔기가 없는 옷이라고 했던 것에 속합니다. 자궁 속의 생명을 존중한다면 자궁 밖의 생명도 존중해야지요. 평화 속의 생명을 존중해 전쟁과 파괴의 무기를 만들지 말아야지요. 그것을 솔기가 없는 옷으로 만들어야 합니다.

존 커트니 머레이^{John Courtney Murray}는 예수회 사제로, 20세기 후반기에 가르침을 폈습니다. 머레이에게 가장 중요한 원칙은 인간의 존엄성이었어요. 《우리는 이런 진리들을 믿는다^{We Hold These Truths}》라는 놀라운 소책자를 써, 부도덕하다고 해서 다 불법적인 건 아니라고 주장하면서 아주 중요한 관점을 피력했습니다. 우리 미국인들은 합법성과 도덕성을 뒤섞어버리는 경향이 있다고도 말했습니다. 알코올 금지가 좋은 예라면서요. 그러면서 사회적인 악을 불법적인 것으로 만들고려고 하면 할수록 그걸 더 조장하게 된다고 했지요.

저는 오히려 팀 캐인Tim Kaine 주지사가 한 말을 좋아합니다. 캐인은 생명은 수태되는 순간부터 소중하다고 믿지만 낙태를 법률로 금지하는 것에는 찬성하지 않는다고 했지요. 낙태를 막는 방법은 피임, 성교육, 산전 관리, 적당한 직업을 가질 기회를 주는 것, 여성들을 위한 유아 보육입니다. 이것들이 다 중요하지요. 그리고 20세기 후반에 우리의 문화는 죽음의 문화 쪽으로 흘러가고 있다는 생각이 듭니다. 지금도 빈부격차가 어마어마한데 점점 더 악화되고 있어요. CEO의 수입과 공장 노동자의 수입은 정말이지 천문학적 차이가 나요. 왜 그토록 어마어마한 급여를 받는 걸까요? 제가 보기에는 그럴 권리가 전혀 없습니다. 그건 타락이에요. 잘못된 겁니다.

1986년에 발표된 '모든 이에게 경제적 정의를Economic Justice for All'이라는 제목을 단 주교들의 교서는 경제와 관련해 올바른 균형 감각을 갖춘 최고의 성명서였습니다. 모든 인간은 교육을 받고 적당한 직업을 가질 권리가 있습니다. 20세기 미국의 최고의 법은 제대군인 원호법이었어요. 인간의 잠재성을 최대한으로 살릴 수 있게 교육하고 모든 사람에게 최고의 의료 서비스를 제공해야 한다. 모든 사람에게. 이런 것이 생명의 문제지요. 우리는 모든 걸 낙태 문제에다 놓고 하나로 묶어버리는데, 제가 보기에 낙태 문제는 생명에 관한 그 모든 일련의 문제 중 하나에 지나지 않습니다.

어떤 식으로 가르치는 걸 좋아하십니까? 토론인가요, 강의인가요?
어떤 강좌냐에 달렸습니다. 전 질문이 많이 오가고 토론이 활발한 강의를 더 좋아합니다. 지금 굉장한 강의를 하고 있는데, 미국 종교사 강의지요. 학생이 4명입니다. 정말 즐거운 강의라 아주 좋아해요. 학생들이 원전을 읽지요. 가령 오늘은 학생들이 '자유로운 은총free grace'에 관한 존 웨슬리*의 설교와 친

● John Wesley(1703~1791). 영국의 종교개혁자·신학자. 감리교 교회의 창시자. 사람들에게 종교적 체험과 성결한 생활을 역설하고, 산업혁명을 배경으로 대규모 신앙 운동을 전개했다.

구인 위즐리를 공격한 조지 화이트필드*의 오래전에 출간된 편지를 읽고 들어왔어요. 우리는 두 텍스트와 그 속에 담긴 신학적 논점들을 두고 멋진 토론을 했지요. 또 아주 재미있는 세미나도 열고 있습니다. 제2차 바티칸 공의회**와 미국의 가톨릭에 관한 세미나입니다. 예수회든 아니든, 남자든 여자든 간에 가톨릭교회에서 사목 활동을 하려고 준비 중인 학생들을 위한 세미나지요. 제2차 바티칸 공의회의 내용과 그것이 이 나라 사람들에게 미치는 영향은 반드시 알고 졸업해야 합니다. 그래서 1950년에서 1980년 사이에 교회가 어떻게 변했는지 이해하길 바랍니다.

신부님의 강의에는 논쟁적인 이슈들이 많이 들어 있는데요. 신부님 본인의 견해가 정해진 이슈들은 어떻게 다루십니까? 교수들은 이런 문제를 다룰 때 다양하더군요. 자신의 견해를 공개적으로 밝히는 이들이 있는가 하면 계속해서 감추거나 감추려고 하는 이들도 있던데요.

저는 못 감춥니다. 너무 솔직해서요. 게다가 멋지게 논증하는 걸 아주 좋아해요. 때로는 반론을 제기하기도 하고요. 대학원에서는 종종 그냥 뒤에 앉아서 학생들의 토론을 지켜봅니다. 만일 제 의견을 묻거나 말해달라고 조르면 제 생각을 말해줍니다. 때로는 자진해서 제 견해를 밝히기도 하고요. 대학원생들은 대학생들보다 덜 예민합니다. 또 대학생들은 고등학생들보다 덜 예민하고요. 제가 고등학생들을 가르칠 때는 제 견해를 밝히지 않았고 계속 그러려고 했습니다. 물론 절 더 잘 알게 되면서 학생들은 제 견해를 알게 됐지요. 그러나 수업을 할 때 학생들은 제가 예수회 가톨릭 신부라는 걸 잘 알고 있

● George Whitefield(1714~1770). 영국의 전도자. 영국과 미국을 넘나들며 복음신앙 각성운동을 위해 활약했다. 웨슬리 형제와 함께 일하기도 해서 감리교의 초기 전도자로 간주되기도 한다. 특히 미국의 교회에 활력을 불어 넣었고 프린스턴 등 50개 대학의 기초를 만들기도 했다.
●● 전세계의 가톨릭 교구 지도자나 그 위임자와 신학자들이 모여 합법적으로 교회의 신조와 원칙에 관한 문제를 의논하고 성의하고 결정하는 회의로, 1962년부터 1965년까지 열린 제2차 바티칸 공의회에서는 장차 로마 가톨릭이 나아갈 길을 타진했다.

습니다. 그래서 종교개혁을 공부할 때 제 견해가 어떤 건지 잘 압니다. 하지만 때로는 이런저런 인물에 관한 제 평가를 듣고 놀라기도 합니다. 저는 공정하려고 노력합니다. 그래서 루터에 관해 공부할 때는 루터파 학생들에게 내가 공정했는지, 빼먹은 건 없는지 물어봅니다. 영국의 종교개혁에 관해 강의할 때는 성공회 학교에서 근무하는 친구들에게 개요와 자료를 보내서 내가 한쪽으로 치우지지는 않았는지 의견을 묻습니다. 관점을 가질 수는 있지만, 다른 쪽에 관해서도 공정해야지요.

오랫동안 가르쳐 오셨는데요, 예전 학생들이나 지금 학생들이 똑같습니까, 아니면 무슨 변화나 달라진 경향 같은 걸 볼 수 있나요?

그러니까 80년대에는 레이건의 개혁이 위세를 떨치던 시대였지요. 지금은 좀 바뀐 것 같더군요. 하지만 대학생들에 관해서는 잘 모르겠습니다. 접촉하고 있지 않아서요. 그리고 여기 대학원생들은 아주 특별한 사람들입니다. 세상에 나가 세상을 변화시키는 데 몸과 마음을 바친 사람들이니까요.

제가 로욜라 매리마운트(로스앤젤레스에 있는 가톨릭 대학교)에 있었을 때, 아침에 산책을 나가면 BMW, 포르쉐, 메르세데스 같은 차들이 주차되어 있는 게 보였어요. 그럴 때면 정말 내가 이런 사람들과 같은 무리에 속하고 싶은 건가 회의가 들기도 했다는 얘기를 해야겠군요. 그런데도 그 시절 학생들과 아직도 연락을 하고 지내지요.

그럼 그 사람들이 괜찮아진 건가요?

글쎄요, 그 사람들은 제 취향보다는 더 보수적입니다. 하지만 그건 오늘날 미국인들의 일반적인 가치관이죠. 제 생각에는 참 끔찍한 가치관이긴 합니다만. 당연히 있어야 할 사회적 공동선에 관한 헌신이 거의 보이지 않아요. 그래서 제가 뭔가를 강권한다면 사회적 공동선에 관한 헌신을 강권할 겁니다. 물론 여기 있는 천사들 무리한테 설교를 하겠지요.

"가르치다 보면······ 선생이 배우게 되지"

윌리엄 개스 철학 교수   50년 동안 대학에서 철학을 가르치다 2000년에 은퇴했다. 우스터대학교와
퍼두대학교를 거쳐 워싱턴대학교 인문학부 데이비드 메이 우수교수에 임명되어, 1969년부터 2000년
은퇴할 때까지 그곳에서 강의했다. 소설 《터널(Tunnel)》로 전미 도서 상을 받았고 미국도서비평협회가
주는 비평가 상을 3차례 수상한 걸 비롯해 소설과 비평으로 많은 상을 받았다. 또 록펠러 재단과 구겐
하임 재단에서 연구 기금을 받았고, 래던 평생 공로상을 받았으며, 퍼두대학교와 워싱턴대학교에서는
우수교수 상을 수상하기도 했다. 개인적으로 나는 60년대 후반 퍼두대학교에 다닐 때 개스 교수의 강
의를 4개 수강했는데, 이 분은 내가 만난 최고의 선생님이었다. 그동안 나는 이상할 정도로 그분 강의
를 들었다는(보통 워싱턴대학교에서) 사람들을 많이 만났는데, 다들 지금껏 만난 선생님들 중 최고라
고 말했다.

겸손일랑 접어두시고, 어떻게 그렇게 훌륭한 선생님이 되셨습니까?

(소리 내 웃음) 음, 그렇게 말하니 겸손을 접어두기가 어렵구만. 대학교수는
여러 가지 일을 하는데, 난 그다지 훌륭하지 못했다네. 개별 지도나 세미나를
이끄는 건 잘 못했지.

하지만 강의실에서 강의를 하는 건 괜찮았던 것 같아. 그나마 강의실에서
좀 나았던 건 내가 사상 자체에 관심이 있었기 때문일 거야. 난 늘 사상에 이
끌렸고 그걸 가능한 한 명료하게 하는 데 관심이 있었지. 내게는 철학적 견해
들을 개념적 구조물로 보고, 내 동의 여부하고는 상관없이 그것에 감탄할 수
있는 예술가적 기질이 있었던 거야. 학생들은 종종 난 전혀 좋아하지도 않는
견해를 내가 좋아한다고 생각했지. 그건 내가 어떤 사상이든 똑같은 열정을
가지고 다뤘기 때문이라네.

중학교 때 배운 문법을 생각해보면, '가르친다'는 동사는 두 개의 직접 목적어를 갖는데요, 하나는 학생이고 다른 하나는 수학이나 철학 같은 분야죠. 교수님에게는 후자가 우선인 것 같은데, 맞습니까?

그렇다네. 게다가 난 나 자신을 위해서 가르쳤어. 그러니까 나는 뭘 가르친 게 아니라 그것에 관해 얘기를 한 거야. 단지 다른 사람이 들을 수 있게 큰 소리로 얘기를 했던 거지. 하지만 나 또한 그 사상이 말하는 걸 들으려 했고 거기서 깨달음을 얻으려고 했던 거라네. 그래서 가령, 플라톤에 나오는 어떤 대목을 가르치다가, 전에 100번도 넘게 읽어본 구절인데, 그걸 설명하려고 하다가 뭔가를 새로 깨닫기도 했지. 그러니까 여러 가지 면에서 그건 날 위한 일이었던 거야.

나는 그런 책들과 더불어 살았고, 그게 정말 좋았으니 운이 좋았던 셈이지. 그래서 나는 플라톤과 아리스토텔레스를 동일한 열정으로 대할 수 있었다네. 그 얘기에 귀를 기울이는 게 아주 즐거웠으니까. 사실상 난 어떤 사상을 이해하려 애쓰다 학생들에게 전달한 셈이지.

교수님에게 가르친다는 것은 예술 작품을 창조하는 일과 비슷했다고 말해도 될까요?

글쎄, 가르치는 건 예술 작품을 검토하는 것과 비슷했지. 왜냐하면 나는 대부분의 텍스트를 예술 작품으로 보았으니까. 그러니까 개념적인 예술품으로 말이야. 어떤 철학 체계가 가치가 있는 건 그 때문이지. 그래서 오늘날의 눈으로 봤을 때는 완전히 잘못된 체계도 그 나름의 가치를 갖는 거지. 플로티누스 사상처럼 말일세. (함께 소리 내 웃음) 하지만 그 체계는 끝내주지. 그렇다면 그걸 가르친다는 건 지적 허구라는 실체를 갖고 있는 일종의 비전을 가르치는 거지.

그런데 가령 플라톤을 강의한다고 했을 때, 그 강의 자체가 아주 훌륭해서 감탄의 대상이 될 때도 있는데요.

글쎄⋯⋯.

제가 또 교수님의 겸손을 시험하고 있는 건가요?

강의하는 사람은 모르는 일이지. 강의를 하는 중이니까. 듣는 사람이 그렇게 느낀다면, 그럴 수도 있겠지. 하지만 멀리뛰기 선수가 멀리 뛰기를 하다가 중간에 멈춰서 자기 스타일에 감탄할 수는 없지.

그래도 그동안 교수님의 가르침이 많은 학생들에게 큰 영향을 주고 있다는 건 분명히 알고 계셨지요?

아니, 난 사실 그런 줄 몰랐네. 인정을 못 받았다거나 상 같은 걸 안 받았다는 얘기가 아니라, 많은 교수들하고 다르게 난 제자들을 키우지 않았지. 그래서 내게 큰 영향력이 있는 줄 몰랐다네. 사실 그 반대라 생각했지. 철학을 가르치는 데 있어 위안이 되는 일 중 하나는 다른 사람에게 해를 끼치기 어렵다는 점이지. 해부학을 가르쳤다면 문제가 달랐겠지. 어리석은 사상이나 그것에 관한 견해들을 가르쳤다손 쳐도 누구를 다치게 하지는 않지. 학생들 대다수는, 99퍼센트는 어쨌거나 잊어버릴 테니 어떤 사람의 영혼이나 능력에 심각한 상처를 주는 일이 없지. 그 점이 무척 위로가 된다네. 나는 종종 그 시시한 독일식 사고 게임을 했다네. 내가 말한 걸 사람들이 진짜 믿는다면? 끔찍하겠다 싶으면 입을 완전히 닫았지.

워싱턴대학교에서도 그랬을 것 같은데요. 퍼두대학교에 계실 때 보면 종종 교수님 방 밖에 학생들이 길게 줄지어 서 있곤 했는데요. 교수님 강의를 들으면서 학생들이 사상이나 정신생활 같은 것에 좀더 친숙해지고 열정을 갖게 된 걸 교수님도 잘 알고 계셨을 것 같은데, 그렇지 않나요?

글쎄 그건 내 희망 사항이었다네. 내가 정말로 학생들에게 가르쳐주고 싶은 건 어떤 사상 그 자체라기보다는 한 인간이 그 사상과 맺는 관계였을 거네. 그걸 배워가는 거지. 왜냐하면 그 사상을 전공하지 않는 한 그 내용은 잊어버리게 되니까. 실제 내용은 거의 생각이 안 나. 내가 학교에 다니면서 만난 선생님들을 생각해보면, 기억에 남는 건 그분들의 태도나 노력, 그리고 공부를 가르친 방식이라네. 내 경우에는 확실히 그래.

논문 지도 교수 막스 블랙은 까다로운 분이셨지. 하지만 강의를 하실 때 그 명쾌함과 탁월함 앞에서는 아무도 당해낼 수 없었다네. 그분은 난해한 걸 명료하게 보여줬지. 놀라웠어. 인간적으로는 짜증나는 점이 있어도, 가령 그 거대한 자의식 같은 것 말인데, 사상을 다루는 그 솜씨 앞에서는 누구나 무릎을 꿇게 되지. 그리고 그게 훌륭한 가르침이었다네.

공부를 하면서 나는 대단한 선생님들을 많이 만났지. 비트겐슈타인도 그 중 한 사람인데, 거기에는 정말 심오한 지적 즐거움, 흥분, 그리고 그분들이 가르치는 게 중요하다는 생각이 늘 결합돼 있었지.

처음 교수 생활을 하실 때나 대학을 다니실 때, 아니면 고등학교 시절이라도 교수님에게 영향을 미친 선생님들이 있었나요?

있었지. 케년대학교에 다닐 때 대단한 선생님들을 만났지. 살로몬(리샤르 게오르그 살로몬Richard Georg Salomon은 1962년 78세의 나이로 은퇴할 때까지 케년대학교에서 가르쳤다)이라고 하는 유대인 난민 교수가 한 분 계셨는데, 그분은 교회사를 1년에 걸쳐 강의했다네. 물론 난 전혀 교회 같은 데를 다니는 사람이 아니었지만 그분 강의가 정말 좋다고 해서 어쨌거나 신청을 했지. 놀라웠다네. 내 일생에 일어난 일 중에서 가장 좋은 일 중 하나였지. 그분은 취향도 올려주었지. 그분은 엄청나게 현학적으로 굴어서, 느닷없이 차이코프스키는 내던져버리고 바흐를 숭배하게 되지. 나중에는 거기서 벗어나야 했지만, 그때는 그렇게 해야만 했다네.

그리고 고등학교 때도 훌륭한 선생님들이 많았지. 특히 영어 선생님들이 그랬지. 그분들은 전통적인 미국 여성들이었고 제임스 페니모어 쿠퍼*(나는 쿠퍼를 싫어했지)에 관해서는 생각이 많이 달랐지만, 난 그분들을 존경했고, 그래서 아주 신나게 그 책들을 읽었어. '전 이게 조금도 좋은 줄 모르겠는데 요……'라고 말하면 그분들은 내 미성숙한 판단과 사물들과 말 속에서 허우 적대는 내 모습을 보고 재미있어 하셨지. 물론 난 어리석었지만 그분들은 내 가 참여하는 걸 좋아하셨지. 좋은 분들이셨어. 그게 나한테는 아주 중요했어.

철학에는 오늘날 미국 문화의 주류에 속하지 않는 뭔가가 있습니다. 대다수 미 국인들이 마음에 두지 않는 그런 것 말입니다.
분명 그렇지.

그렇다면 사람들에게 충격을 주거나 혹은 어떤 면에서는 체제 전복적인 것을 목 표로 삼으셨나요?
아니, 학생들한테는 아니었다네. 사람들이 내게 그런 인상을 받는 것 같고, 또 내 글에서는 확실히 그런 인상을 받곤 했지. 하지만 내게 체제 전복적인 면이 있었다면(확실히 약간 있긴 했지), 그건 학생들이 그렇게 되길 바랐다기보 다는(그럼 걱정이 됐을 테니까), 꼭 학계의 사고방식이 뭔가를 표현하고, 말하 고, 우익에 서는 등의 문제에서 최고의 방식이라는 시각에 관한 것이었어. 난 늘 그런 종류의 문제의식을 갖고 있었다네.

　아마 대학 강의에서 외설을 가지고 강의를 한 사람은 내가 처음일 거네. 또 나는 예절도 혐오했지. 그리고 나는 많은 사람들이 당혹스러워 하는 심각 한 주제들을 갖고 놀았지. 내가 그런 자료들을 일종의 경외심을 가지고 대하

---

* James Fennimore Cooper(1789~1851). 미국 소설가. 국경 지대를 배경으로 백인과 인디언의 관계를 다채롭게 묘사 한 《가죽 스타킹 이야기(Leather stocking Tales)》가 대표작이다. 사회 소설에서는 격렬한 움직임과 서스펜스가 풍부 한 로맨스를 다뤄 '미국의 스콧'이라고도 불린다.

는 걸 내가 놀아야 하는 이 바닥에서는 종종 부적절하게 여겼지.

교수가 되신 뒤 계속 철학을 강의하셨나요?
내가 얻은 자리는 철학 교수 자리가 아니라 인문학부 교수 자리였어. 그건 인문학에 속하는 거면 아무거나 가르쳐도 상관없다는 뜻이었지. 그래서 여기 저기 돌아다닐 수 있었다네. 현대 프랑스 철학, 건축 철학, 문학 철학 등을 강의했지.

그 모든 강의들을 새로 하자면 교수님으로서는 할 일이 꽤 많았을 텐데요. 그런 강의들이 글 쓰는 일과 잘 들어맞았나요?
문학 철학의 경우에는 종종 글을 쓰고 있던 작가를 가르치곤 했다네. 가르치다 보면 글이 나왔지. 그래서 가령 칼비노*처럼 별로 읽어보지도 않은 작가를 강의하기도 했어. 그럼 많이 읽게 될 테니까. 그럴 시간을 낼 수밖에 없지. 그럼 날 교육시키는 기회가 됐지. 사실 가르치다 보면 선생이 배우게 되니까. 가르치면서 배우는 거야. 강의를 준비하면서 실은 자신의 열정을 채우는 거지.

강의를 계획하실 때 그걸 하나의 전체로 보셨나요? 강의가 문학의 한 장르라도 되는 것처럼?
그랬다네, 정말 그랬어. 게다가 나는 사상들이 어떻게 전개되는지를 보여주려고 했다네. 특히 철학에서는. 하나의 사상이 어떻게 펼쳐지고 어떻게 여기서 저기로 나아가게 되는지 보여줄 수 있다는 건 멋진 일이지. 특히 겉으로 명백하게 드러나지 않는 경우에는 더욱더. 또 하나의 논증을 가지고 그걸 아주 매력적으로 설명해준 다음에 학생들이 좋아할 수 없는 결론들을 도출하

● 이탈로 칼비노(Italo Calvino, 1923~1985). 이탈리아 작가.

면 '어, 이거 아닌데'라는 학생들 반응을 보는 게 참 재미있었지. 철학으로 일종의 재즈 연주를 하는 것 같았어.

난 가능한 한 명료하고 싶었다네. 사상들을 왜곡하지 않고 되도록 명료하게 이해하고자 했기 때문이지. 그리고 다음에는 어떤 사상이 나올지 생각하면서 하나의 사상 얘기를 마치고 싶었지. 그래서 난 대부분의 강의를 역사적인 순서로 가르쳤다네. 철학사가 아니어도 말일세.

50년 동안 가르쳐 오셨는데요, 학생들이 예전하고 다르던가요?

많이 달라졌지. 워싱턴대학교는 점점 외국 학생이나 외국 태생의 학생 수가 늘었어. 또 학생들 수준도 꽤 높아졌고. 이른바 미국 학생들의 전형적인 문제라고 하는 걸 난 어느 날 수업을 하다가 우연히 알게 됐다네. 강의실에 있는 학생들 중에 자기 부모의 사회경제적 수준을 넘어서게 될 거라고 생각하는 학생이 거의 없더군. 내가 자랄 때는 거의 모두 계층이 낮아서 위로 올라가려고 애를 썼고, 더 나은 삶을, 그러니까 경제적으로 문화적으로 더 나은 삶을 살 수 있을 거라고 기대했는데 말이야. 그런데 이제 아닌 거야. 예를 들어 부모가 의사인 학생들이 많았는데, 그래서 분위기가 바뀐 거지.

분위기가 어떻게 바뀌었는데요?

음, 그러니까 어떻게든 의과대학이나 로스쿨 같은 데 들어가려고 안달을 했지. 주변의 기대 때문이겠지. 그래서 더 안달을 하긴 했지만 더 좋은 학생은 못됐지. 예전 학생들은 열심히 배우려고 했어. 배움에 목말라 있었지. 그런데 요즘 학생들은 공부가 아니라 점수에 목을 매.

2차 대전이 끝나 4년간 해군에서 복무하다 제대했을 때 난 정말이지 공부만 하고 싶었다네. 공부하는 순간 순간이 너무나 좋았어. 우리는 졸병 출신들이라(그리고 다들 비슷했는데), 하던 일을 더는 안 해도 돼서 너무 좋았어. 신입생 시절 내 친구들이 대부분 그랬다네. 대학에 다니는 것만으로도 신나고 열정이 팍팍 솟았지. 매일 매일이 새로운 걸 발견하는 진짜 모험이었다네. 그런데 요즘 학생들은 넌더리를 내면서도 걱정하고, 두려워하고……. 잘하면 잘할수록 더 잘 하라고 할 거라는 걸 아는 것 같아. 그래서 잘 못해도 좋지 않을 것 같고 잘하면 더 좋지 않을 거라고 생각하는 거야. 하지만 이민자들과 소수 민족 학생들은 달라. 옛날 우리 같이. 물론 내가 잘못 봤을 수도 있지만, 아무튼 내가 받은 인상은 그랬다네.

저도 교수님 생각이 틀렸으면 합니다만 많은 교사들의 인식이 비슷하던데요.
교육이란 근본적으로 정말 중요한 건데, 이제는 빤한 게 돼버렸어. 그냥 익숙한 것이야. 가령 음악가 집안 출신일 경우 사방에 음악이 있는 거지. 학교에 왔는데 이미 거의 다 알아요. 배경으로 중요하고 근사하게 들리니까 학교에 온 거지. 그게 다야. 그런 걸 전혀 모르고 자라서 갑자기 그런 경험을 하게 되고 준비가 됐을 때 세계가 열리는 그런 경험을 못하는 거야. 이제는 내가 그랬던 것처럼 느닷없이 '세상에, 그리스어야!'라고 말하는 학생은 거의 없지.

요즘은 몇 년 동안이나 카프카의 사상이라고 하는 걸 접하다가 마침내 카프카의 책을 읽는 것과 같아. 길거리에서 낯선 사람을 만나듯 우연히 카프카를 만나 충격에 빠지는 그런 경험을 못해.

강의하던 시절이 그리우신가요?
전혀 그립지 않다네. 아직 시간이 있고 할 수 있을 때 끝내야 할 일이 있다고 생각하기 때문이지. 그리고 그 생각으로 꽉 차 있어서 가르치는 일이 필요하지 않아요. 가르치는 일은 시간과 노력을 많이 필요한 일이라 몹시 힘들지. 가치 있는 일이라 좋았던 게지. 은퇴를 한 뒤 70~80대를 그 어느 때보다도 생산적으로 보내고 있기 때문에 그 시절이 그립지 않다네.

"최고의 교사는 가르치는 주제에 관한 열정을 학생에게 전달할 수 있는 교사입니다"

수잔 몰러 언론학 교수 메릴랜드대학교 필립메릴 언론대학 교수이자 미디어 국제 센터와 퍼블릭 어젠다 소장으로 있다. 또한 미디어와 글로벌 체인지 잘츠부르크 아카데미의 공동의장이자 수석 교수이며, 대학이사회에서 수여하는 우수교수 상을 받은 바 있다. 저서로는 《공감 피로 — 미디어가 어떻게 질병과 기아, 전쟁과 죽음을 파는가(Compassion Fatigue: How the Media Sell Disease, Famine, War and Death)》와 《무력 전쟁 — 사진과 미국의 전투 경험(Shooting War: Photography and the American Experience of Combat)》이 있다.

대학생을 대상으로 미디어 리터러시(정보 해독 능력)를 강의하시는데요, 뭘 가르치는 건지 예를 들어 주시겠습니까?

우리가 다루는 주제 중 하나는 미디어 사업입니다. 미디어 합병과 상업적 압력이 정보를 어떻게 만들어냈는지를 다룹니다. 그래서 저는 학생들에게 웹사이트 주소를 알려주고, 갖고 있는 MP3 파일이나 CD 50개를 찾아서 어떤 음반회사가 소유권을 갖고 있는지 알아오라는 과제를 냅니다. 현재 음반 회사 4곳이 전세계에 출시되는 음악의 90퍼센트 이상을 장악하고 있죠.

　그 과제를 내주기 전에는 학생들 대부분이 음악 산업을 얘기하면서 자신들이 좋아하는 음악은 최첨단이라 생각합니다. 자신들은 독립음악 소비자며 자기네가 좋아하는 음악가들은 이를테면 '반제도적 작업'을 한다는 거죠. 그래서 자기네가 갖고 있는 음악 중 가장 폭력적인 음악도 이 4개의 거대 음반사가 소유하고 있다는 걸 알게 되면 정말 깜짝 놀랍니다. 왜냐하면 그런 합병들이 재능을 확인하고 포장하는 과정에서 어떤 일을 하는지 이미 배웠기 때문에, 자기네가 듣는 음악이 그 유일한 창작자로 여기던 예술가의 산물만이 아니라 음악을 순수한 예술적 표현이 아니라 상품으로 보는 산업의 산물이기도 하다는 걸 알게 되면서 충격을 받게 되는 겁니다.

또 충격적 인식을 하게 되는 경우는 광고에 관해 얘기를 할 때인데요, 신체 이미지를 보면서 광고가 상품을 팔려고 여성을 어떻게 이용하는지(점차 남성도 이용하는 추세인데요)를 알아볼 때입니다. 때로는 기본적으로 다른 사람들도 했던 실험을 따라 하기도 하는데, 학생들에게 먼저 몇 가지 설문에 답하게 한 뒤 일정 기간 동안 《보그Vogue》 같은 여성지를 보라는 과제를 내줍니다. 그런 뒤 다시 일련의 질문에 답변을 하게 합니다. 그래서 두 설문지를 대조하면 거의 보편적으로, 특히 여학생들이 여성지를 보고 난 뒤 자신에게 불만이 많아집니다. 그런데 그게 '어, 그동안 나한테 안 어울리는 청바지를 입고 다녔잖아. 하나 새로 사야지' 하는 정도에서 그치는 게 아니라 자기 자신에 관한 전반적인 느낌이 그렇게 됩니다. 그러니까 잡지를 보기 전보다 삶의 만족도가 떨어지는 경향을 보이는 거죠.

그 실험 결과를 학생들에게 보여주면 학생들은 뭔가를 깨우치게 됩니다. 그동안 학생들 대다수가 그냥 좀 쉬어야겠다는 생각에서 그런 잡지들을 집어 들었으니까요. 영화를 보거나 아이스크림을 먹는 것과 같다고 생각했던 겁니다. 잡지를 보면 기분이 좋아질 거라고 생각했던 거죠. 하지만 실상은 전혀 아니죠. 기분이 좋아지지 않습니다. 그러면 이제 우리는 왜 그런지에 관해 얘기를 합니다.

전국의 모든 학생들이 들어야 할 강의 같군요.
재미있는 강의고, 학생들 평도 좋습니다. 정원이 200명인데 600명 정도가 신청을 합니다.

무엇 때문에 훌륭한 선생님이 되신 것 같습니까? 가령 이 강좌에서요. 커리큘럼이 좋아서 그런가요, 아니면 가르치는 방식 때문인가요?

둘 다가 아닐까 합니다. 커리큘럼을 어떻게 짤지, 강의를 어떻게 진행할지, 학생의 흥미를 끌면서도 원하는 결과를 얻으려면 수업을 어떻게 해야 할지 생각해봐야죠.

전 역사를 전공했는데, 예술과 인문학 분야에는 성과에 관해 생각하는 선생님들이 별로 없더군요. 그러니까 학생들이 강의를 듣고서 뭘 배웠으면 좋겠는지에 관해서 말입니다. 가령 20세기 미국사를 가르친다면 학생들이 2차 대전의 원인과 그 결과를 이해하면 됩니다. 더 세부적으로 파고드는 선생은 드물죠. 그리고 그럴 필요가 없는 강좌들도 있을 수 있고요. 하지만 미디어 리터러시 같은 강의를 한다면, 물론 어떤 사실들을 가르칠 수도 있지만 중요한 것은 그 사실이 아니라 그 사실에 관해 생각하고 분석할 수 있는 능력을 길러주는 겁니다. 그래서 살아가면서 쓸 수 있게 말이죠.

학생들이 제 강의를 수강하고 나서 2~3년 혹은 4년이 지난 뒤에 메일을 보내옵니다. 황금시간대 TV 쇼를 보면 간접광고 생각이 난다거나 왜 저 여자들은 저렇게 말했을까 아니면 황금시간대 첫 프로그램으로 왜 저걸 내보낼까 같은 생각들을 하게 된다는 얘기들을 합니다. 음, 그런 메일을 받으면 반갑습니다. 그렇게 분석을 할 수 있는 방법을 배워 2개월 뒤 또는 2년 뒤에도 잊지 않고 쓰고 있으니 좋죠.

그런 성과를 내려면 학생들에게 일방적으로 강의를 해서는 안 됩니다. 참여를 시켜야죠. 하버드와 프린스턴에서도 가르쳐봤지만 메릴랜드 주 학생들은 아주 똑똑합니다. 대다수가 집안 최초로 대학을 다니는 학생들이죠. 그래서 이 학생들은 정말 열심히 학교에 다닙니다. 학생들은 강의 시작부터 와 있지만, 그 강의가 흥미가 없다는 생각이 들거나 꼭 알아야 할 걸 배우고 있다는 생각이 들지 않으면 200명으로 시작한 강의를 10명을 데리고 하게 됩니다. 그러므로 학생들이 시험과는 상관없이 중요한 거라고 생각할 수 있는 그런 것을, 아니면 적어도 흥미로운 정보를 전달해줘야 합니다. 그 정보 자체가 설득력이 있어야 하죠. 그리고 그걸 전달하는 방식도 솔직히 설득력이 있어야 합니다.

모든 교사는 그 자신만의 스타일이 있고, 오로지 자신의 스타일로만 가르칠 수 있으며, 그래야 믿음이 갑니다. 하지만 좋은 교사가 되려면 수행 능력이 있어야 합니다. 그 중요성을 과소평가하면 안 됩니다. 수행 능력은 중요합니다. 그것은 어떤 말을 쓰고 어떤 속도로 말하고 어떤 예를 선택하고 학생들에게 어떤 식으로 말하고 어떻게 대화를 나눌 것인가 등의 문제입니다만……. 저는 무엇보다 중요한 게 그 주제에 관한 열정이라고 생각입니다. 제가 알고 있는 선생님들을 보면 그렇습니다. 최고의 교사는 자기가 가르치는 주제에 관한 열정을 학생에게 전달할 수 있는 교사입니다.

바로 이번 주에 제 아이들이 다니는 중고등학교의 학부모 총회에 다녀왔습니다. 좋은 학교죠. 대수를 가르치는 선생님 교실에 들어갔더니 여선생님이 학부모들한테 하는 첫마디가, '전 정말 대수를 좋아하는데 여러분도 그렇지 않으세요'였답니다. 그런데 그분은 정말 대수를 좋아하더군요. 그 선생님이 칠판에 방정식 하나를 휘갈겼는데, 교실 안에 있던 사람들 대부분이 뭔지 이해를 못했는데도 눈을 뗄 수는 없었답니다. 그분이 정말 대수를 좋아했기 때문에 우리는 그분이 얘기를 듣고 싶었던 거죠. 그리고 그분은 우리를 이해시키고 싶어했고요.

저와 가까이 있으려고 학생들이 앞쪽으로 몰려와 복도 쪽으로 앉는 강의에서는 웃고 울며 온갖 감정을 다 느끼게 됩니다. 정말로 신경을 쓰면서 얘기를 하게 되니까요.

가르친다는 것은 글을 쓰고 음악을 배우고 언어를 습득하는 것과 같습니다. 음악적 재능을 타고난 사람들이 있듯 좋은 선생님이 될 재능이나 성향을 타고 나는 사람들이 분명 있습니다. 하지만 가르친다는 것은 습득되는 능력이고, 많은 연습이 필요합니다. 음악처럼 말이죠. 그리고 하면 할수록 잘 하게 됩니다. 어쩌면 다른 능력들처럼 가르치는 것도 특정 청중 앞에서 시간을 두고 해보면서 끊임없이 재평가를 해봐야 하는 건지도 모르겠습니다. 여기서 그 능력이란 주로 가르치는 방법을 익히는 겁니다. 만일에 사실 전달이 중요하면 강조 표시를 하면서 말하는 게 도움이 됩니다. 의사 결정에 관해 얘기를 할 때는 일화를 예로 드는 편이 효과적이고요.

제가 열정을 가장 중요한 요인으로 드는 이유는 가르치는 주제에 관한 열정이 있어야 교직을 수행할 수 있기 때문입니다. 다들 한 번쯤 20년 동안 내리 써서 누렇게 바랜 강의안으로 수업을 하는 선생님들을 봤을 겁니다. 그래서 최악의 교사라는 건 아니지만, 그런 선생님들은 아마 그 주제에 관해 줄줄 말해줄 수는 있어도 지속적인 열정은 전하지 못할 겁니다. 그런 선생님들은 직접적인 대가가 없어도 뭔가에 흥분하고 그것에 열정을 유지하는 일은 없을 겁니다.

제가 미디어 리터러시를 가르치는 걸 좋아하는 이유 중 하나가 그겁니다. 일이 엄청 많아도……, 정말이지 전 수업 당일 미친 듯이 파워포인트를 만듭니다. 미리 준비를 못해서가 아니라 그날이나 그 전날 일어난 일들을 활용하고 싶기 때문이죠. 그러니까 전 무슨 일들이 일어나고 있는지 끊임없이 알아야 합니다. 그래야 제 강의에 쓸 수가 있으니까요. 그래서 일방적으로 들어오는 정보에 관해서도 이번 주 강의에 이걸 쓸 수 있을까를 생각합니다. 그래서 전 계속 주변 일에 참여하고 강의에 관심을 갖습니다. 또 그게 제 열정을 시들지 않게 해줍니다.

"서로 의견을 주고받는 토론이 중요합니다"

잭 메츠걸 성인 교육 시카고에 있는 루즈벨트대학교에서 25년 이상 일반 성인을 위한 학사과정 교수로 있다가 은퇴했다. 펜실베이니아 존스타운에서 철강 노동자인 아버지와 교사인 어머니 밑에서 자랐고, 오하이오대학교와 뉴스쿨을 다녔으며 노스웨스턴대학교에서 박사학위를 받았다. 노동사와 노동계급 연구에 관련된 논문과 저서들이 있다.

전 보통 제 자신을 '성인 교육 전문가'라고 소개하지 않습니다. 사람들이 헷갈려하니까요. 성인 교육이라고 하면 사람들은 대체로 제2언어로서 영어를 가르치거나 재교육을 해주는, 아니면 학점이 없는 잡다한 강좌들인 줄 압니다. 하지만 전 체계가 잘 잡힌 학사과정을 가르쳤습니다. 보통 월요일 밤 6시에서 8시 30분까지, 그리고 수요일 밤 6시에서 8시 30분까지 세미나 형식으로 가르쳤지요. 학생은 20명 정도였고, 토론 위주의 수업을 했습니다. 그러니까 저는 30년 동안 시카고라는 도시에서 또는 우리의 교외 캠퍼스에서 자료를 준비해 그걸 가지고 어른들과 토론을 하고 급여를 받았습니다.

뭘 강의할지는 우리가 정할 수 있었습니다. 다양한 것들을 가르쳤어요. 전 인문학이나 사회과학 세미나를 통해 여러 가지를 가르쳤습니다. 인문학 강의를 하면서 3가지 예술 이론을 가르쳤지요. 사실주의, 형식주의, 표현주의. 학생들은 먼저 이론서들을 읽었습니다. 힘들게 읽었죠. 그리고 그림을 보고 건축물을 구경하고 문학 작품을 읽고 영화를 봤어요. 그런 뒤 직접 보거나 읽은 것에 다양한 예술 이론들을 적용해보려고 했어요. 그냥 되는 대로요. 저는 학생들을 시카고 아트 인스티튜트 미술관에 데려가곤 했습니다. 그때는 무료 관람의 밤이란 게 있었어요. 재현주의 예술품은 관람할 수가 없었죠. (소리 내 웃음) 그래서 현대관만 들어가야 했어요. 학생들 대부분은 처음 거기에 가 본 거였어요. 평생을 시카고에서 살았는데 말입니다. 몇 년이 지난 뒤 그때 학생들 몇을 만났는데, 미술관에 갔던 게 생각난다고 하더군요. 그 뒤로 다시 간 적은 없지만 그러고 싶다고 했어요. (소리 내 웃음) 그러니 어떤 사람들한테는 제 강좌가 평생 들어가 본 적이 없는 문을 열어준 셈이지요.

하지만 그중에 몇 사람은 다시 갔지요?

예. 그랬다고 하더군요. 그리고 놀라운 재능을 가진 사람들이 있어서 그런 사람들은 밀어줬어요. 그래요 다시 갔죠. 그리고 그 강좌는 그런 사람들에게 더 큰 영향을 주었어요. 공부를 계속하게 됐으니까요. 하지만 그런 사람들은 어떻게든 그렇게 됐을 겁니다. 그동안 루스벨트대학교가 운영하는 우리 프로그램을 통해 재능 있는 사람들이 몇 명 발굴됐습니다. 우리가 아니었으면 자신의 재능을 발견하지 못했을 수도 있었죠.

이 프로그램에 들어오는 사람들 대다수가 자기는 '대학 재목'이 아니라고 생각해요. 대학 재목이란 말은 구식 표현인데 그렇게 말하더군요. 자신들이 과연 대학을 다닐 만한 사람일까 하고 생각하는 겁니다. 교사란, 그러니까 학생들이 잘못 쓴 쉼표들을 죄다 고치고 있더라도 자신들이 이걸 할 수 있다고 깨달을 때 옆에 있어야 합니다. 그걸 도와주는 것도 교사의 일입니다. 그런데 그 점에서 제가 노동자 계층 출신인 게 도움이 됐지요.

이 프로그램은 학생들의 자존감 형성에 도움이 되나요?

여기는 시카고입니다. 자존감 같은 건 안 믿잖아요. (소리 내 웃음) 하지만

이 프로그램을 통해 이전에는 할 수 있을지 어쩔지 모르던 걸 할 수 있다는 걸 알게 되지요.

그 프로그램이 발굴한 사람 중에 특히 기억나는 사람이 있습니까?
예. 이름이 린다였지요. 지역 활동가 일을 하던 여자였는데, 글을 아주 잘 썼어요. 늘 글을 썼지요. 시, 소설, 에세이. 그런데 자라면서 아버지한테 지속적으로 학대를 받았어요. 린다는 닥치는 대로 읽었는데, 독서가 어린 시절 트라우마를 이겨내는 한 가지 방법이었던 겁니다. 졸업 논문 주제가 학대였는데, 최고의 논문이었어요. 그런 얘기를 하는데……정말 감동적인 게 있었어요. 얼마나 끔찍했나를 쓴 게 아니었지요. 그런 얘기도 다 있었지만 정말로 건강한 태도를 갖고 있었어요. 아버지를 향한 엄청난 분노도 있고 어머니에 관한 분노도 들어 있었어요. 하지만 사랑과 이해도 있었습니다. 정말이지 놀라운 사람이었답니다. 린다는 로스쿨에 들어갔고, 나중에 직접 만든 여성과 아동 문제에 관한 법안이 주법으로 통과됐지요.

린다라는 학생에게 교수님의 가르침이 미친 영향을 묘사한다면 아리스토텔레스가 예술에 관해 한 말과 비슷하지 않을까요? 교수님의 가르침이 트라우마를 카타르시스로 바꿔놓았다고 말입니다. 교육을 통해 치유됐다고요.
린다의 성공에는 교육도 한몫을 했지요. 하지만 전 '치유'라는 말은 절대 쓰고 싶지 않습니다. 표현주의자들에게 예술이란 현실의 혼돈에 형식을 부여하는 것이지요. 린다에게 교육이란 그것과 비슷한 거였지요.

하지만 그건 내적인 혼돈이겠죠?
그렇지요. 내적이든 외적이든. 그래서 진리와 아름다움은 나란히 갑니다. 다양성에 통일성을 가져오는 강력하고 명료한 형식은 아름답고도 만족스럽지요. 명료하니까요. 그런 일이 예술 작품 속에서 일어날 때나 삶 속에서 일어날 때 그걸 치유라고 할 수도 있죠. 그런 명료함은 할 수 없다고 생각하던 것들을 할 수 있게 해주니까요.

그러나 린다 같은 사람은 의지가 아주 강하고 재능이 뛰어난 사람이라 내가 아니었어도 다른 누군가가 도와줬을 겁니다. 하지만 교육은 필요했습니다. 자격증과 지원 그리고 인정이 필요했지요. 린다는 나뿐 아니라 다른 교수들한테서도 그걸 얻어냈습니다.

제자인 린다 얘기를 듣고 있으니까 교육이란 현실에 형식을 부여하는 법을 가르치는 거라고 말씀하시는 것 같은데, 교육이란 그런 건가요?
저한테는 언제나 의제가 있습니다. 전 늘 정치적이지요, 넓은 의미에서요. 그래서 제가 하는 모든 일에는 정치적인 측면이 있습니다. 하지만 학생들이 제 의견에 동의하는지 안 하는지는 중요하게 생각해본 적이 없습니다. 그냥 문제가 안 됐지요. 한편 저는 학생들이 진실을 보기를 바랐습니다. 이건 제 생각이지요. (소리 내 웃음) 하지만 우리 프로그램에서는 독립적이고 비판적인 사고가 전부였어요. 그동안 제가 하려고 애쓴 건 한 사람의 사고 속으로 들어가 '내재적 비판'을 하는 것이었어요. 그러니까 그 사람의 말에 기초해서 그 사람을 비판하는 거지요. 외적인 기준을 들이지 않고 말입니다. 물론 외적인 기준도 좀 있지요. 글을 명료하게 써야 한다거나 문법을 잘 지키는 그런 형식적인 것 말입니다. 하지만 그 목적은 내부로 들어가서 학생이 자신의 생각을 명료화할 수 있게 도와주는 겁니다. 그래서 강의실에서 토론을 하는 주된 목적은 학생들 스스로 사고를 전개할 수 있도록 도와주는 것이었지요. 그게 제가 주로 가르치려고 한 겁니다.

아이들은 어쩐지 모르지만 어른들의 경우에는 사고방식과 생각이 뒤죽박죽입니다. 어른들이 엄격하고 단순해 보인다면 그건 이런 혼란을 감추고 있기 때문이에요. 그래서 자신들이 갖고 있는 형식들로 시작하는 법을 보여줘야 합니다. 그 다음에 복잡한 것을 보여주고요. 그러면 자신에게 사물을 이해하는 틀이 있다는 생각을 놓지 않으면서 더 복잡한 걸 다룰 수 있게 됩니다.

그럼 처음에는 학생들을 더 혼란스럽게 하는 게 목표겠네요.

그렇습니다. 그래서 실제 수업할 때 그렇게 얘기를 합니다. 지금 이 단계에서는 여러분들을 좀더 혼란스럽게 만드는 게 제 목표라고요. 그런 다음에 문제를 해결하라고 할 텐데, 힘들 거라고 말하지요. 그리고 그게 제 방식이 됐어요. 똑같이 설득력이 있어 보이는 두 가지 관점을 제시하는 것만으로도 사람들을 혼란시킬 수 있답니다.

그렇다면 선생님의 방식은 철저히 소크라테스적이군요.

예에. (열의 없이) 하지만 전 그 말도 안 씁니다. 치유라는 말처럼. 소크라테스 방법을 좋아하는 사람들은 대부분 '나는 답을 알고 있으니 알아맞혀 봐'라는 식인데, 전 그런 거 싫어합니다. 그런 적도 없고요. 그렇지만 제 방식은 서로 의견을 주고받는 토론에, 그러니까 잘 듣고 꼭 다른 사람이 실제로 한 말에 응답을 할 수 있는 능력에 입각하고 있습니다. 이건 그냥 주어지는 능력이 아닙니다. 교수들 중에도 이걸 못하는 사람이 많아요.

가르치는 걸 어떻게 배우셨나요?

시행착오지요.

3장
Conversations with Great Teachers

의사들을
가르친다는 것

"질병이 아니라 환자를 치료하라"

레슬리 힐거 피부과 피부과 의사이자 샌프란시스코 캘리포니아주립대학교 의과대학 교수다. 스탠퍼드대학교와 캘리포니아주립대학교에서 교육을 받았다. 환자와 의대생들한테 아주 훌륭한 의학 교수라는 평가를 받고 있다.

학생들은 의과대학을 졸업하고 인턴 과정을 마치고 나서 피부과 전문의 수련을 받습니다. 임상교수로서 우리가 하는 일은 학생들에게 현실 세계에서 피부과 의사로 일한다는 게 어떤 건지 알려주는 겁니다. 대학에서 반드시 배우는 사항은 아니지요.

가령 지루성 피부염을 앓고 있는 환자가 있다면 이런 얘기를 해줄 수 있지요. "음, 밖에 나가면 이런 건 끔찍이도 많이 보게 될 거야. 이건 환자가 다른 문제로 진료를 받고 나가다 언급하는 그런 거지. 치료법을 여러 가지 알고 있어야 해. 환자들이 '어, 저 그거에 알레르기가 있는데요'라고 말할지 모르니까. 그러니까 딱 한 가지 치료법만 알고 있으면 안 되지."

제가 학생이었을 때 어느 현명한 전문의께서 이런 말씀을 하셨습니다. "서로 다른 천 가지 치료법을 배워야 해. 그냥 한 가지 방식만 말고." 왜냐고 물었더니 이러시더군요. "결국에는 그 모든 방법을 다 쓰게 될 테니까."

전 의대에 다니면서 많은 전문의들을 만났는데, 그분들은 자신들이 치료했던 방식들을 가르쳐주고, 현실 경험에서 얻은 지식을 기꺼이 나눠주려고 하셨어요. 그래서 전 같은 걸 많은 방식으로 치료하는 법을 배웠습니다. 늘 여러 전문의들과 있다 보니까 문제마다 접근 방식이 다르다는 걸 알게 됐어요. 이제는 제가 그 전문의 중 하나가 됐습니다. 그래서 저는 의대에 가서 학생들에게 내가 어떻게 치료를 하는지 알려줄 수 있고, 대학에서 가르치기만 하는 교수들한테서는 얻을 수 없는 실제 상황에서 얻은 지식을 전해줄 수 있습니다. 뭘 가르치려면 그 내용을 정말 잘 알고 있어야 합니다. 학생들이 어려운 질문들을 하니까요. 그런데 준비가 안 돼 있으면, 그러니까 자료를 다 읽지 않았거나 또 학생들보다 최신 논문에 어두우면 쩔쩔매게 될 것이고 그럼 선생으로서 신뢰를 잃게 됩니다.

정확히 어떤 식으로 가르치십니까? 박사님이 환자를 치료하는 걸 제자들이 보나요, 아니면 제자들이 치료하는 걸 박사님이 보십니까?

보통 수련의가 환자를 보고 병력을 적고 검진을 한 다음에 환자에게 이렇게 말합니다. "곧 전문의 선생님을 모셔오겠습니다." 그런 뒤 수련의가 나오면 밖에는 전문의인 제가 아직 환자를 볼 수 없는 의대생들과 다른 수련의들을 데리고 있습니다. 만일 흥미로운 케이스라면 치프*도 와 있겠지요. 담당 수련의가 제게 환자의 증상과 검진 결과를 보고합니다. 그럼 저는 '음, 이것 같긴 한데 들어가 한번 보자'고 말합니다. 그리고 저와 함께 있던 이들이 전부 병실로 들어갑니다. 제가 환자에게 먼저 제 소개를 한 다음 이렇게 말합니다. "담당 의사가 이렇게 보고를 했는데, 저도 몇 가지 물어보겠습니다. 한동안 앓으셨다고 하셨는데, 전에도 이런 적이 있습니까?" 이건, 만일 담당 수련의가 빠트리고 물어보지 않는 게 있을 경우, 병력을 채우는 섬세한 방법입니다.

● 수석 수련의.

이렇게 말하기도 합니다. "이런, 전에도 이런 일이 있었다고 했던가, 기억이 안 나는데, 그랬나요?"

전 그런 일을 우호적으로 처리하려고 합니다. 수련의에게 무안을 주려는 게 아니라 그 사람을 잘 보이게 하려고 그러는 거니까요. 그런 뒤 이렇게 말하기도 합니다. "음, 흥미로운 케이스군요. 이 기회에 환자분뿐 아니라 환자분과 비슷한 증상을 갖고 있는 다른 사람들에 관해서도 얘기를 해보고 나서 어떻게 치료할 건지 결정해 다시 오겠습니다." 그리고 밖으로 나와서 담당 수련의에게 어떻게 처치를 할 건지 물어봅니다. 이러저러한 처치를 하겠다고 하면 그 이유를 묻습니다. 이런 식으로 말합니다. "좋은 생각이야. 하지만 이러저러한 가능성에 대해서는 생각해봤나?" 만일 생각해보지 않았다고 대답하면 그 기회에 가르치는 거지요. "어떤 케이스들은 이렇게 보여서 자네처럼 생각할 수도 있는데, 그럼 이러저러한 걸 놓쳐 실수를 할 수 있어."

저는 수련의들에게 생체 검사●를 해야 할지 말아야 할지 알려줍니다. 또 내가 외래 환자를 진료할 때 정확히 어떻게 치료했는지도 얘기해줍니다. 그럼 담당 수련의는 내 선례를 따를 수도 있고 따르지 않을 수도 있습니다. 그런 뒤 저는 그 케이스로 다른 수련의들을 지도할 수 있습니다. 가령 그게 습진이라고 해봅시다. 습진 케이스를 많이 보게 될 텐데, 습진이 10단계까지 있다면 이 경우는 8단계에 속한다고 합시다. 저는 상태의 심각성에 따라 어떤 치료법을 써야 할지 대충 알려줍니다. 대부분의 케이스는 그것보다는 덜 심할 겁니다. 우리는 이 케이스의 경우 습진이 손에 있기 때문에 고농도 스테로이드를 쓰지만 다른 케이스에는 더 순한 스테로이드를 쓸 수도 있습니다. 그렇게 특수한 사례를 이용해서 수련의들을 집중시키고 지식을 확장시킵니다. 그럼 수련의들은 습진을 생각할 때, 그 환자를 떠올릴 겁니다. 더 나아가 그 케이스를 두고 우리가 한 토론까지 기억해낸다면 더 좋겠지요.

● 환자의 병이 있는 부위의 조직을 약간 잘라 내 육안이나 현미경으로 관찰하는 것.

그런데 소소한 외과적 처치를 할 경우는요?

수련의가 할 테지만 제가 곁에 있습니다. 간호사가 수술 준비를 하면 전 수련의에게 이런 수술을 해본 적이 있느냐고 묻습니다. 없다고 하면 함께 하게 됩니다.

학생들이 박사님에게 한 가지를 배우게 된다면 그게 뭘까요?

질병이 아니라 환자를 치료하라. 학생들은 충분히 배웠고, 과학적으로 준비가 잘 돼 있다고 자신하며 학교를 졸업합니다. 하지만 환자를 치료한다는 의미에서 배운 걸 어떻게 잘 쓸지는 자신에게 달려 있습니다. '질병이 아니라 환자를 치료하라'는 말에다 한 가지 덧붙인다면 '환자에게 배워라'라고 말하고 싶군요. 환자 한 명 한 명이 지식의 깊이를 더해 주니까요.

　1년 반 정도 개업의 생활을 한 적이 있었는데요, 한 환자가 피부염 때문에 왔어요. 잘 살펴보고 병력도 알아봤는데, 도무지 모르겠는 거예요. 그래서 자존심은 접고(다행스럽게도 말이죠), 건너편 방에 있던 나이가 지긋한 의사에게 한 번 봐달라고 했지요. 그때 그분은 개업을 한 지 46년이나 된 분이셨죠. 그분이 와서 몇 가지 질문을 하더니 이러시더군요, '힐거 박사, 나가서 이야기합시다.' 전 생각했죠. '그래, 설교깨나 듣게 생겼군. 이 바보야, 의과대학에서 뭘 배웠어라고 하시겠지.'

　그런데 그분은 이러시는 겁니다. '뭔지 나도 모르겠어.' 그래 저는 기분이 훨씬 좋아졌죠. 46년 동안 쉬지 않고 진료를 하신 분이 못 본 거면 상당히 특이하다는 건데, 그걸 모른다고 기분 나빠할 필요는 없으니까요. 하지만 제 은사들께서 가르쳐주신 방법을 사용할 때였죠. 뭔지 모를 경우에는 어떻게 접근할까? 자, 최악의 시나리오로 가는 거다. 손실 최소화 원리. 최악의 가능성이 뭘까? 그걸 먼저 제거한다. 그리고 뭔지 알아보면서 어떻게 문제를 해결할지 방법을 생각해보는 겁니다.

박사님 젊은 시절과 비교하면 요즘 젊은 의사들은 어떤가요? 꽤 비슷한가요, 아니면 다른가요?

옛날부터 저처럼 어리석은 늙은이들은 요즘 젊은 것들은 쓸모가 없다고들 하지만, 전 아닙니다. 하지만 요즘 젊은 의사들은 의학 말고는 아는 게 없는 것 같습니다. 세상을 살아가는 데 필요한 일에 관해서 잘 몰라요. 전 다행히도 수련의를 마치고 전문의가 되기 전에 사업상 많은 경험을 해봤습니다. 젊은 의사들 대다수는 개업이 뭔지 모릅니다. 경제적인 일과 사람을 쓰는 일 그리고 그 밖에 결정을 내려야 할 일들에 관해 아는 바가 전혀 없는 것 같아요.

그런가 하면, 요즘 세대는 과학적인 준비를 아주 잘 갖춘 것 같습니다. 과학적 지식은 우리만큼이나 좋거나 더 나은 것 같아요. 논문들을 읽는데, 논문들을 더 잘 찾아내요. 손쉽게 정보에 접근합니다. 나라면 도서관에서 몇 시간이나 걸려 찾아낼 자료도(만일 제가 도서관에서 가서 진짜 찾아본다면 말입니다) 똑딱 컴퓨터를 두드려 금방 찾아냅니다.

제가 답변할 수 없는 문제는 그 친구들이 과연 올바른 이유로 의술의 길에 들어섰는가 하는 겁니다. (잠시 말을 멈춤) 전 형제 하나를 묻었습니다. 나중에 누이도 한 명 묻었지요. 낭포성 섬유증●을 앓는 사람들 사이에서 자랐지요. 네 살 나이에 전 의사가 되겠다고 단단히 마음을 먹었습니다. 다들 그래야 한다고는 생각하지 않습니다만, 돈이나 특권 때문에 의사가 됐다면 그건 정말이지 직업을 잘못 택한 겁니다. 돈도 줄어들고 특권도 줄어듭니다. 하지만 도움이 되는 직업이고 가족도 충분히 부양할 수 있고 안정적이어서 택했다면 괜찮은 겁니다.

학생들한테 배우시는 것도 있나요?

전 기술적인 걸 잘 아는 사람이 아닙니다. 제가 기술을 다룰 만큼 똑똑하다

● 치명적인 유전 질환.

고 생각하고 싶지만 인터넷과 현대 과학 기술이 마냥 자연스럽게 느껴지는
건 아닙니다. 지금 세대는 대체로 인터넷이 없는 세상을 알지 못합니다. 만일
'도서관에 가봐'라고 하면 촌무지렁이 보듯 쳐다보면서 '왜요? 컴퓨터에서 찾
으면 되는데요'라고 하겠지요. 그래서 전 학생들한테서 훨씬 많은 자료에 접
근할 수 있으며, 답을 몰라도 그 답을 찾기가 힘들지 않다는 걸 배웁니다.

그리고 물론 학생들은 캘리포니아대학교의 최신 과학 기술을 알고 있습니
다. 거기서 그런 것들이 나오니까요. 대학에서 나와 퍼지지요. 그래서 저는 그
학생들의 지식의 도움을 받을 수 있습니다. 만일 새로운 구리 증기 레이저가
나왔는데, 전국에 6개에서 7개밖에 없어도 거기서 사용하고 있으니까 가서
보고 내가 쓰는 레이저보나 너 나은 점이 뭔지 확인할 수 있지요.

그리고 젊고 열정적인 사람들과 함께 있으면 제 열정에 다시 불을 지피게
됩니다. 그 친구들이 제 경험에서 배우듯 저는 그 친구들의 열정을 배웁니다.
만일 은퇴할 때까지 습관적으로 일을 하거나 시계나 쳐다보고 있을 거라면
지금 그만둬야지요.

"가르치면 주는 것보다 배우는 게 많습니다"

앨런 프라이드먼 신경외과 노스캐롤라이나 주 더럼에 있는 듀크대학교 병원 신경외과 가이 L. 오돔 교수이자 신경외과 과장이며, 신경-종양학 프로그램의 공동 책임자이자 신경외과 종양학 연구소장이다. 퍼두대학교 의대를 나왔고 일리노이대학교 의대에서 박사학위를 취득했다. 세계적으로 유명한 신경외과 의사로 그 분야의 권위자다. 우리가 이야기를 나누기 한 달 전 프라이드먼 박사는 에드워드 케네디 상원의원의 뇌종양 수술을 했다. 프라이드먼 박사는 활력과 열정이 넘치는 사람이었다. 7월의 어느 토요일에 얘기를 나눴는데, 강의를 막 끝내고 돌아온 프라이드먼 교수는 뒤이어 한 학생과 약속이 있었다. 그 학생은 우리의 대화가 끝날 때까지 문밖에서 기다렸다.

전 의대에서 1학년과 2학년 입문 강의를 하고, 신경외과 수련의도 지도합니다. 13명이죠. 의대를 마치고 신경외과 의사가 되려는 이들로 저와 6년을 함께합니다. 또 '브레인 스쿨'이라는 특별 과정도 운영합니다. 보통 의과 대학들은 기초 과학을 2년 공부하고 남은 2년 동안 임상 실습을 합니다. 하지만 듀크에서는 모든 기초 과학을 1년 안에 다 듣고, 3학년은 연구를 하며 보냅니다. 하지만 학생들이 기초 과학 공부를 너무 빨리 마치기 때문에 치러야 하는 대가가 있습니다. 그건 마치 소방용 호스로 물을 들이키려는 것과 같지요.

그래서 매주 화요일마다 제 전공인 신경학이나 정신의학 혹은 신경과학●

● Neurosciences. 신경계의 구조, 기능, 진화, 발생, 유전학, 생화학, 생리학, 약리학, 정보학, 병리학 등을 연구하는 학문 분야. 전통적으로 생물학의 한 분야로 간주돼 왔지만, 최근 인지 심리학, 신경 심리학, 컴퓨터 과학, 통계학, 물리학, 의학 등 많은 분야가 관련된 학제적 학문이 됐다.

분야에 관심이 있는 학생들을 위해 즉석 세미나를 열고 뇌의 다양한 측면에 관해 얘기를 합니다. 기초해부학처럼 정규 수업 때 배운 것들을 다루기도 하지만, 신경과학의 발달에 관해서, 그러니까 뭘 봤을 때 팔이 어떻게 움직이는지, 선택은 어떻게 하는지 같은 그런 걸 연구하는 얘기들을 합니다.

신경과학은 이제 막 쑥쑥 커가는 분야고, 그래서 사실 가르쳐야 한다는 핑계로 최신 정보를 계속 습득할 수 있어 재미있습니다.

엄청난 양의 지식을 접하실 텐데, 어떤 걸 어떻게 소개할 건지가 큰 문제일 것 같습니다. 그 문제를 어떻게 다루십니까?

기본적으로 의대생들에게 강의를 할 때 두 가지에 신경을 씁니다. 신경과학 분야의 가능성에 눈을 뜨게 해주려고 하고 또 뭔가 배워갈 걸 가르쳐주려고 하지요. 가령 오늘 아침 강의에서는 신경외과 수술이 어떤 건지 얘기했습니다. 뇌종양이 걸린 환자를 의식이 있는 상태로 수술하는 것에 관해서요. 정말 놀라운 수술이죠. 그리고 남은 시간 동안에는 혼수상태 환자를 검사하는 방법에 관해 얘기했습니다. 그러니까 환자가 무의식 상태로 응급실에 들어올 때 그 사람이 정말 의식이 없다는 걸 어떻게 알 수 있는지 얘기를 했습니다.

그런데 브레인 스쿨에서는 학생들 의욕이 아주 높기 때문에 어떤 지식 체계 자체를 상세히 가르치지는 않습니다. 주로 지금 발전 중인 연구 분야를 다루지요. 이 아이들은 정말 똑똑해요. 듀크의 의대생들이 얼마나 똑똑한지 보시면 놀랄 겁니다. 그리고 의욕도 정말 대단합니다. 그래서 말씀드렸다시피 기본적인 해부학적 지식도 좀 다루기는 하지만 진짜 재미있는 건 소크라테스 식으로 토론할 때입니다. 어떤 논문들을 골라 읽고 거기에 관해 얘기를 하면서 그동안 읽은 논문들과 들어맞는지 알아봅니다.

그런데 수련의들에게 신경외과 수술을 어떻게 가르치십니까? 신경외과 수술을 잘 하려면 아인슈타인의 재능과 미켈란젤로의 재능을 겸비해야 할 것 같은데요.

음, 그 정도까지인지는 모르겠습니다만 두 종류의 전문 기술이 필요하다는 얘기는 100퍼센트 맞습니다. 제가 데리고 있는 수련의들을 보면 정말 굉장한 손을 가진 이들도 있고 수술 감각이 탁월한 이들도 있습니다. 그래서 양쪽을 다 가르치게 됩니다. 손기술, 기초 해부학, 기본 기술. 그중 많은 것들은 수술실에 들어가지 않아도 가르칠 수 있습니다. 기본적인 손기술들은 쿵쾅대는 심장으로 누군가를 수술하지 않고도 배울 수 있습니다. 어디든 묶는 법도 수술실 밖에서 연습할 수 있어요. 기초 해부학과 수술에 필요한 기본 기술도 시체해부실에서 가르칠 수 있습니다. 문제는 수술 감각을 배우는 겁니다. 그걸 익히려고 그렇게 오랫동안 신경외과 공부를 하고, 수련의 생활을 하고, 수술에 참가하는 겁니다. 수술을 보면 마음속으로 수술의 모든 단계들을 생생하게 떠올릴 수 있어야 합니다. 어디서 문제가 생길지 예상할 수 있어야 하고 어떻게 그 문제를 피할지 확실히 알 수 있어야 합니다. 문제가 생기게 되면 그 문제를 어떻게 다룰지에 관해서도 생각해둬야 합니다.

전 모든 수술에 참여하는데, 대체로 후배 수련의들이 지켜봅니다. 그리고 좀더 경력이 오래된 선배 수련의들이 수술을 하면 제가 지켜봅니다. 하지만 수술실에는 늘 팀으로 있습니다. "가서 수술하고 끝나면 날 불러." 이런 일은 절대 없습니다.

그렇게 수련의가 수술하는 걸 지켜보다가 잘못이 보여 바로잡아줘야 했던 적이 있었나요?
그럼요, 물론이죠. 수련의가 잘못된 쪽으로 가는 게 보이면 얘기를 합니다. "무슨 생각을 하나? 어떤 문제들이 생길 수 있지? 이런 문제가 생기면 어떻게 할 건가?" 보통은 잘못을 저지르기보다는 기대한 방식대로 피해 갑니다. 가령 동맥은 아주 약합니다. 또 종양 수술을 하기도 하는데, 그래서 정말로 관리를 잘합니다. '그냥 한번 해보고 어떻게 되나 보자' 같은 건 없습니다.

수련의가 그냥 손이 너무 서툴러 대신 수술한 적이 있나요?

손이 서툰 건 그다지 나쁜 게 아닙니다. 수술에는 여러 단계가 있으니까요. 상상할 수 있는 것 만큼이나요. 그러니까 손만 서툴면 기본적인 수술을 할 수 있도록 수술실 밖에서 훈련을 시킬 수 있습니다. 그 사람이 어느 정도 수술까지 할 수 있을지 알게 됩니다. 문제는 수술 감각을 개발할 수 없는 사람들입니다. 솔직히 말해 그런 사람들은 보통 수련의 과정을 마치지 못합니다. 그런 수련의는 1~2년 안에 찾아내야 합니다. 너무 투자를 많이 하면 안 되니까요. 그런 사람은 문제가 생길 걸 예상하지 못합니다. 해부학적 용어로 말하자면, 기억을 관장하는 측두엽은 발달해 있지만 판단하고 결정을 내리는 전두엽이 좋지 않은 사람들이지요. 그래서 그런 사람은 좀더 맞는 쪽으로 방향을 틀어주려고 합니다.

수술뿐만 아니라 환자를 보는 법도 가르치시지 않나요?

아, 그럼요. 그런데 거기에는 여러 단계가 있습니다. 가장 먼저 환자를 진단합니다. 환자가 수술실로 들어와 이런저런 병이 있다고 하지는 않잖아요. 그전에 먼저 어디가 나쁘다고 얘기를 하죠. 그럼 감별 진단●이라는 걸 합니다. 가능성이 있는 질병들 목록을 만들어 조사를 하는 거죠.

그런 다음 적합한 치료를 결정합니다. 같은 데가 아파도 솔직히 말해서 30세 환자와 80세 환자를 똑같은 방법으로 치료하지는 않습니다. 젊은 사람에게는 완치를 목표로 하기 때문에 좀더 공격적인 치료를 합니다. 나이든 사람은 그냥 고통 완화의 정도로 치료를 하기도 합니다. 그 다음 단계는 공감과 연민이 필요합니다. 솔직히 엄마한테 못 배운 걸 제가 다 가르칠 수는 없습니다. 하지만 어떻게 의술을 행하고 어떻게 환자를 대할지는 지도할 수 있지요.

● 증세가 비슷한 질병들을 비교 검토해 초진 때 병명을 확인하는 방법.

인터뷰를 하려고 조사를 하다가 그렇게 심각한 환자들을 많이 보시면서도 낙천적이고 긍정적인 태도를 갖고 계신 것에 감동을 받았는데요. 그런 긍정적인 자세를 어떻게 제자들에게 전해주려고 하시는지요?

그런 건 안 되는 일이라고 생각합니다. 일종의 성격 문제니까요. 멋있기만 한 직업을 고른 게 아닙니다. 환자들은 도움이 필요한 사람들입니다. 치료해주지 못할 수도 있지만 지금 할 수 있는 최고의 의료 서비스를 제공하고, 앞으로 더 나은 치료법이 나오길 희망하면서 가능한 한 오래도록 삶의 질을 늘려 줄 수는 있습니다. 그리고 또 환자가 끔찍한 문제에 대처할 수 있도록 도와줄 수도 있습니다. 아니면 그냥 엄마가 침대에서 일어날 수 없을 때 생기게 되는 그런 문제들에 대처할 수 있게 도와줄 수도 있죠. 환자를 위해 이런 종류의 일들을 용이하게 해주려고 하는 것, 이런 것도 제 일입니다.

학생들에게 전해주고 싶은 의사의 원칙 같은 것이 있습니까?

예. 그중 하나가 환자가 문제를 가져오면 그 문제를 해결하기 위해 최선을 다하라는 겁니다. 그게 우리가 할 일이고 우리가 할 수 있는 전부니까요. 환자는 한 인간입니다. 그러니 그 사람이 좋든 싫든, 연민과 이해를 보여줘야 합니다. 전 학생들이 그렇게 했으면 좋겠고 또 주인의식을 가지고 책임감을 갖기를 바랍니다. 즉 책임의식을 가지고 최신 정보를 따라잡고, 최신 치료법을 익혀놓고 기술과 지식을 잘 닦아두기를 바랍니다. 이런 것들을 전해주고 싶습니다.

현재 제가 가장 자랑스러운 건 제가 가르친 22명이 저 밖에서 신경외과 의사로 활동하고 있다는 겁니다. 저는 한 사람 한 사람이 어디 있는지 다 압니다. 정말 놀라운 사람들입니다. 훌륭한 능력, 훌륭한 인간적인 능력을 가지고 제게 왔었지요. 운동선수 같은 사람도 많았지만, 나가서는 정말 자랑스러울 정도로 의술을 훌륭히 펼치고 있습니다. 자식도 셋 있지만 제게는 그 22명의 의사들도 자식 같습니다. 제가 신경외과 과장으로 있을 때 수련의 과정을 마첬습니다. 그래서 내내 지켜보았죠.

의대생에게 강의를 하든 신경외과 수련의들을 지도하든, 유능한 선생님이 되기 위해 어떤 노력을 하십니까?

전 사실 그 학생들과 친밀한 관계를 유지하고 또 가르치면서 아주 많은 걸 얻습니다. 그래서 저는 여학생 농구팀 고문도 맡고 있습니다. 듀크 같은 대학에 들어왔을 뿐만 아니라 수준 높은 대학농구 1부 리그에서 뛰기까지 하는 이 젊은 여성들을 한번 생각해보십시오. 운동을 하고 열정적이고 헌신적입니다. 게다가 학사학위도 취득하게 될 거고요.

전 또 헨리 프라이드먼(친척간이 아니에요)이라는 의사와 CAPE라고 하는 프로그램을 운영하고 있습니다. 대학 운동선수 대상 의전(의학 전문 대학원) 체험 프로그램입니다. 저한테는 21세 된 딸이 하나 있는데요, 그 아이가 다섯 살쯤 됐을 때, 그 아이를 보면서 여자 몸으로 세상을 어찌 살아갈까 걱정을 했습니다. 그래 우리는 4~5년 전에 의전에 관심이 있는 여학생 운동선수들을 위해 이 프로그램을 마련했습니다. 한 달에 한 번 만나는데, 정말 놀라운 학생들입니다. 덕분에 제가 엄청나게 많은 걸 배우고 있습니다.

옛날 학생들과 비교해볼 때 지금 학생들은 어떻습니까?

두 가지 변화가 있는 것 같습니다. 저랑 대학을 함께 다닌 친구들과 비교해보면 요즘 젊은이들은 정말 대단합니다. 학구적이기만 한 게 아니에요. 수백 가지 방식으로 세상에 이바지하고 있습니다. 정말 수완도 좋고요. 새로운 일들을 기획해냅니다. 제가 지도하던 한 친구가 있었어요. 성적은 그냥 중간 정도였는데, 나가서 듀크에 들어오는 학생들을 위한 예비 과정을 만들었어요. 학기가 시작되기 전에 신입생들이 단체로 노스캐롤라이나 주 동쪽 해안으로 배를 타고 나가 대학생활을 함께 할 사람들과 지내며 적응을 하는 프로그램이었지요. 이 친구는 그 프로그램을 준비하면서 기금도 모으고 배랑 먹을 것도 구해야 했습니다. 제가 보기에는 정말 놀라운 일이었습니다. 학부생들인데도 공동체적 마인드를 갖고 있어서 그냥 공부만 하는 게 아니라 아주 많은 일들을 합니다. 그 점이 참 대단한 것 같습니다.

의대의 경우에는 중요한 변화가 있습니다. 요즘 의대생들은 삶의 방식에 관심을 더 많이 갖습니다. 제가 외과 수련의로 있을 때는 날이면 날마다 밤이고 낮이고 병원에서 살았습니다. 전적으로 매달렸어요. 제 후배들은 의학에 관심이 아주 많아도 다들 외부 활동도 합니다. 결혼해서 아이들이 있는 사람들도 있는데, 가족과 보내는 시간을 무척 소중하게 생각합니다. 신경외과에 아주 헌신적인 사람들도 깨어 있는 시간을 몽땅 여기에 바치지는 않습니다.

건전한 변화라고 생각하십니까?

그런 것 같은데, 반드시 좋은 의사가 되는 법을 알아야죠. 당장은 그게 진짜 큰 문제지요.

왜 가르치시나요? 신경외과 의사만 해도 되실 텐데요.

솔직히 전 가르치면 주는 것보다 배우는 게 더 많다고 생각합니다. 선생님도 저처럼 나이가 들었으니 우리 같은 사람들이 만나면 무슨 소리들을 하시는지 잘 아실 겁니다. 나는 뭘 가졌네, 옛날에는 뭘 했었네 하지요. 그런데 진짜 중요한 건 내가 뭐하는 사람이고 어디로 가고 있느냐 하는 거지요. 저는 아직 지평선이 보이지 않습니다. 그래서 아직도 새롭고 흥미로운 일을 하고 있나 봅니다.

"전 가르치는 일에 몹시 끌립니다"

크레이그 캠블 정신과 캘리포니아 주 프레스노에 있는 캘리포니아대학교 샌프란시스코 캠퍼스 프레스노 의과대학에서 정신의학 전문의 수련 과정을 책임지고 있다. 조지워싱턴대학교 의과대학과 콜로라도대학교 건강과학센터에서 의학 수련을 받았다. 2004년에는 뛰어난 교육자에게 수여하는 헨리 J. 카이저 상을, 2008년에는 조지 살로 상을 수상했다. 캠블 박사는 정신의학 수련의들에게 강의도 하고, 지도 감독하는 수련의들에게 내담자들과 한 상담을 가지고 토론하는 것도 개별적 또는 집단적으로 가르치고 있다.

'심리 치료 입문'이라는 제 강좌는 학생들이 배우고 있는 이론과 상담실 안에서 내담자와 앉아 하는 일 사이에 다리를 놓아보려는 시도입니다. 이론에 토대를 마련해주려는 거지요.

비전문가의 눈으로 볼 때 여러 유형의 심리 치료가 행해지고 있는 것 같던데요. 가르치실 때 특별히 강조하는 치료법이 있습니까?

말씀하신 것처럼 다양한 심리 치료법이 아주 많이 있지만, 저는 그 치료 기법들 사이에 근본적으로 공통되는 요소들이 있다고 생각하고, 거기가 '보물 창고'라고 믿는 사람입니다. 치료자가 어떤 학파에 속하고 어떤 이론에 기대고 있느냐는 사실상 환자보다는 치료자에게 중요한 문제라고들 하지요. 만일 좋은 심리 치료가 진행되고 있는 장면을 녹화한 비디오를 중간부터 본다면, 어떤 종류의 치료 기법을 쓰고 있는지 모를 겁니다. 그저 좋은 치료를 하고 있다는 것만 알 수 있을 텐데, 바로 그것이 그 모든 다양한 치료 기법에 공통되는 요소일 테니까요. 전 그런 생각을 가지고 입문 강의를 하고 있습니다. 그래서 상담실 안에서 전개되는 치료자와 내담자의 관계와 관련해 정말 기본적인 원리들을 강조하려고 합니다.

학생들에게 강조하는 좋은 치료의 공통점들은 어떤 것들이 있습니까?

실제로 변화와 치료를 촉진하는 것은 내담자와 치료자 간의 관계에 달려 있다고 생각합니다. 그래서 수련의들에게 말하지요. "그 이론들은 자네들을 위한 것이네. 그 이론들이 있어 자네들은 일에 체계를 잡을 수 있고, 스트레스를 많이 받고 있는 이런 사람들과 함께 있으면서 의자에 가만히 앉아 있을 수 있는 거지." 치료 시간의 대부분이 관계를 맺지 못하거나 관계에서 큰 어려움을 겪고 있는 사람과 관계를 맺어나가는 데 쓰입니다. 그게 모든 것에 우선하는 가장 큰 주제일 겁니다.

또 치료를 잘하려면 이른바 '치료 틀'이라는 게 있어야 합니다. 그것은 치료의 기본 규칙들과 치료 계약, 지금 하고 있는 작업이 어떤 것이고 또 그 작업이 어떻게 진행될 거라는 예상 같은 것들을 정해놓은 겁니다. 그런 틀이 있어야 치료 작업이 안정적이고 어떤 한계를 갖게 됩니다. 좋은 치료는 틀이 있습니다.

또 다른 공통적인 요소는 치료자는 내담자가 하는 말의 내용에만 집중하는 게 아니라 다른 것에도 관심을 갖는다는 겁니다. 치료가 시작되면 어떻게 상담을 진행하는가가 그 상담 내용만큼이나 중요해집니다. 그건 사실상 종류가 다른 듣기입니다. 유명한 책에 나온 말을 빌리자면 '제3의 귀로 듣는 것'이지요. 바로 그겁니다. 누가 말할 때 그 말의 내용에만 귀를 기울이는 게 아니라 거기에 따르는 모든 것에 귀를 기울이는 거죠. 타이밍, 비언어적인 의사소통, 단어의 선택 같은 그 모든 것들에 말입니다. 그건 쉬운 일이 아닙니다.

또 치료를 잘하는 치료자는 내담자와 상담을 하는 동안 자신의 내부에서 어떤 일들이 일어나는지 바라볼 수 있습니다. 이것도 잘 되는 게 아닙니다. 이 사람 얘기를 들을 때 내 안에서 어떤 느낌이 생기나? 내 기분은 어떤가? 전문용어로 말하자면 '역전이 관찰'이죠. 그것이 중요한 이유는 아주 많습니다. 틀을 유지하는 데도 중요하고, 종종 진단을 내리는 데도 중요합니다. 치료자가 방 안에서 일어나고 있는 일을 이해하는 데도 도움이 되며, 수련을 하고 있는 치료자를 '보물 창고'로 안내할 수도 있지요. 공감을 기르는 데도 도움이 되고요. 강의할 때 이런 사항들을 중점적으로 다룹니다.

말씀을 듣고 있으니 심리 치료란 과학이라기보다는 기술에 가깝다는 생각이 드는데요. 그렇다면 지식 기반이 같은 두 명의 치료자도, 둘 다 의대 다닐 때 성적이 뛰어났어도, 치료의 효과는 다를 것 같은데요.
아주 정확한 말씀입니다.

이제 화제를 강의에서 지도 감독으로 옮겨보죠. 어떻게 수련의들에게 심리 치료하는 법을 가르치십니까? 분명 까다로운 일일 텐데요.
예. 그렇죠. 그리고 모든 사람이 그 쪽으로 가는 건 아닙니다. 정신의학은 광범위한 분야라 그 쪽이 아니어도 자기에게 맞는 분야를 찾을 수 있습니다. 다 심리 치료사가 되는 건 아니에요. 모든 사람이 그 일을 잘하는 것도 아니고, 모두 즐기는 것도 아닙니다. 제가 보기에 핵심은 어떤 사람을 가르치고 있는지를 알아야 한다는 겁니다. 그 사람의 출발점이 어디인지를 알아야 해요. 추상적으로 가르치는 건 도움이 안 됩니다. 수련의가 어떤 사람인지 알아야 하고 거기서부터 출발해서 데려가고 싶은 곳으로 데려가야 합니다.

가령 수련의들은 두 종류가 있다는 생각이 종종 드는데요, 이성을 따라가는 사람과 감성을 따라가는 사람이죠. 감성적인 사람은 뭘 하고 어떻게 할지를 느낌으로 압니다. 훨씬 직관적이지요. 하지만 자기들이 뭘, 왜 하고 있는지 알아들을 수 있게 설명하지는 못할 수 있습니다. 그래 만일 양 극단에 속하는 이런 두 종류의 수련의들을 데리고 있다면 아주 다른 종류의 사람들을 가르치고 있는 셈이라 교육 목표도 아주 달라집니다.

제가 좋아하는 사람은 그 중간에 있으려고 하는 사람입니다. 그러니까 작업을 할 때 이성과 감성을 다 쓰는, 그래서 지적이고 인지적인 관점에서 정서적이고 직관적인 작업을 할 수 있는 그런 사람이지요. 만일 이 두 가지를 겸비한다면 정말 대단한 치료자가 될 겁니다. 그래서 가르치는 일은 지도하고 있는 수련의가 어떤 유형인지에 따라 그 목표가 아주 달라집니다. 그것은 한쪽 손을 더 잘 쓰는 권투 선수를 가르치는 것과 같습니다. 좀더 균형을 잡도록 도와줘야 하는 거지요.

옛날에 의대를 다닌 친구들을 보면 노련한 의사와 회진 같은 걸 하면서 돌아다니는 얘기들을 했습니다. 정신의학을 공부하는 학생들은 그런 식으로는 못 배울 것 같은데요. 수련의들이 노트를 들고 앉아 지켜보는데 내담자와 상담할 수는 없을 테니까요. 그렇다면 다른 과처럼 수련의들을 가르칠 수는 없는데, 지도 감독을 하실 때는 어떤 방식으로 가르치십니까?

그건 일하는 곳이 어디냐에 달려 있습니다. 입원 병동에 있다면 정신과 수련의들도 회진을 할 수 있습니다. 우리는 여기 병원에서 외과 의사나 산부인과 의사의 요청을 받고 치료 중이거나 수술을 받은 환자들 중 정신적인 문제가 있는 사람들을 상담치료 합니다. 그러면 일반적으로 5~6명의 학생들을 데리고 병동을 천천히 돌면서 환자를 보게 되지요. 그러니까 장소에 따라서는 의대생들을 가르치는 전형적인 방식을 사용할 수도 있습니다.

제가 운영하는 진료소에는 모든 상담실에 비디오카메라가 설치돼 있습니다. 그래서 내담자가 동의하면 면담 과정이 거의 전부 녹화됩니다. 그런 방식은 아주 효과적입니다. 왜냐하면 만일에 일주일에 한 번 자기 환자를 묘사하는 수련의의 말만 듣고서는 상담이 어떻게 진행되고 있는지 알려면 시간이 꽤 오래 걸릴 테지만, 비디오는 5분만 봐도 많은 걸 알 수 있기 때문입니다.

지도 감독하는 과정에서, 비판도 하고 그 대목에서는 이런 얘기를 해줄 수도 있다는 지적도 하고 그럴실 것 같은데, 그렇습니까?

어느 정도는요. 저는 치료 그 자체와 비슷하게, 안정적이고 체계적인 공간을 조성하려고 노력합니다. 그래서 수련의가 자기가 뭘 보고 있고 뭘 하려고 하는지, 그러니까 무슨 일이 일어나고 있는지, 반성적인 작업을 할 수 있도록 말입니다. 대체로 수련의가 그 자신이나 내담자 둘 다에게 주의를 기울였으면 하는 점을 집중적으로 조명하지요.

지도 감독의 원칙은, 지도 감독이란 꼭 자기보다 경험이 많은 사람한테 받는 게 아니라는 점입니다. 우리는 이 점을 이해시키려고 정말 애를 씁니다. 자기가 맡은 케이스나 작업을 자기보다 먼저 수련을 받은 사람에게 가져가는 게 의학을 배우는 전형적인 방식이긴 하지요. 그래서 의학은 자문과 비판에 있어서는 아주 위계질서가 강한 경향을 보입니다.

그래서 보통 의대를 마치고 1년 인턴 생활을 하다 정신과로 오면, 이미 의학계가 어떤 곳인지 알고 있는 상태지요. 그래서 정신의학에서 지도 감독하는 일도 그런 위계질서를 따를 거라고 생각합니다. 케이스를 상급자에게 가져가면 상급자가 이건 옳고 이건 틀리다고 말해줄 거라 생각하지요. 우리는 되도록 빨리 지도 감독이란 그런 식으로 하는 게 아니라는 걸 이해시키려고 합니다. 물론 상급자인 교수가 개입할 수도 있겠지만 꼭 그래야 하는 건 아닙니다. 저는 늘 학생들에게 말합니다. "수련의 과정이 끝나면 어디 가서 지도 감독을 받을 텐가? 자네들이 막히거나 누가 한 번 케이스를 봐줘야 할 때 누구에게 갈 거야?"

아마 어떤 구루는 아니겠지요. 함께 수련한 동료들일 겁니다. 그래서 이렇게 말하겠지요. "이봐, 내가 점심 살 테니 이 케이스 얘기 좀 함께하자." 그래서 지도 감독이란 자기보다 잘 아는 누군가와 앉아서 하는 게 아니라는 점을 이해시키려고 합니다. 즉 그것은 자기가 맡고 있는 케이스와 상관이 없는, 상담실 안에서 그 환자와 함께 앉아 있지 않은, 그리고 상담실 안에서 일어난 일에 개입하지 않은 누군가와 토론하는 과정이라는 걸 말입니다. 지도 감독이란 큰 소리로 말하는 것이고, 잠시 멈추고 생각을 정리하는 것입니다.

지난 20년 동안 향정신성 약물의 발달이 심리 치료와 그 분야 교육에 얼마나 많은 영향을 미쳤습니까?

아주 많은 영향을 줬다고 생각합니다. 긍정적으로든 부정적으로든요. 그리 오래전도 아닙니다만, 한때는 심리 치료에서 정신분석을 황금률처럼 생각하던 시절이 있었습니다. 가장 똑똑한 인재들이 정신분석 수련을 했어요. 미국에서 가장 뛰어난 정신과 의사들은 다 정신분석학자들이었지요. 최고의 인재들이 가장 덜 아픈 사람들을 치료하는 아이러니한 일이 벌어진 겁니다. 걱정 많은 부자들 말입니다.

전 1988년에서 1992년까지 수련의 생활을 했는데 그때는 완전히 약물 치료 쪽으로 넘어가고 있었어요. 덴버에서 수련의 과정을 밟았는데, 심리 치료를 기본으로 하는 과정이었습니다. 하지만 벌써 미국에서는 심리 치료 훈련이 아예 빠진 프로그램들이 생기고 있었고, 정신과 수련의들이 심리 치료를 배워야만 하는가를 둘러싸고 논쟁이 진행되고 있었죠. 판세는 아니라는 쪽으로 상당히 기울였죠. 그러므로 지난 15년에서 20년 사이에 미국에서 훈련받은 정신과 의사들은 심리 치료의 십자도 모를 겁니다.

이제는 생물학의 시대에 관한 전망이 좀 흐려져 가고 있는 것 같습니다. 물론 약물 치료가 도움이 되지만, 최근까지 제가 본 바로는 정신병은 아직 근절되지 않았습니다. 약물 치료는 효과가 있긴 하지만, 그렇게 뛰어난 효과가 있는 건 아닙니다. 그래서 반발이 좀 있어요. 대체로 이런 약물들이 정신병이나 정신적 고통을 제거할 것이라는 선전에 부응하지 못했기 때문이지요.

앞에서 지나치게 이성적인, 그래서 내담자를 대할 때 딱딱하고 기계적일 학생 얘기를 하셨는데요, 그런 사람은 어떻게 바꿉니까? 표범한테 얼룩무늬를 바꾸게

하는 것과 비슷할 것 같은데요.

그렇죠. 그리고 모든 사람이 바뀔 수 있는 것도 아니고요. 그것은 기질에 속하는 문제고 또 우리가 갖고 있는 모든 걸 쉽게 바꿀 수 있는 것도 아니지요. 만일 지도하고 있는 학생이 한쪽으로 치우쳐 있는데 그 단점을 보완할 수 없다면, 갖고 있는 걸 최대한으로 활용할 수 있게 해줘야 합니다. 그것은 백핸드를 치려고 하지 않는 테니스 선수를 가르치는 것과 같습니다. 백핸드를 잘치게 해줄 수 없으면 테니스 치는 방식을 바꾸게 해줘야지요. 수련의가 자기 자신에 관해 잘 알게끔, 그러니까 자신의 강점은 뭐고 약점은 뭔지 잘 알 수 있게 도와주면 그건 일종의 진로 상담이 되지요. 어떤 분야가 잘 맞을지 알아내게 도와주는 거니까요. 사람들은 보통 자기가 잘하는 일을 하고 싶어하고 또 그런 일을 즐깁니다. 잘하지 못하는 걸 즐기는 사람은 거의 없지요. 그래서 아주 딱딱하고 형식적이고 지나치게 이성적인 사람이 개업을 해서 주로 심리 치료를 하고 싶다고 하면 전 보통 '잘 모르겠네만 다시 한 번 생각해보지 그래' 하고 말합니다.

사람들이 지나치게 이성적이거나 지나치게 감성적인 데에는 여러 가지 이유가 있습니다. 그냥 기질적으로 그렇게 태어난 사람도 있고, 그 반대쪽을 경험할 기회가 없었거나 아니면 그냥 그런 건 용납이 안 되는 가정에서 자라 그럴 수도 있어요. 또 진부한 소리겠지만 억압 때문일 수도 있고 그래서 부모에 관해 다른 식으로 생각해보게 하는 게 훨씬 쉬울 수도 있습니다. 때로는 처음에는 정서적으로 상당히 폐쇄적으로 보이던 수련의가 지도 감독을 잘 받고 격려를 받으면서 거기서 벗어나 나아지는 모습을 보이기도 합니다. 그렇게 되면 정말로 이성과 감성이 조화하는 치료자가 됩니다.

전 개인적으로 지나치게 감성적인 사람을 가르치는 게 훨씬 더 어렵습니다. 몇 년 전에 나이가 좀 든 여자가 있었는데, 무슨 치료 같은 걸 좀 해본 사람이었어요. 수련의 시절, 그 여자에게는 이지적인 구석이라고는 한 군데도 없었어요. 케이스 보고를 듣고 있으면 너무 답답해요. 뭔 소리를 하는 건지

도통 알 수가 없어요. 믿기지 않을 정도로 체계가 없는 사람이었지요. 능력 없는 사람이라는 인상을 풍겼어요. 그런데 상담은 정말 잘했어요. 그녀와 상담을 하는 사람치고 치료 작업에 참여하지 않는 사람이 없었을 겁니다. 그리고 특히 사회경제적으로 하류층인 사람들한테 잘 먹혔어요. 돈이니 차니 문제가 많고 온갖 혼란을 다 겪으며 사는 그런 사람들 말입니다. 일반적으로 그런 문제들이 있으면 정신과 치료에 전념하지 못하는데, 그 여자는 놀라운 성공을 거뒀지요. 만일 그 사람이 내담자와 상담하는 걸 녹화한 비디오를 보신다면 그 여자가 사람의 마음을 거의 읽고 있다는 생각이 드실 겁니다. 정말 소름이 끼칠 정도였지요. 뛰어난 감정이입 능력을 갖고 있었고, 내담자들은 그걸 알았어요. 상담실에서는 정말 능수능란했지요. 저는 그 여자에게 종종 말했습니다. "자네는 나한테 심리 치료를 가르쳐도 되겠어. 아주 솜씨가 좋아. 하지만 그 기술을 정신의학이라는 학문과 결합시켜야만 해. 자네가 하는 일을 조리 있게 표현해서 동료들에게 분명하게 전달할 수 있어야 하고, 정신약리학에 관해 논리적이고 합리적으로 생각할 수 있어야 하네." 뭐 이런 얘기들을 했지요. 그런데 상당한 거부 반응을 보이더군요. 정신의학을 기술로 보는 사람이라 과학이라는 생각에 반발했던 겁니다.

전 좀더 인지적으로 정신의학에 접근하는 쪽입니다. 그래서 전 저와 같은 성향을 가진 수련의들한테 더 도움이 됩니다. 그 반대인 사람들, 그러니까 직관적인 데서 인지적인 쪽으로 가야 하는 사람들한테는 별로 도움이 안 되는 것 같습니다.

선생님처럼 훈련을 받았으면 환자만 보셔도 될 텐데, 왜 가르치는 일을 선택하셨습니까?
음, 그냥 제 천성입니다. 양친이 모두 선생님이셨지요. 아버지는 교수였고, 어머니는 유치원생과 초등학교 1학년을 가르치셨지요. 전 의사 집안에서 자라지 않았습니다. 그냥 교육적인 차원에서 의대에 간 것 같습니다. 전 대학에

다니는 게 직업을 갖기 위한 준비라고 생각하지 않는 가정에서 자랐어요. 교육을 받는 것 자체가 목적인 그런 집안에서요. (소리 내 웃음) 전 평생 대학에서 살 수 있는 사람입니다. 너무 좋아하니까요. 전 늘 가르치는 일에 끌렸던 것 같습니다. 의대를 다니면서도 교수와 선생이 되는 일에 끌렸지요. 그냥 늘 그랬습니다.

전 정말로 환자 보는 걸 좋아합니다. 하지만 그 즐거움의 절반은 이걸로 학생들을 가르칠 수 있겠구나 싶어서 그런 것 같습니다. 학생들한테 어떤 것에 관한 좋은 예로 이 사례를 들 수 있겠구나, 이런 생각을 하는 거지요. 저는 가르칠 때 좋았든 나빴든 간에, 제 경험을 많이 이용합니다. 그래서 제 환자에게 어떤 유의미한 일이 일어나면, 그게 좋지 않은 결과를 이어지든 아니면 내 생각에 이런 저런 이유로 주목할 만하다고 생각되는 간에, 수업 중에 아주 자주 그 이야기를 합니다. 잘 모르겠는데, 그냥 그렇게 하는 게 좋습니다.

음, 무슨 말인지 알겠습니다. 많이 듣는 얘기입니다. 이제는 교사 유전자라는 게 있나보다 그런 생각이 듭니다.

재미있군요. 가르치는 것과 심리 치료 사이에 비슷한 점이 많은 것 같아서요. 심리 치료 교육과 관련해 '좋은 치료자는 타고나는 것인가 만들어지는 것인가'라는 논쟁을 많이 하거든요. 말씀하신 것과 좀 비슷하지요. 좋은 교사가 되는 걸 배울 수가 있는 건가 아니면 그런 건 타고나기 때문에 배울 수 있는 건 타고난 능력을 다듬는 게 전부인가? 제가 보기에는 훌륭한 치료자나 훌륭한 교사가 되는 능력을 타고 나는 사람들이 있는 것 같습니다. 그리고 그런 능력이 있어야 배울 수도 있고요. 하지만 말씀하신 대로 그런 유전자가 없는 사람들도 있는 것 같습니다. 그런데 전 가르치는 일에 몹시 끌립니다. 너무 재미있어요.

예술가들을
가르친다는 것

"마법처럼 아이들이 변합니다"

알렉산더 사치 파블라타 서커스 5대째 이어지고 있는 서커스 집안 출신의 서커스 예술가다. 가족과 나무로 만든 서커스 포장마차를 타고 유럽과 북아프리카를 여행하며 자랐다. 헝가리 태생의 어머니는 발묘기를 하는 리슐리 서커스단 가문 출신이고 체코 태생인 아버지는 대대로 공중곡예를 한 가문의 후손이라, 사치는 공중곡예사가 됐다. 프랑스 서커스단 시르크 보글리오니(The Cirgue Bouglione)와 뉴욕에 기반을 둔 빅애플 서커스단을 비롯해 다양한 서커스단에서 공연을 했다. 1998년에는 플라잉 월렌다스(Flying Wallendas) [*]에 들어가 7명이 피라미드 모형을 한 채 줄타기를 하는 그 유명한 묘기를 재창출하는 데 일조했고, 그 묘기로 2003년 몬테카를로 서커스 페스티벌에서 은상을 수상했다. 사치는 파리 국립 서커스학교와 뉴욕 서커스예술학교에서 서커스를 가르쳤다. 지금은 매사추세츠 주에 살면서 자신의 서커스단인 시르크 빠시옹(Cirgue Passion)에서 공연을 한다. 크리에이티브 아트센터 어린이 서커스 교실을 막 끝내고 세인트루이스에서 돌아온 사치를 만나 대화를 나눴다. 영국식 액센트가 강한 활력이 넘치는 음성이었다.

막 끝내고 오신 세인트루이스 어린이 서커스 교실 이야기 좀 해주시겠습니까?

여름 캠프입니다. 어린이 서커스 교실은 8세부터 12세까지 어린이들이 참가합니다. 서커스 장비를 아주 많이 설치하죠. 공중그네도 있고 공(사람이 위에서 걸어 다닐 수도 있는 큰 공)도 있습니다. 그 위에서 걷고 달리고 훌라후프를 가지고 묘기를 부릴 수도 있죠. 아이들은 3~4일간 균형 잡는 법을 배우는데, 떨어지지 않게 줄로 묶고 합니다. 구름그네 [**]도 있는데, 그건 제 전공이죠. V 자 형태의 부드러운 줄로 돼 있습니다. 그 줄 위에서 그네를 타며 온갖 묘기를 부리는 겁니다. 또 리라라고 직경이 한 1미터쯤 되는 금속으로 만든 둥근

---

[*] 안전망 없이 높은 곳에서 줄타기를 하는 것으로 유명한 가족 서커스단으로, 7명의 멤버들이 피라미드 모형을 한 채 줄타기를 하는 것으로 명성을 쌓았다. 그러나 1962년 디트로이트 공연 때 피라미드가 무너지면서 3명의 멤버가 추락해, 2명이 숨지고 1명은 하반신이 마비됐다.

[**] 받침대가 없이 그냥 줄로만 되어 있는 그네.

공중후프도 있습니다. 외발 자전거도 있고요. 어린이 서커스 교실은 2주간 진행되는데 마지막 날 공연을 합니다. 전 16년 동안 여름마다 세인트루이스에서 어린이들을 가르치고 있습니다.

그 2주간의 서커스 교실이 아이들에게 어떤 영향을 미칩니까?

제 서커스 교실의 인기가 날로 높아지고 있어요. 애들의 흥미를 끄는 일이니까요. 아이들은 도전받는 걸 좋아합니다. 그런데 아이들은 무서워해요. 그래서 제가 도와주는 겁니다. 물론 안전을 위해 아이들 몸을 안전 줄에 묶거나 언제나 붙잡아줄 수 있게 제가 손을 내밀고 있지요. 일주일이 지나면 애들이 제 자식 같습니다. 절 좋아해요. 부모님이 데리러 오면 안 가려고 합니다. 행복해하고, 그리고 아주 자신감이 넘칩니다.

점심을 먹고 나면 제 주위에 둘러앉아 어디서 왔느냐, 뭘 했냐고 물어봐요. 그럼 당연히 자라온 얘기를 들려주죠. 5대째 서커스를 한 집안에서 자랐으니 할 얘기가 무궁무진하잖아요. 마법처럼 아이들이 변합니다. 기쁨이 있어요. 정말 환상적입니다.

학교도 다니고 스트레스도 많고 그래 요즘 아이들은 별로 기쁨이 없는 것 같습니다. 그런데 서커스 교실 첫날부터 아이들에게 마법 같은 변화가 일어납니다. 재미있으니까요. 서커스를 하면서 기쁨을 느끼는 거죠. 정말 환상적입니다. 저는 아이들과 아주 즐거운 시간을 보냅니다. 그 일이 정말 좋습니다.

만일 어떤 아이가 무서워 쩔쩔매면서 아무것도 못하면 어떻게 하십니까?

괜찮습니다. 아주 간단해요. 아이들은 몸집이 다 다릅니다. 좀 무거운 애들도 있고 마른 애들도 있어요. 공중에 있는 걸 좋아하는 애가 있는가 하면 싫어하는 애들도 있어요. 그래서 며칠 지나고 나면 애들이 어떤지 알게 돼서 요 쪼그마한 것은 이 애한테 맞고 저 쪼그마한 것은 저 애한테 맞겠다가 나와요. 공중에 있는 걸 좋아하지 않는 아이들은 저글링이나 외발자전거나 공 묘기를 가르칩니다. 모두 만족하게 나눕니다. 또 공중제비도 있어요. 피라미드 묘기도 있고요. 튼튼한 애들은 아래로 보내고 가벼운 애들은 위쪽으로 보내죠. 그래서 다들 좋아하고 빠지는 사람은 아무도 없어요. 며칠 지나면 누가 어디에 맞는지 다 알 수가 있습니다.

또 광대놀이도 가르쳐요. 분장도 시키고 의상도 입히고, 마지막 날 공연을 하는 데 한 시간 조금 넘게 합니다. 부모들이 마지막 날 와서 그 공연을 관람하지요. 대단히 좋아들 하고 아주 재미있습니다. 아이들은 얼른 내년이 돼 또 날 만나고 싶어합니다.

어린이들을 잘 가르치는 비결이 있습니까?

물론이죠. 아주 다정하게 대해줘야 해요. 선생이라고 다 그러진 않지요. 그러니까 전 늘 조수를 두 명 두는데, 대개 서커스를 하는 사람들이죠. 그런데 서커스를 하는 사람들은 좀 냉정할 때가 있습니다. 가르치는 걸 좋아하지 않으면서 돈 때문에 하는 사람들도 있고요. 그러니까 마음까지 담지는 못하죠. 그럼 아이들은 그 사람들이 다정하지 않다는 걸 느낌으로 압니다. 그래서 제 귀에 불평이 들리면 저는 그 사람에게 가서 당장 고치라고 얘기를 하는데, 때로는 사람을 바꿔야 할 때도 있습니다.

가르칠 때는 방법을 알려줘야지 무조건 두들겨 패서는 안 됩니다. 정규 학교에서도 마찬가지에요. '그냥 이거 해'라고 말하면서 늘 딱딱하게 굴면 안 되죠. 몰아붙여도 정도껏 해야지요. 어린이한테는 친절해야 합니다. 전 늘 어린이들과 재미있게 지냅니다.

한 8년 전인가 샌프란시스코에 있는 피클 패밀리 서커스단에서 가르칠 때가 생각나는데요, 중국에서 막 건너온 선생이 하나 있었어요. 그 사람은 6, 7세 되는 어린애들을 많이 데리고 있었는데, 그 애들이 진도가 너무 느려 답답해했어요. 그 사람은 애들이 게을러서 그런다고 생각했어요. 전 그 사람에게 대놓고 말했습니다. 여기는 선생이 아이들을 막 몰아붙이는 중국이나 러시아가 아니다, 이 나라 애들은 부유한 애들이라 몰아붙이면 안 된다고요. 그리고 그 사람이 느긋해지도록 도와주었습니다. 훈련을 적당히 시키게요. 그러고 나서 몇 년 뒤에 만났더니 크게 성공했더군요. 훌륭한 선생님이 됐더라고요.

파리에서는 아주 다른 식으로 가르쳤을 것 같은데요. 거기 학생들은 나이도 더 많고 직업으로 삼으려고 서커스를 했을 테니까요.

그렇습니다. 직업으로 할 거라 무척 진지했습니다. 결의도 대단하고요. 16세에 시작하는데 대체로 몸이 되어 있지요. 기계체조 같은 걸 해서요. 서커스 학교는 최소한 3년은 있어야 합니다. 첫해에는 모든 걸 조금씩 배워요. 뭘 좋아하는지, 그러니까 공중곡예를 좋아하는지, 말 타고 하는 묘기를 좋아하는지 아니면 저글링을 좋아하는지 알아내기 위해서지요. 그러다 다음 해부터는 좋아하는 걸 선택해서 열심히 연습해 실력을 쌓습니다. 2년 동안 그렇게 합니다. 그런 다음 심사위원들 앞에서 실력이 됐나 안 됐나 알아보려고 테스트를 받습니다. 그리고 더 완벽해지기 위해 1년을 더 학교에 남기도 합니다.

서커스를 보면 왠지 쉬워 보이면서도 어떻게 저런 걸 할 수 있을까 싶은데요, 어떻게 그런 걸 가르치십니까?

엄청난 훈련을 하는 겁니다. 물론 가장 쉬운 것부터 시작해서 점점 힘든 걸 하게 되지요. 연습을 아주 많이 해야 하는 곡예들이 있어요. 대학을 다니는 것과 마찬가지입니다. 4년이 걸려요. 또 체조는, 챔피언이 되려면 7년은 걸리죠. 서커스 공연을 하는 사람들도 마찬가지입니다.

가르치는 사람들은 모두 서커스 공연을 해본 사람들이고 공중그네랄지 곡예를 한달지, 한 가지 묘기를 전문으로 합니다. 다들 뭘 했는지 잘 알고 있기 때문에 교사들을 아주 존경하지요.

학생들이 거기를 나올 때는 솜씨들이 굉장합니다. 그중에는 몇 명이 모여 자기들 쇼를 만드는 사람들도 있습니다. 정말 진지하게 해보려고 하면 정부가 자금을 대줘 서커스를 시작할 수 있게 해 줍니다. 몇 년 뒤에 가보면 제게 배운 학생들이 그동안 잘 해서 자기네 서커스단을 갖고 있어요. 요즘 세상에서는 그게 쉬운 일이 아닙니다. 오늘은 엔지니어지만 내일은 실업자가 되는 세상이니까요. 하지만 우리 세계에서는 그런 기술을 갖고 있으면 어디 가더라도 공연을 해서 먹고 살 수 있지요.

전세계에 훌륭한 선생님들이 많이 있습니다. 위대한 상상력으로 학생들에게 온갖 새로운 것들을 가르칩니다. 보면 놀라실 겁니다.

공연을 하는 것과 가르치는 것 중에서 어느 쪽이 더 좋습니까?
글쎄요. 아직도 공연을 할 수 있다면, 정말이지, 진짜 너무 너무 기쁠 겁니다. 관객들의 박수갈채를 받고 있으면 정말 황홀하지요.

"교사가 바라는 건
학생 하나하나가 바뀌는 거죠"

수키 소럴 발레 기사마다 수키 소럴이 우리 시대의 진정 위대한 발레 교사 중 한 명이라고 했다. 수키는 뉴욕시티 링컨센터에 있는 뉴욕시티 발레단의 공식 교육 기관인 아메리칸 발레학교에서 1972년부터 종신 교수로 학생들을 지도하고 있다. 수키는 샌프란시스코 발레단에서 무용수로 경력을 쌓다가 1959년에 뉴욕시티 발레단에 들어갔으며, 1968년에 수석 무용수가 됐다. 또 《수키 소럴의 발란신 기법 (Suki Schorer on Balanchine Technique)》과 《최고의 모습을 보여줘 — 젊은 무용수들을 위한 인생 지침 (Put Your Best Foot Forward: A Young Dancer's Guide to Life)》이라는 책을 썼다. 인터뷰를 하기 몇 주 전, 나는 수키가 교습하는 모습을 지켜보는 즐거움을 누렸다. 무용실 안에는 25명가량의 젊은 여성들이 있었는데, 수키의 예리한 눈은 한 사람 한 사람을 지켜보는 듯했고 한 사람씩 자세를 바로잡아 주곤 했다. 한 번은 무용수의 발을 잡아 올리고 자세를 바로잡아 주면서 말했다. "봐, 여기. 정확히 척추 뒤야. 그래 맞아." 만일 무용수가 한 순간이라도 정신을 딴 데 팔면 수키는 알아채고 정신을 차리게 했다. 무용실을 떠난 뒤에도 내 귀에는 수키의 음성이 쟁쟁했다. "팔은 부드럽게. 가슴이 앞으로 나와야지, 다리 위가 아니라. 엉덩이 당기고."

훌륭한 무용수라고 해서 무용을 잘 가르칠 수 있는 건 아닌데요, 왜 그럴까요? 훌륭한 무용 선생의 요건은 무엇입니까?

훌륭한 무용수가 되려면, 자기 자신에게 초점을 맞춰야 합니다. 재능, 음악성, 노력, 헌신, 열정 같은 것들도 분명 아주 많이 필요하지만, 정말이지 일상의 모든 걸 쏟아부어 최고의 무용수가 되기 위해 할 수 있는 한 최선의 노력을 다 해야 합니다. 한편 가르칠 때는, 초점이 모두 학생에게 맞춰집니다. 학생 한 사람 한 사람이 가진 능력을 다 발휘할 수 있도록, 성장할 수 있도록 도와줘야 합니다. 교사가 바라는 건 학생 하나하나가 바뀌는 거죠.

좋은 교사가 되려면 모든 관심을 학생에게 쏟아야 합니다. 어떻게 하면 가장 잘 가르칠 수 있을까를 생각해야죠. 그리고 학생이 달라지고 싶도록, 더 잘하고 싶도록, 위험을 감수하고 성장에 따르는 도전에 응하고 싶도록 격려할 방법을 찾아내야 합니다. 학생이 성장할 수 있도록 돌봐주고 춤에 관한 열정과 사랑을 키워나가도록 격려해줘야 해요.

학생들을 어떻게 격려하십니까? 피아노나 발레 같은 걸 가르치는 경우, 극단적으로 두 종류의 교사가 있는 것 같던데요. 격려하는 교사가 있는가 하면 비판은 혹독하고 칭찬에는 인색한 훈련 교관 같은 교사도 있던데요.

제가 가장 영향을 많이 받은 분은 당연히 조지 발란신 선생님이셨어요. 그분은 까다로웠지만, 우리를 아주 잘 봐주셨어요. 참지 못하고 화를 내면서 가르치지 않았어요. "넌 좀더 잘할 수 있어. 그런데 내 눈에는 아직 그게 안 보여. 발을 이렇게 놔. 무릎은 이렇게 펴고. 아니야, 그게 아니야. 맞았어! 그거야, 됐어!" 이런 식으로 말씀하시며 우리를 격려하셨지요.

그러니까 학생들을 잘 봐주고 격려해주고 더 열심히 하도록 도와줘야 합니다. 더 많은 가능성이 있다는 걸 깨닫게 해줘야 해요. 그냥 이렇게 저렇게 하라고 말만 하지 말고 강하게 요구해야 해요. 불친절하지 않고 부드럽게요. 춤추는 게 재미있어야 하니까요. 교습이 재미있어야죠. 강습을 받고 무대에 오르는 일이 즐거운 일이어야 해요. 온 정신을 집중해서 한계에 이를 때까지 노력을 하더라도 춤추는 게 즐거울 수 있답니다.

교사라면 학생을 변화와 성장으로 이끄는 데서 기쁨을 느껴야 합니다. 학생들을 향상시키기 위해 열심히 노력해야 하죠. 또 만일 학생이 발전을 보이지 않으면 솔직해져야 합니다. 어떤 건 시간이 아주 오래 걸리니까요. 무용수가 되려면 적어도 8년은 진지하게 훈련을 해야 합니다. 강해져야 하고 기술을 자기 것으로 만들어 자동적으로 나오게 해야 해요. 생각하지 않아도 근육이 알아서 움직여야 해요. 무대에 오르면 스텝을 생각하지 못하니까요. 그냥 나와야 해요. 근육의 기억으로.

학생은 한 사람 한 사람을 개별적으로 봐줘야 합니다. 신체적으로든 정서적으로든, 똑같은 사람은 없으니까요. 가령 뭘 고쳐줄 때도 학생에 따라 방식을 조금씩 달리 해주고, 잘못을 지적했으면 학생이 알아들었는지 확인을 해야 합니다. 때로는 이해하지 못하는 학생도 있으니까요. 그럴 경우는 이해할 때까지 방법을 달리해가며 이해시켜야 합니다.

그리고 자신이 뭘 하고 있는지 학생이 의식하게 해줘야 합니다. 학생들은 간혹 자기에게 손이 있다는 걸 실제로 의식하지 못하기도 하고, 자기가 하고 있는 동작에 활기가 없다는 걸 모를 때도 있습니다.

바로 앞에서 가르쳐야 합니다. 전 연습할 때마다 그냥 기계적으로 하지 않고 얼마나 더 많은 걸 쏟아부을 수 있는지 학생들이 깨닫게 하려고 노력합니다. 발레는 무척 반복적입니다. 그렇게 해야 근육을 단련해서 다리와 발을 움직이는 기술을 명확하고 분명히 익힐 수 있으니까요. 그래서 '자, 다시 이걸 16번만 더 해보자'면서 하고 또 하는 거죠. 그런데 그 매번의 연습을 마치 이번이 마지막 연습인 양 할 수만 있다면 완전히 새로운 역동성을 띠게 됩니다. 그래서 저는 학생들에게 훨씬 더 잘할 수 있다는 점을 이해시키려고 노력합니다. 편하고 안락한 상태 너머로 몸을 밀어붙어야 실력이 늘고 발전할 수 있다고 말입니다.

더 과감하게 춤을 추라고, 위험을 무릅쓰라고 해요. 넘어져도 괜찮다고요. 바보처럼 보여도 괜찮다고요. 결국에는 좋아질 테니까.

교사는 눈이 아주 좋아야 하고 각각의 몸짓, 동작, 그리고 콤비네이션이 어때야 하는지 잘 알고 그걸 학생들에게 이해시킬 수 있어야 합니다. 만일 주변에 그걸 보여줄 수 있는 최고급 무용수가 있으면 시범을 보이게 해서 따라 할 수 있게 해줘야 해요. 아니면 상상을 이용해서라도……. 어떻게든 그게 어떤 건지 알려줘야 합니다.

어떤 상상을 이용하시는지, 예를 하나 들어주실 수 있을까요?
공중에서 서서히 하강하는 거야, 뉴턴의 사과처럼 떨어지는 게 아니야. 어미새가 알을 품으려고 그 위로 내려앉듯, 공중에서 바닥으로 몸을 내리는 거야.

멋지군요. 그동안 그런 소소한 비책들이 쌓였을 텐데요.

그래요. 더 잘 가르치려고 계속 노력하지요. 교사로서 더 발전된 모습을 보이고 좀더 재미있게 교습을 하려고 노력합니다. 발란신 선생님은 우리가 연습하는 스텝에 얽힌 멋진 얘기들을 들려주곤 했지요. 그럼 계속 교습에 집중하게 되지요. 그분에게 배운 무용수들은 정말로 그분 말에 귀를 기울였어요. 전 1시간 30분 동안 제 학생들이 온전히 몰두할 수 있게 하려고 노력합니다. 가벼운 농담을 하든 말장난을 하든 아니면 어려운 콤비네이션을 시키든 간에요.

당신의 교습 방식에 영향을 미친 선생님들이 있나요?

그야 물론이지요. 전 아주 어려서부터 춤을 추기 시작했어요. 일곱 살인가 여덟 살 때 발표회를 했는데, 그때 벌써 공연의 기쁨을 알게 됐지요. 전 그걸 가르치려고 노력합니다. 자기 자신을 보여주고 표현하는 기쁨 말입니다. 그때 절 가르친 선생님께서 당신이 알고 있는 건 다 가르쳐 줬다면서 샌프란시스코 발레학교로 가라고 하셨죠. 저는 거기로 가 학교 교장으로 계시던 해롤드 크리스텐센Harold Christensen 선생님께 배웠어요. 그분은 기본 자세를 가르쳐주었지요. 어떻게 똑바로 서는지, 또 어떻게 골반부터 턴 아웃*하는지를요. 발레의 기본 자세죠. 지금은 제가 정확한 자세를 가르치고 있어요.

그런 뒤 뉴욕으로 와서 제 인생에 가장 큰 영향을 미친 발란신 선생님을 만났습니다. 그분은 제게 생명을 주신 분이라 할 수 있어요. 전 그분의 말씀에 매료됐어요. 왜 플리에**를 이러저러하게 해야 하는지, 그분은 그런 걸 다 아주 논리적이면서도 음악적으로 설명하곤 하셨답니다.

또 교습할 때 정말 중요한 건 춤의 음악성인데요. 모든 스텝은 그 자체의

● 양발을 바깥쪽으로 90도 회전시켜 고관절부터 대퇴부, 무릎, 발목, 발끝에 이르기까지 두 다리가 만드는 각이 180도 되게 한 상태로 정상적으로 만들 수 있는 관절의 가동 부위를 넓히기 위한 발레의 기본 동작이다. 발레의 모든 동작은 고관절에서 턴 아웃되어야 한다.
●● 뻣뻣한 자세로 두 무릎을 굽히는 동작.

모습과 강세와 타이밍이 있습니다. 그냥 똑같은 게 아니에요. 발을 앞으로 내밀고 당기고. (여기서 율동적이고 정확하고 속도감 있는 말투로 바뀐다.) 또 밖으로 밖으로, 안으로 안으로. 음악 속에서 춤추는 기쁨을 느낄 줄 알아야 해요. 딱 맞는 때에(그리고 딱 그만큼만) 그러면서도 음악에 맞춰서 말이지요.

그러니까 그건 아주 신나는 일입니다. 발란신은 춤이 공연 예술이라는 점을 늘 강조했지요. '너 자신을 보여주고 싶어야 해'라고 말씀하셨어요. 그래서 선생은 학생이 동작 속에서 그 자신을, 자신의 모든 걸 표현하고 싶도록 만들어줘야 합니다. 선생이 그런 마음을 이끌어내야 해요. 그러면 학생은 모든 손끝을 그리고 모든 발끝을 느끼게 되고, 그러면 춤은 더 과감해지고 더 커지고 더 아름다워집니다. 교사는 학생이 자신이 취하는 동작 속에서 기쁨과 아름다움을 느낄 수 있도록 해줘야 합니다. 그리고 그렇게 되면, 그렇게 하도록 격려를 한 교사는 큰 보람을 느끼게 되지요.

발란신 선생님은 춤추는 것만 가르치지 않았습니다. 그분은 살아가는 법도 가르쳤지요.

어떻게 살아야 한다고 하셨는데요?
그분은 순간을, 바로 지금을 살아야 한다고 하셨어요. 인생이란 그 모든 순간들이 모인 것이고, 인생은 과정이라고 하셨지요. 유명한 발레리나가 되고 싶을지 모르지만 그게 인생은 아니라고. 발레리나가 돼가는 과정이 인생이라고 하셨어요. 그 과정에 몰입하고 그 과정을 즐겨야 한다고요. 왜냐하면 인생이 어찌 될지 모르기 때문에요. 발레리나가 될 수도 있고 안 될 수도 있으니까요. 하지만 지금 이 순간을 완벽하게 살아야 한다고 하셨어요. 그러니 맛있는 음식을 요리해 친구들을 초대할 때면 식탁 위에 맛있는 음식을 올리고 친구들과 즐기고 공연이 보고 싶으면 또 거기에 집중하라고 하셨어요. 이런 얘기들을 하셨지요.

이제는 당신이 그 지혜를 제자들에게 전해주시나요?

그렇습니다. 교습을 시작하면 집중해서 온 힘을 다해 몰두하라고 합니다. 순간 속에 살아있다는 건 온몸으로 온전히 살아 있다는 것이고 그래야 춤이 흥미진진해진다고, 그래야 동작이 활기가 넘치고 명확해지고 커진다고 말이죠. 그런 다음 그것을 음악과 연결시켜야 한다고 말합니다. 바로 음악이 춤의 무대니까요. 하지만 가진 모든 걸 각 순간에 집어넣어야 한다고 합니다.

학생들이 중급 과정에서 상급 과정으로 올라가면 가르치는 게 달라지나요?

콤비네이션은 거의 똑같거나 더 어려워지기도 합니다. 턴을 한 번 하는 대신 세 번 하라고도 하고 템포를 바꾸라고도 합니다. 더 느리거나 더 빠르게요. 템포를 더 빨리 하면, 극단까지 몰고 가기 때문에, 정상적인 템포는 더 쉬워지죠. 이해가 되시나요?

예, 알겠습니다.

그래서 또 아주 천천히 점프를 했다가 연속적으로 착지하는 연습도 시킵니다. 바닥으로 쿵 떨어지면 안 되니까요. 그런 걸 하려면 많은 통제력이 필요합니다. 무용수는 더 많은 통제력을 가질수록 더 자유로워집니다.

처음 교사가 됐을 때와 비교해보면 어떻습니까, 많이 변하셨나요?

처음과 비교해보면 제가 주는 콤비네이션이 좀더 흥미로워지지 않았나 싶습니다. 제가 원하는 스텝의 음악성도 좀더 정밀해 진 것 같고, 그걸 더 명확하게 표현할 수 있게 된 것도 같습니다. 학생들 잘못을 고쳐주고, 수업에 참여시키고, 그리고 변화시킬 수 있는 더 좋은 방법들도 개발했습니다. 학생 한 명을 고쳐주면서도 교습을 받는 모든 학생들을 가르칠 수 있는 더 나은 방법도 개발했고요. 지금은 옛날보다 무용수들이 전체적으로 더 잘 보입니다. 그러면서도 세세한 것에도 집중할 수가 있게 됐습니다.

가르칠 수 없는 것도 있나요?

(안타깝다는 듯이) 있답니다.

어떤 것들인가요?

무형의 것들이죠. 모든 무용수는 한 사람 한 사람이 특별해요. 만일 그 독특함을 이끌어낼 수만 있다면. 그냥 움직이기만 해도 빛이 나는 사람들이 있어요. 그리고 아주 정교한 테크닉을 구사해도 눈이 안 가는 무용수들도 있고요. 그러니까 다 좋은데 시선을 끌 만한 구석이 전혀 없는 그런 무용수들도 있지요. 스타를 만드는 건 바로 그 별도의 특별한 무엇이에요. 그걸 가르칠 수 있을까요? 모르겠습니다. 그게 안에 들어있다면 이끌어내서 키워줄 수 있지요. 하지만 없다면, 어렵지요.

무대에서 공연을 하는 건 컴퓨터 앞에 앉아 있거나 바닥을 걸레질하는 것과는 다릅니다. 자기 자신을 팔아야 하고 그걸 즐겨야 합니다. 자신을 보여주고 내놓아야 하지요. 정말이지 발레의 표현 양식은 아주 한정돼 있어요. 스텝이 10개 정도 밖에 안 됩니다. 그런데 이 스텝들을 가지고 어떻게든 아름다움을 창출해서 관심을 끌어야 하죠. 그게 진정한 재능이지요. 그건 타고나는 겁니다.

학생들 중 어느 정도는 무대에 서지 못하고 다른 일을 하면서 살게 될 것 같은데, 발레 공연을 못해도 발레 교육을 받을 가치가 있을까요?

그럼요. 발레를 배우면서 집중하고 몰두하고 헌신하는 걸 배웁니다. 발레를 배운다는 건 엄청난 노력을 필요로 하죠. 발레를 배운 사람은 어디로 가든 그걸 갖고 갑니다. 발레단에 들어가지 못해 대학 진학을 결정한 학생들 다수가 실제로 하버드나 예일, 스탠퍼드에 들어갑니다. 하루에 4시간씩 발레를 했지만, 공부를 어떻게 해야 하는 건지 알기 때문이지요. 춤출 때면 춤출 줄 알고 즐길 때는 즐길 줄 압니다. 발레를 배운다는 건 멋진 교육을 받는 거예요.

발레를 배우면 몸가짐이 달라집니다. 꼿꼿하게 몸을 세우고 걷게 되지요. 아주 자신감 있게요.

현역으로 활동하실 때부터 가르치기 시작하셨는데요, 어떻게 하시게 됐나요?
발란신 선생님은 데리고 있는 무용수들을 한 사람 한 사람 눈여겨보셨어요. 그래서 우리 자신보다 우리를 더 잘 아셨지요. 그분은 제가 어떻게 교습을 받고, 어떻게 당신 말에 귀를 기울이는지 보시고 또 강습이 끝난 뒤에 제가 다른 사람들을 도와주는 걸 좋아하는 걸 알고 절 교사감이라고 판단하신 겁니다. 그분이 공연이 없을 때 가르쳐보겠냐고 물어보셔서 좋다고 했지요. 그렇게 해서 아주 어린 나이에, 스무 살인가 그때부터 가르치기 시작했습니다.

그렇다면 그 일을 아주 좋아했던 모양이군요.
정말 좋아합니다. 무엇보다 전 제가 가르치는 것에 관한 믿음이 확고하답니다. 춤을 향한 열정도 있고요. 열심히 가르친 학생들이 열심히 배우고 성장하고 발전하는 모습을 보면서 전 많은 기쁨과 보람을 느낍니다.

아직도 '무대에 설 수 있다면' 하실 때가 있나요?
세상에, 아니에요. 이젠 아니에요. 이제는 '옛날에는 어떻게 저렇게 췄지' 하고 있어요. 하지만 그렇게 췄었죠. 그러나 아니에요, 전혀 그립지 않아요. 아직 걷고, 탱고를 출 수 있으니 행복하답니다.

교사로서 어느 때가 가장 기쁜가요? 수업 중에 학생들이 '이해하는' 그 작은 순간들인가요, 아니면 학생들이 무대에서 공연하는 걸 보는 좀더 거창한 순간들인가요?
둘 다랍니다. (즐겁게 웃음) 전 하루에 6시간을 가르치기 때문에 작은 데서 기쁨을 얻어야 해요. 그래도 학년 말에 학생들이 연례 발표회에서 춤추는 걸 보면 눈물이 나요.

아메리칸 발레학교의 연말 발표회 때 전 〈바로크〉(조지 발란신의 걸작)를 올렸는데, 올해 케네디 센터에서 우리 학생들이 그 공연을 다시 했어요. 볼쇼이 발레학교, 파리 오페라 발레학교, 그리고 로얄 발레학교를 상대로요. 제 학생들은 정말 아름답고 훌륭했어요. 정말 만족스런 공연이었답니다.

아메리칸 발레학교는 전문 학교입니다. 뉴욕시티 발레단 무용수들은 거의 모두 이곳 출신이에요. 14살에 이곳에 들어온 소녀를 십대 시절 내내 가르쳐서 발표회를 끝으로 내보내지요. 그럼 발레단에 들어갑니다. 올해로 36년째 가르치고 있으니까, 뉴욕시티 발레단 공연에 가면 무용수 대부분이 제가 가르친 아이들입니다. 3년 전만 해도 이 학교 학생이던 어린 무용수가 처음으로 여왕 백조를 연기하는 걸 보면 너무 흥분이 되지요. 그러니까 그런 순간도 아주 멋집니다. 아주 보람도 있고요. (소리 내 웃음)

"가르치다 보니 더 좋은 사진작가가
되었습니다"

키스 카터 사진 텍사스 주 버몬트에 있는, 루이지애나 주와 접한 작은 델타 타운에서 자랐다. 어머니는 사진사였고, 카터는 독학으로 사진가가 됐다. 1988년에 첫 사진집을 출판한 뒤 카터는 미국의 최고 사진 예술가 중 한 사람으로 인정받았다. 지금까지 모두 9권의 사진집을 출판했고, 시카고 아트 인스티튜트, 스미소니언 미술관, 샌프란시스코 현대미술관, J. 폴 게티 미술관이 카터의 작품을 구입했다. 아직도 버몬트에 살면서 가까이 있는 라마르대학교의 시각 공연 예술 윌스 석좌 교수로 있다. 라마르대학교 교수 상과 우수교수 상 등 대학에서 수여하는 최고교수 상을 2차례 받았다. 또한 산타페이 사진 워크숍과 우드스톡 사진센터 같은 곳에서 개최하는 사진작가 워크숍에서 가르치기도 한다.

전 라마르대학교에서 사진 입문 강좌부터 대학원 세미나까지 맡고 있습니다. 수강생은 보통 16명에서 18명입니다. 실습이 있는 수업은 2시간 30분 동안 진행됩니다. 전 늘 다른 사람이나 한무리의 사람들 작품을 보면서 45분에서 한 시간 정도 강의를 하려고 합니다. 그런 뒤 학생들이 진행 중인 작품을 제게 보여주고 함께 비평을 하거나 아니면 암실이나 디지털실로 가 작업을 합니다.

전 좀 특이한 사명을 띠고 있다고 볼 수 있습니다. 몸담은 학교가 거의 7개 카운티에 이르는 텍사스 동부의 시골 지역 교육을 전담하고 있는데다, 제 자신이 기본 사진술만이 아니라 여태까지 이 지역 사람들의 삶 속으로 들어오지 못한 방식으로 사진과 예술 그리고 문화를 소개하는 걸 제 임무라 생각하고 있기 때문입니다. 그래서 저는 자극이 될 만한 것들을 많이 소개하려고 노력합니다. 사진의 역사, 영화, 기록영화, 예술 등 사진과 시각적 이미지에 밀접한 연관이 있다고 생각되는 건 정말이지 뭐든 소개하려고 하죠.

저는 학생들에게 말합니다. "앞으로 어떤 직업을 갖게 돼 하루에 8시간을 일하든 12시간을 일하든 그건 그저 삶의 일부에 지나지 않는다. 하지만 예술이 있으면 더 문화적이고 더 인간적인 삶을 살 수 있다." 그리고 이런 시골에서도 예술이 일상의 일부라는 걸 보여줄 수 있는 방법을 찾으려고 합니다. 그래서 앤디 골드워시*부터 앙리 카르티에 브레송**까지 모두 집어넣습니다.

그런데 산타페이 워크숍 같은 데서 가르칠 때는 목표가 분명 다를 텐데요?
산타페이 같은 곳에서는 실제로 하는 일이 다릅니다. 그 사람들은 적당히 수강료도 지불하고 들뜬 마음으로 거기 와 있습니다. 그리고 간절히 제 말을 듣고 싶어합니다. 어떻게 창문을 열고 나아갈 수 있게 해줄지 알고 싶어하죠. 그리고 나이가 보통 더 많습니다. 성인들이라 열여덟이나 열아홉 살은 모르는 일들을 많이 겪어 본 사람들이죠. 그러니 시간만 나면 문자질 하느라고 정신없는 학생들과 달리 여러 가지로 정말로 배우고 싶어하는 사람들을 상대하게 됩니다.

문자 얘기가 나와서 하는 말인데요, 가르치신 지 20년이 됐는데, 그동안 학생들 사이에 변화가 있던가요? 문화가 갈수록 시각적이 돼간다고 할 수 있는데, 그런데 그게 미학적인 것과는 거리가 멀지 않나 싶습니다.
음, 두 얘기 다 맞는 말씀입니다. 제가 알 게 된 건 무엇보다 요즘 아이들을 절대 얕봐서는 안 된다는 겁니다. 제가 지금 가르치고 있는 세대는 삶의 맥락과 정보의 맥락이 다릅니다. 우리들이 대학에 입학했을 때는 사진의 핵심

● Andy Goldworthy(1956~). 자연 속에서 자연물만으로 작품을 만들고 자연 속에서 자연스럽게 사라져갈 수 있도록 작품을 설치하는 영국의 조각가, 사진가, 환경 예술가.
●● Henri Cartier-Bresson(1908~2004). 프랑스의 사진가. 라이카 사진술의 대표적 존재로, 현대의 포토저널리즘에 큰 영향을 주었다. 서민의 일상성을 포착해 역사의 저변에 주목하게 하고, 정확한 공간 처리에 따른 순간 묘사가 절묘한 것이 작품의 특징이다. 1947년 로버트 카파 등과 함께 매그넘을 창립했다.

은 카메라, 필름, 그리고 암실이었는데, 지금은 휴대폰에서 위성, 비동기 전송 모드^{ATM}까지 온갖 종류의 유비쿼터스 사진 제작 방법이 있습니다.

며칠 전 사진의 역사를 얘기하면서 폭스 탈버트[•]와 다게르^{••}(초기 사진 현상법을 개척한 두 사람)에 관해 얘기를 하는데 어린 여학생 하나가, 좋은 학생인데요, 책상 위에 크래커 잭^{•••} 한 상자를 올려놓고 있더군요. 그러더니 상자 안에서 경품을 꺼내 한 손에 들고 핸드폰으로 사진을 찍어 남자 친구에게 이메일로 보내더군요. 탈버트와 다게르 그리고 그 두 사람이 겪은 일들과 한 젊은 여성이 재미로 사진을 찍어 40킬로미터 밖에 있는 남자친구에게 보내는 일이 한꺼번에 겹쳐지면서, 참 아름답다는 생각도 들고 정말 아이러니하다는 생각도 들더군요.

또 하나 말씀드릴 건, 예전에는 사진작가가 많지 않아서 학생들에게 작품을 보여주면서 설명을 깊이 있게 했습니다. 그런데 요즘 학생들은 예전 학생들보다 주의력이 어느 정도 짧아진 것 같더군요. 그런데 또 한편, 20세기에 등장한 사진가들이 너무 많아서 이제 한 사람만 다룰 수도 없는 형편입니다. 샐리 만^{Sally Mann} 한 사람만 가르치는 게 아니라, 샐리 만을 낸 골딘^{Nan Goldin}과 줄리 블랙몬^{Julie Blackmon}과 함께 다루게 됩니다. 세 여성은 완전히 다른 방식으로 가족의 사진을 찍었거든요. 이런 식으로 하면 학생들이 집중을 더 잘하기도 하지만 또 이렇게 하는 게 현대 사진을 다루는 더 적절한 방법인 것 같기도 하고요.

그리고 이 장광설에 마지막으로 하나 덧붙일 말은 80년대에는 내가 어떻게 생각하든 간에 로버트 메이플소프^{Robert Mapplethorpe}를 얘기하지 않고는 사진을 말할 수 없었는데, 지금 학생들은 메이플소프가 누군지 조금도 관심이 없

● Fox Talbot(1800~1877). 영국의 유명 화학자이자 사진학자.
●● Daguerre(1787~1851). 프랑스의 사진 발명가. J. N. 니에프스가 발명한 헬리오 그래피를 다시 발전시켜 다게레오 타입이라는 독자적인 사진 현상법을 발명했다.
●●● 캐러멜을 입힌 팝콘과 땅콩을 섞어놓은 것으로, 상자 속에 작은 경품이 들어 있다.

습니다. 동성애 기록물 같은 건 아무런 의미도 없는 거죠. 지루할 뿐입니다. 그런 건 그냥 제 관심사에 지나지 않는 건지도 모르겠습니다. 요즘 학생들은 로버트 파크해리슨Robert ParkeHarrison(현대 사진작가로, 작품은 과학 기술에 훼손된 풍경을 묘사한 단색의 이미지들이다)한테 훨씬 관심이 많습니다.

훌륭한 사진작가라고 해서 훌륭한 사진 교수가 되는 건 아닌데요, 훌륭한 사진 교수가 되려면 무엇이 더 있어야 할까요?

좋은 질문이군요. 전 학계 출신이 아닙니다. 학위도 없고 어쩌다 보니 가르치게 된 경우라, 먹물이라기보다는 거리 출신에 가깝죠. 제게는 가르치는 게 가장 자극적이고 흥미로운 일 중 하나입니다. 20년이 지났는데도요. 질문에 관한 제 대답은 열정일 것 같습니다. 저는 늘 사진을 찍어 그걸 학생들과 함께 보고 얘기를 나누는데, 다른 사람 작품을 보는 걸 좋아하고 또 그걸 보고 얘기하는 것도 아주 좋아합니다. 디지털 혁명에 당했다는 생각은 들지 않습니다. 사진의 그 모든 세계가, 지금도 변하고 있지만, 앞으로도 흥미진진한 여정이 될 것 같습니다. 그러니 짧게 답하자면 그건 열정일 겁니다.

또 하나는, 그러니까 예전에는 뒤에서 한두 명이 잠을 자도 가서 물총을 쏘거나 책상을 꽝 내리치면서까지 깨우곤 했습니다. 그런데 지금은, 전 아직도 사진에 관해 얘기하는 걸 좋아하는데, 정말로 제 얘기를 듣는 학생은 두세 명이나 될까요, 어쩌면 좀더 많을지도 모르고요. 제 강의를 듣는 학생 중 두세 명이라도 예술을 삶 속으로 받아들이고 늘 잊지 않는다면, 그래서 삶이 조금이라도 달라진다면, 전 만족합니다. (소리 내 웃음)

당신에게 사진을 하는 것과 사진을 가르치는 것 사이에는 어떤 관계가 있습니까? 서로 자극이 됩니까?

저보다 훨씬 훌륭한 선생님들도 많고, 직접 그런 선생님들도 많이 만나봤습니다. 또 저도 상당히 괜찮은 선생이라고 생각하고 있습니다. 그런데 제 동료들 대부분은 자신들의 삶을 가르치는 삶으로 규정합니다. 그 점을 아주 높이 삽니다만, 전 그렇게 생겨먹지 않았습니다. 아마 대학원을 안 나와서 그런 건지도 모르겠습니다. 저는 오랫동안 세상 속에서 직업 사진작가로 작업했습니다. 그래서 가르치는 일로 제 삶을 규정하지 않습니다. 그건 그냥 제가 하는 이런저런 일 중 하나일 뿐이죠.

사진작가라 더 좋은 선생이 된 건 아니지만 가르치다 보니 더 좋은 사진작가가 되긴 했습니다. 덕분에 관념의 세계라는 온전한 하나의 세계가 열렸죠. 모든 걸 철저히 알려고 노력하게 됐고, 젊은이들에게 작품 뒤에 놓인 이론이나 그 작품의 배경을 명확하게 설명하다 보니 저 역시 많은 걸 배우게 되고 대단히 폭넓게 작가들을 알게 돼 다양한 즐거움을 맛볼 수 있게 됐습니다.

저는 살면서 온갖 일을 해보고 싶지는 않습니다. 제가 집중하는 일이 몇 개 있지만(신소리가 아니라요), 가르치는 일이 절 더 나은 사진작가로 만들어줬습니다. 더 좋은 사진가가 됐죠. 오랫동안 그러던 것처럼 그냥 혼자 지방에서 작업만 하는 대신 관념의 세계를 보게 됐기 때문입니다. 이해가 되십니까?

예. 이해가 됩니다. 당신은 산타페이 워크숍처럼 몇 군데 아주 유명한 워크숍에서도 강의를 하시는데, 이유가 뭔가요? 분명 돈 때문은 아닐 것 같은데.
그렇습니다. 돈 때문에 하는 건 아닙니다. 자극 때문이라고 할 수 있습니다. 어른들과 일주일을 보내는 게 좋습니다. 고차원적인 작업을 하고 생각을 논하는 데 관심이 있는 그런 사람들과 말입니다. 제게는 자극이 되고요. 또 누구 말마따나 그 주가 끝나갈 무렵이면 수혈을 받은 기분입니다. 대체로 자극이 되는 것 같습니다. 재미도 있고요.

기억에 남는 학생이 있나요? 교수님의 영향으로 인생이 바뀌었다든가 하는.
글쎄요, 그렇기도 하고 아니기도 합니다. 흥미로운 학생들은 많았습니다. 제가 방향을 틀어준 학생들이라면, 아마 소수일 겁니다. 많은 이들에게 영향을 주었다고 생각하고 싶습니다. 교사란 누굴 변화시켰어도 그 사실을 잘 알지 못합니다. 간혹 가다 10년 만에 편지가 옵니다. 누군지 생각도 안 나는데, 뭔가가 생각나 예의바르게도 제게 편지를 써 고마움을 표시하는 겁니다. 흔히 있는 일은 아니지만, 몇 번 그런 일이 있었습니다.

무슨 말씀인지 잘 압니다. 가르친다는 것은 병 속에 편지를 넣어 바다로 던지는 것과 같다는 생각이 가끔 듭니다. 실제 누가 그걸 읽을지는 전혀 모르는 거죠. 맞는 말씀입니다. 가르친다는 것은 대단한 일이고……. 그러니까 그 말은 '특권'이라는 겁니다. 정말 그렇습니다. 특히 바깥 출신이다 보니 여기보다 더 좋은 곳이 없는 것 같습니다. 제게 학계는, 회의만 없다면, 멋지고 즐겁고 재미있는 곳입니다. 동료들 중에는 이 일이 자신을 녹초로 만든다고 말하는 사람들이 있지만, 전 아닙니다. 전 힘들기보다는 재미있습니다.

'회의만 없다면'이라는 말이 아주 맘에 드는군요. 왜 그런 짓을 하는 걸까요? (소리 내 웃음) 그런 것들을 해달라는 부탁을 하지 못하도록 전혀 믿을 수 없고 완전히 괴상한 페르소나를 만들어냈다고 말한 사람이 사진작가인 잭 웰포트Jack Welpott인 것 같은데요. 그 말에는 일말의 진실이 들어있습니다. 하지만 어쨌거나 제게 가르치는 일은 멋진 일입니다. 예술에 관한 것이고 또 관념에 관한 것이니까요. 그리고 저는 젊은이들에게 말하는 게 좋고, 또 젊은이들 얘기를 듣는 것도 좋아합니다.

"학생들은 언제든 더 나아질 수 있습니다"

데이비드 켈시 피아노와 성악 여러 해 동안 피아노와 성악을 가르쳤다. 이타카대학교에서 실용음악을 전공해 학사학위와 석사학위를 받았고, 학교 반주자로 활동했으며, 피아노와 실용음악 교습을 했다. 독주자로 오케스트라와 협연을 했으며, 오페라 워크숍 조감독도 했다. 졸업 뒤에는 유명한 프랑스 피아니스트 잔느 마리 다레(Jeanne Marie Darre)와 이스트먼 음악학교 피아노학과 명예교수인 세실 젠 하트(Cecile Genhart)의 지도를 받았다. 켈시는 특히 메트로폴리탄 오페라 경연대회의 지역 우승자들과 휴스턴 그랜드 오페라단의 엘리너 맥컬름 대회의 우승자, 그리고 노스캐롤라이나 심포니 청소년 협주대회의 우승자 등을 지도했고, 반주도 맡았다. 노스캐롤라이나 연구 삼각지 ●에서 성악 지도자와 연주자 그리고 반주자로 활동하고 있다.

오래전 대학을 다닐 때부터 피아노를 가르쳤는데, 대학원을 다닐 때도 계속 했고 지금도 하고 있습니다. 제 학생들은 연령별로 6살 아이부터 70대 할머 니까지 다양합니다. 실력도 천차만별이고요.

전 악기라고는 하나도 다루지 못해서 악기를 다루는 사람들, 특히 아주 잘 다 루는 사람들을 보면 놀랍기도 하고 존경스럽기도 합니다. 피아노는 특히 어렵게 생각되는데, 어떻게 피아노를 가르치십니까?
피아노를 어떻게 가르치느냐고요? (잠시 아무 말이 없다.) 음, 먼저 관심이 있 어야 합니다. 사실 관심도 없는데 부모 손에 이끌려와 배우는 아이들도 있습

● 채펄힐, 더럼, 롤리를 잇는 삼각형 지역을 일컫는 말. 채펄힐의 노스캐롤라이나주립대학교, 더럼의 듀크대학교, 롤 리의 또 다른 노스캐롤라이나주립대학교를 주축으로 연구소가 많이 들어서 있어 이런 이름이 붙음.

니다. 그런 애들 부모와 싸우기도 했는데요, 절대 잘 되지 않습니다. 그러니까 무엇보다 정말 관심이 있어야 합니다.

두 번째로는 음악성을 타고나면 도움이 됩니다. 음악성을 타고 나지 않았더라도 배울 수는 있습니다. 하지만 다소 기계적으로 치게 될 겁니다. '타고난 음악성이 뭐냐?'고 한다면 보면 안다거나 들으면 안다고 말하는 것 말고 달리 대답을 못하겠군요.

그 다음으로 종이 위에서 본 걸 두 손이 할 수 있는 걸로 바꾸는 법을 배워야 합니다. 악기를 연주하는 걸 배운다는 건, 그게 피아노든 다른 악기든 간에, 신체적인 습득 과정이기도 하지만 정신적인 것에 훨씬 가깝습니다. 손가락과 팔의 힘을 키워야 하지만 이건 원숭이도 할 수 있습니다. 정말 배워야 하는 건 인쇄된 악보에서 본 걸 유의미한 걸로 바꾸는 겁니다. 즉 정신적으로 들은 걸 손가락이 할 수 있는 것으로 바꿀 수 있어야 합니다. 그건 다소 어려울 수도 있습니다. 그리고 특히 어려워하는 사람들도 있고요.

요령을 가르치십니까? 아니면 시범을 많이 보여주십니까?

대부분의 음악 선생님들과 달리 전 보통 학생들에게 어떻게 하는지 보여주려고 하지 않습니다. 따라하는 게 아니라 뭘 할지 배우고 그걸 스스로 열심히 해보려고 하는 게 더 중요하다고 생각합니다. 자, 신체적으로 가르칠 수 있는 단순한 것들이 몇 가지 있습니다. 가령 음계를 연주하고 손가락 위치를 제대로 잡는 법은 배워야 합니다. 엄지를 언제 어떻게 움직이느냐도 확실히 보여줄 수 있는 것에 속합니다. 음계를 레가토(부드럽게)*로 연주할 수 있는 건 청각의 문제에 가깝습니다. 그래서 귀를 잘 훈련시켜야 합니다. 연주 능력은 연주를 듣는 능력에 많이 의존합니다. 잘 알수록 더욱 발전하는 겁니다.

어떤 악기든 연주하려면 음악적 지식이 있어야 합니다. 높이뛰기를 가르치

● 음악에서 계속되는 음과 음 사이를 끊지 말고 원활하게 연주하는 것.

려면 2미터 높이의 바를 뛰어넘는 모습을 보여주는 것으로는 충분하지 않지요. 바에 어떻게 다가가고 다리를 어떻게 들어 올려야 하는지, 그런 신체적이고 기술적인 모든 것들을 배워야 하죠. 하지만 자신이 그 바를 뛰어넘는 모습을 마음속으로 떠올릴 수도 있어야 합니다. 음악도 마찬가지입니다. 리듬, 템포, 소리, 피드백, 악기 성능 등 음악에 관해서 전반적으로 알고 있어야 합니다. 꼭 고전음악일 필요는 없습니다. 컨트리 웨스턴이어도 되고 대중음악이나 오페라여도 됩니다. 아무거나 상관없습니다. 그러나 어느 정도 그 음악이 말을 걸어오고 그걸 직관적으로 이해할 수 있어야 합니다. 그렇게 되면 연주를 한 번도 안 해보고도 특정 악기를 선택하게 됩니다.

이렇게 반론할 수 있을 겁니다. 그럼 다섯 살짜리 아이는? 그렇게 어린아이도 그런 직관적인 이해가 가능한가? 전 그렇다고 대답할 겁니다. 아이들도 마찬가지라고요. 아니라면 애초에 악기를 선택하는 데 관심을 보이지 않을 겁니다. 애들이 어린 나이에 레슨을 받을 때는(저도 그런 경우인데요, 다섯 살에 시작했으니까), 이미 어느 정도 좋아하고 이해하는 음악이 있습니다. 그 음악에 관해 뭔가를 직관적으로 느끼고 있기 때문에 그걸 자신이 선택한 악기를 가지고 할 수 있는 뭔가로 바꾸는 법을 배우는 겁니다.

훌륭한 피아니스트도 형편없는 음악가일 수 있습니다. 그런 사람이 몇 명 생각은 나지만 이름을 밝히고 싶지는 않습니다.

그럼 그런 사람들은 전문적인 기술은 가졌지만 정서적으로 혹은 영적으로 뭔가가 결여되어 있다고 볼 수 있는 건가요?
예. 훌륭한 음악가가 되려면 세 가지를 갖춰야 합니다. 첫째, 해야 할 것을 악기로 할 수 있는 기술적인 능력을 갖춰야 합니다. 둘째, 어느 정도 음악에 관해 알고 있어야 합니다. 그러니까 논리적인 코드 진행이 뭐고 불협화음이 뭔지, 어떻게 불협화음을 협화음으로 만드는지, 어떤 작품을 해석할 수 있는 구조가 뭔지 같은 그런 것들을 이해하고 있어야 합니다. 셋째, 가슴이나 영혼이라고 할 수 있는, 작품에 공감할 수 있는 어떤 정서적 토대를 갖추고 있어야 합니다. 만일 이 세 가지를 갖추지 못한다면, 그중에서 하나라도 부족하면, 청중은 금세 알아챕니다. 연주 장소가 집이든 카네기 홀이든, 어디든 간에요.

이 시대, 그러니까 지난 50~60년 동안 기술적으로 능수능란한 사람들은 늘 있었습니다. 상상도 못할 정도로 빨리, 거의 100퍼센트 정확하게 음표를 칠 수 있는 피아니스트들이 수두룩합니다. 하지만 제가 볼 때 그런 사람들은 대체로 둔하고 지루합니다. 들어줄 게 별로 없습니다.

그렇다면 그 말씀은 가령, 어떤 사람들은 가볍고 행복한 음악은 연주할 있지만 비극적인 음악은 연주할 수 없는데, 그건 그런 사람들의 영혼에는 그런 측면이 결여되어 있기 때문이라는 건가요? 아니면 지나친 해석인가요?

좀 지나치긴 하지만 그렇게 말할 수 있습니다.

스타니슬랍스키[•]**가 연기에 관해서 한 말이 생각나 그렇게 말했는데요. 연기자가 어떤 인물의 감정을 표현하려면 연기자한테 그런 감정이 있어야 한다고 했죠.**

절대적으로 맞는 얘기라고 생각합니다. 그 예가 될 만한 일이 최근에 있었습니다. 엘라이스라는 스물세 살 된 아가씨를 가르치고 있는데, 사실 어젯밤에도 여기 왔었답니다. 엘라이스는 칼리슬 플로이드Carlisle Floyd의 오페라 〈수잔나〉에 나오는 아리아를 불렀습니다. 그 아리아의 주인공은 연인의 아이를 가진 채 연인에게 버림받고 마을 사람들에게도 배척당한 상태로 무대에 홀로 서 있는 겁니다. 엘라이스는 그런 처지에 빠진 여인을 노래합니다. 그런데 그 아리아를 제대로 부르려면 그 인물과 그 인물이 놓인 상황에 진정으로 감정이입을 해야 합니다. 엘라이스가 처음에 몇 번 그 노래를 부를 때는 기술적으로는 훌륭했지만 뭔가가 빠져 있었습니다.

● Stanislavski(1863~1938). 러시아의 연출가이며 배우.

전 그걸 채울 수 있는 방법을 일러주었습니다. 그러자 엘라이스는 완전히 새롭게 노래를 불렀습니다. 훨씬 더 나았죠. 2주 전에 다른 가수들과 하는 연주회에서 그 곡을 불렀는데 반응이 아주 좋았습니다. 그렇게 그 인물이나 그 인물이 놓인 상황과 공통점이 전혀 없었지만 그 속으로 들어갈 수 있었습니다. 그래서 저는 계속 엘라이스가 그 인물로 설 수 있도록 도와줘야 했고, 그리하여 '황량한'이나 '차가운'이라는 가사를 발음할 때는 목소리가 실제 그 단어들의 의미를 연상시킬 수 있도록 지도해야 했습니다. 그 단계에 이르게 되자 노래가 정말 완전히 달라지더군요.

제게 음악이란 소통이 전부입니다. 한 사람이 앞에 있든 500명이 앞에 있든, 청중 앞에 서서 어느 정도 소통할 수 있으면 되는 겁니다. 그게 다죠.

여섯 살 아이에게 피아노를 가르친다면 피아노를 치는 법을 가르치겠죠. 하지만 일정 수준에 올라 있는 사람을 가르칠 때는 그 다음 단계, 혹은 최고의 단계까지 올라갈 수 있도록 가르칠 텐데요, 그런 단계에서도 기술적인 것들을 가르치십니까 아니면 지금까지 말씀하신 소통 능력을 키우는 데 중점을 두십니까?
보통 두 가지를 다 지도합니다. 피아노든 현악기든 아니면 성악이든 간에 그건 중요하지 않습니다. 언제든 더 나아질 수 있으니까요.

두 가지 예를 들어보죠. 가수는 자신의 악기를 몸속에 가지고 있기 때문에 다른 사람이 듣는 것처럼 자기 목소리를 듣지 못합니다. 그래서 특히 외부의 피드백이 필요합니다. 일반적으로 피아니스트들은 듣는 능력이 형편없습니다. 독주자로서 자기 연주만 하는 데 익숙해 있어서 다른 것, 그러니까 실내악이나 반주를 해보기 전에는 듣는 감각이 사실 그다지 발달해 있지 않습니다. 자신의 연주 그리고 자신과 함께 연주하는 누군가의 연주를 실제로 들어봐야 그런 감각이 발달합니다. 일반적으로 피아니스트들이 자신의 연주를 주의 깊게 들을 수 있으려면 도움이 필요합니다. 그래서 단순한 레가토 연주가 사람들이 대체로 생각하는 것보다 어려워 대다수 피아니스트들이 깔끔하게 해내지 못합니다. 청중과 소통하는 문제에서 다음 단계로 올라가려면 또한 번의 도약이 필요합니다. 그러므로 아주 잘하는 사람들한테도 기술적인것과 소통, 그 두 가지가 다 중요합니다. 언제든 더 나아질 수 있으니까요. 또누가 와서 알려주기 전에는 정말 한 번도 생각해본 적이 없는 그런 것도 있습니다. 교사의 시각에서 보자면 학생이 훌륭할수록 교사가 배울 게 더 많아진다는 게 교육이 갖는 정말 불가사의한 점입니다.

그럼 그런 수준에 있는 학생에게는 전문가의 귀를 가진 교사가 최고의 피드백을 해주는 게 가르치는 주된 내용이 되겠군요.
예. 그런데 그것은 학생에 따라 많이 좌우됩니다. 제가 대학생 시절에 교습을시작할 때 처음에 한 실수 중 하나는 극단적으로 다른 두 종류의 학생이 있다는 걸 알지 못한 겁니다. 다시는 그런 실수를 하지 않겠다고 맹세했는데요,잘못된 점을 지적하면 지적할수록 교사를 좋아하는 학생이 있는가하면 이건좀 고쳐야 한다고 부드럽게 말하는데도 금세 울음을 터트리는 학생도 있습니다. 그래서 어떤 학생은 어떻게 가르쳐야 하고, 이 시기에 이 학생에게는 뭐가 필요한지, 그런 걸 알아낼 수 있는 감각을 발달시켜야 합니다. 그건 좀 어렵기도 합니다.

학생이 어떤 포부를 갖고 있는지 알아야 합니다. 만일 어떤 학생이 와서연주나 노래를 들려준 다음에 줄리어드 장학금을 받고 싶다거나 메트로폴리탄 오페라단에서 이러저러한 역을 맡고 싶다고 한다면, 그건 무수한 잘못을지적해달라는 초대장입니다. 제가 찾아내지 못하면 그 학생이 그런 곳에 갔을 때 다른 누군가가 찾아낼 테니까요.

피아노와 성악을 가르치셨고, 둘 사이의 비슷한 점에 관한 말씀도 하셨는데, 차이점도 있지 않나요?
예. 아마 가장 큰 차이는, 가수가 만일 어떤 악기도 연주하지 않는다면 다른 연주자들은 다 갖고 있는 촉각 능력이 부족할 수 있다는 겁니다. 촉각 능력이 필요한 악기를 연주하는 것과 리듬과 템포 감각 사이에는 상관성이 있습니다. 악기 훈련을 받지 않는 가수들은 리듬과 템포에서 문제가 되는 경우가 많습니다. 그래서 가수들은, 현재 두 명을 데리고 있는데요, 정말이지 리듬과 템포 훈련을 받아야 합니다. 훌륭한 가수가 될 수 있는 사람에게는 피아노나 클라리넷을 시작해보라고도 합니다. 리듬과 템포감을 익히라고요. 간혹 가다 내 말대로 정말 강습을 시작하는 이들도 있습니다. (소리 내 웃음)

그동안 가르친 학생들 중 특히 생각나는 사람이 있나요? 좋은 쪽으로든 나쁜 쪽으로든 말이죠.

예. 교습을 시작한 첫해에 만난 두 학생이 생각납니다. 피아니스트가 되려던 남학생이 하나 있었는데, 실력은 잘 봐줘야 평범한 정도였습니다. 어느 날 누군가 제 교습소에 찾아왔는데 그 소년의 아버지라고 하더군요. 저와 얘기를 하고 싶다더니 단도직입적으로 묻더군요. 아들이 피아니스트로 성공할 수 있겠느냐고요. 예상 못 한 질문이라 전 잠시 우물거리다 그냥 솔직하게 답변을 해줬습니다. 콘서트에서 직업적인 예술가로 연주하길 원한다면 성공하지 못할 테지만, 지방 합창단에서 연주를 하고 싶다거나 자신이 좋아서 하고 싶어한다면 격려해줘야 할 거라고 말이죠. 어떤 반응을 보일까 걱정했는데, 그 아버지는 의자에 등을 기대며 크게 안도하더군요. 아들에게 뛰어난 학문적 재능이 있으니 그쪽으로 밀어줄 거라면서요.

또 한편 정반대되는 학생도 있었습니다. 그 여학생을 가르치는 게 즐거워서 무료로 교습을 해줬는데요. 그렇게 해주지 않을 수가 없었습니다. 정말 재능이 뛰어나고 똑똑하고 아주 성실했거든요. 반년 뒤 전 그 학생에게 더 좋은 곳으로 옮기라고 했고, 옮겼지요. 그 두 학생이 가장 기억에 남습니다. 상반된 이유로요.

선생님 같은 전문가는 음악적 재능을 정확히 알아볼 수 있나요?

예. (소리 내 웃음) 단호히 그렇다고 말씀드릴 수 있습니다. 하지만 CD로 오디션을 하는 사람들을 보거나, 또 똑같은 학생을 한 학교는 면전에다 대고 재능이 없다면서 떨어뜨렸는데 다른 학교에서는 두 팔 벌려 환영하는 걸 보면 늘 놀랍기만 합니다.

그걸 어떻게 보십니까?

그 문제는 쉽게 답변하지 못하겠는데요…….

헤겔의 말마따나 '어둠 속에서는 모든 암소가 검은' 건 아닐까요? 그냥 재능을 못 알아보는 사람들이 있는 게 아닐까요?

솔직히 좋지 않은 선생들이 많은 것 같습니다. 그리고 그냥 재능을 알아보지 못하는 선생들도 있고요. 아까 하신 질문에 한 답변하고는 대조되는데요, 그렇습니다, 재능이란 즉각 알아볼 수 있는 것이라고 생각합니다. 하지만 모든 사람이 알아볼 수 있는 건 아니라는 점을 덧붙여야겠네요.

그동안 가르치신 경험에서 더 하고 싶은 말씀이 있으신가요?

예. 있습니다. 이야기 하나를 더 하고 싶군요. 잊지 못할 일이라서요. 어느 해인가 한 지방 고등학교에 자원 교사가 돼서 3학년 아이들에게 경제학 단원을 가르친 적이 있었습니다. 경영학 석사과정도 마쳤고 경제학에 늘 관심이 많았거든요. 수업 첫날 교실에 들어갔더니 말썽깨나 부릴 것 같은 아이가 하나 있더군요. 딱 한 가지 대책밖에 없을 것 같더군요. '너 이리 와서 여기 앉아'라고 말했죠. 바로 제 앞이었어요. 교실에서 가르친 경험이 전혀 없었고, 교수법 같은 걸 배운 적도 없었어요. 그 아이는 계속 건방지게 굴었지만 몇 차례 수업을 하고 난 뒤로는 그 아이와 그 아이 몇 줄 뒤에 앉은 아이 하나가 수업에 참여하기 시작하더군요. 그러다 그 단원이 끝날 때가 되니까 이 애들

두 명이 수업 시간에 가장 발표를 많이 한 5명 안에 든 겁니다. 마지막 수업 때까지 전 거기에 관해 별 생각이 없었습니다. 그런데 담당 교사가 절 한쪽으로 데려가더니 두 아이 중 한 아이는 약간 지진아고 제가 앞에 앉힌 아이는 아버지가 감옥에 있는데, 학교에서 문제아로 유명하다고 얘기해주더군요. 전 만일 제가 수업을 시작할 때 그런 얘기를 들었더라면 저 아이들을 다르게 대했을 거라고 말했죠. 그런데 전 그렇게 하지 않았고, 결과적으로 그 두 아이는 수업에 가장 열심히 참여한 학생이 된 겁니다. 정말 잊지 못할 경험이었죠.

"반드시 해내야겠다는 마음이
가장 중요한 겁니다"

랜 사만사 챙 창조적 글쓰기 미국에서 가장 유명하고 엄선된 창조적 글쓰기 프로그램 중 하나인 아이오와대학교 작가 워크숍에서 소설 창작을 지도하고 있으며, 또 그 프로그램을 책임지고 있다. 지난해에는 정원이 25명인 그 프로그램에 850명이 지원했다. 그 이전에는 스탠퍼드대학교와 하버드대학교에서 문예창작을 지도했으며, 하버드대학교에서는 브릭스 코프랜드 특별 연구비를 받는 강사였다. 작품으로는 단편집 《허기(Hunger)》와 소설 《유산(Inheritance)》이 있다. 2008년에는 구겐하임 연구기금을 받았다. 인터뷰를 녹음하는 걸 좋아하지 않는다고 챙은 말했다.

그동안 가르치다 보니 제 수업에 들어온 모든 작가들이 또 다른 워크숍을 받는다면 난 성공한 거라는 생각을 하게 됐습니다. 작가들의 실력을 키워주는 특별한 방법이나 공식 같은 건 없습니다. 제 강좌에 들어오는 사람들은 다들 글도 각각 다르게 쓰고, 장점도 다르고, 일련의 관심사도 다른 것 같습니다. 중요한 발전 과정에 놓인 사람들을 지도하는 워크숍 강사로서 전 작가들의 작품과 작가로서 그 사람들 자체에 관해 제가 알고 있는 사실에 근거해서, 그러니까 그 작가들이 어느 단계에 있고 어떤 유형의 사람인가에 근거해서 전체를 위한 최선책이 무엇인지 알아보려고 노력합니다.

가령 어떤 작가가 철저하고 가혹한 비판을 견딜 수 있고 거기서 배울 수 있다고 판단되면, 토론이 그런 식으로 진행돼도 막지 않습니다. 하지만 다른 종류의 토론이 도움이 된다는 생각이 들면 재빨리 끼어들어 그 작가를 보호합니다. 혹독한 비판이 필요해서 창작 워크숍에 들어오는 사람들도 있습니다. 워크숍이 시작되기 전에 면담을 하다 보면 그런 걸 원하는 사람들한테는 종종 그런 느낌을 받습니다. 또 집단적인 비판을 두려워하는 사람들도 있는데, 그럼 전 그런 비판을 개인적으로 받아들이지 않게 작품을 건설적인 방식으로 생각할 수 있게끔 워크숍을 진행하려고 노력합니다.

학생 각자에게 뭐가 필요한지 어떻게 아십니까?

대체로 직관에 속한 문제라 말로 설명하기 어렵군요. 강좌에 들어가면 느낌이 옵니다. 제 말에 반응하는 걸 보면 느낌이 오죠. 그 느낌을 기초로 학생들을 이해하게 됩니다.

그동안 신인 작가들이 얼마나 뛰어난 재능을 갖고 있는지, 또 그런 좋은 재능을 갖고 있으면서도 얼마나 불안해하는지를 보고 깜짝 놀란 적이 여러 차례 있었습니다. 그런 작가들은 워크숍 같은 데서 아주 조심스럽게 대해야 합니다. 불안감 때문에 글 쓰는 걸 그만둬버리니까요. 워크숍에서 사람들이 말하는 걸 제가 통제할 수는 없지만, 대화가 작가 개인에게 쏠리지 않고 거기에 있는 모든 작가가 글을 쓸 때 알아야 할 것 같은 문제에 쏠리게끔 워크숍을 진행하려고 노력합니다. 그래서 모든 사람의 워크숍이란 거기에 들어오는 모든 사람을 위한 교습이라고 생각합니다.

(잠시 머뭇거린다.) 제가 어떻게 가르치는지 말씀드리고 싶은데 거창하게 해줄 말이 없는 것 같습니다. 그리고 작가들의 불안감 얘기를 하면서 잘못된 곳을 강조한 것 같습니다. 이래서 녹음하는 게 싫은데…….

샘, 제가 거짓말을 했어요. 실제로 녹음하는 게 아니에요.

아니, 녹음하고 계시잖아요. 제가 하고 싶은 말은……, 다시 할게요. 우리 창작 워크숍에서는 열두 명 정도 되는 사람들이 모여 각자의 작품에 관해 얘기를 나눕니다. 그래서 강의실에서는 학생들의 작품이 1차 교재죠. 그렇기 때문에 우리는 아주 열정적이면서도 사적인 대화를 나눌 수도 있습니다. 그리고 그런 대화를 비평을 받고 있는 작가만이 아니라 거기 있는 모든 사람들에게 도움이 될 수 있도록 이끌어가는 건 제 책임에 속합니다.

전 가끔 학생들에게 자신의 작품이 비평을 받을 때보다는 자신이 다른 사람의 작품을 논평하거나 다른 사람이 논평하는 걸 들으면서 더 많은 걸 배우게 될 거라고 말합니다. 왜냐하면 사람들은 보통 자기 작품에 관해 토론하면 마음을 닫아버린다고나 할까, 아무튼 객관적으로 듣지를 못하기 때문입니다. 그래서 어떤 작품을 논하든 간에 모든 사람이 뭔가를 배울 수 있도록 얘기를 이끌고가려고 합니다.

제게는 너무나도 다양한 학생들이 쓴, 정말이지 다양한 작품들에 접근할 수 있는 정해진 방법 같은 건 없습니다. 가령 제가 여름 내내 가르친 반에는 엄청나게 다작을 하는 스물한 살 되는 청년이 있었는데요, 지금 같은 수준으로 작업을 계속한다면, 그리고 지금 같은 속도로 계속 성장한다면 그 세대에서 가장 재능 있는 작가 중 한 사람이 될 거라고 개인적으로 생각한 사람입니다. 엄청난 위험을 감수하는 그런 작가였어요. 한 작가를 살리기도 하고 죽이기도 하는 그런 위험 말입니다. 한 작품 안에다 아주 다양한 형식적인 실험을 시도해서 작품 속에서 엄청나게 많은 것들이 진행되는 거예요. 어느 정도냐 하면 너무 많은 걸 보여줘서 초점을 잃어버리는 정도죠.

워크숍에서 그 학생이 작품을 발표할 때가 왔어요. 그런데 그 학생의 작품에는 일종의 허세와 놀라운 재능이 들어 있었지만, 통제가 안 돼 있었죠. 아주 똑똑한 사람들이 비판을 할 거라는 걸 알면서 아주 신이 나서 발표를 했어요. 그 학생은 정말로 모든 사람의 말을, 그게 정중한 것이든 아니든 간에 다 듣고 싶어했다고 저는 자신 있게 말할 수 있어요. 진정으로 솔직한 피드백을 원했고, 거기서 배우려고 했어요. 그 학생이 그렇다는 걸 다들 잘 알고 있었고, 또 학생은 자신들이 생각할 수 있는 가장 혹독한 비평을 받을 자격이 있는 특별한 사람이며, 바로 그런 사람을 상대하고 있다는 걸 다들 잘 알고 있었죠. 그래서 우리가 여름 내내 진행한 강좌에서 가장 혹독한 비판들이 나왔죠. 하지만 전 괜찮다고 생각했어요. 그 청년은 글을 계속 쓸 테니까, 그리고 그런 비판들이 완벽을 향한 갈망에 기름을 붓는 긍정적인 구실을 할 테니까, 괜찮을 거라고 생각한 겁니다.

또 한편으로는 정말 놀라운 재능을 가졌으면서도 터무니없을 정도로 자신감이 없는 학생들도 종종 있습니다. 그런 경우에는 사람들 얘기가 개인적인 공격으로 느껴지지 않게 대화를 이끌고가려고 합니다. 그래서 반드시 모든 사람들의 작품에 관해 지적인 대화가 진행되지만, 그 대화들이 본질적으로 똑같지는 않죠.

전 또한 학생과 일대일로 만나 강습을 합니다. 자신감이 부족해서 글쓰기를 그만두는 학생들도 있습니다. 그런 학생들은 이야기를 전개하다가 중간에서 그만두기도 하고, 어떤 이야기를 쓰다가 고치느라 결국은 못 끝내기도 합니다. 그래서 이런 학생들을 지도할 때는, 토론을 하고 나서든 저와 일대일 수업을 한 뒤든 간에, 확실히 용기를 얻을 수 있게끔 정말 신경을 씁니다. 제 경험으로 볼 때, 이런 경우 교사가 용기를 북돋워주느냐 그렇지 못하느냐에 따라 글을 계속 쓰기도 하고 포기하기도 합니다. 큰 차이가 생기는 거죠.

강습이 전적으로 학생 작품에 관한 비평으로만 진행되나요, 아니면 글쓰기의 기본 같은 걸 가르치는 적극적인 교습도 하시나요?
'적극적인 교습'은 제가 모르는 어떤 교육 용어인가요?

아니, 그냥 제가 만든 말입니다.
무슨 말씀인지 잘 모르겠는데요.

음, 창작 입문 과정을 가르친다고 한다면, 그 과정 학생들은 단편 소설을 어떻게 쓰는 건지 잘 모를 겁니다. 그럼 보통 플롯을 어떻게 짜는지, 그러니까 줄거리와 배경, 전개와 결말에 관해서 말해줄 수 있을 겁니다. 고급 과정에서도 그런 얘기를 하시는지 그걸 물어본 겁니다.

그런 얘기는 안 합니다. 제가 하는 건 우리가 공유하는 어휘를 창출하는 겁니다. 그런 어휘를 창출하는 일은 어떤 말들을 정의하는 것일 수도 있습니다. 그런 어휘들 중에는 일반적인 말들도 있습니다. 가령 '도입부' 같은 말처럼요. 저는 그 말을 단순히 정의하려고 하지 않고 학생들이 지금까지하고는 완전히 다른 방식으로 생각해볼 수 있도록 이야기하려고 합니다. 가령 도입부와 관련해 흥미로운 점 중 하나는 이야기가 절정에 이르기 전에 끝나야 한다는 것이죠. 학생들이 글을 쓸 때 그 점을 늘 의식하고 있는 것 같지는 않습니다. 이야기를 효과적으로 구성하게 되면 절정에 이를 때쯤에는 알아야 할 모든 걸 알게 됩니다. 이런 정보는 완성된 초고를 가능한 한 전반적으로 설득력 있게 손 볼 방법을 모색하고 있는 사람에게는 유용하지만, 소설 창작을 배워 처음으로 소설을 써보려는 사람에게는 별 도움이 안 될 겁니다.

예전에 절 가르친 메릴린 로빈슨이 언젠가 수업 중에 이런 말씀을 하셨어요. 스토리란 서로 가리키는 숙고들로 만들어진 진주라고요. 실제 그 말이 무슨 의미냐면요, 이런 식으로 이야기를 구성하려고 들면, 진주의 개념을 생각하는 거라는 뜻입니다. 한 알의 모래는 조개의 보호막인 딱딱한 껍질 속으로 들어가 그 서로 가리키는 숙고들, 그러니까 진주의 그 우윳빛 물질로 뒤덮일 때까지 조개 안에서 머무르게 됩니다. 이야기는 대부분 뭔가가 잘못됐다는 느낌에서 시작됩니다. 뭔가가 우리의 피부 속으로 들어와 나가려 하지 않는다는 어떤 느낌에서요. 이것이 단편을 다루는 아주 유용한 사고방식이라고 생각하는 학생들도 있을 겁니다. 그래서 전통적인 삼단 구조*로 소설을 쓰는 걸 좋아하는 사람들도 있지만, 진주에 가까운 이야기를 쓰는 걸 더 좋아하는 사람들도 있을 수 있죠.

전 문학과 창작은 여러 가지 방식으로 이야기 할 수 있기 때문에 학생들은

● 발단, 전개, 결말.

자기에게 가장 좋은 방식으로 작업할 수 있다고 생각합니다. 아마도 이게 제가 가르치는 방식일 겁니다. 도움이 되셨나요?

예. 아주 일리 있는 말씀입니다. 그동안 글을 쓰는 법을 지도하면서 어떤 기법 같은 걸 개발하셨나요?
아니오, 기법이라고 말할 만한 건 생각나지 않습니다. 제가 가장 바라는 건 학생들이 한 편의 소설을 완성할 수 있는 자신감을 갖게 되는 겁니다. 그리고 그 학생들이 그런 자신감을 가질 수 있게 전 제가 해야 할 일을 할 겁니다. 또 때로는 학생들을 제지하고, 작품이 형식적으로 통제가 안 돼 있다는 설명도 해줘야 합니다.

글쓰기에서 가르칠 수 없는 것이 있나요?
반드시 해내야겠다는 마음가짐이 가장 중요하다는 걸 아는 것, 그것이 아닐까요. 교사가 학생을 감시하면서 계속 노력하도록 만들 수는 없습니다. 사람들은 아직도 작가가 되려면 타고난 재능 같은 게 있어야 한다고 생각합니다. 재능 같은 게 있긴 있지만 궁극적으로 작가로 성공하는 사람은 하나의 작품에 접근하는 방식에 관해 생각하고 또 생각하는 그런 사람들입니다. 그래서 그런 사람들은 좀 고집이 세고 또 촌뜨기처럼 앞뒤 안 가리고 파고드는 그런 자질들을 갖고 있는데……, 그런 건 못 가르칩니다. 얘기할 수는 있지만 가르칠 수는 없죠.

그럼 천재적인 창조성이나 성스런 영감 같은 걸 그다지 믿지 않으시겠군요.
제 강좌에 오는 사람들은 누구든 자기들의 일상과 마음속에서 작업을 방해하는 요소들을 싹 지워버리고 자기가 가장 잘 쓸 수 있는 걸 전력을 다해 쓴다면, 그리고 자기가 가장 잘 쓸 수 있는 것이 무엇인지 알아보고 또 거기에 접근하는 방식을 충분히 오랫동안 계속해서 모색한다면, 일반적으로 다들 성공할 수 있는 그런 수준입니다. 그런데 안타까운 건 그렇게 하는 사람들이 많지 않다는 겁니다. 생활이 장해가 되는 거죠.

가르치는 걸 좋아하십니까?

글 쓰는 걸 가르치는 게 무척 즐겁습니다. 그리고 가르치다 보면 궁극적으로 가장 매혹적인 창작의 요소들은 뭘까 계속 생각하게 됩니다. 저는 이 일을 학생들뿐 아니라 제 흥미를 끄는 걸 공부하는 기회로 여깁니다. 제가 이걸 할 수 있는 이유 중 하나는 제가 가르치는 학생들이 실제로 발전하기 때문입니다. 제 마음이 움직이는 쪽으로 학생들도 절 따라 옵니다. 그런 점에서 전 아주 운이 좋습니다.

　전 가르치는 게 정말 가치 있는 일이라는 걸 알게 됐습니다. 이것은 제가 하는 일 중 가장 생산적이고 재미있고 그러면서도 엄숙한 일 중 하나입니다. 간혹 가다 실망할 때도 있지만, 대체로 즐거움과 흥분과 자극이 그 실망을 상쇄하고도 남습니다.

"재능을 줄 수는 없어도
재능을 쓸 수 있게 도울 수는 있어요"

마틴 랜도 연기 연극과 텔레비전, 영화에서 배우로 빛나는 경력을 쌓아왔다. 1955년 세계적으로 유명한 뉴욕의 액터스 스튜디오 오디션에 응모했다가 2000명의 지원자들 중에서 발탁된 2명 중 1명이었다. 그때부터 50년에 걸쳐 배우로서 화려한 경력을 이어왔다. 1960년대에는 유명한 텔레비전 시리즈 〈제5전선〉에서 롤린 핸드 역을 맡아 유명해졌다. 출연한 영화로는 〈북북서로 진로를 돌려라〉와 〈클레오파트라〉가 있고, 프랜시스 포드 코폴라 감독의 〈터커〉와 우디 앨런의 〈범죄와 비행〉으로 오스카 상 후보에 올랐으며, 마침내 팀 버튼의 〈에드 우드〉(1994)로 오스카 상과 영화배우 길드 상 그리고 골든 글로브 상을 휩쓸었다. 리 스트라스버그*의 권유로 뉴욕 액터스 스튜디오에서 처음 연기 지도를 시작했다가 여러 사람들과 함께 웨스트 할리우드에 액터스 스튜디오 웨스트를 열고 지금까지 가르치고 있으며, 현재는 액터스 스튜디오 웨스트의 공동 이사이기도 하다. 마틴 랜도는 최근에 찍은 영화 〈러블리, 스틸〉 시사회에 함께 가자고 초대를 해줬다. 그 뒤 우리는 인터뷰를 하기 위해 차를 몰고 액터스 스튜디오로 갔다. 오후 내내 사교적이고 다정하고 너그러웠다. 77세의 나이에 20대 청년의 활력을 지닌 랜도는 질문을 하나 했더니 두 시간 내내 쉬지 않고 얘기를 했다.

연기를 어떻게 가르치십니까?

아주 흥미로운 질문이에요. 왜냐하면 해부학을 가르치는 의대와는 달리, 또 사실과 날짜를 가르치는 역사 선생과 달리 연기를 가르친다는 건 배우가 연기하는 걸 가르치니 말입니다.

난 스타니슬랍스키의 '메소드Method' 연기론**에 바탕을 둔 방법을 써요. 그런데 그 용어는 번역이 잘못됐어요. '시스템'이 좀더 정확해요. 그러니까 우리는 메소드 배우가 아니라 시스템 배우요. 빌, 농담이오. 웃기기 어려운 사람이

● Lee Strasberg(1901~1982). 미국의 연극 지도자이자 연출가. 뉴욕에 배우학교인 액터스 스튜디오를 설립해 이름난 연기자를 양성해 연기 교사의 1인자가 됐다.
●● 1930년대 러시아의 스타니슬랍스키가 개발한 연기법. 배우들은 자신의 모든 역량을 집중해 극중 캐릭터와 일치하는 모습을 보여주어야 한다는 독특한 연기법. 메소드 배우 역시 여기서 유래한 용어로, 극중 캐릭터의 내면에 숨어 있는 감정까지 이끌어 낼 수 있는 경험이 풍부한 배우, 곧 연기력이 뛰어난 배우를 말한다.

구만. (그러나 난 소리 내 웃고 있다.)

스타니슬랍스키의 메소드 연기는 이 나라의 연기의 형태를 바꿔버렸지요. 예전에는 극장에서 일종의 재현 연기를 했어요. 제스처를 많이 쓰고 거들먹거리며 말하고 목소리로 연기를 많이 했지요.

나는 리 스트라스버그(뉴욕 액터스 스튜디오 예술 감독)의 부탁으로 연기를 지도하기 시작했어요. 액터스 스튜디오에 들어갔는데, 리는 나한테는 아주 심하게 굴고 스티브(마틴과 함께 합격한 2명 중 1명이 스티브 맥퀸Steve McQueen이었다)에게는 아주 친절했어요. 지미 딘*한테도 심하게 굴어 지미와 함께 실수를 했고, 지미는 스튜디오 일을 그만둬버렸지요. 그래도 수업에는 계속 나왔는데 더는 열의가 없었어요. 리는 날 개 패듯 두들겨 팼지만, 그게 나한테는 좋았어요. 날 강하게 만들었거든.

언젠가 리가 가르치는 일을 해 줬으면 좋겠는데 하더군요. 그런데 그 말이 마치 나보고 가르치라는 신의 계시 같았어요. 그래서 가르치기 시작했지요. 다른 사람들을 도와줄 수 있었어요. 난 어떻게 가르치는지 알았어요. 20대였는데 30대들을 가르쳤지요. 난 상황을 파악할 줄 알았어요. 왜냐하면 배우인 나한테도 그런 일이 일어났으니까. 난 그 문제를 해결했고, 그래서 다른 사람들이 그 문제를 해결할 수 있도록 도와줄 수 있었지요.

만일 내가 그 사람들 면접을 봤다면 내 수업에 들어오지 말라고 했을 거야. 그런데 그런 얘기를 듣고도 들어오고 싶어했다면, 바로 이 사람이라고 생각했겠지요. 난 모험심이 있는 사람들을 좋아해요. 또 복잡하고 신경질적이고, 근심이 많고 유머 감각이 있는……. 그런 사람들이 내가 찾는 인물들이었지요. 그리고 자기 자신은 그다지 심각하게 여기지는 않지만 자기가 하는 일은 아주 진지하게 대하는 사람, 자기 자신을 보고 웃을 수 있는 사람, 그런 사람들이 꼭 필요해요.

● Jimmy Dean(1928~2010). 미국의 영화배우이자 가수.

내가 가르치는 건 무의식과 상상력을 해방시키는 의식적인 방법이오. 그 냥 순간에 머무는 거지요. 관객한테는 배우의 행위가 생전 처음 일어난 것처럼 보여야 해요. 관객은 리허설을 보고 싶어하지 않아요. 훌륭한 공연이란 우리가 보고 있는 그 일이 바로 그 순간에 일어나는 것처럼 보이는 공연이지요. 그게 셰익스피어든 쇼(조지 버나드 쇼)든 입센이든 테네시 윌리엄스든 간에요. 생생하게 숨 쉬고 있어야지요.

가령, 내가 농담을 하나 했는데, 그게 웃겨서 당신이 웃었다고 쳐요. 그런데 또 같은 농담을 하는 거야. 이번에는 안 웃기지. 하지만 배우라면 웃어야해요. 진짜 웃음소리가 날 때까지. 가짜로 웃는 건 금방 표가 나니까. 어떻게 다시 웃을까? 그걸 할 수 있다면 내 수업을 받을 필요가 없어요. 연기란 바로 그런 것이니까. 같은 농담을 들어도 마치 처음 듣는 양 웃는 것, 그게 내가 가르치는 거요.

사람들이 종종 물어요, "당신 하는 일이 뭐요?" 음, 대본에 써 있는 대화는 작품 속 인물들 각자가 스스로 말하는 거지요. 그런데 그 인물이 기꺼이 드러내지 않는 것, 그걸 보여주는 게 내 직업이오. 왜냐하면 모든 사람은 숨은 의도를 갖고 있으니까요. 그리고 그게 핵심이고, 한 인물의 급소고, 현대 희곡이 쓰여지는 토대가 되는 거지요. 로미오라면 줄리엣을 향한 사랑을 몇 페이지에 걸쳐서 얘기할 테지요. (여기서 기억을 더듬어 로미오의 대사를 20줄 정도 인용했다.) 하지만 현대를 사는 인물에게 사랑한다고 말한다는 건 그 사람 가랑이를 붙잡는 것과 같지, 꽉. 그렇게 우리는 표현이 제대로 안 되는 세상에 살고 있어요. 우리는 한 인물을 그 사람이 하는 말이 아니라 행동을 통해 알아요. 지금까지 한 얘기는 선생의 질문에 관한 내 답변의 서론에 지나지 않는데…….

좋아요, 배우를 어떻게 훈련시키느냐고 물었지요? 우리가 갖고 있는 다섯 가지 감각 기관인 시각, 촉각, 미각, 청각, 후각을 이용해서 훈련시켜요. 무대에서 진짜는 없어요. 테네시 윌리엄스는 38도짜리 희곡을 썼어요. 배경이 여름철 뉴올리언스니까. 윌리엄스는 그걸 원해요. 그것의 육욕성을 원해요, 그 관능성, 〈욕망이라는 이름의 전차〉에 나오는 그 미끈거리는 육체들을 원하죠. 그 요소가 사실상 그 희곡의 특징이지요. 배우는 통상 에어컨이 설치된 극장이나 방음 스튜디오에 있기 때문에 실제 덥지는 않아요. 그래서 그걸 만들어내야만 해요.

배우가 통화를 할 때는 전화기 저쪽에서는 아무 소리도 안 나요. (마치 통화를 하는 것처럼 귀에다 손을 갖다 댄다.) 여보세요? 예. 지금은 얘기 못해요. 뭐라고요? 인터뷰 중이라. (날 보더니 소리는 내지 않고 '미안'이라고 입술 모양을 만들어 보인다.) 전화할게요, 내가 다시 전화할게요, 한 시간 안에. (아무것도 없는 손을 귀에 갖다 대고 상상 속의 통화를 계속한다. 처음에는 재미있었다. 훌륭했다. 그러다 연기가 너무 뛰어나서 나는 랜도가 통화를 끝내자 45초쯤 뒤에 탁자로 다가가 손을 펴고 전화기가 정말 있던 건 아닌지 확인했다. 인터뷰가 끝날 때 쯤 정말로 휴대폰으로 전화가 왔는데, 제니퍼 로페즈와 함께 '로페즈의 사람들'과 만나는 얘기를 했다. 그런데 실제 통화보다 통화 연기가 훨씬 설득력이 있고 더 그럴 듯했다. 훌륭한 정도가 아니었다. 대단했다.)

정말 그럴 듯했습니다.

음, 그런 건 기본이지요. 우리는 무대 위에서 모든 걸 만들어냅니다. 우리는 모든 걸 다 이용합니다. 배우가 살아온 인생이 연기를 좌우하는 겁니다. 훌륭한 배우는 똑똑하면 안 된다고들 하지요. 그냥 직관적이어야 한다고. 글쎄요, 난 똑똑하지 않은 훌륭한 배우는 본 적이 없어요. 배우는 대본을 읽을 수 있어야 해요. 그런데 대본이란 종이 위에 적힌 글자다발에 불과해요. 소설처럼 뭔 일이 진행되고 있는지 구구절절 쓰여 있지 않아요. 그냥 대화밖에 없어요. 그래 그 저변에 있는 건 배우가 간파해야 해요.

연극에서는 몇 주 동안 연습을 하면서 그걸 알아낼 수 있지만, 영화에서는 20년을 함께 산 아내를 그날 아침 분장실에서 처음 만나요. 집 안에서 찍는 장면을 모두 그날 찍어요. 그 사람을 알지도 못하는데 어떻게 정말로 잘 아는 사람인 양 말을 걸 수 있을까요? 얼굴만 보면 뭔 일이 일어났는지 알고 또 보고 싶지 않은 걸 피하고 싶으면 언제 쳐다보지 말아야 할지 알아요. 그만큼 잘 아는 사이예요. 그러다가 행복한 장면을 찍고, 헤어지는 장면을 찍고, 다시 화해하는 장면을 찍고, 그러고 나서 이혼 장면을 찍어요. 만나본 적도 없는 배우와 같은 날에 이걸 다 찍는 거지요. 필요한 만큼 친밀하게 그 사람을 만질 수 있고, 키스할 수 있고. 연기 지도란 그런 걸 할 수 있게 가르치는 겁니다. 그런데 새벽 3시에 깨워서 시켜도 그런 걸 할 수 있다면 가르칠 필요가 없는 거지요.

몇 년 전 잭 니콜슨이 《뉴욕 타임스 매거진》과 한 인터뷰에서 마틴 랜도가 3년 동안이나 내가 해낼 때까지 훈련을 호되게 시켰기 때문에 훌륭한 배우가 될 수 있었다고 했는데, 그건 바이올린이 바이올리니스트를 연주하기 시작할 때 무슨 일이 일어나는지 배우가 알 수 있게 고안한 훈련들이었어요.

내가 말하고 있는 그 훈련은 노래 연습이에요. '생일 축하합니다' 같은 단순한 곡을 부른다고 합시다. 각 음을 똑같은 길이로 부르라고 합니다. ('새에에엥~ 이이이일~ 추우우욱~ 카아아아' 하고 각 음절을 몇 초씩 늘려 부르면서 시범을 보인다.) 자, 배우는 이렇게 하면서 이완을 해서 가슴의 긴장, 음성의 긴장을 풀어요. 그럼 안에 있던 감정들이(현재 느끼는 것도 있고, 또 별로 느껴지지 않는 것도 있는데) 흘러나오기 시작합니다. 유일한 탈출구인 목소리를 통해서요.

이 훈련을 하면서 배우가 긴장을 풀 수 있다면, 그 유일한 탈출구인 노래를 통해 배우는 웃고 울기 시작합니다. (놀랍게도 랜도의 눈에는 눈물이 어른거리고 목소리가 갈라졌다.) 감정이 차오르기 시작한 거지요. (마틴은 내가 놀란 걸 눈치 챈다.) 내 자신의 악기가 내 안에 있는 셈이지요. 나는 훈련을 했기 때문에 몇 초 안에 웃거나 울 수 있어요. 선생으로서 난 내가 절대 못하는 걸 다른 배우보고 하라고 하지 않아요.

이런 훈련을 하는 건 아주 힘들어요. 처음에는 거의 불가능해요. 패턴을 깨는 일이니까. 불분명한 뭔가를 느끼자마자 몇 초 안에 하하하 웃는 것부터 눈물을 흘리고 분노하는 데까지 가는 겁니다. 왜냐하면 그 모든 게 거기 있으니까요. 게다가 그 대부분이 수년 동안 거부와 고통에 대비해 자신을 무장시켜 온 탓에 억제되어 있어요, 그게 다 말이오. 사내 녀석은 울지 않아, 신사는 그런 짓 안 해, 그런 얘기는 하면 안 돼, 이런 거나 저런 건 하면 안 돼. 이런 모든 게 배우한테는 문제가 됩니다. 배우는 열려 있어야 해요.

그 훈련을 하고 나면 동작 훈련을 해요, 격렬한 동작이지요. 그래서 그 목소리가 그 동작에서 나오는 겁니다. 많은 배우들에게 그건 아주 힘든 일입니다. 자, 이런 연습들은 악기가 소리를 내게 하려고 고안한 겁니다. 그래서 바로 그 자리에서 상황에 맞는 연기를 할 수 있게 하려고요. 사람들이 말론 브란도나 지미 딘이나 알 파치노나 바비 드니로*나 킴 스탠리나 지미 해리스나 진 핵커만을 보는 이유가 거기 있어요. 모두 선수들이니까요. 기계적이지 않아요.

니콜슨은 이런 훈련들을 성공적으로 해내고 싶어했어요. 그 가치를 잘 알고 있었으니까요. 그리고 마침내 자신을 괴롭히던 혹평에서 벗어나게 됐지요. 근육 조직을 의식적으로 이완시키는 법을, 숨 쉬는 법을 배웠어요.

그런 훈련들은 서너 번 만에 효과를 볼 수 있는 건가요, 아니면 테니스에서 백핸드를 배우는 것처럼 수백 번은 해봐야 아는 건가요?
테니스에서 백핸드를 배우는 것과 비슷해요. 그래서 체화되어 자신의 악기가 돼 언제든 나올 수 있다는 믿음이 생길 때까지 하는 거지요. 스튜디오에 오디션을 받으러 오는 이들한테서 내가 찾는 건 긴장이오. 재능이 있는 배우일수

● 로버트 드니로의 애칭이 바비임.

록 긴장을 많이 하고 또 가장 긴장을 잘한다는 걸 그동안 살아오면서 알게 됐어요. 긴장은 기본적으로 떨치지 못하는 감정이지요.

우리가 재능이라고 부르는 건 아주 많은 걸 느끼는 능력입니다. 재능이 많은 배우는 재능이 부족한 배우보다 연기하는 데 문제가 더 많습니다. 고리타분한 재현을 하는 배우일수록 필요한 표현을 금하거나 억압하는 그런 것에 영향을 받지 않아요. 잘 훈련된 배우는 목소리와 몸 그리고 감정이 모두 연결돼 있어요. 긴장을 하게 되면 감각들이 닫힙니다.

재능을 줄 수는 없어도 재능을 쓸 수 있게 도울 수는 있어요. 재능을 갖고 있다는 것을 알아볼 수도 있고요. 그리고 사회가 부과한 그 모든 구속을 떨쳐버리게 격려도 해줄 수 있어요. 배우는 울고 싶어해요. 사실 울고 싶은 사람은 없죠. 운다는 건 슬프다는 거고, 비참하다는 거고, 배고프다는 거고, 춥다는 거고, 절망스럽다는 거니까. 그런 걸 겪고 싶은 사람은 아무도 없지요. 수많은 상처를 받아야 배우가 되고 싶어져요. 훌륭한 배우가 되는 길을 막는 건 사회가 강요한 그 모든 예절 교육이지요.

나는 내가 원시인 훈련이라고 부르는 연습을 학생들에게 시켰어요. 감각만 살아 있고 아는 건 아무것도 없는 상태가 되는 거지요. 느낌의 덩어리가 되는 거예요. 내가 손뼉을 치면 첫 호흡을 들이쉬고 눈을 떠요. 그리고 처음 소리를 내요. 그건 아주 어려운 훈련이지요. 알고 있는 게 방해를 하니까. 그것들은 서로 발견하기 시작해요. 그리고 마침내 서로 만져요.

나는 재능을 숭배해요. 많이. 하지만 재능이 있어도 그걸 25퍼센트밖에 안 쓴다면 갖고 있는 재능을 100퍼센트 다 쓰는 재능 없는 배우나 마찬가지에요. 연기 교사로서 내 일은 재능 있는 배우가 그 나머지 75퍼센트 재능을 찾아내서 같은 장면을 몇 번이고 수없이 반복할 수 있는 법을 배울 수 있게 도와주는 일이오.

배우들은 가장 편안한 쪽으로 가는 경향이 있어요. 그런데 어쩌면 가장 불편한 것이 자기가 갖고 있는 중요한 재능일지도 몰라요. 사람들은 대체로 부정적인 감정들, 혼란스런 감정들은 받아들이려 하지 않아요. 우리는 자기 자신을 무장시켜요. 그런 걸 안 겪는 법을 배워요. 하지만 배우는 겪어야만 해요. 배우한테는 그런 게 필요하니까. 우리는 기본적으로 지금까지 우리가 한 경험의 총체예요. 다 자기 안에 들어있어요. 바로 지금. 그걸 어떻게 이끌어낼까? 자신이 느끼는 걸 보여주는 건 연기가 아니에요. 많은 사람들이 자기 감정을 두려워해요. 그래서 배우를 가르치는 선생으로서 내가 하는 일 중 하나는 자신의 감정들과 같은 편이 되게 해 그 감정들을 두려워하지 않게 하는 거예요. 그런 감정들을 건드린다고 죽지 않아요.

고통을 지닌 인물⋯⋯. 나는 늘 내가 하는 모든 것에 어느 정도 고통을 집어넣으려고 해요. 고통은 보편적이지요. 아무리 행복해 보여도 모든 인간의 삶에는 어느 정도 고통이 있기 마련이에요. 감정적인 것이든 신체적인 것이든 간에. 관객은 그런 걸 아주 잘 알아봅니다. 사람들은 대부분 고통에서 도망을 칩니다. 그래서 바이엘*이 억만장자죠.

배우는 거절을 당하기 때문에 끊임없이 정서적 고통을 겪게 돼요. 오디션을 본다는 건 풀러 브러시**를 파는 것하고는 달라요. 그 경우는 고객이 안 사면 당신네 브러시가 싫다는 얘기지만, 배우는 거기에 대비해 자신을 무장시켜서 일을 구하는 것 자체가 배우에게 문제를 만들어요. 왜냐하면 그게 아주 고통스러우니까. 배우는 날 사라고 하고, 사람들은 종종 '미안하지만, 당신을 원치 않소!'라고 해요. 잠깐만! 자, 그 '잠깐만'은 훈련하는 데 도움이 안 돼요. 그것은 아주 까다로운 문제고, 또 연기 지도를 잘하는 선생은 민감하고, 그런 일을 많이 겪고 극복해봐서 자신이 설교한 대로 다 할 수 있지요.

연기가 특히 어려운 건 자기 자신을 볼 수 없다는 게 아닐까요. 자신은 겁을 내

● 진통제인 아스피린 제조사.
●● 풀러 브러시(Fuller Brush)라는 회사가 판매하는 브러시.

는 것처럼 보일 거라고 생각해도 관객이 보기에는 그렇게 안 보일 수도 있잖습니까?

그래서 액터스 스튜디오가 있는 거요. 성공하거나 실패해봤소? 우리는 이렇게 말해요. 동료들은 당신을 어떻게 봅니까? 우리는 당신이 오늘 하기로 선택한 걸 토대로 해서 당신을 비판할 거요. 그 비판은 '내가 본 바로는 이렇소'로 시작돼요. 그런 다음에 '당신이 빼먹은 건 이거고 다음에 노력해야 할 건 저거요'라고 말하며 비판을 계속 해요.

당신이 시키는 훈련 말고 배우가 특정 연기를 지도해달라고도 하나요?
네. 간혹 오프브로드웨이*에 출연하는 배우들이 있는데 잘 안 되는 장면들을 연습하고 싶어해요. 또 우리는 '리허설 하는 법'이라는 수업이 있어요. 또 감각 수업도 있는데, 그건 상상 속의 자극에 감각들이 반응하게 가르치는 거지요.

난 늘 얘기를 합니다. 훌륭한 피아니스트가 연습을 하는데, 잘 안 되는 부분들이 있다. 자, 그걸 무시하면 안 된다. 그 부분을 몇 번이고 하고 또 해라. 그것이 내가 했던 겁니다. 나는 배우가 두려워하는 걸 끌어안을 때까지 배우를 들들 볶았어요. 실제로 두려움을 받아들이게 되면 그렇게 나쁘지 않다는 걸 알게 됩니다. 치과에 가는 것하고 비슷해요. 무섭지만 일단 가면 그렇게 나쁘지 않다는 걸 알게 되는 거지요. 두려움 자체가 그걸 표현하는 것보다 더 나빠요.

난 내가 가르친 배우와 바람을 피운 적이 없어요. 그건 아주 사적인 일이고 또 신뢰의 문제니까요. 날 믿어줘야 해요. 그래야 난 그 사람들을 해치지 않을 테고 그 사람들도 자신을 해치지 않을 테니까요. 그런데 점점 그런 걸 무시하는 경향이 생기고 있어요.

● 뉴욕의 극장가인 브로드웨이의 연극에 맞서 그 주변에서 상연하는 연극을 가리키는 말로, 주로 전위적이고 실험적인 연극을 지칭.

연기를 가르친다는 것은 그 사람을 이해할 수 있다는 거고, 그 사람이 두려워하는 게 뭔지 알 수 있다는 것이며, '당신이 사용하지 않는 것이 이것'이라고 말할 수 있다는 겁니다. 그래서 나는 학생들에게 자기 안에 있는 바로 그런 걸 써야 하는 그런 장면을 연기하라고 해요. 그 배우가 하지 않고 있는 것, 그 쪽으로 안 가려고 하는 게 잔뜩 들어 있는 장면을 선택하지요. 그걸 피할 도리는 없어요. 그럼 배우는 필사적으로 애를 쓰고 나는 도와줘요. 그러고 나면 그 배우는 그렇게 나쁘지 않았다고 하지요. 이제 충분히 용감해져서 작품 속에서 그걸 쓰게 됩니다. 그것이 배우들의 가방 안으로 들어가지요. 내 식으로 말하자면 자기 그릇 속으로 들어가는 겁니다.

자기가 누구인지가, 자신이 경험한 모든 것이, 자신이 알고 있는 모든 것이, 그게 다 거기 있어요. 그걸, 그걸 다 이용해야지요. 그중 어떤 것들은 부정하고 어떤 것들은 가까이 안 하려고 해요. 하지만 그게 다 자신이죠. 자기 자신과 결합해야죠.

난 놀라운 사람들과 친하게 지내요. 요즘은 대개 아이들이지요. 조니 뎁, 짐 캐리, 맷 데이먼, 에드워드 노튼, 존 쿠삭, 매튜 맥커너히, 우디 해럴슨 등을 가르쳤어요. 그런 젊은들이 내 동시대인들이오. 그래서 내가 젊음을 유지할 수 있는 거고요. 연기 때문만이 아니라 그런 이유 때문에도 난 계속 도전하게 됩니다. 이 사람들을 내가 어떻게 도와줄 수 있을까? 난 그런 일을 잘 알아요. 그걸 겪었고 다뤄봤으니까. 기본적으로 내가 할 말은 배우가 종이 위에 쓰여 있는 걸 가지고 그걸 살아 있고 숨 쉬는 복잡한 인간으로 바꿀 수 있도록 돕는 것, 그게 배우를 가르치는 사람이 하는 일입니다.

당신의 첫 질문에 대답하려다 이렇게 더듬거리기만 했는데, 그건 오로지 내가 하는 일이 다양하고 거대하고 복잡하기 때문이라오.

5장
Conversations with Great Teachers

만들고 고치는 일을
가르친다는 것

"저는 긍지를 불어넣으려고 애씁니다"

키나 맥아피 목공 목공 견습 훈련 프로그램, 시카고 지역 운영위원회에서 목공을 가르치는 목공 장인이다. 시카고에서 태어나 노스웨스트대학교에서 정치학과 도시학을 공부했고, 미국 목공·가구 목수 조합 연합 1지부 회원이다.

저한테는 프리츠라는 삼촌이 한 분 계셨는데, 독일 이민자셨어요. 삼촌은 목수셨는데, 진정한 옛날식 장인이셨어요. 언젠가 삼촌이 개집을 만들어줬어요. 그 모습을 지켜봤는데, 정말 멋진 집이 나왔지요. 제 삼촌이 목수이던 시절에 견줘 목수 일이 달라졌나요?

사실 바뀐 게 너무 많아 한숨이 나올 지경이에요. 더 빨리 더 많은 이윤을 좇느라고, 꼭 품질 때문이 아니라, 작업을 가장 단순한 단위로 쪼개버리는 산업계의 일반적인 추세가 우리 업종에도 많은 영향을 미치고 있습니다. 아직은 그래도 가끔 제대로 일을 하는 걸 볼 수 있지만, 지금은 거의 모든 일이 작업장 안에서 진행되는 형편입니다. 작업장에서 벽을 만들어 공사 현장으로 갖고 가 세워요. 다 일을 빨리 하려고 그러는 거예요. 최소한의 비용으로 최대한의 이윤이 나게끔 서둘러 일을 하려면 가장 단순한 단위들로 작업을 분해하게 되죠. 그래서 요즘 목수들은 옛날 목수들처럼 팔방미인이 아닙니다.

우리 학생들은 구세계의 장인들이 아니에요. 건설 노동자들이죠. 벽들을 조립하죠. 목수로서 긍지를 잃어버렸어요. 다 그런 건 아니지만 확실히 많은 사람들이 그래요. 목수일과 관련된 그 모든 것들을 배우고 그것을 활용할 능력, 그게 사라진 거예요. 제가 보기에는 이제 목수들은 옛날 목수들 하고 다르게 자기 일을 가치 있게 여기지 않습니다. 그래도 나름 옛날식으로 일하려는 사람들이 있습니다. 그런 사람들은 자신을 위해서 뭔가를 만들면서 그 옛날의 장인들 같은 솜씨를 가지려고 노력하지요. 그렇지만 작업 현장에서는 그럴 수가 없답니다. 부끄러운 일이죠. 현장에서 탁월한 솜씨를 발휘해 일을 하는 경우는 드물어요.

요즘에는 어떻게 목수가 됩니까? 그러니까 목수가 되고 싶으면 어떻게 해야 합니까?

대부분 우리 견습 학교로 들어옵니다. 고등학교를 막 졸업하고 오는데, 가끔은 제2의 직업을 가져보려고 들어오는 나이든 사람들도 있습니다. 현장에 나가기 전에 먼저 9주간의 예비 실습 과정을 거칩니다. 그 과정에서 안전과 도면 읽기, 수공구와 동력 기계 조작법을 배웁니다. 실제로 작업장에서 집을 한 채 짓습니다.

그런 다음 1년차 견습공으로 현장에 나갑니다. 도급업체에서 일하게 되죠. 그러다 3개월마다 학교로 돌아와 일주일씩 수업을 받습니다. 돌아온 첫 주에는 작업관리와 벽 같은 걸 배치하는 법을 배웁니다. 그런 뒤 다시 현장으로 나가 3개월을 일하고, 다시 돌아와서는 비계를 세우는 법을 배우고 그 자격증을 받죠. 그리고 다시 현장으로 나갔다가 돌아와서 금속 샛기둥을 설치하는 법을 배웁니다. 그 다음에는 천장 그리드*를 설치하는 걸 배우고. 이런 식으로 학교로 돌아올 때마다 새로운 걸 배웁니다.

● 스튜디오의 천장에 격자형으로 설치되어 조명이나 무대 장치 등을 조절하는 기능을 하는 빔 장치.

그런 훈련은, 가령 천장 그리드를 설치하는 기술 같은 건 어떻게 하는 건지 소개하는 정도입니다. 그래서 그런 기술을 잘 쓸 수 있는 도급업체에서 일하게 되길 바라지만, 때로는 그렇지 못합니다. 총 견습 기간은 4년입니다.

정확히 뭘 가르치십니까?

전 금속 샛기둥 조립, 낮은 벽 조립, 천장 그리드, 콘크리트, 헤비 게이지 조립 등을 가르칩니다. 그러니까 대체로 상업용 빌딩과 관련된 수업을 합니다.

실제로 어떻게 가르치십니까?

보통 교실 수업부터 합니다. 우리가 하는 일은 다 수학과 관계가 있습니다. 가령 이번 주에 콘크리트를 가르치고 있는데, 여기에 관련된 수학은 콘크리트를 측정하는 겁니다. 학생들은 그냥 인쇄물을 통해 건축을 배우게 되지만, 콘크리트를 만들어 본 적이 없는 학생들이 있어서 다양한 단계들을 사진으로 보여줍니다. 그런 뒤에 작업장으로 데려가 모든 걸 구경시킵니다. 학생들이 콘크리트를 만들기 시작하면 돌아다니며 조언을 하기도 하고 실수도 좀 하게 놔두기도 합니다.

이번 주는 수업의 4분의 1은 교실에서 수학과 콘크리트에 관한 기초 지식을 배우고 4분의 3은 작업장에서 콘크리트 실습을 하게 될 겁니다. 이번 주에 배울 건 두 가지입니다. 두 종류의 거푸집을 만드는 건데요, 하나는 베니어 합판으로, 다른 하나는 금속으로 하게 됩니다. 그런 게 현장에서 쓰는 콘크리트의 5퍼센트도 안 되지만, 콘크리트 작업을 나가게 되면 설비를 알아보게 될 겁니다. 콘크리트 작업을 한 번도 해본 적이 없으면 맨 밑바닥부터 시작하게 되지만, 기본적인 관련 개념들을 이해하고 있으면 노력해서 금세 올라갈 수 있습니다.

학교에서 학생들에게 많은 건축 일을 접하게 해줄 수도 있지만, 이런 일은 정말로 배우려면 적응해가면서 자꾸 해봐야 합니다. 만일 현장에서 한 종류일 밖에 못한다면 갖고 있는 지식은 금방 동나게 될 겁니다. 그럼 학교로 돌아와 야간 수업을 들으면 됩니다. 주로 건식벽을 설치하는 작업만 하고 있다면 학교로 돌아와 마무리 작업과 관련된 강좌들을 좀더 들으면 더 많은 걸 배우고 속도를 높일 수 있습니다.

정말 잘 가르치신다고 하던데, 그 이유가 뭐라고 생각하십니까?
(망설인다.)

제 말은 유치원이든 어디든 어떤 선생님들은 다른 선생님들보다 더 잘 가르치는…….
뭘 물어보신지 잘 압니다. 전 다양한 방법들을 써보려고 노력하지 않나 싶습니다. 그래서 책 말고 건축 현장을 찍은 사진들도 이용합니다. 목수들 중에는 아주 시각적인 사람들이 많습니다. 작업장에 가서 실습을 하기 전에 학생들이 해야 할 일을 머릿속으로 그려보게 하려고 노력을 많이 합니다.

또 전 참을성도 많은 것 같습니다. 때로 우리 강사들은, 다들 목수들이라 견습생들한테 좀 조급하게 굴다 보면 건너뛰는 것들도 있습니다. 또 그냥 알겠거니 하고 지나가기도 합니다. 그런데 전 지레짐작을 하지 않습니다. 맨 밑부터 차근차근 나아갑니다. 여러 가지 방식으로 그렇게 하려고 합니다. 이론을 반복해서 살펴보고 사진들을 보여주고 작업장에 나가면 많이 돌아다니면서 봐줍니다. 그러니까 전 진짜 실습 교사입니다. 하지만 중요한 건 전 절대로 학생들이 당연히 알 거라고 가정하지 않는다는 겁니다. 젊은 애들은 뻥을 잘 칩니다. '알았어요?' 하면 '알아요' 하지요. 음, 전 그 말을 안 믿습니다. (소리 내 웃음)

전 매사를 분석합니다. 제 생각에는 뭘 처음 가르치면 한 반에서 25퍼센트 정도가 이해합니다. 그럼 어떻게 하면 나머지 75퍼센트도 이해시킬 수 있을까 연구해서 다시 가르칩니다. 그리고 작업장에서 실습하고 교실로 돌아와 복습을 할 때까지는 학생들이 이해했다는 생각을 안 합니다. 그래서 학생들을 교실로 데려와 자리에 앉히고는 '좋아요, 노트 보지 말고 순전히 기억으로만 우리가 맨 처음 무엇을 했는지 말해보세요'라고 합니다. 그걸 생각해 내지 못하고 우물거리는 학생들이 얼마나 많은지 놀라워요. 방금 작업장에서 한 건데요. 우리가 배우는 것들은 대부분 반복적인 겁니다. 그래서 저는 작업장에서 해보고 나면 적어도 속으로라도 배운 걸 말해보라고 합니다. 머릿속으로 몇 번이고 해봐야 일의 순서를 제대로 알 수 있습니다.

대개 고등학교를 갓 졸업한 아이들이라 자기들이 뭐든 안다고 생각합니다. 우리는 그런 태도를 잘 알고 있습니다. 정말 참을성이 많아야 하죠. 저는 학생들에게 자신이 한 일을 되돌아보면서 자부심을 느낄 수 있게 일을 해야 한다고 말합니다. 그걸 마음에 새기는 것 같습니다. 처음 우리 학교에 들어올 때는 얼간이 고등학생들처럼 보이기도 하지만 4년이 지나면 무슨 일을 자부심을 느낄 수 있게 하는 것이 중요하다는 걸 알게 됩니다. 저는 긍지를 불어넣으려고 애를 씁니다.

최근에 들었는데 요즘에도 여성 목수들을 대할 때 성 관련 문제들이 있다면서요, 사실인가요?
아, 정말 놀랍지요. 성희롱이나 성차별 같은 문제들이 왜 그토록 오랫동안 사라지지 않는지 이해가 안 됩니다. 이 업종의 성격에서 비롯되는 일이기도 하지요. 몸을 많이 쓰는 일이라 여자가 이 일을 하는 걸 싫어하는 남자들이 많습니다. 그러나 한편으로는 여자들과 한두 번 함께 일을 해보고 나서는 그런 태도가 누그러지는 남자들도 많습니다. 그런데도 작업 현장에 널려 있는 그 사진들과 벽에 그려진 그림들 그리고 낙서들이 아직도 사라지지 않는 걸 보면 뭐라고 설명해야 할지. 소송 같은 걸 당해본 사람은 아무도 없는 것 같죠.

많은 여성들이 그런 문제를 잘 알고 있습니다. 우리는 그런 일이 생기면 어떻게 대처할지 배웁니다. 물론 모든 남자들이 그런 건 아닙니다. 저와 함께 일한 남자들 중 반쯤은 저와 제가 한 일을 존중해줬습니다.

하지만 이것보다 더 나쁜 건 요즘처럼 정말 경기가 좋지 않을 때는 많은 여성이 일을 못 한다는 겁니다. 경기가 나쁘면 남자들보다 여자들이 훨씬 상황이 나빠지죠. 도급업체가 사람을 골라 뽑을 수 있으면 여자는 절대 안 씁니다. 그게 정말 나쁘죠. 진짜 일도 잘하고 열심히 하는데 일을 못 구하는 여성들이 제가 아는 사람만도 여럿입니다. 아직도 그렇습니다.

관련 업종 중에서 더 공정하고 더 나은 대접을 받는 곳도 있습니다. 배관 일을 하는 데는 직업소개소처럼 일할 사람 목록에서 차례대로 뽑습니다. 전기 기술자들도 상황이 더 낫죠.

프리츠 삼촌 같은 옛날식 장인들이 아직 있나요?
그럼요. 보긴 하는데 다들 연로하세요.

그 사람들이 떠나고 나면 앞으로 어떻게 될까요?
최고가 되기를 원하고 모든 걸 다 배우려는 목수가 언제든 있을 겁니다. 우리 사회가 많이 변하고 있는 것 같습니다. 그러니 마냥 애들만 나무랄 수도 없죠. 아무리 고급 기술을 익혀봤자 절대 쓸 일이 없으니까요. 아이들은 그 가치를 모릅니다. 하지만 사라지지는 않을 겁니다. 자기 자신을 위해서나 친척이나 친구들을 위해서 그런 기술들을 익히는 사람들이 있습니다. 원하는 만큼의 실력을 갖추려고 노력하는 사람들이 있어요. 언제나 이 일을 사랑하고 자신이 만든 작품을 사랑하는 사람들이 나올 겁니다. 우리 강사들도 그렇습니다.

대학에 다닐 때 정말 영감을 준 강사들을 만났습니다. 자신의 분야에 정통한 사람들이었죠. 강사 두 분이 기억나는데요, 아프리카 문학과 심리학을 강의한 분들입니다. 무엇을 물어도 재미있고 거침없이 답하셨죠.

제게 처음으로 목공일을 가르친 분은 여자였습니다. 오랫동안 노동조합에 가입하지 않다가 마침내 노조에 들어간 뒤 가르치기 시작한 분이었어요. 그분은 우리 지역 운영위원회의 첫 번째 여성 강사였습니다. 전 그분이 실습 시간에 가르치는 걸 보고 목공일에 빠졌습니다. 지역 단체에 자원해 가난한 사람들 집을 고쳐주는 일을 했습니다. 건축을 한다고 생각했는데, 물론 땜질하고 고치는 일이었죠. 구멍 같은 걸 메우는 그런 작업 말입니다. 그분은 제가 일을 잘하든 조잡하게 하든 고마워하셨어요.

전 목수가 돼서 정말 좋습니다. 또 가르치는 일도 좋아합니다. 이따금 정말 고마워하는 학생들이 있습니다. 늘 그런 건 아니지만요. 제 수업이 좋았다고 말해주지요. 가끔은, 몇 년 지나서요.

"저는 매일 웃으며 가르치러 갑니다"

랄프 살렘 난방과 배관 코네티컷 주 밀포드에 있는 플래트기술고등학교에서 난방과 배관을 가르친다. 기술과 일반 고등학교 교과 과정을 함께 교육하는 학교다. 올해로 교직 생활 22년째인 살렘은 난방과 배관 분야 커리큘럼 위원회에도 참여하고 있다. 학생들은 자기가 선택해서 이 학교를 다닌다. 1년 수업 일수는 182일인데, 그중 반은 기술을 배우고 나머지 반은 일반 고등학교의 교과 과정을 공부한다. 1학년 때 14종의 직업에 관한 입문 과정을 다 들어보고 나서 한 분야를 선택해 남은 3년 동안 배운다. 졸업생 취업률은 아주 높다.

우리 학교는 우리 주 사람들을 훈련시켜 노동력의 대열에 참여시키는 오랜 전통을 가지고 있습니다. 주 정부는 이런 프로그램에 자금을 아주 잘 대주고 있습니다만, 그래도 돈이야 늘 더 필요한 법이지요. 저도 이 학교 출신입니다.

어떻게 교육을 시키십니까?

아이들은 오전 7시 30분부터 오후 2시 20분까지 저랑 있습니다. 7시 30분부터 9시 30분이나 10시까지는 이론 수업을 합니다. 실제로 실습을 뒷받침하는 이론을 공부하지요. 그런 뒤 실습실로 애들을 내보내 특정 과제를 내주고 완성시키게 합니다. 보통 제가 시범을 보여주면 애들은 자기들 속도에 맞춰 일을 하게 되는데, 기본적으로 제가 한 대로 해야 합니다. 그러고 나면 제가 점수를 매기고 다음 진도를 나갑니다.

지금 한 60개 정도 되는 실습 프로젝트가 진행되고 있어서 애들이 늘 바쁩니다. 실습실이 빌 때가 없죠. 전 애들한테 날마다 작업 일지를 쓰게 하는데, 실제로 이 일에 종사하게 되면 쓰게 될 작업 일지와 비슷합니다. 서류 작업을 꼼꼼히 끝내야 정확한 계산을 할 수 있게 돼 이 일에서 성공할 수 있어요.

그럼 학생들이 어떤 걸 하면 뭘 잘못했고 뭘 제대로 못 했는지 지적하는 일을 주로 하시겠네요?

예, 사실상 그게 가르치는 일의 중요한 부분이죠. 누구도 민망하지 않게요. 가끔은 애들한테 다 하던 일을 멈추라고 하고는 이렇게 말하기도 합니다. "잘 들어. 내가 보니까 너희들 중 이 부품 때문에 힘들어 하는 사람이 많은데, 이렇게 하면 돼."

때로는 가만히 쳐다보고 있으면 아주 재밌습니다. 생각하지 못한 게 문제가 되기도 하고 문제가 되리라 예상한 게 안 그렇기도 하거든요. 가끔은 작업 중간에 다들 멈추라고 하고는 이렇게 말할 때도 있습니다. "좋아, 우리가 이걸 하고 있는 방식을 다시 생각해보자."

기술적 지식 말고 가르치려고 하는 소양 같은 게 있습니까?

우리는 그걸 소프트 스킬이라고 합니다. 그렇습니다. 우리는 바로 그 부분에 시간을 많이 투자합니다. 그러니까, 다른 사람 집에 갔을 때 공손한 행동은 어떤 건지, 사람들은 어떻게 대하는 건지 그런 거 말입니다. 다른 수업을 하면서 함께 다루는데, 아주 중요하게 생각합니다. 보통 따로 시간을 내 '자, 이제부터 스미스 부부에게 어떻게 말을 할지 얘기해보자', 이러면서 가르치지는 않습니다.

그런 건 어떻게 가르치십니까? 그런 걸 설명하고 시범을 보여주고 잘못하면 지적해주시나요?

다 하지요. 우리, 그러니까 저나 여기서 저하고 함께 일하는 다른 교사들은 대체로 아이들에게 프로답게 굴려고 아주 열심히 노력합니다. 학생들이 작업장에 들어올 때는 꼭 유니폼을 단정히 착용해야 합니다. 우리가 학생들에게 날마다 지키라고 하는 게 몇 가지 있는데, 만일 그걸 지키지 않으면 점수가 깎입니다. 작업장에서 사용하는 말, 그것 때문에 점수가 깎일 수도 있습니다. 우리는 말하고 행동하고 옷을 입는 방식에 이르기까지 그 모든 것에서 본보기를 보이면서 그런 기술들을 가르칩니다. 모든 걸 가능한 한 프로답게 하려고 노력하면서 아이들을 지도하지요.

학생들이 잘 따라 오나요? 그런 소프트 스킬을 가르치는 건 어려운 일인가요?

초창기 때는 힘들었습니다. 이제는 똑똑한 애들도 아주 많고, 또 어찌나 잘들 하는지 정말이지 깜짝 놀랄 때도 있습니다. 특히 지금 가르치고 있는 애들은 정말 굉장한 애들입니다. 금세 알아먹어요. 뭘 하겠다고 강조해서 말하면 사업 얘기를 한다는 걸 잘 압니다.

훌륭한 선생님이 될 수 있던 이유가 뭔가요?

(낮게 툴툴거린다.)

그러니까 야구든 배관일이든 뭘 잘한다고 해서 가르치는 것도 잘 하는 것 아니지 않느냐 그런 말입니다.

음, 대답하기 어려운 질문이군요. 하지만 대답을 해야 한다면……. 아이들은 제가 자기들을 정말 걱정하고 있다는 걸 알지 않나 싶어요. 정말로 자기들을 위해주고 정말로 도와주려고 그런다는 걸 알면 애들은 따라옵니다. 그리고 아이들에게 어떤 기회가 있는지 효과적으로 설명해줘야 합니다. 이 학교를 졸업하고 대학을 못 갈 수도 있고, 대학을 졸업하는 아이들은 아마 아주 드물 겁니다. 그래서 아이들은 우리가 자기들을 걱정해서 뭔가를 가르치려고 한다는 걸 잘 알고 있습니다.

낙오하는 애들, 그러니까 중퇴하는 아이들이 많습니까?

중퇴율은 아주 낮지만, 몇 명 있긴 있습니다. 그리고 자기에게 맞는 일이 아니라고 결정을 내리는 애들도 있고요. 제 큰아들은 여기를 졸업하고 제 가게에서 일하다 이제 배관공으로 자리를 잡았습니다. 막내아들도 여길 들어왔는데, 자기한테 안 맞는다고 결정을 내리고 지금은 대학을 다니고 있죠. 그러니 모든 사람한테 맞는 일은 아닙니다. 사람마다 다르지요. 대부분의 아이들은 별 기대 없이 들어왔다가 전망을 보게 되면 대다수는 관심을 보입니다. 그리고 어떤 기회가 기다리고 있는지 얘기를 하면 대부분은 알아먹습니다.

그 아이들이 제 작업장에 있을 때는 주에서 정한 지침에 따라 예비 견습생입니다. 졸업해서 직장을 갖게 되면 고용주를 통해 견습 배관공으로 등록되고, 3년에서 5년 안에 주에서 시행하는 시험을 치르고 나면 숙련 배관공이 됩니다.

배관반에 여학생도 있나요?

보통 몇 명씩 있습니다. 가장 많을 때는 18세 반에 4명이 있었는데, 요 몇 년 동안은 한 명도 없었습니다. 특별한 사람이 필요합니다. 배관일이나 난방일은 힘들고 험한 일이라서요. 그래서 아이들이 직업훈련 과정을 선택하기 전에 어떤 일을 하게 될 건지 아주 솔직하게 말해줍니다. 여학생들한테도 마찬가지죠. 힘들고 험한 일이지만 분명 여자들도 필요한 일이고, 그래서 만일 이 일을 하는 데 관심이 있다면 놀라운 기회들이 기다리고 있다고 말합니다.

학교의 인종 비율은 어떻습니까?

40퍼센트가량은 아프리카계 미국인이고, 그 다음이 라틴계, 그리고 나머지가 백인인 것 같습니다.

공립 학교 중에는 학생들 간의 인종적인 갈등으로 곤욕을 치르는 학교들도 있

던데, 여기는 어떻습니까?

정말이지 그런 문제는 없습니다.

비결이 뭡니까?

아이들이 정말 학교를 집처럼 여기는 것 같습니다. 실제로 흥미로운 통계가 있는데요, 우리 학교는 출석률이 아주 높습니다. 98퍼센트에서 95퍼센트 사이지요. 아이들은 학교에 오는 걸 좋아하고 여기 있는 게 좋아서 매일 등교합니다. 그리고 저는 아이들에게 매일 와야 한다고 말합니다. 날마다 놓쳐서는 안 될 문제들을 아주 많이 다루니까요. 학생들은 제 말을 금과옥조처럼 여기고 학교에 오죠.

최근 몇 년 간 노동자 계층과 노조가 보장해주는 직업들이 감원과 해외 아웃소싱 때문에 아주 많이 위축되고 있는데, 선생님이 졸업시킨 숙련공들은 그런 영향을 좀 덜 받습니까?

예. 제가 보기에는 모든 학생들 일자리가 충분해 보이고, 그게 노동력 위축을 막아주는 든든한 장벽인 것 같습니다. 사실, 우리가 하는 일은 해외에서 자격증을 딸 수 없는 일입니다. 제가 가르치고 있는 이 학교에서는 학생들에게 14가지 직업 선택권을 줍니다. 그중에서도 제 업종이 특히 멋진 것 같습니다. 해외 아웃소싱이 안 되거든요. 하지만 아주 솔직히 말해서, 노동력 위축으로 배관공을 부를 여력이 안 되는 사람들이 점점 늘고 있습니다.

그동안 배관일은 다른 업종만큼 많이 변하지는 않았다고 볼 수 있을까요?

그건 아닌 것 같습니다. 아마도 오랫동안 바뀐 게 없을 거라고 말하고 싶지만, 놀랍게도 너무나 많은 변화가 있어서 흥미진진하게 수업을 할 수 있답니다. 몇 가지 예를 들어보죠.

요즘 에너지 가격이 올라서 사람들이 대안을 찾고 있습니다. 그래서 제가 올해 중점적으로 다룰 것 중 하나는, 우리 아이들에게는 멋진 기회가 될 거라고 보는데요, 바로 지열 난방입니다. 나온 지 몇 년 됐습니다만 아마 시간이 갈수록 많이 사용하게 될 겁니다. 왜냐하면 에너지 가격이 아주 많이 오르고 있으니까요. 약 10여 년 전만 해도 어린아이들이 있는 보육센터에서는 다 바닥 복사 난방*을 했습니다. 우리는 그걸 새로운 방식이라고 생각했지만, 사실 유럽에서는 수년 동안 사용하고 있던 거였죠. 그러니까 늘 새로운 것들이 나온다는 겁니다. 이제는 간접 온수 난방도 있고 물탱크 없는 온수 난방도 있어요. 기술이 우리 업종에 상당한 활력을 불어넣고 있습니다. 그 덕분에 지금도 우리가 내놓을 게 생기니까요.

20년 동안 교사로 재직하면서 많이 변하셨나요?

우리 모두 나이가 들어야 참을성이 생기나 봅니다. 옛날보다 참을성이 많아진 것 같아요. 처음 교사가 됐을 때도 가르치는 일은 좋은 일이라고 생각했고 애들을 가르치는 게 좋았지만, 나이가 들수록 이 일이 정말 중요하다는 걸 알게 되는 것 같습니다. 요즘처럼 본받을 만한 남자 어른이 없는 집이 많다는 걸 생각하면 특히 그렇습니다. 그래서 때로는 저나 동료들이 거의 부모 노릇을 대신하게 됩니다. 우리가 훌륭한 남성의 본보기를 보여줘야 한다는 걸 우리는 잘 알고 있습니다. 제가 보기에 이 나라에는 그게 부족하니까요.

왜 배관 일만 안 하시고 가르치는 일까지 하게 되셨나요?

고등학교 때 영향을 많이 받은 선생님이 계셨습니다. 졸업하고도 가까이 지냈는데, 그분이 제 성격이 이 일에 적합하니 생각해보라고 하시더군요. 이 일을 하는 친구도 있었고요. 그 친구도 그 선생님 말씀을 듣고 이 일을 했죠.

● 특수한 방열면에서 나오는 열복사를 이용하는 난방법. 실온이 낮아도 난방 효과가 있고, 쾌적한 환경을 만들 수 있으며, 천장이 높은 방의 난방을 할 수 있는 게 특징이다.

지금까지 가르치고 계신 걸 보니 이 일을 좋아하시나 보군요.

가르치는 일보다 더 고귀한 일은 없다고 생각합니다. 정말입니다. 교사가 하는 일이 무엇인지, 그리고 교사가 한 인간의 삶에 어떤 영향을 미칠 수 있는지 가만히 생각해보면 이 일이 사회에서 가장 중요한 일 중 하나임을 아시게 될 겁니다.

선생님은 예전 제자들을 많이 알고 있고 지금도 가까이 사는 제자들도 많을 것 같은데요?

예, 맞습니다. 실제로 아주 많은 제자들과 연락을 주고받고 있는데, 참 다양하기도 합니다. 그 아이들하고는 계속 연락을 주고받게 됩니다. 실제로 늙어가고 있는 애들도 있는데 말입니다. (소리 내 웃음) 그 애들이 성공한 걸 보면 기분이 참 좋습니다. 자기 사업을 하는 애들도 있고, 대부분 이 일을 계속하고 있습니다. 이 일을 떠난 애들도 연락을 계속하는데, 그 아이들도 스스로 잘하는 걸 보면 참 좋습니다. 아마도 내가 그 아이들이 인생을 살아가는 데 도움이 될 만한 좋은 영향을 주었나 보다 하고 생각하고 싶지요.

그 말씀을 들으니 이 나라에는 선생님 같은 분이 만 명은 더 있어야 하는 건데 싶군요.

저는 매일 웃으며 가르치러 갑니다. 배관은 아주 중요한 일입니다. 그건 아주 오래된 직업이고, 사실상 어떤 나라들은 배관이 잘 발달해 위대한 문명을 일구기도 했어요. 이런 사실을 아는 사람은 많지 않은 것 같습니다. 어떤 위대한 문명들이 몰락한 것도 배관이 잘 발달하지 않아서 그랬을 수도 있다고 생각하는 사람들도 있습니다. 저는 이 일이 얼마나 중요한지 아이들에게 얘기해주려고 합니다. 면허가 있는 배관공은 의사만큼이나 중요하다고 전 생각합니다. 요컨대 의사나 배관공이나 우리 건강에 엄청난 영향을 미치니 말입니다.

"청출어람, 그게 가장 큰 보람이죠"

디이터 쇼르너 제빵과 파이 아트 요리장 쇼르너는 스위스와 독일에서 요리를 배웠으며, 요리사이자 교사로 탁월한 경력을 갖고 있다. 뉴욕에 있는 르 썰크(Le Cirque), 르 샹틸리(Le Chantilly), 라 꼬트 바스크(La Cote Basque)와 에뚜왈(L'Etoile)을 비롯해 런던의 사보이 호텔과 독일 바덴바덴의 카페하우스 쾨니히 등 세계 유수의 여러 레스토랑에서 페스트리 요리사로 일했다. 쇼르너가 워싱턴 D.C.에 연 레스 토랑, 파티세르 카페 디디에(Patisserie-Cafe Didier)는 세계적인 여행 잡지 《콘데 나스 트래블러(Conde Nast Traveller)》에 미국에서 세 번째 가는 레스토랑으로 소개됐다. 1988년 《타임》은 쇼르너를 미국 최고의 페스트리 요리사라고 소개했다. 뉴욕에 있는 프랑스 요리학교 페스트리 아트 학과장을 지냈으며, 뉴욕 하이드 파크에 있는 미국 요리 전문학교에서 10년째 가르치면서 세계 최고의 페스트리 요리 사들을 많이 길러냈다. 고향인 바이에른 억양이 강한 영어로 말했다.

그러니까, 전 가르친다는 건 농사를 짓는 일하고 비슷하다고 생각합니다. 곡식을 잘 돌보면 때로는 수확물이 생깁니다. 전 제 지식을 씨앗삼아 뿌립니다. 그리고 거기서 위대한 장인뿐 아니라 훌륭한 인간이 자라기를 바랍니다. 물론 농사가 날씨에 좌우되듯 가르치는 것도 그렇습니다. 운이 좋으면 놀라운 결실을 맺게 되지만 운이 나쁘면 아무것도 못 얻지요. 학생들도 마찬가지입니다. 열심히 가르치면 기술만 배우는 게 아니에요. 또 좋은 인간이 못 된다면 기술은 아무짝에도 소용없다고 저는 생각합니다.

전 처음부터 학생들에게 '물 좀 흘린 걸 닦느라 종이를 반 두루마리나 쓰게 되면 나무를 점점 많이 베야 할 거야. 나무는 충분히 있다고 생각할지 몰라도 결국에는 없어져'라고 말합니다. 전 학생들에게 지구를 돌보는, 미래를 돌보는 사람도 되라고 자주 말합니다.

그러니까 멋진 케이크와 멋진 초콜릿 만드는 법만 배워서는 안 됩니다. 현명하게 만드는 법을 배워야지요. 실습실에 들어가 보면 모든 게 지나치게 화려합니다. 죄다 화학 물질로 범벅을 해놔요. 뭘 분홍색으로 만들고 싶으면 석류 씨를 이용하면 멋진 분홍색이 나온다고 말해줍니다. 그렇게 해서 화학 물질을 멀리하게 하려고 하지만 그것처럼 어려운 일도 없는 것 같습니다. 진한 색깔을 너무들 좋아해서요. 아주 새빨간 색을 원해요. 그 색을 내려다 화학 물질을 반 병이나 들어붓게 돼도 신경을 안 씁니다. 그래서 제가 그런 얘기를 하면 절 아주 딴 세상에서 온 사람 취급을 해요. 보세요, 세상에는 수많은 병이 있는데, 우리는 그게 어떻게 하다 생긴 건지 몰라요. 왜 화학 물질을 쓰기 전에 자연에 있는 걸 안 쓰는지 모르겠어요. 이런 얘기를 하면서 학생들을 훌륭한 장인뿐 아니라 자연을 돌보는 사람으로도 만들어주려고 애를 씁니다.

웨딩 케이크를 만들라고 해놓고 색깔과 화학 물질을 너무 많이 쓰지 말라고 얘기를 해둡니다. 그리고 다음날 보면 얼마나 색깔들을 많이 썼는지. 갈색이든 푸른색이든 오렌지색이든 가리지를 않아요. 색들을 너무 좋아해요. 왜 그러나 모르겠어요. 그러지 말라고 말하다 보면 갈릴레오가 된 기분이에요. 지구가 둥글다고 해도 아무도 안 믿어주는.

학생들이 그런 말을 안 듣는다는 게 놀랍군요. 전 요즘 젊은이들이 건강한 먹을거리나 천연 재료 그리고 생태 문제에 아주 관심이 많은 줄 알았는데, 그게 아니란 말이죠?
아니에요, 전혀 아니에요. 10년은 지나야 모자란 게 더 낫고, 인공적인 건 멀리 해야겠구나 같은 생각들을 하게 될 것 같습니다. 아직은 아니에요.

이 나라는 뭐든 커야 좋은 줄 아는 나라입니다. 전 학생들에게 작게 만드는 게 훨씬 낫다, 일류로 만들고, 아름답고 훌륭하게 만들라고 말합니다. 더 오래 살고 더 건강하게 살아라. 배가 터질 때까지 먹지 말고 더 많이 음미하면서 먹으라고 하지요. 하지만 소귀에 경 읽기에요. 너무 시간이 오래 걸려요. 사람들이 보통 그러니까 '내가 돈 낸 만큼 가져와' 뭐 그런 식으로 말하며 살게 커요. 쏟아질 만큼 접시를 꽉꽉 채워야 해요. 전 그런 걸 보면 먹고 싶지도 않습니다. 아름답고, 단순하고, 천연의 재료로 만들어야죠. 건강한 사람이 되도록 도와주는 게 제 일이에요. 학생들도 보면 여기 들어올 땐 말라깽이였는데 졸업할 때는 굴러 나가야 한다니까요.

(내가 웃음을 터트린다.) 웃으시는데, 진짜예요. 맛있는 음식이 너무 많아서 통제를 안 하면 그걸 다 먹어요. 여기 학생이 3000명인데 수영장과 테니스장이 있어도 일단 많이 먹게 되면 움직이기 싫어서 이용도 안 합니다. 보통 헬스클럽에 가면 정작 그런 시설을 이용해야 할 사람들이 아니라 몸매 좋은 사람들이 와 있잖아요. 그래서 학생들을 건강하게 만드는 것도 제 교육의 일부랍니다. 그래서 저는 만일 고객을 너무 많이 먹이면 돈 벌 사람은 의사밖에 없다, 고객이 너무 맛있긴 한데 양이 적다고 불평하면, 장담하는데, 그 고객은 다시 온다, 하지만 의사가 고객에게 콜레스테롤 수치가 높다고 말할 수밖에 없게 되면 고객은 못 올 테고, 그러면 고객을 잃게 되는 거라고 말합니다.

요리 중에 페스트리 만드는 게 가장 어려울 것 같은데요, 학생들에게 어떤 점을 강조하십니까? 학생들을 그냥 괜찮은 정도가 아니라 훌륭한 페스트리 요리사로 만들기 위해 어떤 노력을 하십니까?
전 학생들에게 무엇보다 자기가 하는 일을 사랑해야 한다고 말합니다. 가령 우리가 하는 일의 태반이 따라하는 겁니다. 따라하면 더 잘 만들 수 있어요. 이전에 일한 사람들, 그 사람들은 멍청이가 아니에요. 그래도 더 잘하려고 노력할 수 있습니다.

한 가지 예를 들어볼게요. 제가 미국에 왔을 때, 르 썰크의 주인이 스페인에 가서 크레마 카탈라나*라는 기막힌 커스터드를 먹어봤는데 그걸 만들어

● 달걀 노른자를 위주로 바닐라 향을 더한 디저트. 부드러운 푸딩을 구워 먹기 전에 그 위에 설탕을 뿌려 불로 태워 단단한 캐러멜 막을 만든다.

줄 수 있느냐고 하더군요. 그래서 좋다고 했지요. 런던의 사보이 호텔에서 만들었으니까. 큰 컵에다 만들었는데, 바깥은 보통 아주 바싹 익히고 안은 아주 부드럽게 만들었죠. 그래 나는 아주 얇고 평평한 틀을 골라서 그 안에다 커스터드를 넣어 더 평평하게 구웠어요. 런던에서는 지나치게 풍부한, 지방이 45에서 50퍼센트 정도 되는 크림을 쓰고 설탕도 너무 많이 썼어요. 설탕을 안에도 넣고 맨 위에도 사용했으니까요. 이번에는 설탕을 줄였어요. 그리고 굽는 방식도 바꿨지요. 중탕을 하는 대신 컨벡션 오븐에다 온도를 200도로 맞춰 돌렸더니 세상에서 가장 부드러운 커스터드가 나왔어요. 결국 실제로 큰 성공을 거뒀고, 이제 미국에서는 다들 그 방법을 씁니다. 제 방법을요.

레스토랑을 시작하려고 대출을 받으러 은행에 처음 갔더니 거기서 그러더군요. "왜 평생 돌아다니십니까. 한 곳에 머물지 못합니까?" 그래서 '내가 그렇다, 왜냐하면 나는 최고의 요리사가 있는 곳이면 어디든 가서 배우기 때문이다, 새로운 걸 배우려면 그걸 가장 잘하는 요리사에게 가야 한다'고 했지요. 그런데 은행의 그 신사는 이해하지 못하더군요. 전 돈 때문에 그 모든 곳을 돌아다니지 않았습니다. 배우러 간 거지요. 더 나은 요리사가 되려고요.

그게 여기 미국 사람들이 이해하지 못하는 것 중 하나입니다. 배우는 데는 시간이 걸린다는 것 말입니다. 배운다는 것은 다른 장인들을 만나 그 사람들이 어떻게 하는지 보는 겁니다. 전 학생들에게 말합니다. '머릿속에다 지식을 집어넣어야 한다, 그래야 꺼내 쓸 수 있다'고요.

실제로 어떻게 가르치십니까? 강의하고 시범을 보이고 학생들에게 요리를 만들게 한 다음 그 결과를 평가하십니까?

예, 비슷합니다. 내일은 뭘 만들 거라고 미리 말해줍니다. 예를 들어 전날 내일은 커스터드를 예닐곱 개 만들 거다, 라이스 푸딩부터 크렘브륄레*와 크렘

● 스페인의 크레마 카탈라나 같은 프랑스식 디저트

캐러멜*까지, 그러니 공부해 오라고 얘기를 해두죠.

그럼 다음날 학생들은 이미 요리법은 알고 있습니다. 난 팀을 짜주고 두 팀은 이걸 만들고 두 팀은 저걸 만들라고 합니다. 그리고 학생들에게 커스터드에 관해서, 그 유래를 설명합니다. 그런 다음 어떻게 만드는지 설명하고 시작하라고 말하고는 학생들이 만드는 걸 지켜봅니다. 그러다 굽는 걸 도와주고 다 구운 뒤에는 평가를 하지요. 지나치게 구우면 공기 방울들이 좀 생깁니다. 그런 식으로 진행됩니다. 강의하고, 시범을 보이고, 만들고, 그런 다음 평가를 하는 겁니다.

지금 10년째 요리학교에서 근무하고 계시는데요.
그렇습니다. 그리고 이전에는 뉴욕에 있는 프랑스 요리학교에도 있었고, 또 뉴욕기술대학에서도 외래교수로 8년을 가르쳤습니다. 가르치는 게 재미있고, 또 제가 알고 있는 지식으로 하는 거라서요.

제가 일한 곳 중 한 곳에서 설탕을 불고 잡아당기는 걸 배우고 싶었는데, 주방장이 설탕 작업을 할 때 가까이 가면 매번 '딴 거 할 거 없어? 저리 가서 이런저런 걸 해' 하는 거예요. 제가 가까이 보는 게 싫었던 거지요. 저한테 말해줘도 손해볼 것 하나 없는데, 그러고 싶지 않았던 거예요. 특별해지고 싶어서요.

엔밍수는 가장 훌륭한 페스트리 요리사 중 한 사람인데, 워싱턴에 있는 제 식당에서 일했습니다. 엘리자베스 여왕이 워싱턴에 왔을 때 영국 대사가 국회도서관에서 열리는 오찬에 낼 디저트를 만들어달라고 했어요. 그런데 토머스 제퍼슨의 책 모양으로 만들어달라는 거예요. 엔밍수가 절 도와 그 책 모양 디저트를 만들었죠. 엔밍수가 없었더라면 아마 만들지 못했을 겁니다. 그 사람은 아주 훌륭했고, 작품은 무척 아름다웠어요. 그래서 나는 정말 정말

● 크렘 브렐레의 일종으로 태우지 않고 캐러멜을 뿌린 것.

행복했습니다. 엔밍수가 이 30년 경력의 요리사를 도와서 그렇게 아름다운 케이크를 만들게 해줘서 말이지요. 정말 멋졌습니다. 제자가 스승보다 나을 때 그때가 가장 보람된 순간이지요.

전 학생들에게 원할 때면 아무 때나 내게 와도 된다고 합니다. 언젠가는 나보다 더 나은 요리사가 되기를 바라니까요. 그럼 '아, 아니에요, 말도 안 돼요, 선생님이 최고에요'라고들 하지요. 하지만 전 아니라고, 너희는 나보다 더 나은 요리사가 될 거라고 합니다. 그게 제가 생각할 수 있는 가장 멋진 일입니다.

선생님치곤 아주 너그러우신데요.

그래야 합니다. 그렇게 많은 사람들이 그토록 많은 재능을 가졌는데 젊은 사람들이 잘 되게 도와주지 않으면 세상은 좋아지지 않으니까요. 정말 훌륭한 것으로는 충분치 않다고 생각합니다. 훌륭한 것보다 더 좋아야지요.

세계 최고의 요리사들을 알고 있는데, 위대한 장인일지는 몰라도 인간으로서는 그렇게 멋있는 사람들이 아닙니다. 훌륭한 사람이자 위대한 장인이 돼야 한다는 게 제 철학입니다.

전 지금 71세지만 제 지식을 나눠줄 수 있습니다. 저는 농부와 같아요. 비료도 있어야 하고, 물도 줘야 하고, 보살펴줘야 합니다. 그럼 갑자기 아름다운 나무가 나옵니다. 학교에서는 제 근무 시간이 12시에서 2시까지라고 합니다. 전 그런 근무 시간은 필요 없다고 해요. 제 방문은 늘 열려 있으니 언제든 들어올 수 있다고요. 내 도움이 필요하면 한두 시간 더 있을 수 있다. 너희의 성공이 곧 내 성공이라고요.

전 아직도 제가 하는 일을 사랑합니다. 언젠가, 머리가 그다지 빨리 돌아가지 않으면, 그때 가서 그만둘 겁니다. (소리 내 웃음) 하지만 재미가 있는 한, 제대로 가르칠 수 있는 한, 계속 가르칠 겁니다.

"탁월한 분위기를 조성하면 탁월해지고 싶은 사람들은 그렇게 됩니다"

더그 버틀러 장제술 45년 동안 장제술[●]을 가르친 세계적으로 유명한 장제사다. 숙련 장제사 공인자 격증을 갖고 있으며, 코넬대학교에서 말 영양학 박사학위도 취득했다. 또 14세기 이후로 155명에게만 명예가 돌아간, 고명한 장제사 협회 회원이 된 최초의 미국인이다. 더그 버틀러가 저술한 《장제 원리 (The Principles of Horseshoeing)》는 세계에서 가장 널리 사용되는 장제술 교과서다. 또 켄터키 주 루이 빌에 있는 켄터키 더비 박물관의 국제 장제사 명예의 전당에 이름을 올렸다. 지금은 네브래스카 주 채 드런 근처에 있는, 자신이 세운 버틀러 장제사 전문학교에서 장제술을 가르치고 있다.

처음에 어떻게 하시다 장제사가 되신 겁니까?

우리 집에는 늘 말들이 있었고, 가문에서는 대대로 대장장이들이 나왔습니다. 사람은 누구나 자기 길이 있나 봅니다. 어릴 적에 우리 집에 대장장이가 와서 말에 편자를 박아주는 걸 구경했는데, 아주 재미있어 보였어요. 그때부터 우리 집 말들한테 편자를 박아주고 싶었지요. 아버지가 애리조나 주 출신이셨는데, 절 데리고 애리조나에 가서 소몰이 구경을 시켜주셨어요. 그때 제가 열세 살인가 열 네살 때일 텐데, 그게 절 망쳤지요. (싱긋 웃음) 그때부터 진짜 카우보이가 되고 싶었어요. 카우보이 일을 배우고 싶었는데, 말에 편자를 박아주는 일도 카우보이가 할 일이었죠. 카우보이가 하는 올가미 걸기와

● 말의 신발인 편자를 만들거나 말굽을 깎아서 모양을 만들고, 또 제조되거나 이미 만들어진 편자를 말의 건강 상태, 용도 등을 고려해 말굽에 장착하는 일과 관련된 기술.

말 타기 같은 것만 아니라 편자 박는 일까지 배워야 했는데, 편자에 특히 관심이 갔습니다.

그러다 대학 1학년 때 자신의 관심사를 주제로 글을 써야 해서 장제술에 관해 쓰다가 정말로 그 일에 흥미가 생겨 장제사 학교에 들어가기로 맘을 먹게 됐습니다. 그때는 장제사 학교라고는 전국에 딱 한 군데 밖에 없어서 대기자 명단에 이름을 올리고 2년을 기다렸습니다. 1961년에 지원서를 냈는데 1963년에 들어간 겁니다. 그때부터 본격적으로 장제술에 관심을 갖게 되면서 선생님의 보조가 됐는데, 선생님께서 2주짜리 강좌에서 가르쳐보라며 여러 군데로 절 보냈어요. 그러다 다시 동부로 돌아와 학교를 다녔고, 석사학위를 따고 마침내 박사학위까지 취득했습니다.

하지만 그 모든 일은 카우보이가 되려면 말편자도 박을 줄 알아야 한다는 생각에서 시작된 겁니다. 그러다 더 파고 들어가게 되면서 파도 파도 끝이 없다는 걸 알게 된 거지요. 그러다 이 일을 계속해서 더욱더 잘하고 싶었던 거고요. 그러다 마침내 1980년에 전국 장제사 경연대회에서 우승을 하고, 그 뒤 1986년 동료와 함께 국제 장제사 대회에서 우승하게 되면서 정점을 찍게 된 듯합니다.

장제술을 배우다가 어떻게 그걸 가르치는 데 관심을 갖게 됐습니까?
정말 뭔가를 알려면 가르쳐 봐야 한다고들 하는데, 그 말이 맞다고 생각합니다. 누군가에게 뭔가를 가르치려면 정말 잘해야 합니다. 장제술을 가르치다 보니 정말 그렇게 되더군요. 랠프 후버는 1963년 캘리포니아에서 제가 처음 장제 공부를 할 때 절 가르치던 분이셨는데, 1964년에 몬태나주립대학교에서 한 강좌를 맡아달라는 부탁을 받게 됐어요. 그런데 그분은 거기를 가고 싶지 않아서 저보고 대신 가고 싶으면 어떻게 하는지 알려주겠다고 하시더군요. 준비 기간을 딱 3개월 남겨두고 그분은 제가 알아야 할 원칙들을 가르쳐주셨죠.

몬태나주립대학교 강좌를 끝내고 돌아와서도 그런 강좌를 세 차례 더 맡았습니다. 그러다 펜실베이니아주립대학교를 비롯해 여러 군데서 그분 대신 가르치다 결국 그게 제 일이 돼버린 거죠.

선생님의 교육 방식이 인상 깊은 이유 중 하나는 선생님은 그 모든 걸, 그러니까 말 해부학과 철을 다루는 대장장이 기술과 말굽과 관련된 기술 등 그 모든 걸 다 가르친다는 것이었습니다. 신발도 다 만들고 그걸 또 가르치기도 하던 그 옛날의 제화공처럼 말이죠.

맞습니다. 1964년에 몬태나주립대학교의 단기 강좌를 맡을 때 거기 커리큘럼을 제가 짰습니다. 그때는 후버 선생님을 보조하는 차원에서 그 일을 했는데, 그렇게 한 일이 결국은 장제술을 가르치는 최고의 방법으로 인정돼 이제는 다른 학교들이 다 그 커리큘럼대로 하고 있습니다. 그렇게 해서 저는 현대 장제술의 개척자가 됐습니다.

그때를 되돌아보면 그 시절에 이미 장제술은 쇠퇴하고 있었어요. 말들이 사라지고 있었으니까요. 1916년 미국에는 말이 2600만 마리 있었는데, 자동차와 트랙터, 트럭이 등장하면서 그 수는 계속 줄어들었습니다. 1960년부터 농무부는 말의 수를 세지 않았는데, 그때 말이 250만 마리밖에 없었습니다.

그러니까 1963년, 제가 젊은 나이에 이 일에 관심을 갖게 됐을 때 장제술은 쇠락해가는 기술이었어요. 나이든 장제사들은 사라지고 있었고 자신의 자식들과 다른 사람들이 이 일을 하는 걸 말렸습니다. 하지만 짐말은 사라졌어도 취미나 쇼나 경주용 말들은 늘어갔고, 그쪽으로 성장하게 됐습니다. 현재 미국에는 900만 마리가 넘는 말들이 있습니다.

우리 학교의 커리큘럼은 제 아들 제이콥과 제가 함께 쓴 책을 기초로 하고 있습니다. 990쪽 짜린데요, 제목이 《장제 원리》입니다. 처음 6주는 그 책 전반부를, 그 다음 6주는 그 책 후반부를 중심으로 배웁니다. 아주 과정이 체계적입니다. 매일 뭘 할지 다 정해져 있지요. 우리는 학생들에게 숙제를 내줍니다.

읽을 것도 많고, 쓰고, 그림도 그리는 그런 숙제입니다. 밤에는 그런 숙제를 하고 낮에는 편자를 벼려서 말굽에 박는 일을 합니다. 상당히 집중력을 요하고 열심히 하지 않으면 안 되죠.

학생들은 학습장이 있어서 질문에 맞는 답을 쓰고, 그림을 그려서 그 답변 내용을 설명합니다. 그래서 좌뇌와 우뇌를 모두 발달시킵니다. 우리는 훌륭한 장제사, 훌륭한 장인이 되려면 좌뇌와 우뇌를 다 사용할 수 있어야 한다고 생각합니다.

우리 학교에 들어오는 사람들은 대체로 우뇌형 인간입니다. 목공도 마찬가지죠. 목수는 공간 관계를 아주 잘 파악합니다. 하지만 훌륭한 사업가가 되려면 좌뇌를 써야만 하기 때문에 우리는 그쪽을 발달시키려고 노력합니다. 또 간간히 좌뇌형 학생들이 들어오면, 그림을 그리게 해서 우뇌를 많이 쓰도록 합니다. 이걸 영국에 있을 때 배웠죠.

저와 함께 학교에서 일하는 아들이 언젠가 편자를 잘 만들고 싶은데 어떻게 하면 되느냐고 물었습니다. '강철 조각 백 개를 갖고 토 벤드*를 만들라'고 했죠. 아들은 며칠을 걸려 그걸 만들었습니다. 그러자 나는 '토 벤드 양 끝에 뒤축을 만들라'고 했죠. 그러니까 뒤축을 200개를 만들라고 한 겁니다. 그러자 아들은 또 그렇게 했습니다. 195개쯤 만들었을 때 아들은 뒤축을 훌륭하게 만들 수 있었죠.

다른 기술도 전혀 다르지 않습니다. 르네상스 시대 화가 중 한 사람은 처음에 그린 그림 50장을 찢어버렸다고 하더군요. 그 그림들에 만족하지 못해서요. 물론 오늘날로 치면 그 그림들은 수백만 달러의 가치가 있었을 겁니다. 장인이 되려고 한다면 그렇게 해야 합니다. 처음에 만든 것에 만족하는 사람은 훌륭해질 수가 없습니다. 정말로 훌륭해지려고 하는 사람들은 어떻게 고칠 수 있는지 말해주면 돌아가서 제대로 하겠다고 합니다. 그러고는 몇 번이

---

* Toe bend. 말굽의 형태.

고 또 하고 또 하면서 노력을 하지요.

처음에 가르칠 때는 보여주고 만들고, 보여주고 만들고, 보여주고 만들었습니다. 그런데 웬만큼 학습법을 공부하고 나서는 마침내《장제 제대로 하기 Shoeing in Your Right Mind》라는, 시각화에 관한 책을 썼습니다. 전 예술가들이 어떻게 배우는지를 공부하면서 배운 원칙들을 그 책에다 요약하려고 했습니다. 만일 제가 평생 그런 것처럼 좌뇌만 쓰게 되면 훌륭한 장인이 못 됩니다. 우뇌 연구로 노벨상을 받은 사람이 그러더군요, 만일 학사학위를 따고 대학원에 진학하면 우뇌는 죽여버리는 거라고요. 그래서 우리 학교에서는 좌뇌와 우뇌의 균형을 맞추려고 노력합니다. 장제를 잘하게 되려면 우뇌를 쓰는 연습을 해야 하니까요.

어떻게 하면 장제술을 가장 잘 가르칠 수 있을까 알아보려고 일부러 예술가와 장인들에 관해 공부를 하신 건가요?
그럼요.

어떻게 그런 생각을 하시게 됐습니까?
저한테는 그게 없다는 걸 알았으니까요. 제 눈에는 보이지가 않았어요. 주변 사람들이 가르쳐주려고 하는 데도 그게 안 보였어요. 저한테 뭔가 문제가 있다는 생각이 들었죠. 마침내 제가 공간적 관계를 못 보고 있다는 걸 깨달았습니다. 그리고 그게 우뇌에서 나온다는 것도요.

베티 에드워즈Betty Edwards가 쓴《오른쪽 두뇌로 그림 그리기Drawing on the Right Side of the Brain》라는 책의 영향을 정말 많이 받았습니다. 전 그 책에 나온 이론을 장제술에 적용해보려고 했습니다. 놀라웠습니다.

장제술에 관심이 있는 사람들 중에는 그런 재능을 타고난 사람도 있지만 그렇지 못한 사람을 가르치는 것이 교사로서는 진정한 도전입니다. 만일 하고 싶은 마음이 있으면 배울 수는 있지만, 올바른 기술을 배워야지요.

예를 들어 저한테는 말 다루는 요령을 타고난 형이 있는데, 다른 일을 하면서 살기로 했습니다. 우리가 어렸을 때는 형이 늘 저보다 잘했습니다. 하지만 결국에는 제가 더 잘하게 됐죠. 비록 타고난 재능은 형만 못하지만 하려고 하는 마음이 더 강했기 때문입니다.

처음 20년간 장제술을 배울 때는 이 일에 관해 전혀 몰랐습니다. 그냥 할 수 있는 한 최선을 다하려고만 했지요. 제가 가진 재능이 뭐건 그다지 발현되지 못했는데, 그 원리들 몇 가지를 알고 난 뒤에 본격적으로 배우게 된 겁니다. 지금 제 나이 예순 일곱인데 편자를 만들 때마다 처음 10년에서 15년 사이에 편자를 만들면서 배운 것보다 더 많은 걸 배웁니다. 장인이라면 다들 기초지식이 풍부할수록 정확한 이미지를 더 많이 떠올릴 수 있고, 더 빨리 발전할 수 있다고 말할 겁니다.

몇 달 전 한 목공 선생님을 인터뷰한 적이 있는데, 그 분야에서 진정한 장인 정신이 사라지고 있다고 한탄하더군요. 하지만 장제술은 일의 성격상 그런 일이 없을 것 같군요.

음, 예전에는 그랬죠. 하지만 불행히도 점차 목공과 상황이 비슷해지지 않을까 걱정입니다. 기성품 편자를 만들어내는 회사들이 생기고 있거든요. 예전에는 장제사가 맞춰서 해야 하던 일인데 말이죠. 이제 어떤 편자든 기성품으로 살 수가 있으니 그렇게 기술이 좋을 필요가 없는 거지요. 예전에는 반듯한 쇳조각으로 편자를 만들었는데 말입니다.

공장에서 만든 편자도 주문품만큼 좋나요?

장제사가 기술이 아주 좋은 경우라면 공장에서 만든 편자가 따라올 수 없다고 할 수 있을 겁니다. 그런데 우리가 알기로는 많은 사람들이 며칠 또는 몇 주라는 단기 과정을 이수하고 개업을 합니다. 그런 사람들은 기술이 없어요. 그래서 기계로 만든 편자를 사지요. 그걸 가지고 이럭저럭 쓸 수 있으니까요.

하지만 편자를 제대로 박는 데 꼭 필요한 기술은 편자를 만드는 기술과 나란히 발전합니다. 만일 그 사람들이 편자를 만드는 기술이 없다면 말에게 딱 맞는 편자를 박는 기술도 없는 거지요.

학생들 사이에서 선생님과 이 학교에 관한 평가가 상당히 높던데요, 선생님으로서 성공하신 비결이 뭔가요?

와아, 아주 어려운 질문이군요. 전 학생들이 이 기술을 배우기를 간절히 바랍니다. 그걸 학생들이 알고 그러는 게 아닌가 싶군요. 또 전 경험이 풍부합니다. 1964년부터 가르치기 시작해서 그동안 가르치는 방식과 가르치지 못하는 방식들이 있다는 것을 배웠습니다. 말에 편자를 정말 잘 박는다고 해서 그걸 가르칠 수 있는 건 아닙니다. 다른 기술도 마찬가지일 겁니다. 뛰어난 장인인데도 가르치는 건 영 서투른 사람들이 있습니다. 그런 사람들은 사람보다는 일에 관심이 더 많습니다. 잘 가르치려면 기술에 관심이 있는 만큼 사람을 가르치는 일에도 관심이 있어야 합니다.

기술을 가르치는 것과 학생에게 배우고 싶은 동기를 불어넣어주는 건 다른 문제입니다. 여기 올 때 이미 배우겠다는 강한 의욕을 갖고 있는 학생들도 있지만, 여기에 와서야 의욕을 갖게 되는 학생들도 있습니다. 동기가 생기는 거지요. 제가 그랬으니까 잘 압니다.

어떻게 학생들에게 동기를 불어넣습니까?

탁월한 분위기를 조성하면 탁월해지고 싶은 사람들은 그렇게 됩니다. 기준을 설정해놓았는데 학생들이 그 기준에 도달한다면, 좋아지는 거지요. 제 멘토이던 참 대단한 분이 한 분 계십니다. 지금은 스코틀랜드에 있는 어느 요양원에 계시는데요, 성함이 에드워드 마틴입니다. 그분은 대장공이셨는데, 제가 콜로라도에서 열린 경기에 참가했을 때 거기 심사위원이셨어요. 그때도 노인이셨죠. 70대였거나 더 나이가 많았을 겁니다.

주최측이 우리더러 어떤 편자들을 만들라고 하자 에드워드 선생님이 '지금 그 편자들을 만들겠소' 그러는 겁니다. 그러자 그쪽 사람들이 '당신은 심사위원이니까 만들지 않아도 됩니다. 편자를 만들어달라고 스코틀랜드에서 이곳으로 당신을 모셔온 게 아니니까요'라고 했지요. 그러자 그분이 한 말을 결코 잊지 못할 겁니다. 그분은 '그 편자들을 만들 수 없다면 심사할 자격도 없는 거요'라고 했지요. 그러고는 편자들을 만들었는데, 우리보다 훨씬 빨리, 그리고 우리가 만든 것보다 훨씬 좋은 편자들을 만드셨어요. 그래서 우리는 그분이 무슨 말씀을 하시든 크나큰 존경심을 가지고 들었습니다. 그분의 심사에 전혀 군말이 없었죠.

아이슬란드에서 온 아이가 하나 있었는데, 그 아이가 그런 경우였습니다. 여기 오기 전에 이미 편자 만드는 법을 알고 있었는데, 그다지 잘 만들지는 못했어요. 그 아이도 그 사실을 알고 있었죠. 전 그 아이가 만든 편자 옆에 내가 만든 편자를 놓고 '자네가 만든 것이 이것과 같아지는 걸 보고 싶네'라고 했지요. 어떻게 하면 되느냐고 물어서 얘기해주었더니, 그 아이는 연습을 하고 또 하더군요. 끝날 때쯤 전 그 아이가 만든 편자 옆에 내가 만든 편자를 놓고, 이렇게 말하게 됐죠. "이젠 진짜 기술자가 됐군."

전 제 학생들에게 누굴 선생으로 선택하는지가 아주 중요하다고 말합니다. 왜냐하면 그게 장차 인생과 일을 바라보는 관점을 좌우하기 때문이지요.

그리 오래전도 아닌데요, 한 친구가 이런 얘기를 해 줬습니다. 배울 때는 중요한 선택을 세 가지 해야 한다고. 가장 중요한 건 선생을 선택하는 것이고, 두 번째는 뭘 배울 건지 선택하는 것이고, 세 번째는 얼마나 열심히 배울 것인지를 선택하는 거라고 하더군요.

이쪽 분야에서는 학생은 자기가 배우고 있는 사람과 매한가지입니다.

운동을
가르친다는 것

"자기가 자신을 지도하는 것,
그게 궁극적인 목표죠"

톰 놀런드 농구 슈팅 미네소타 주 에서 자랐으며, 고등학교 시절 학교 농구팀을 2년 연속 주 챔피언으로 이끌었다. 톰 놀런드는 탁월한 슈팅 실력 덕분에 주 전체에 널리 알려지게 됐다. 한 챔피언 경기에서 20개의 자유투 중 19개를 성공시켰는데, 그 기록은 지금도 깨지지 않았다. 스탠퍼드대학교에 스카우트됐지만 연습 첫날 자존감에 상처를 받고 헤어 나오지 못해 대학 시절 내내 후보 선수에 머물렀다. 대학을 졸업하고 컴퓨터 프로그래머가 됐고, 테니스와 골프에 관심을 가졌다. 그러다 어느 날 나이 오십에 애플 사의 점심시간에 농구장에 들어섰다가 몇 분 뒤 슛을 하기 시작했는데, 던지는 족족 공이 골대 안으로 빨려 들어갔다. 그 순간 고등학교 때 무엇이 자신을 위대한 슈터로 만들었는지 깨닫게 됐고, 그때부터 농구 슈팅 코치로 새로운 이력을 써나갔다. 워크숍과 아이들을 위한 여름 농구 캠프를 열고, NBA 선수들을 비롯해 프로 농구 선수들과 대학 농구 선수들을 개별 지도하고 있으며, 교육 비디오도 2편 만들었다. 좋은 슈팅이 뭔지를 가르치는 전도사 같은 인물로, 농구 경기에서 슈팅이 쇠퇴하고 있어 실망하고 있다. 톰 놀런드는 열정적으로 이야기했다.

제 인생은 오랫동안 목적이 없는 것 같았습니다. 고등학교 때는 대단한 스타였는데, 거기에 걸맞은 인성을 개발하지 못했습니다. 전 제가 대단한 사람이라고 생각했지만, 그런 생각을 하는 사람은 대단해질 수가 없는 거죠. 전 세상에 나가 나 자신을 창조하는 그런 사람이 못 됐습니다.

스탠퍼드에서는 주전 팀에 들지 못했습니다. 실패자였죠. 전 드리블을 해서 슈팅을 하는 게 아니라 그냥 패스를 받아 슈팅을 하는 '캐치 앤 슛터catch and shooter'였습니다. 그런데 스탠퍼드에서 첫 연습 때, 첫 시간인 것 같은데, 제 슈팅이 차단되기 시작했죠. 고등학교 때는 한 번도 없던 일이었어요.

전 고등학교 시절 내내 유명했습니다. 한 번은 운전 면허증을 가지러 갔더니 사람들이 '세상에, 네가 톰 놀런드구나!'라고 하더군요. 사람들은 제게 갖가지 자잘한 호의를 베풀었어요. 그래서 전 제 자신이 좋았습니다. 그런데 드리블을 해서 슈팅 찬스를 만들어 슛을 해야만 했고, 그렇게 하려고 하면서 전 자신감을 잃고 제 슛도 잃어버렸습니다. 그러니까 전 1차원적인 선수였던 겁니다. 농구 장학금을 받고 스탠퍼드에 입학했는데 제가 잘할 수 있는 유일한 걸 더는 할 수 없던 거죠. 코치는 절 훈련시킬 시간도 관심도 없었습니다. 그 사람은 내가 누군지 말해주지 않았어요. 무슨 일이 생겼는지 알지도 못했고, 저도 너무 창피해서 물어보지 못했습니다. 그렇게 전 이게 무슨 일인가 궁금해 하면서 3년을 벤치에 앉아 있었습니다.

그런데 1976년 어느 날, 프로 골퍼이던 친한 친구의 권유로 《테니스의 이너 게임The Inner Game of Tennis》이라는 책을 보게 됐습니다. 제게는 크나큰 행운이었죠. 아마추어 골프대회 전날 밤에 그 책을 읽었습니다. 전 출전권이 있었죠. 아무튼 그 책에서는 '놓아버리라'고 말했는데, 그게 무슨 말인지 몰랐어요. 오른쪽으로 왼쪽으로 놓아버렸고……, (싱긋 웃음) 경기를 아주 망쳤죠. 하지만 그때부터 이너 게임에 대해서, 삶의 정신적인 면에 관해서 생각하기 시작했습니다. 약 1년 반 뒤에 그 책을 쓴 팀 골웨이Tim Gallwey와 가까이 있으려고 미니애폴리스에서 로스앤젤레스로 옮겼고, 스태프의 일원으로 5년을 함께했습니다. 정신적인 면에, 이너 게임에 눈을 뜨게 해줬어요. 제 최초의 중요한 멘토였죠. 그러다 몇 년 뒤 놀라운 골프 명인 프레드 슈메이커Fred Shoemaker를 만나게 됐습니다.

전 지금 농구 슈팅이라는 소소한 걸 가르치고 있습니다. 슈팅하는 걸 보면 바로 모든 게 보이지만 그래도 그건 소소한 것에 지나지 않죠. 그런데 프레드는 골퍼들이 스윙하는 걸 보면 그 모든 스윙을 간파합니다. 농구 슈팅보다 훨씬 복잡한 걸 말이죠.

우리는 날뛰는 마음을 갖고 있습니다. 모든 사람에게는 이런 자아가 있어요. 그러니까 너는 너고 나는 나고, 우리는 분리돼 있고, 나는 당신보다 낫고 혹은 당신은 나보다 낫고……. 이런 자아는 정말이지 늘 우리를 돌게 합니다. 저는 팀과 그리고 프레드와 함께 지내면서 그걸 알게 됐습니다. 10년간 훈련을 했기 때문에 뭔가를 안다고 생각했는데, 내가 아는 게 얼마나 적은지를 깨달았죠. 아무것도 아는 게 없다는 생각을 하게 되면 모든 것에 마음을 열게 됩니다. 전 그걸 깨닫는 데 아주 오랜 시간이 걸렸습니다. 팀 골웨이를 만나고 나서 20년은 걸렸을 겁니다.

그런데 1989년 그날이 왔군요. 점심시간에 농구장에 들어선 그……

그렇습니다. 고등학교 때 하던 그 슛을 발견했고, 농구의 세계가 열렸습니다. 그래서 지금 18년째 슈팅을 공부하면서 어떻게 되는 건지 점점 더 많이 알아가고 있습니다. 전 훌륭한 슈팅 기술을 세상에 알려줘야 하는데, 그게 바로 지금까지 슈팅을 잘한 사람들이 늘 슛을 해온 방식인 겁니다. 제가 그 사람들한테서 배운 것도 아니고 그 사람들이 저한테 배운 것도 아닙니다. 원래 그렇게 되는 겁니다.

그럼 농구는 어떻게 슛을 합니까?

슛을 할 때는 작은 근육이 아니라 큰 근육을 써서 위로 던지는 게 좋습니다. 높이 던져야 합니다. 반복 가능한 일관된 릴리스*를 해야 합니다. 공, 눈, 바스켓이 일직선상에 있는 게 좋습니다. 전 이런 식으로 말합니다. 다른 사람들은 이렇게 말하지 않죠. 늘 이런 식입니다. "이렇게 해. 그리고 팔꿈치는 여기에 있어야 돼." 손, 팔꿈치, 무릎, 발을 일직선이 되게 해야 한다고 말하는 사람들도 있습니다. (이 얘기를 하면서 그 모든 동작을 직접 보여준다.) 전 '왜?'라고 묻습니다. 전 임금님은 벌거숭이라고 말하는 대담성을 가지고 살죠. 그런 건 헛소리입니다. 그런데 그런 걸 가르치고 있습니다. 효과가 없어요. 확인해보십시오.

　　존 우든John Wooden(전설적인 UCLA 코치)은 슛을 하기 전에 손은 팔꿈치 위쪽에, 팔꿈치는 무릎 위쪽에, 무릎은 발 위쪽에 있어야 한다고 했습니다. 슈팅

---

* 농구 경기에서 패스나 슛을 할 때 손에서 공을 놓는 동작.

이 뭔지 전혀 모른다는 얘기죠. 문제가 되는 선은 눈과 손과 목표물을 잇는 선입니다. 반듯이 맞춰야 하는 건 그 선이지, 이런 선이 아니에요. (팔꿈치를 무릎 위쪽으로 해서 슈팅하는 흉내를 낸다.) 이건 전혀 상관없어요. 팔목과 손의 긴장을 푸는 게 좋습니다. 코치와 선수들은 대개 팔목을 튕겨줘야 한다고 생각합니다. 하지만 그건 작은 근육이죠. 하지만 전 모든 걸 끊지 말고 하나로 만들라고 말합니다. 어깨 위부터 그 모든 걸 끊지 말라고요. 그래서 각도는 다양해도 되지만 릴리스는 안 됩니다. 사람들은 대부분 릴리스를 다양하게 하면서 왜 슛이 안 될까 궁금해 하죠.

그러니까 규칙 같은 게 아니라 원칙 같은 걸 가르치시는 거구요.
그렇습니다. 어느 날 아침 친구 집 밖에 있는 농구 골대에다 슈팅을 하고 있는데 생각이 하나 스쳤습니다. 움직이는 물체는 계속 움직이려 한다는 생각이었죠. 고등학교 때 물리 시간에 배운 뒤로 30년 동안 그 생각을 해본 적이 없었어요. 용어는 생각나는데 뜻을 모르겠더군요. 구글에서 찾아봤죠. 뉴턴의 제1법칙이었어요. 직선으로 운동하는 물체는 외부에서 힘이 가해지지 않는 한 직선 운동을 계속한다는 거였죠. 전 깨닫게 됐죠. "세상에, 내내 이걸 하고 있으면서도 그런 줄도 몰랐구나."

고등학교 농구 선수 시절에 무의식적으로 하던 걸 깨닫게 되신 거구요?
그렇죠. 32년 동안, 스탠퍼드에서 첫 연습을 한 1957년부터 1989년까지 잃어버린 걸 말입니다. 6년 동안은 공에 손도 대지 않았습니다. 그 세 가지 원칙은 '릴리스는 연속적으로, 각도는 다양하게, 슛은 다리'부터였습니다. 이게 그동안 제 세 가지 핵심 원칙이었습니다. 그러다 2년 전에 4번째 원칙을 추가했습니다. 릴리스를 하기 전에 공과 눈과 바스켓을 가능한 한 일직선이 되게 하라는 것입니다. 이게 제 4가지 원칙입니다. 세부 사항들이 있긴 하지만 이 4가지 원칙대로 한다면 슈팅 실력은 좋아집니다.

12살짜리 아이와 NBA 선수들을 지도하는 것에는 어떤 차이가 있습니까?

12살짜리는 마음을 열고 지도를 받습니다. NBA 선수들은 스스로 안다고 생각합니다. 자아는 외부의 힘에 맞서 우리를 보호해주기도 하지만 참된 배움을 가로막기도 합니다. 그래서 NBA 선수들은 가르치기가 어렵습니다. 그러나 가르칠 수 있는 사람이 소수이긴 하지만 배우는 건 이렇게 순식간입니다. (손가락을 튕긴다.) 제가 하는 일은 아주 간단합니다. 전 누구에게 뭐가 필요한지 알 수가 있습니다. NBA에서 뛰는 선수 누구를 봐도 어떻게 해야 슈팅 실력을 향상시킬 수 있는지 당장 말해줄 수가 있습니다.

그러니까 누가 슈팅하는 걸 보면 어디를 개선해야 할지를 바로 알아볼 수 있는 눈을 가진 것도 코치로서 당신의 능력이군요.

그렇습니다. 거기서부터 시작됩니다. 의식이 깨어 있는 법을 가르칠 수 있다면 뭐든 가르칠 수 있다는 걸 전 팀 골웨이한테서 배웠습니다. 좋은 코치, 심지어는 훌륭한 코치가 될 수 있는 능력 같은 건 몰라도 됩니다. 물론 그걸 알고 있다면 곧장 문제의 근원으로 들어갈 수 있으니 더 낫겠지만요.

예를 들어 전 12살짜리한테 바이올리니스트를 지도하는 법을 가르칠 수 있습니다. 그냥 질문만 던지게 하면 됩니다. 세계 제일의 바이올리니스트가 있는데, 비브라토˚에 문제가 있다고 해봐요. 뭔가 좀 이상한 거죠. 그래서 선생을 찾아갑니다. 선생이 '문제가 뭡니까?' 하고 물어요. 그러면 바이올리니스트가 '제 비브라토가 예전 같지 않습니다'라고 대답합니다. 그럼 선생이 '비브라토가 뭔데요?'라고 묻습니다. 그러면 바이올리니스트가 '손가락들을 움직여 음조는 바꾸지 않으면서 일종의 음색을 주는 겁니다'라고 말해요. 그럼 선생이 '한번 연주해보세요. 그리고 1점부터 10점까지 점수를 매긴다면 당신이 연주한 비브라토가 몇 점짜리인지 말해주세요'라고 합니다. 이런 말은 12살

˚ 악기의 소리를 떨리게 하는 기교로, 현 위에 놓인 손가락의 빠른 움직임에 따라 만들어짐.

짜리도 할 수 있죠. 바이올리니스트는 연주를 하고서는 '이것은 4점 정도 됩니다'라고 해요. 선생은 4점짜리가 어느 정도인지 모르지만 연주하는 사람은 알죠. 그 선생이 다시 해보라고 합니다. "이번에는 6점 정도 됩니다." 그럼 선생은 '좋아요, 한 번 더 해보세요'라고 말합니다. "와, 이번에는 9점짜리에요. 거의 완벽했어요." 그러다가 "이번 것은 다시 4점짜리였어요." 이런 식으로 바이올리니스트는 뭐가 잘못됐고 고치려면 뭐가 필요한지 스스로 깨우치는 겁니다. 그러고는 선생보고 대단하다면서 100달러를 건넬지도 모르죠.

그럼 우리가 농구장에 있고, 제가 12살짜리나 대학 신입생 아니면 NBA 선수라고 한다면, 어디서부터 시작하실 겁니까? 그냥 저보고 슛을 해보라고 한 뒤 '기분이 어때?' 하고 물으실 건가요?

'기분이 어때?'라고 묻지는 않을 겁니다. '좋아요'하고 대답할 테니까요. (소리 내 웃음) 많은 코치들이 '기분이 어때?' 하고 묻습니다. 그러면 선수들은 아무렇게나 가짜로 대답을 하죠. 코치가 물어야 할 정확한 질문은 '어떻게 했지?' 입니다. '어떻게 됐지?'라고 묻는다면 자각 상태로 들어가 온갖 걸 배울 수 있게 됩니다. 어떻게 됐고 어떻게 돌아가고 어떻게 하면 될지 스스로 알아내게 해주는 게 좋습니다. 스스로 알아내고 스스로 연구해야죠. 제가 가르치는 건 셀프 코칭입니다. 자기가 자신을 지도하는 것, 그게 궁극적인 목표죠.

가르치실 때 학생들에게 4가지 원칙을 명확하게 말씀해주시나요, 아니면 스스로 알아낼 때까지 기다리십니까?

전 뭘 어떻게 하라고 말하는 걸 좋아하지 않습니다. 그래서 이런 식으로 말합니다. "어떻게 서나?" 그럼 즉각 자신의 자세를 의식하게 됩니다. 그럼 저는 '좀더 다리를 벌려봐. 그렇게 하면 일직선으로 맞추기가 더 쉽나? 좀더 자연스러워?'라고 합니다. 이렇게 하면 많은 걸 가르쳐주는 건 아니지만 대체로 뭔가를 깨닫게 해줍니다. 이렇게 '나는 네가 모르는 걸 알고 있어'라는 식으로 말하지 않고 환경을 조성해주는 게 좋습니다. 또 중요한 건 비판하지 않는 겁니다. 우리는 모두 우리의 학생들과 우리의 코치들 그리고 우리 자신을 비판합니다. 제가 만난 최고의 선생님들은 결코 절 비판하지 않았습니다. 그분들이 늘 하는 말은 '어떻게 했지?'와 '그래서 어떻게 됐지?'였습니다.

'어떻게 했지?'라고 물었는데 모르면 어떻게 합니까?

말을 해주고 싶겠지만 그럼 배울 수가 없죠. 그래서 뭔가를 느끼기 시작할 때까지 계속합니다. 알아챌 수 있는 뭔가를 찾을 때까지요. 어쩌면 특정한 뭔가를, 가령 슛을 할 때 손의 높이는 어느 정도 돼야 하나 같은. 그러나 말해줘서는 안 됩니다. 스스로 의식하면서 노력해야 하는데, 잘 볼수록 의식의 집중력이 높아집니다. 그래서 스포츠를 아는 게 도움이 됩니다. 저는 밖에 나가 슛을 많이 합니다. 늘 더 잘하려고 노력하고, 또 때로는 새로운 통찰을 얻습니다. 그냥 그러는 게 좋습니다.

배우지 못하게 하려면 답을 가르쳐주면 됩니다. 때로는 '손과 바스켓이 일직선이 아니야'라고 말하면 코치가 권위 있어 보이죠. 저도 그동안 가르치면서 말을 너무 많이 하는 실수를 저질렀습니다. 말은 아주 적게 하고 모든 걸 경험할 수 있게 해주는 게 좋습니다. 만일 일직선으로 선을 맞추는 얘기를 한다면 슛을 몇 번 시킨 뒤 물어봅니다. "손하고 눈이 일직선상에 있었나? 이제는 선을 맞추지 않고 해보게." 만일 자신의 선을 의식하게 된다면 배우게 되는 겁니다. 의식하는 게 가장 중요한 능력입니다. 공연을 할 때 가장 중요한 건 집중력입니다. 하지만 배울 때는 의식을 하는 게 가장 중요한 능력입니다.

때로는 아이들한테 공을 서로 주고받게 하고는 상대방한테 자신의 자세를 설명하게 합니다. 공을 던진 사람이 먼저 공이 눈이나 코 또는 어깨와 일직선상에 있었냐고 물어봅니다. 둘은 그걸 말로 하거나 보여줘야 합니다. 그런 뒤 상대방이 '정말?'하고 말합니다. 그리고 다시 하면 일직선이 되는지 의식을 하게 됩니다. 그렇게 의식을 하면서 배우게 되는 겁니다. 피드백은 행위자한테서 먼저 나와야 하고 그 다음에 관찰자한테서 나와야 합니다. 의식이 깨어나기 시작하는 겁니다. 전 그렇게 피드백을 주게 함으로써 큰 성공을 거뒀습니다. 슈터의 경험이 가장 중요한 선생님입니다.

만일 의식하는 법을 길러주는 게 주된 의도라면 망칠 수가 없습니다. 의식하는 걸 통해서 배우니까요. 그런데 뭘 해야만 한다거나 평가를 하거나 비판을 하면서 가르치려 들면 확실히 망치게 됩니다.

만일 학생이 의식이 깨어 있으면, 그래서 의식을 하게 되면 선생은 할 일을 다 한 겁니다. 그냥 비켜서 있으면 됩니다. 만일 선생이 실력이 탁월하다면 (제 경우는 신체적인 능력인데요), 배울 때 어디다 중점을 둬야 할지 더 잘 알 수가 있죠.

저는 훈련을 통해, 배우는 데 있어서는 나나 내 좋은 아이디어가 아니라 학생이 천재라는 걸 깨닫게 됐습니다. 일단 그걸 알게 되면 말과 행동이 다 달라집니다. 가르치는 게 쉬워집니다. 코치가 집중하는 대신 학생이 집중하니까요. 그럼 가르치는 게 일종의 '신성한 만남'이 되죠.

"속도는 배움의 적입니다"

아서 래인 펜싱 평생 펜싱을 가르치다 90세에 은퇴했다. 인터뷰를 할 때는 92세였다. 아서 래인은 날씬한 체격에 품위가 있었다. 턱은 올라가 있고, 어깨는 뒤로 젖혀 있고, 머리는 반듯하고, 등은 곧추서 있었다. 하지만 이완이 돼 있어 실제보다 크고 젊어 보였다. 우리는 햇살 좋은 봄날 오후, 아서 래인의 방에서 얘기를 나눴다. 자주 내 손에 펜싱 포일을 쥐어주며 자신이 말한 걸 직접 몸으로 보여주었다.

내가 학생을 가르칠 때 맨 처음에 하는 일은 학생 손에다 칼을 놓아주고 어떻게 잡고 어떻게 다루는지 보여주는 겁니다. 촉감을 통해 가르쳐야만 해요. 그 다음에 펜싱이 어떻게 스포츠로 발전하게 됐는지 배경 지식을 알려줍니다. 펜싱은 전쟁터의 전투에서 나온 게 아니라 개인들 간의 일대일 결투에서 비롯됐어요. 귀족 계급과 귀족 전통에서 유래했지요.

펜싱을 가장 잘 가르치는 방법은 손에다 무기를 놔주는 겁니다. 그럼 그걸 느낄 수 있게 되고, 나름대로 판단을 할 수가 있지요. (침대로 가더니 펜싱 포일을 들고와 내게 건넨다.) 좋아요, 아무렇게나 쥐어보세요. 좋아요, 이제 엄지손가락으로 감싸요. 됐어요.

(래인은 펜싱 포일을 잡은 내 손을 들어 올리더니 이쪽 저쪽으로 내리치면서 어떻게 잡는 게 가장 좋은지 보여준다. 그리고 막고 겨누고 찌르는 법을 보여준다. 확실하고 이해하기 쉽게 시범을 보인다. 나는 이해가 된다. 내 손

232

위에다 손을 얹는데 그 느낌이 견고하면서도 부드럽다. 래인의 손에서 내 손으로 지식이 전달되는 것만 같다.)

펜싱은 늘 발전하고 있지만, 어느 한쪽으로 지나치게 발달하게 되면 늘 고전적인 펜싱으로 돌아갑니다. 그런데 그게 더 강해요. 난 고전 펜싱을 가르칩니다. 고전 펜싱이 뭐냐고요? 그냥 아주 효과적인 펜싱이지요. 펜싱은 엘리트들의 스포츠입니다. 펜싱을 하면 다른 건 못해요. 대개 펜싱을 하는 사람은, 진정한 펜서는 외톨이지요. 늘 개인적인 장애물을 극복하려고 노력해요. 그건 자신과 하는 싸움이지요. 난 최고의 펜서는 아니었지만 가르치는 건 늘 잘했어요. 대체로 그 이유는 펜싱의 근본으로 돌아갔기 때문인 것 같습니다.

그런데 어떻게 가르치셨나요? 하던 걸 멈추게 하고 피드백을 주셨나요?
예. '좀 전에 칼이 닿을 때 몸의 균형 상태가 어땠지?'라는 식으로 말합니다.

비판적인 형태로 해답을 제시하기보다는 질문을 하는 형식으로 잘못된 점을 고치시는군요?
아, 그래요. 그냥 '이런 식으로 해'라고 아무렇게나 말하면 안돼요. 이유를 알려줘야지. 그것도 물어보는 식으로. 예를 들어 "왜 찌를 때 손을 내려트리지?" "몰랐어요." "그럼 이렇게 높은 탁자 위에 손이 있다고 생각하고 내밀어 봐." 그럼 생각이 나는 거지. 손가락만으로 겨누는 동작을 할 때는 이렇게 말해요. "손에 드라이버가 있다고 상상해. 상당히 큰 파이프에 손을 대고 드라이버 끝을 둥글게 돌리는 거야. 손은 그 파이프 안으로 들어갈 수 없어. 그런 식으로 겨누기를 하는 거야. 그러니까 회전시키면서 앞으로 나가는 거지."

그러니까 말씀대로 '생각이 나게' 질문을 잘하는 것도 잘 가르치는 방법이군요. 아무 생각도 안 나게 물어볼 수도 있으니까요.
한 사람 한 사람 가르치면 그 학생을 잘 알게 됩니다. 그래서 난 단체로 가르치는 게 싫어요.

말씀처럼 펜싱이란 게 대체로 본능과 역행하는 거라 익숙한 걸 잊어버리는 과정이 있어야 할 것 같은데요.
사실 익숙한 걸 잊는 게 아니라 새로운 패턴을 배우는 거지요. 본능적인 반응을 봅시다. 그걸 묻어버려서는 안돼요. 통제를 해야지. 천천히, 의도적으로, 확실하게 의식하면서 그걸 해본 다음 하려고 하는 다른 행동을 연습해서 자유자재로 구사할 수 있게 하는 거지요. 본능이 효과적일 때도 있어요. 비본능적인 것도 마찬가지로 효과적일 때가 있고요.

펜싱을 배울 때 중요한 건 확실히 연습이겠군요.
엄청난 연습이 필요해요. 아주 지루하지요.

그럼 단계별로 나눠서 가르쳐주는 게 효과적이던가요?
그렇지요. 속도는 배움의 적입니다. 뭘 하고 있는지를 알아야지, 다 알려고 해서는 안 돼요. 너무 빨리, 너무 쉽게 배우는 사람은 후루룩 끓다가 금방 식어버리는 경우가 아주 많아요. 1~2년 있다가 지루해서 다른 데로 가요. 그러니 정말 노력하는 사람이 필요해요. 하지만 정말 잘하는 사람은 드물지요.

지도하실 때 종종 학생들과 펜싱을 하시는지.
(힘주어) 아, 그럼요.

선생님만의 비결 같은 게 있습니까? 학생들한테 자주 말하는 그런 거요, 가령 테니스 코치가 '공을 쳐다보고 무릎은 굽혀'라고 말하는 것 같은.
예. 12년 전에야 겨우 제대로 알게 됐는데, 앞에 나가 있는 발을 똑바로 전진시켜야 한다는 점이에요. 그렇게 하면 발가락으로 딛는 걸 막아주죠. 또 무릎이 안으로 들어가지 않게 해주고요. 이동할 때는, 팔꿈치는 바깥쪽으로, 무릎은 안쪽으로. (포일을 잡고 실제로 보여준다, 확실하게.)

그러니까 다른 운동들도 대체로 그렇듯 포일은 손으로 잡고 있어도 발놀림이 핵심이군요.

아, 그럼요. 우리 몸은 많은 짐을 실은 무개 화차와 같습니다. 위쪽이 너무 무거워요. 난 아주 특별한 펜싱 마스터에게서 배웠습니다. 나치 독일에서 망명한 유대인이었어요. 그분을 만나러 갔더니 먼저 찌르기를 한 번 해보라더군요. 음, 난 상당히 찌르기를 잘한다고 생각했는데 그분은 '좋아, 하지만 느려' 그러시더군요. '가속이 안됐어. 다시 한 번 보여주게.' 그래서 다시 보여드렸더니 '자네는 발끝으로 밀고 있네' 하더군요. 난 종아리 근육만 쓰고 있던 거죠. 넓적다리 근육을 쓰라고 그분이 가르쳐줬지요. 그래서 나는 무릎으로 밀기 시작했어요. 엉덩이 근육도 쓰면서. (두 가지 방법을 다 보여주면서 넓적다리를 밀면 속도도 더 붙지만 움직임도 통제가 더 잘돼 좀더 효과적으로 멈출 수 있다는 것을 보여준다.)

펜싱에서 발놀림은 부자연스러워요. 옆으로 움직이니까, 마치 게처럼. 그렇게 하는 건 본능적인 싸움 방식이 아니에요. 이게 본능적이지. (돌격해서 정면 공격을 하는 시늉을 한다.) 타잔처럼 달려들지요. 앞으로 힘을 다 실어서 달려들어요. 하지만 펜싱에서는 그럼 절대 안 돼요. 들어갔다 나와야지. 달려들게 되면 만일의 사태에 대비할 수 없어요, 특히 뭐가 잘못될 경우에는. (민첩한 25살 청년처럼 앞으로 뒤로 움직이며 펜싱에 적합한 발놀림을 보여준다.)

물론 이건 할리우드 영화하고는 딴판이지요. 관객들을 위한 게 아니니까. 만일 영화에 나오는 것처럼 싸운다면 노련한 펜서와 붙을 경우 죽어요, 바로. 온몸의 힘을 다 실어서 상대방을 공격하면 안 됩니다. 그럼 이렇게 돼요. (몸이 앞으로 쏠린 상태에서 균형을 잃은 채 앞쪽으로 찌르는 동작을 보여준다. 그 다음에는 몸을 똑바로 세운 채 균형을 잡고 가볍게 찌르기를 하면서 있을 지도 모르는 상대방 공격에 대비하는 모습을 보여준다.) 발끝이 아니라 뒤쪽 다리로 밀면서 하는 거요.

예전에 가르치던 사립 고등학교에서 학부모의 밤이 열렸는데, 그때 만난 학부모가 생각나는군요. 둘 다 변호사였는데 자세가 아들하고 똑같았어요. 아버지랑 얘기를 하는데, 그 사람 자세가 꼭 이랬어요. (아서는 일어서더니 그 아버지 자세를 흉내 낸다. 머리는 앞으로 쑥 내밀고 양 어깨는 구부정하다.) 엄마도 똑같은 자세로 서 있더군요. 내가 처음 그 아이를 만났을 때 그 아들 자세가 꼭 그랬지요. 그 사람들이 묻더군. "우리 아들이 펜싱에서 뭘 배우게 될까요?" 난 대답했죠. "음, 발에서 나오는 뭔가를 배우게 될 겁니다." 뭔 소린가 싶어서 어리둥절하더군요. "두 분 모두 지금 그대로 가만히 계세요. 이제 몸의 중심을 바꿔 발끝에 실린 체중을 양발의 바깥 날 쪽으로 보내세요." (직접 시범을 보인다. 그러자 양어깨를 뒤로 젖히면서 자세가 더 반듯해 진다. 아서는 소리 내 웃는다.)

그 부모가 질문을 잘했군요. 펜싱에서 뭘 배우게 되느냐고 물었으니까요. 펜싱 실력 말고 펜싱을 배우면 뭘 얻게 된다고 생각하십니까?

수줍음을 떨칠 수 있지요. 자신 있게 똑바로 말할 수 있게 돼요. 언젠가 제 학생 하나가 대학 입학 에세이를 써야 했는데, 주제가 자신의 인생에 큰 영향 을 준 사람이었어요. 그 학생은 나에 관해 썼지요.

그 여학생은 신입생 때부터 나한테 펜싱을 배웠어요. 언젠가 레슨을 끝내 고 '너는 투사다'라고 말해줬어요. 그건 그 아이가 펜싱을 통해 배운 것이었 지요. 그 아이는 자신에 관해 알게 됐어요, 자신이 투사라는 걸 말입니다. 호 전적이라거나 광포하다는 그런 의미가 아니라 자신이 믿는 바를 지킨다는 의미에서요. 그러니까 펜싱은 그 아이에게 자신이 투사라는 걸 가르쳐주었 고, 그렇게 되도록 고무했어요. 그 아이는 자신이 믿는 바를 당당히 주장하 고 그걸 위해 싸우고 싶다고 썼어요. 그게 그 아이의 삶의 목적이었지요.

가르쳐 보면 남자애들과 여자애들이 다르나요?

여자아이들은 성품 문제에 좀더 신경을 쓰려고 해요. 남자애들은 훨씬 더 건 방져요. 더 어리석고. 더 십대스럽지요.

초창기 때부터 정해진 교습 방식이 있었나요, 아니면 끊임없이 개발하신 건가요?

실력이 어느 정도 고급 단계로 접어들 때까지는 교습 방식이 나아지고 있다 는 느낌이 없었는데, 준비 자세를 가르치면서 나아지는 것 같더군요. 준비 자 세란 공격을 하기 전의 모든 동작입니다. 이건 공격입니다. (아서는 일어서더 니 포일을 가지고 찌른다.) 이것은 준비입니다. (이때는 포일 끝으로 원형 패 턴을 그리며 멋진 손놀림을 보여준다.) 이것은 위협이지 공격은 아니지요.

처음에는 기계적으로 펜싱을 가르쳤어요. 내게 처음 펜싱을 가르쳐주신 선생님은 배운 대로 내게 다른 초보자들을 가르치게 했어요. 그리고 전쟁이 나서(2차 대전) 4년 동안 펜싱을 전혀 못했어요. 그러다 권투 링이 있는 체육 관 하나를 찾아내 거기서 혼자 연습을 할 수 있었지요. 새로운 콤비네이션들 을 연습하기 시작했어요. 해본 적은 없지만 책에서 본 것들이었지요. 그러다 전쟁이 끝나고 캘리포니아대학교 버클리 캠퍼스에서 레슨을 할 때 그 콤비네 이션들을 썼어요. 아주 효과적이었지요. 물론 그 효과가 나타난 건 몇 달 뒤 였지만요. 학생들이 그런 걸 본 적이 없었거든요. 2~3년 동안 제 제자들이 그 지역 대학 대항 펜싱 경기를 휩쓸었지요.

선생님의 지식은 펜싱에만 해당되는 게 아닌 것 같은데, 마지막으로 학생 개개인 과 관련해 한말씀 해주신다면.

예, 펜싱은 그 자체가 하나의 세계니까요. 젊을 적에는 절대 그룹 지도를 하 지 않았어요. 개인 레슨만 했지요. 가끔 그렇게 해야 하기도 했지만, 펜싱은 정말 단체로는 못 가르쳐요. 한 사람 한 사람 가르쳐야 합니다.

"전 오늘도 배우고 있습니다"

마이크 하일먼 악어 레슬링 16년째 플로리다 주 올랜도의 개터랜드 동물원에서 일하고 있다. 현재 악어 레슬링 수석 트레이너이자 오락 감독이다. 현재 35세인 하일먼은 19세에 악어 레슬링을 시작했다.

오랫동안 이 일을 하고 있던 팀 윌리엄스라는 사람한테 악어 레슬링을 배웠어요. 그 사람은 또 다른 사람에게 배웠고요. 악어 레슬링은 계보가 있어요. 직접 전해집니다. 쭉 거슬러 올라가면 플로리다에서 살던 세미놀 인디언까지 연결되죠. 그 사람들은 수 세대 전부터 악어 레슬링을 했어요. 아주 흥미로운 직업이죠. 제대로 하면 아주 재밌고요. 이런 걸 하고 싶어하는 사람들은 따로 있어요. 돈 때문에 하는 건 분명 아닙니다. 동물 다루는 걸 좋아하기 때문에 하는 거죠.

악어와 레슬링 하는 법을 어떻게 가르치십니까?
기본적으로 단계별로 가르칩니다. 악어의 해부학적 구조를 먼저 가르치고, 그 다음에 악어의 행동을 가르치죠. 그런 다음 그런 지식을 적용해 악어의 사정권 안으로 들어가지 않도록 하면서 악어를 다루게 됩니다.

악어들은 어떤 행동을 하기 전에 미리 경고를 보냅니다. 입을 떡 벌리고 상대가 있는 쪽으로 귀를 쫑긋거리며 쉭쉭 소리를 내면서 근육을 팽팽히 당기면, 그럼 뭔가 할 준비가 됐다는 뜻입니다. 악어가 뭘 하려고 하는지 예측해 보려고 하지만 늘 그 동물의 행동이나 반응을 완벽하게 예측할 수는 없습니다. 그래서 갑자기 일을 당할 수도 있죠. 악어는 공격 범위가 있습니다. 일단 그 공격 범위를 알고 나면 그 안으로 들어가지 않게 최선을 다해야 합니다.

훈련할 때는 관찰 학습을 먼저 합니다. 내려가서 악어들을 관찰하죠. 해부학적 구조를 배울 때는 비디오를 많이 이용합니다. 악어가 뭘 할 수 있는지, 그러니까 돌고, 뛰어오르고, 달려드는 비디오를 많이 보여줍니다. 그런 걸 보지 않으면 악어가 뭘 할 수 있는지 모릅니다. 그런 걸 보면 그 광경을 기억하게 됩니다. '와아, 저 녀석이 1미터가 넘게 뛰어오르는 줄 몰랐는데요'라고 말하죠. 이제는 알게 된 거죠.

우리는 길이가 2미터가 넘는 악어들이 들어 있는 못 속으로 뛰어듭니다. 첫날에는 꼬리를 잡아당겨보면서 악어가 얼마나 힘이 센지, 그리고 그렇게 할 때 어떤 반응을 보이는지 알아봅니다. 그런 다음 악어를 땅 위로 끌어내 그 위로 뛰어오릅니다. 단계별로 날마다 조금씩 배우죠.

쇼는 15분 동안 진행되는데, 그 15분의 쇼를 하려고 최소한 2개월 이상 훈련을 해야 합니다. 전 사람들을 상당히 빨리 훈련시키는 편인데, 쇼를 하게 되기까지 7개월이 걸릴 때도 있습니다. 훈련은 훈련생의 속도에 맞춥니다. 자신감이 가장 중요하기 때문에 아무것도 억지로 시키지 않습니다. 망설이거나 어떻게 해야 할지 모르면 실수를 하게 됩니다. 실수를 하면 물립니다.

관찰 학습이 끝나고 실습으로 들어가면 훈련생들이 하는 걸 지켜보면서 잘못한 게 있으면 지적하고 고쳐줍니까?
때로는 악어를 물 밖으로 끌어내서 등에 뛰어오르기까지 시간이 너무 오래 걸리는 사람들이 있습니다. 충분히 빨리 못하는 거죠. 또 손의 위치가 틀리거나 악어한테 잡힐 수 있는 불안한 위치에 착지를 하기도 합니다. 그럼 전 바로 중단시키고 어떻게 하는지 보여준 다음, 제대로 할 때까지 몇 번이고 다시 해보게 합니다. 그러고 나서 다음 단계로 넘어가죠.

어떤 사람들이 악어 레슬링에 적합합니까?

무엇보다 어느 정도 운동선수 같은 몸을 갖고 있어야 합니다. 굼뜨면 할 수 없는 몇 가지 동작이 있거든요. 너무 뚱뚱해도 안 됩니다. 유연해야 하고요. 그러니까 탄탄한 체격을 가진 그런 사람이 적당합니다.

하지만 마음가짐도 아주 중요합니다. 자기는 슈퍼맨이라 악어들이 못 해친다고 생각하고 오면 곤란합니다. 악어를 존중해야 하지만, 그렇다고 악어가 무서워 죽을 지경이어도 안 됩니다. 미묘한 균형 감각이 필요하죠.

보통 악어를 존중하는 건전한 태도를 가진 사람, 말을 할 때 주의를 기울이는 사람, 그리고 가르쳐주는 대로 하는 사람은 해낼 수가 있습니다. 그런데 자기가 원하는 게 뭐고 어떻게 해야겠다고 미리 마음을 먹고 들어오는 사람은 문제가 될 소지가 많습니다. 그래서 이런 사람들이나 다른 데서 해본 사람들은 훈련을 시키면 안 됩니다. 또 간혹 가다 텔레비전 쇼인 〈크로커다일 헌터〉를 7년 동안이나 봤으니까 잘 안다고 오는 사람들도 있습니다. 이런 사람들은 솎아내야 합니다.

남자와 여자 둘 다 훈련시킵니까?

예. 여자 악어 레슬링 선수도 여럿이고, 지금도 한 명 훈련 중인데, 잘합니다. 악어가 크기 때문에 손힘이 세야 하는데, 이런 특정 근육을 발달시킬 때는 여자들이 더 오래 걸릴 수도 있습니다. 하지만 일단 이런 근육을 키우고 나면 남자와 다를 바가 전혀 없습니다.

그런데 당신이 하는 쇼는 오락과 교육, 두 가지 목적을 갖고 있다면서요?

악어들이 하게 해주면 악어의 입을 벌리고 입 안을 보여줍니다. 또 악어의 턱 힘은 입을 열 때가 아니라 닫힐 때 세다는 걸 증명해 보입니다. 그래서 한 손만으로 악어의 입을 다물게 할 수 있다는 걸 보여주죠. 그리고 악어를 뒤집어 등을 대고 눕혀놓으면 꼼짝도 못하는데, 이건 악어가 뭐가 뭔지 몰라서 가만히 있는 겁니다. 이런 걸 보여주면서 교육적인 내용들을 설명하는 거죠.

훈련생 중 사고로 물린 사람이 있나요?

아, 그럼요. 제가 훈련생에게 처음에 말하는 것 중에 하나가, 동물을 다룰 경우, 그게 고양이든 개든 간에, 평균의 법칙에 따라 결국은 물리게 된다는 겁니다. 2개월이 걸릴 수도 있고 6년이 걸릴 수도 있지만, 시간이 충분히 흐르면 인간인지라 실수를 하게 되는 거죠.

물리면 어떻게 됩니까?

여러 가지 경우가 있죠. 대부분은 개가 달려들어 무는 것처럼 악어도 화가 나서 무는 경우입니다. 악어는 물면 보통 몇 초 동안만 물고 있다가 놔줍니다. 때로는 물고 잡아 흔들기도 합니다. 최악의 경우는 물고 뒹구는 경우입니다. 보조원들이 주변에 대기하고 있다가 단계별로 조치를 취합니다. 2미터가 넘는 악어를 다룰 때는 늘 최소한 두 사람이 있습니다. 그런 식으로 문제가 생길 경우에 대비합니다. 악어 레슬링을 배우고 쇼를 좀 하고 나면 자만심이 생겨, 이제 악어를 맘대로 다룰 수 있다고 잘난 척을 하다가 물려서 구사일생으로 살아나게 되면 현실을 깨닫게 됩니다. 악어와 레슬링을 백 번쯤 하고 나면 자신만만해져서 자기는 잘하니까 아무 일도 안 생길 거라고 생각하게 됩니다. 그러다 눈 깜짝 할 사이에 또는 잠깐 한눈파는 사이에 확 물리는 거죠.

16년 동안 레슬링을 하셨다면 물리기도 했을 것 같은데요?

2번이요.

여기서 이렇게 저랑 얘기를 하고 있으니 그다지 끔찍하지는 않았나 보군요.

예예. 뭐, 아주 심하지는 않았어요. 처음에는 구멍이 두 군데 났고, 두 번째는 한 군데는 멍이 들고 한 군데는 찢겼습니다. 아주 끔찍했다고는 말할 수 없죠. 악어한테 물리는 거라면, 두 번 제대로 물려봤습니다.

악어 레슬링을 처음 가르쳤을 때와 비교하면 지금이 더 나아지셨나요?

아, 그럼요. 지금까지 19명을 훈련시켰는데, 한 사람 한 사람 다 기억나는 일들이 있습니다. 우리는 동물만 다루는 게 아닙니다. 사람들은 배우는 게 다 제각각입니다. 같은 얘기를 6가지 다른 방식으로 해야 할 때도 있어요. 언젠가 브라이언이라는 남자한테 배운 게 있습니다. 쇼를 하다 물렸는데요. 악어 덮치는 기술을 배운 지 일주일도 안 됐을 때인데 악어한테 무릎을 물렸어요. 배운 대로 안 하고 옛날에 하던 방식대로 하다가 물렸죠. 왼쪽 무릎을 악어가 물 수 없게 모래 속에다 박지 않고 악어 옆구리에서 멀찍이 떨어진 곳에 내려놓았어요. 악어가 고개를 홱 돌려 물어버렸죠. 전 가르칠 때마다 그 사건을 되돌아봅니다. 그러면서 자신을 좀더 믿고 내가 옳다는 걸 알면 좀더 단호해져야 하며, 또 반드시 요점을 이해시켜야 한다는 생각을 하게 됩니다. 막을 수도 있는 사고였어요. 제가 좀더 세게 나갔거나 그 사람이 제대로 알아먹을 때까지 쇼를 못하게 했어야 했습니다. 막을 수도 있는 사고였죠.

또 더 많이 소통해야겠다는 걸 배웠습니다. 제가 자랄 때는 너무 많이 물으면 안 되는 거였습니다. 또 시키는 대로 뭐든 해야 했고요. 요즘 세대한테는 안 통합니다. 요즘 사람들은 권위를 의심하고 일하는 방식에 이의를 제기합니다. 그래서 젊은 세대와 소통하는 법을 배워야 했는데, 쉽지 않았어요. 누굴 훈련시킬 때마다 그 사람과 소통하는 법을 배워서 제가 원하는 결과를 얻어내야 합니다.

그래서 전 오늘도 배우고 있습니다.

"개별적으로 가르쳐야 합니다.
사람마다 성격이 다르니까요"

마크 왈러캐시어크 카 레이싱   캘리포니아 주 북부 인피니온 레이스웨이에 있는 짐 러셀 레이싱 스쿨의 수석 강사다. 트랙에는 주말에 있을 중요한 시합을 대비해 드라이버들이 주행 연습을 하고 있었다. 경기장에 와본 적이 없는 나는 트랙 옆을 걷다가 차들이 지나가는 엄청난 속도와 귀청을 찢을 듯한 굉음에 깜짝 놀랐다. 우리는 트랙이 내다보이는 사무실에서 얘기를 나눴다.

우리는 사람들을 바로 데리고 나가 경주용 자동차에 집어넣고는 어떻게 운전하는지를 가르칩니다. 질주는 어떻게 하는지 또 경주는 어떻게 하는지 가르치죠. 여기는 주말의 탈출구삼아 그냥 취미로 골프 대신 하는 사람들도 있고 카 레이싱을 직업으로 삼고 싶어하는 사람들도 있습니다. 여기서 배워 포뮬라 원*이나 나스카,** 인디카***에 나가는 사람들도 있습니다. 대대수는 스릴 때문에, 뭔가에 도전하고 싶어서 옵니다.

여기 오는 사람들은 다 운전할 줄은 알 텐데요.

● 국제자동차연맹이 규정하는 세계 최고의 자동차경주대회.
●● 미국의 대표적인 자동차 경주 대회로 F1, 카트와 더불어 세계 3대 자동차 경주 대회로 꼽힌다.
●●● 오픈휠(open-wheel), 1인승 자동차 경주를 뜻하는 아메리칸 챔피온십 카 레이싱의 일반 명사로 사용되는 이름이다.

대부분의 사람들은 차를 운전할 때 차의 성능을 최대한으로 이용하거나 그 한계에 이르도록 운전하지 않습니다.

그럴 리가요!

그렇습니다, 그렇게 안 해요. 실제로 그렇게 못하죠. 하지만 여기서는 합니다. 그래서 우리는 차가 어떤 건지 보여줍니다. 자기 차로 할 때보다 기어 변속을 더 잘하는 걸 배웁니다. 몇 가지 훈련을 해보고, 데리고 나가서 차에 태우고, 지켜보다가 차를 세우고, 우리가 본 것을 얘기합니다. 단체로도 얘기하고 개별적으로도 말합니다. 그리고 다시 반복합니다. 그런 다음 트랙 코너를 도는 법을 가르치고 차로 트랙을 돌게 합니다. 이론 수업도 좀 하고요. 이게 3일 과정입니다. 시작할 때는 인원이 많지만 후반쯤 가면 대개 한 사람만 남습니다. 우리는 처음부터 가르치는 것 못지않게 습관을 깨는 것부터 합니다. 사람들은 대체로 한 가지 방식으로 운전하는 데 익숙해져 있거든요. 그러니까 시내 운전 말입니다.

그동안 인터뷰를 하면서 가르친다는 것은 새로운 걸 알려주는 것만이 아니라 기존에 알고 있던 걸 없애는 일이기도 하다는 얘기를 많이 들었는데, 이를테면 당신이 없애고 싶은 것은 어떤 습관입니까?

사람들은 대부분 고속도로에서 전속력으로, 최고 속도로 운전을 하지 않습니다. 그래서 상당히 빠르게 운전하는 습관을 붙여주는 게 큰 문제입니다. 전속력으로 운전을 하면서 특정 순간에 기어를 바꾸고 공격적으로 가속을 할 줄 알아야 합니다. 그렇게 해야 그 자동차의 한계를 알고 가장 쉽게 배울 수 있습니다. 그런 다음 방향을 바꿔 잠시 뒤에는 브레이크를 최대로 밟아 차를 멈추게 합니다. 보통 하는 것처럼 브레이크를 톡톡 밟으면서 미끄러지듯 정지하는 게 아니라요. 경주용 차가 얼마나 빨리 정지할 수 있는지 사람들은 잘 모릅니다.

그런 다음 이 두 가지를 복합적으로 합니다. 최대로 가속하고 최대로 브레이크를 밟는 거죠. 그런 다음 가장 어려운 걸 합니다. 최대 속도로 코너를 도는 것 말입니다. 그건 자기가 스스로 알아내서 배워야 하는 겁니다. 어떻게 했더니 어떻게 됐다는 걸 자기가 알 수 있어야 하기 때문입니다. 골프를 잘치는 사람은 왜 훅*이 발생하는지를 압니다. 드라이버는 트랙에서 그런 걸할 수 있어야 합니다. 코너를 돌면서 어떤 실수를 했는지 알 수 있어야 하고, 그걸 고쳐서 다시는 하지 말아야 합니다. 드라이버들은 완만한 코너에서는 너무 빨리 가려고 하고 급한 코너에서는 너무 천천히 가려는 경향이 있습니다. 최고의 드라이버들은 급한 코너에서는 시간을 많이 보충하고 완만한 코너에서는 시간을 많이 낭비하지 않습니다.

바로 저 코너는(창밖의 트랙을 가리킨다)는 대부분의 차들이 시속 56에서 65킬로미터로 돕니다. 세상에서 제일 빠르고 가장 정교한 차라도 이 U자형 커브 길을 시속 65킬로미터 이상으로 돌지는 못합니다. 그런데 드라이버들이 하는 실수는 좀 지나치게 빠른 속도로 들어와 차선을 약간 벗어나게 되고 필요한 만큼 빠른 시간 내에 동력을 회복하지 못해 시간을 낭비하는 겁니다.

통제력을 잃거나 트랙을 벗어나 충돌을 하는 실수들도 합니다. 그래서 실수에 대처하는 법을 배우는 게 아주 중요합니다. 이것 역시 3일간의 강좌에서 다룹니다. 그래서 어떤 실수들을 하게 될지, 그랬을 경우 어떻게 대처할지 교육합니다. 그리고 실수를 하게 되면 재빨리 깨달아 트랙 밖으로 날아가는 일이 없게 교육을 시킵니다.

충돌은 하게 마련입니다. 이것들은 현재 우리가 사용하고 있는 차 사진들입니다. (벽에 붙은 사진들을 가리킨다.) 그러면 우리는 그런 사람들을 데리고 가서 다시 도전하게 합니다. 기본적으로 충돌한 사람들은 그냥 내보내지 않습니다. 차에 태워서 트랙을 적어도 몇 바퀴는 돌게 합니다. 비록 그게 경

● 공이 공중에서 타깃 방향으로 가다가 점차 왼쪽으로 휘는 현상.

주용 자동차에 앉는 마지막 기회가 될지라도 말이죠.

저런 차들은 얼마나 빠릅니까?

여기 트랙에서는 시속 200킬로미터 정도 냅니다. 더 긴 트랙에서는 225킬로미터 정도 나오고요. 하지만 여기(다시 창밖을 가리킨다) 커브에서는 시속 68킬로미터면 빠른 겁니다. 커브 전에는 200킬로미터로 달리면 빠른 거지만 185킬로미터는 빠른 게 아니죠. 자신감이 있어야 하지만, 오만해서는 안 됩니다. 어디서 잘 되는지 알아야 하고 실수를 하면 깨달아야 합니다. 자동차 경주에서는 정신적인 면이 아주 중요합니다.

그런 건 어떻게 가르치십니까?

개별적으로 가르쳐야 합니다. 사람마다 성격이 다르니까요. 자기는 모르는 게 없다고 생각하는 사람부터 도대체 여기는 왜 온 건가 싶은, 거 있잖습니까, 부끄럼도 잘 타고 주유도 못하고 변속 레버와 클러치 간의 기계적 연결도 모르는 그런 사람들까지, 온갖 사람이 다 있습니다.

하지만 대다수 사람들은 개별 지도가 가능하고 실력을 키울 수 있습니다. 우리는 훈련생이 어떤 유형의 사람인지 알아보는 방법을 강사들에게 교육시킵니다. 여기는 개교한 이래 50년이 넘도록 개발한 커리큘럼이 있습니다. 전 그 반인 25년을 여기에 있었습니다. 그런데도 아직도 새로운 유형의 사람들을 만나서 어느 정도는 뭐든 할 수 있다고 느낄 수 있게 해주면서도 동시에 다른 것도 좀 해보게 하려고 애쓰고 있습니다.

'그게 아니에요, 틀렸어요, 그게 아니에요'라고 말하는 건 좋지 않습니다. 어떻게 하면 좀더 의욕을 불어넣을 수 있을지 우리 강사들끼리 얘기를 합니다. 잘해주면 좋지요. 하지만 정말로 고쳐야 할 게 있으면, 도움이 되는 방향으로 고쳐줘야 합니다.

자동차 경주를 계속하는 사람들, 그리고 최고 수준에 도달하는 사람들은 극소수입니다. 우리가 잘 가르쳐서 최고의 기술을 갖게 되는 거라고 생각하지 않습니다. 그것보다는 자기가 얼마나 원하는지가 더 중요합니다. 이건 꼭 재능이 필요한 스포츠는 아닙니다. 탁월한 재능이 있는데도 최고 수준에 도달하지 못하는 드라이버들이 많습니다. 그리고 동시에 거, 있어서는 안 될 드라이버들도 있습니다. 이게 이 스포츠의 절망스런 측면인데요, 일테면 인디애나폴리스*에서 달리는 사람들 같은.

무슨 짓을 했는데요?
스폰서들요. 이 스포츠의 최고 단계로 가는 길을 돈으로 살 수가 있습니다. 돈으로 마스터 골프 토너먼트에 참가할 수는 없어도 어느 정도 실력만 되면 인디 500에는 참가할 수 있습니다. 주류 언론이나 보통 사람들은 잘 모르지만 우리끼리는 다 아는 사실입니다.

최고의 드라이버를 만드는 것은 무엇입니까?
자신감입니다. 운전대를 잡을 때 가져야 하는 게 그겁니다. 저 밖에서는 자신이 최고라고 믿어야 합니다. 조금이라도 의심이 생기면 속력을 내지 못하게 됩니다. 물론 그 반대일 경우, 지나치게 공격적으로 운전하다 자주 충돌할 수도 있습니다. 자기 수련을 많이 해야 합니다. 한계를 넘지 않게 그 한계가 어디까지인지 알 만큼 똑똑해야 합니다.

그리고 어려운 상황에서도 상당히 차분하고 냉정해야 합니다. 앞뒤로, 좌우로 사람들이 있고, 그 사람들은 당신을 피하려고 하고 당신은 그 사람들과 겨루면서 최고 속도로 트랙을 돌고 또 도는 겁니다. 자동차들이 충돌하고 앞서 가던 자동차는 고속으로 커브를 돌다 튕겨 나가고……. 그러니 동요해서는 안 됩니다. 어느 단계에 이른 사람들을 보면 대체로 상당히 느긋하고 차

● 미국 인디애나 주 인디애나폴리스 자동차 경주장에서 열리는 인디애나폴리스 500마일 레이스 자동차 경주.

분하다는 걸 아시게 될 겁니다. 그런 사람들은 공을 내리치면서 엔드존*을 뛰어 돌아다니는 그런 부류가 아니죠.

주로 가르치려고 하시는 게 차를 모는 감 같은 거라는 생각이 드는데요.
그런 게 있습니다. 하지만 아주 분석적으로 레이싱을 배우는 사람들도 있습니다. 또 아주 감성적으로 배우는 사람들도 있고요. 감성적인 사람들은 '더 빨리 갈 수 있을 것 같습니다. 해볼게요'라고 말합니다. 분석적인 사람들은 '시속 99킬로미터로 코너를 돌았어요. 101킬로미터로도 돌 수 있을까요?'라고 하죠. 역시 개성의 차이입니다.

어느 쪽이 더 효과적인가요, 아니면 그냥 사람마다 효과적인 방법이 따로 있나요?
사람마다 따로 있다고 하는 게 맞을 겁니다. 강사는 들을 줄 알아야 합니다. 그렇게 시작해야 좋은 겁니다. 신참이라서 그런지 아니면 자기가 얼마나 많이 알고 있는지 자랑하고 싶어서 그러지, 그건 잘 모르겠지만, 너무 많은 걸 알려줘서 지나친 부담을 안기는 강사들이 있습니다. 전 늘 강사들에게 그냥 하나나 많아야 두 가지 정도만 가르치라고 말합니다. 그리고 그걸 가장 중요한 것으로 만들라고 하죠. 열여섯 가지나 배울 필요는 없지요.

레이싱을 가르치면서 만족을 느낄 때는 언제인가요?
제가 느낀 걸 다른 사람들에게 느끼게 해줄 때입니다. 제가 말하려고 한 걸 사람들이 이해할 때요. 하루하고도 반나절 동안 애쓰고 한 얘기를 사람들은 트랙에 들어가서야 이해합니다. 무슨 말이었는지를 깨닫게 되는 거죠. 설사 처음 코너를 돌다 부딪치면서 깨닫게 되더라도 대부분의 사람들이 그렇습니

● 미식축구에서 경기장 양 끝의 골라인과 엔드라인 사이의 터치다운 구역.

다. 느낌으로 아는 거라 언제 정말 이해했는지 잘 알죠. 그래서 '와, 이제 알겠어요!'라고 합니다. 제가 가르친 사람이 트랙을 도는 모습을 보면서 '정말 좋아지고 있어. 어떻게 하는지 알아냈구나!'라는 생각이 들 때, 그때가 참 좋습니다. 게다가 그 사람들은 여기에 있고 싶어합니다. 개중에는 몇 년 동안이나 그 꿈을 간직하다 온 사람들도 있어요.

"왜 실패할 걸 걱정합니까?
잘할 가능성 30퍼센트에 신경 써야지"

론 워싱턴 메이저 리그 야구 　에릭 차베스는 메이저 리그 최고 수비수에게 주어지는 골드글로브 상을 받고 그 영광을 수비를 가르친 론 워싱턴에게 돌렸다. 론 워싱턴은 오클랜드 애슬레틱스의 코치로 있으면서 최고의 내야 수비 코치로 이름을 날렸다. 뉴올리언스에서 태어난 론은, 1977년부터 1989년까지 메이저 리그 선수로 활약하다 은퇴한 뒤에는 뉴욕 메츠의 코치가 됐다. 1997년부터 2006년까지는 오클랜드 애슬레틱스의 코치로 있다가 텍사스 레인저스의 감독이 됐다. 선수 생활을 그만둔 지 18년이 지났는데도 몸매는 날씬하고 탄탄했다. 우리는 경기가 시작되기 전 라커룸에서 대화를 나눴다.

내야 수비를 어떻게 가르치십니까?

개인적으로 내야수들의 베이스를 보려고 합니다. 베이스는 발에서 시작됩니다. 발 자세가 좋으면 손도 잘 씁니다. 모든 건 몸의 중심에서 나오는데, 거기가 균형을 잡아주는 곳이죠. 그래서 전 거기에서 출발합니다. 애들을 볼 때는 발부터 보죠. 그러면 고쳐야 할 걸 고치기가 아주 쉽습니다. 아주 간단해요.

　제 눈에는 실수하는 게 보입니다. 그리고 왜 그런 실수를 했는지 난 말해줄 수 있습니다. 발 자세가 어떤지 또 균형을 어떻게 잡고 있는지를 봤기 때문입니다. 거기는 하지 쪽이죠. 에릭(오클랜드 애슬레틱스의 에릭 차베스)한테도 그런 걸 해줬어요. 제가 해준 건 그게 다예요. 발을 어떻게 쓸지 보여줬지요. 발을 어떻게 쓸지 한 번 보여주니까 에릭은 제 말을 믿었고, 나머지는 간단했습니다.

보여줬다고 하셨는데, 말 그대로 거기 서서 그게 어떤 건지 보여주셨다는 말씀인가요?

음, 제가 하는 건 땅바닥에 삼각형을 하나 그리는 겁니다. 완벽한 수비 포지션이죠. 그러니까 발을 충분히 넓게 벌리고 있어야 하고, 삼각형의 꼭짓점은 공을 받아야 하는 곳입니다. 그래서 눈, 글로브, 그 모든 것이 일렬이 되게 합니다. 일단 그렇게 일렬로 만들고 몸의 중심에서 모든 플레이를 하면, 발을 충분히 넓게 벌리고, 거기서 힘이 나오니까, 그러면 손은 잘 쓰게 됩니다.

그러고 나면 각도 얘기를 합니다. 공이 오는 각도로 가서 공을 차단할 수 있으면 언제든 공을 바운드시킬 수 있습니다. 왼쪽으로 갔다, 오른쪽으로 갔다, 앉았다 하면서 공을 받으려고 하는 선수들이 많은데요, 그러면 공한테 먹히는 겁니다. 하지만 공이 오는 각도를 보고 가서 그 길을 차단하면 공을 바운드시킬 기회를 갖게 되죠. 왜냐고요? 발이 움직이고 있으니까요. 그리고 발이 움직이고 있고, 어떤 바운드를 잡을 수 있다는 걸 알게 되면 그 바운드를 공격하게 됩니다. 그러나 발이 움직이고 있지 않으면, 그때는 '공이 갖고 논다'는 말을 듣게 됩니다. 그래서 늘 자기가 공을 갖고 놀아야 합니다. 내가 공을 갖고 놀면 실수를 해도 그때마다 바로잡기 쉽습니다. 하지만 공이 날 갖고 놀면 어떻게 내가 그 실수를 바로 잡겠습니까? 그러니까 가만히 앉아서 발을 놀리지 않으면 공이 날 갖고 놀게 되는 겁니다.

이것이 제 간단한 이론입니다. 에릭과 미겔 테하다Miguel Tejada, 제이슨 지암비Jason Giambi, 밥 크로스비Bob Crosby에게 가르쳐준 게 이겁니다. 그러니까 기본적으로 내가 가르치는 게 이겁니다. 이런 건 해보고 또 해보고 또 해봐야 합니다. 그리고 일단 그 고비를 넘기면 알아서 하게 돼, 그때부터는 자기 스스로 잘못을 고칠 수가 있습니다.

어떻게 그렇게 훌륭한 코치가 될 수 있었습니까?

제가 훌륭한 코치가 될 수 있던 건 아마도 제가 가르치는 사람들 덕분일 겁니다. 전 할 말을 하게 합니다. 자기 감정을 갖게 해요. 절대로 알려주고 싶은 걸 갖고 가 그냥 쑤셔 넣지 않습니다. 알려줘야 할 건 알려주고, 그러고 나서는 선수 의견을 듣습니다. 그런데 잘알고 있으니까 선수가 하는 말의 허점을 지적할 수 있습니다. 그렇게 하면 선수는 뭐가 옳고 뭐가 그른지 알기 시작합니다.

'얼마나 많이 관심을 가져주는지 알기 전에는 얼마나 많이 알고 있는지는 관심도 없다'고들 하잖아요. 그래서 전 관심을 갖고 있다는 걸 알려줍니다. 기꺼이 할 말은 하게 합니다. 최고의 선생님들은 그렇게 합니다. 전 다 알고 있지만, 그래도 느낀 대로 말하게 해줍니다. 왜냐하면 선수가 어떻게 느끼는 줄 모르면 도와줄 길이 없거든요. 그래서 전 나가서 '이거 해' 또는 '이렇게 해야지!'라고 말하지 않아요. ……그러니까 그건 제 방식이 아닙니다. 이렇게 해야 가장 잘된다는 걸 보여주고 나서 모든 요점들을 알려줍니다. 균형, 중심, 시선에 관해 말이죠. 균형이 잡혀 있으면 자기가 볼을 가지고 놀게 되고 잘 보게 돼 성공하게 됩니다.

그래서 제가 좋은 코치였던 것 같습니다. 그냥 나가서 한 얘기 또 하고 한 얘기 또 하면서 억지로 쑤셔 넣지 않으니까요. 제가 보여주면, 저도 그걸 할 수 있으니까 선수는 그 차이를 보기 시작합니다. 그리고 제가 그걸 할 수 있기 때문에, 전 선수보다 나이가 훨씬 많은데 말이죠, 그럼 선수는 모든 운동 능력을 갖추고 있으니, 당연히 할 수 있는 거죠. 솔직히 말하면, 여러 날 수비를 가르쳐도 안 됐는데 경기에서 잘하는 선수는 본 적이 없습니다.

영향을 받은, 본보기가 된 선생님들이 있습니까?
치코 페르난데스(워싱턴이 다저스에서 선수로 뛸 때 내야 코치)가 내야수로서 가장 큰 영향을 준 사람입니다. 제가 하고 있는 게 그분이 가르쳐준 거니까요. 제가 하는 것처럼 분석적으로 가르쳐주지는 않았는데, 경기장에서 나이를 먹다 보니까 전 일관된 걸 보게 된 거지요. 그렇지만 제가 하는 건 그분한테서 배운 겁니다. 전 그분이 알려준 걸 다른 사람들에게 설명할 수 있는 방법을 알아낸 거지요.

전 언제나 알고 있는 걸 아주 간단하게 가르칠 수 있었습니다. 야구 선수로서 그 오랜 세월 동안 경기를 하면서 정말 뭐가 어렵다고 생각하지 않았어요. 잘 살펴보면서 제거할 수 있는 걸 찾습니다. 만일 어떤 게 5단계가 걸리면 더 적은 단계로 가능할지 찾아봐요. 그리고 내야 수비도 그렇게 가르쳤습니다.

그러니까 단순성이 비결인가요?
단순성. 맞습니다. 매사에 말이죠. 감독 일은 간단합니다. 이 모든 자료를 들여다보는 겁니다. (자기 책상 위에 놓인 두꺼운 통계 자료를 가리킨다.) 난 중요하다고 생각되는 건 새겨두지만 이런 자료를 보는 데 시간을 다 쓰지는 않아요. 전 대부분 제가 본 것, 그리고 제가 가진 지식, 그리고 제 직감이 말해주는 것에 따릅니다.

감독님은 수비하는 법을 가르치는 데는 최고라고 하던데, 타격도 가르치십니까?
아니오. 타격에는 개입하지 않아요. 그건 아주 어렵습니다. 내야 수비, 그것만 해도 봐줘야 할 선수가 6명입니다. 봄 훈련 때는 18명일 때도 있어요. 하지만 체계를 잡아놔서 한 번에 두세 명씩 가르칠 수 있습니다.

선수들 모두 제가 가르치려고 하는 걸 배울 기회를 갖게 됩니다. 그리고 질문할 게 있으면 언제든 얘기를 할 수 있어요. 그런 뒤 조만간 그냥 둘러앉아서 대화를 나눕니다. 왜냐하면 선수들이 어떻게 느끼는지 알아야 하고 또 제가 가르치려고 하는 걸 가르치자면 선수들을 참여하게 만들어야 하니까요. 배우고 싶은 마음이 들게 하지 못하면 가르치기 어렵습니다. 그런데 일단 선수들이 참여할 수 있게 해놓으면, 난 허튼E. F. Hutton처럼 되는 겁니다.● 제가

● 금융 서비스 회사인 허튼은 70~80년대에 '허튼이 말하면 모두 듣는다'라는 광고를 했다.

말하면 모두 듣는 거죠. 왜냐하면 그 결과가 눈으로 보이니까요.

전 모든 걸 아주 가까운 곳에서 관찰합니다. 가까이 보면 느낌이 옵니다. 마지막 바운드한 볼을 잡는 게 어떤 건지 느끼게 됩니다. 어디서 수비를 해야 할지 감이 와요. 그래서 멀찍이 떨어진 데서 볼이 오기 시작하면 수비 위치를 잡고 그 감을 잡기만 하면 됩니다. 한 번 감이 오면 계속 옵니다.

그래서 마지막으로 살펴볼 때 선수가 해야 할 걸 할 수 있다면, 경기가 시작돼서 멀찍이 떨어져 있어도 소리를 질러댈 필요도 없고, 또 경기를 중단시키고 다가가 뭘 고쳐줄 필요가 없어요. 왜냐하면 시작하기 전에 모든 걸 고쳤으니까요. 사람들은 대개 시작부터 하고 잘못된 걸 고칩니다. 전 먼저 바로 잡고 나서 시작해요. 이해가 되십니까?

예. 잘 알겠습니다.
전 그렇게 가르칩니다.

가르치는 일을 아주 좋아하시는군요.
음, 레인저스 감독으로 처음 두 달 빼고는 다시 가르치는 일로 돌아갔어요. 전 가만히 앉아서 지켜볼 수 있는 그런 사람이 못돼요. 전 그런 사람이 아닙니다. 실전에 능한 사람이에요. 저 밖에 나가서 느끼고, 만지고, 알고, 선수가 무슨 생각을 하는지 알아야 능력이 가장 잘 발휘됩니다. 그래야 우리 안에 들어 있는 악마들을 달랠 수 있어요. 그게 우리가 달래려고 하는 겁니다.

그 악마들이 뭔가요? 실패할까 하는 두려움인가요?
주로 그렇죠. 그런데 야구 경기란 잘될 때보다 안될 때가 많아요.

아무도 천 번을 칠 수는……
왜 실패할 걸 걱정합니까? 잘할 가능성 30퍼센트에 신경을 써야지. 거기다 집중을 해야죠. 안될 가능성 70퍼센트가 아니라. 그리고 제가 말했다시피 야구 경기를 하고 라커룸으로 돌아가 자신이 한 경기에 뿌듯해 할 만큼 하루라도 수비를 잘해본 사람은 계속 잘할 수 있게 제가 도와줄 수 있습니다.

저 밖에서 실수를 하는 사람을 보면 발을 보세요. 거기가 잘못된 곳이니까. 비디오를 보고 자기가 본 걸 잘못 해석하는 사람이 많아요. 증상을 보는 거예요. 나는 원인을 봅니다. '팔꿈치가 먼저 나갔어'라고 말합니다. 글쎄요, 뭔가가 팔꿈치를 먼저 나가게 한 거지요. 그게 뭘까요? 중심, 바로 발이에요. 보폭이 너무 짧았거나 너무 길었겠죠. 균형을 잘 잡았으면 팔은 있어야 할 곳에 있게 됩니다. (이 말을 하면서 의자에 앉은 채로 균형을 잘 잡은 모습과 균형이 무너진 모습을 보여준다.) 좋은 손놀림은 발에서 나옵니다. 손에서 좋은 발놀림이 나오는 게 아니에요. 이것보다 더 간단한 건 없습니다. 절 거쳐 간 선수들 아무나 잡고 물어보세요. 다들 그럴 겁니다, 좋은 손놀림은 발에서 나온다고.

야구계 밖에도 훌륭한 코치가 되는 데 영향을 준 사람이 있습니까?
형들이요. 형들을 따라 큰 애들하고 놀았는데, 자주 힘들다고 불평했어요. 그럼 형들은 힘들면 집에 가라고 했어요. 자, 어떻게 할까? 형들한테 해낼 수 있다는 걸 보여주자 그런 겁니다. 그러던 게 역경을 이겨낼 때 큰 힘이 됐어요.

가르치기 쉽지 않은 선수도 있었을 텐데요…….
스쿠타로(마르코 스쿠타로Marco Scutaro는 워싱턴이 오클랜드 애슬렉틱스의 코치로 있을 때 내야수였다)가 그런 선수입니다. 거 있잖아요, 그 스타일 때문에. (여기서 워싱턴은 슬픈 것 같은 표정이 되어 생각에 잠긴 듯 말한다.) 그런데 그게 몸에 배어버렸어요.

하지만 제가 바꿔줄 수 없다는 걸 금세 알았어요. 그 친구는 그런 선수였어요. 그게 바로 그 친구의 스타일이었어요. 그걸 빼앗아버리면 그건 마르코

스쿠타로가 아닌 겁니다. 그걸 알아야만 합니다. 어떤 사람들은 정말 못 바꿔요.

대개 사람들은 가르치면서 자존심을 내세웁니다. '나는 다 알고 있어. 내가 시키는 대로 안 할 거면 가'라는 식이죠. 전 그런 식으로 안 합니다. 선수가 하는 걸 잘 보고서 뭔가를 없애는 게 종종 제가 하는 일입니다. 다들 늘 덧붙이려고만 합니다. 하지만 때로는 뭔가를 제거해주기만 하면 될 때도 있습니다. 그리고 지금까지 전 그런 걸 알아볼 수 있었습니다. 그건 정말 축복이죠. 설명은 못하겠습니다. 저 밖에 나가 수비를 가르칠 수 있게 해주신 게 신이 제게 베풀어주신 최고의 은총입니다. 제가 가장 잘하는 일이 그거니까요.

야구를 하는 것보다 야구를 가르치는 게 더 좋습니까?
아니죠! (함께 소리 내 웃음) 절대 아닙니다. 전 야구를 사랑합니다. 절대로 야구를 하는 것보다 가르치는 게 더 좋지는 않아요. 하지만 일단 제가 야구를 하던 시절은 끝났고, 저한테는 줄 게 있었습니다.

7장

Conversations with Great Teachers

인간에 관해
가르친다는 것

"가르친다는 것은 실제로 나 자신으로 귀착됩니다"

로키타 카터 탄트라 독일에서 태어나 자랐고, 인도에서 공부했다. 호주에서 얼마간 살다가 북부 캘리포니아로 이주해 강좌와 워크숍을 열어 탄트라를 지도하고 있다. 대개 남편과 공동으로 진행한다. 깊고 푸른 눈을 가진 이 매력적인 여성은 생기가 넘쳐흘렀다. 간간히 흥분할 때면 독일 억양이 묻어나는 경쾌한 목소리로 노래하듯 얘기했다. 우리는 카터의 집 근처에 있는 어느 노천카페에서 만났다.

열다섯에 탄트라를 시작했는데, 어쩌다 영성과 성을 통합한 탄트라에 관한 책을 읽은 게 계기가 됐어요. 아직 처녀였을 땐데 그 사상에 매료돼 정말 어린 나이에 이 길에 들어서게 됐죠. 관련 책들을 읽다가 같은 데 관심을 갖고 있는 남자 친구를 만나게 돼 함께 놀면서 탐구를 했어요. 그러다 영적 스승을 만났죠. 인도에 공동체를 갖고 있던 분인데, 거기서 몇 년을 살았어요. 다양한 수련도 하고 책도 읽고 명상도 하면서요. 제게 가장 큰 영감을 주신 스승님은 마고 아난드 선생님이에요. 그분은 책도 쓰시고 가르치기도 하시죠.

이 책을 읽는 독자들 중에는 탄트라가 뭔지 모르는 사람도 있을 텐데요.
탄트라는 고대의 다양한 전통에서 나왔어요. 힌두 탄트라 운동, 불교 탄트라 운동이 있었죠. 실제로 그 정확한 기원을 알고 있는 사람이 있는지는 잘 모르겠어요. 제게 탄트라는 몸과 마음을 모두 삶을 변화시키는 수단으로 보는 영적인 길이에요. 그래서 몸을 부정하는 대신 몸을 찬양하죠. 몸에 있는 생명 에너지를 더 나은 인간이 되기 위해 사용하는 거예요. 삶을 즐기고, 다른 사람들과 관계를 맺고, 사랑을 나누고, 좀더 황홀한 인생을 살기 위해서요. 영적인 걸 추구하는 사람들 중에는 육체를 혐오하는 사람들도 있어요. 그런 사람들은 육체는 나쁘다는 둥 저급하다는 둥 그런 얘기들을 하죠. 하지만 몸이 없다면 우리는 여기에 없을 거예요. 아니면 만질 수 없는 형태로 있든가! (소리 내 웃음) 탄트라에서는 몸을 통해 삶을 경험해요. 간단히 말해 이게 제가 아는 탄트라예요. 다시 말해 탄트라는 몸을 찬미하는 영적인 길이죠.

그걸 어떻게 가르치십니까? 1차 대전의 원인이나 광합성 같은 순수하게 지적인 걸 가르치는 것하고는 분명 다를 텐데요.
탄트라는 체험을 통해 얻어지는 일종의 영적 표현 양식이에요. 탄트라에 관한 책을 아무리 많이 읽어도 몸으로 경험하지 않는 한, 그러니까 앉아서 명상을 하거나 다른 사람과 관계를 맺는 그런 경험을 해보지 않는 한 그 본질을 알 수 없어요. 그래서 탄트라는 늘 체험을 통해 배우게 되죠. 탄트라는 여러 가지 방식으로 배울 수 있어요. 다른 사람과 뭔가를 함께 하면서 또는 혼자 명상을 하면서 또는 부부가 이야기를 나누면서도 배울 수가 있어요. 그런데 그게 다 기본적으로 경험적인 거죠.

제가 진행하는 워크숍에서는 이론 얘기는 별로 하지 않아요. 그냥 사람들에게 이런저런 경험을 제공하고 안내해주죠. 가령 호흡 수련을 한다고 하면, 사람들은 뭔가를 경험하고 나서 얘기들을 해요. 뭔가를 느꼈다거나, 마음이 열리는 것 같았다거나, 배우자와 더 가까워진 것 같다든가 아니면 아무것도 못 느꼈다는 식의 얘기들을 해요. 그러다가 일종의 '아하' 하는 경험을 하게 되는데, 이건 정신적인 것이 아니라 몸으로 느끼는 그런 거예요. 우리는 이렇게 탄트라를 가르친답니다.

그럼 가르친다는 게 경험하게 해주는 거로군요. 하지만 그런 건 책을 보고도 할 수 있을 것 같은데, 그렇다면 교사의 할 일은 무엇입니까? 그냥 책만 보면 안 되나요?

많은 사람들이 책에서 봐도 실제로 해보지는 않아요. 당신은 어떤지 모르지만 저는 책에서 어떤 수련법을 보고 '아, 굉장하네, 언제 한 번 해봐야겠다'고 생각을 해도, 지나고 나면 잊어버려요. 선생이 있으면 현실적으로 경험할 수 있어요. 그러니까 실제로 해볼 수가 있는 거지요. 게다가 우리는 안내를 해줘요. 참가자들은 우리의 안내에 따라 때로는 상당히 복잡한 그런 수련들을 하게 돼요. 우리는 안내해주고 뭔가를 상기시켜주기도 하고 그래요. 그러니까 수련을 쉽게 할 수 있게 도와주는 거죠. 우리는 어떤 공간을 만들어줘요. 이렇게 말하면 뉴에이지 같다는 걸 잘 알지만 아무튼 사람들이 긴장을 풀고 뭔가를 경험할 수 있는 환경을 만들어주지요. 그리고 만일 그 다음 단계를 잊어버리면 우리가 말해주는 거죠. 또 누가 불쾌한 경험을 하게 되면 옆에서 도와주기도 하고요.

또 이런 상황에서는 교사가 하나의 본보기가 됩니다. 살아 있는 예가 되는 거죠. 여기서 우리가 실제로 가르치는 건 우리 자신입니다. 전 앉아서 '37년을 함께한 당신의 아내와 이렇게 얘기를 나누세요'라고 말하지만, 실제로 제가 그걸 구현하고 있는 거죠. 제 남편과 10년 동안 그렇게 얘기를 나눴으니까요. 그러므로 사람들은 본보기를 보게 됩니다. 사람들은 우리가 시키는 걸 하면서 배우지만 동시에 그런 걸 했을 때 그게 어떤 건지 교사인 저를 보고도 배우는 거요. 왜냐하면 제가 가르치고 있는 것이 어떤 건지를 제가 구현하고 있으니까요. 제 말이 이해가 되시는지 모르겠군요.

예. 옛말에도 있잖아요, '제자는 선생의 말만 듣고 배우는 게 아니라 그 선생을 보고 배운다'는.

아, 맞아요. 바로 그 말이에요. 현명하신 제 스승님 중 한 분이 언제가 가르침이란 피라미드와 같다고 하셨어요. 피라미드 꼭대기는 가르치는 그것이에요. 가르치는 내용을 잘 알아야 하죠. 그게 회계학이든 탄트라든 간에요. 피라미드 중간은 방법이에요. 그 내용을 어떻게 가르칠 것인가. 그걸 어떻게 논리적이고 이성적으로 소개해서 다른 사람들을 이해시킬 것인가? 그런데 피라미드 맨 밑바닥은 사람입니다. 그게 당신 자신이니까요. 그래서 제가 뭘 가르치고 어떻게 가르칠지 잘 알고 있다면 아주 좋아요. 하지만 제가 그대로 살지 않는다면, 만일 제가 믿는다고 말한 걸 제 스스로 구현하고 있지 않으면 피라미드 전체가 무너지는 거죠. 그래서 가르친다는 것은 실제로 나 자신으로 귀착됩니다.

탄트라를 가르치는 건 상호작용 과정 같은데요. 어떤 수련에 관해 사람들이 보이는 반응은 아주 다양할 거고, 당신은 그 반응에 기초해서 또 어떤 대응을 할 테고요. 그럼 어떨 때 어떤 대응을 할지 어떻게 아십니까? 훌륭한 탄트라 교사라면 정확한 대응을 해서 수련자를 그 다음 단계로 인도하지 않을까 싶은데요. 거기에는 기술이 필요한 것 같습니다. 물론 저는 지금까지 그런 상황들에서 사람들과 지내는 수련을 하고 있어요. 저는 숙련된 마사지사고 환생 요법* 치료사입니다. 기본적으로 어떻게 하면 인간의 성장과 변화를 이끌어낼 수 있는지 알고 있으면 도움이 됩니다. 하지만 가르치는 사람은 수련자가 어느 단계에 와 있는지 제대로 알고 이야기를 나눠야 해요. 당사자들이 문제를 직시할 수 있게 해야 할 때도 있고, 모인 사람들이 합심해서 어떤 과정을 통과하도록 도와줘야 할 때도 있고, 그것도 아니면 그냥 보내야 할 때도 있어요. 가령 어떤 부부가 성생활에 관한 얘기를 하고 있는데 갑자기 상황이 악화돼 그동안 쌓여 있는 모든 문제들이 한꺼번에 터져 나오는 경우, 실제로 그런 경

---

* 레너드 오어(Leonard Orr)가 1960년대에 에살렌 공동체에서 연구해 완성한 치료법으로, 호흡에 중점을 둔 기술로 활기 있는 잠재력을 발휘해 상처를 치유해 새로운 삶을 살게 한다는 요법.

우가 있는데요, 저는 그분들과 대화하면서 어떤 것들을 해보라고 합니다. 그러고 나서는 늘 지금 기분이 어떤지 알아보죠. 그러니까 문제를 직시하게 하는 대신 이런 식으로요. "좋아요, 지난 25년간 문제가 아주 많았어요. 하지만 지금은 어떤가요? 아직도 서로 사랑하나요?"

하지만 그런 건 직관적인 것 같아요. 그래도 전 지금 9년째 그 일을 해오고 있고, 13000명이 넘는 사람들을 지도했으니 노련한 안목 같은 걸 갖춘 거지요.

2년 전이나 5년 전보다 교사로서 더 나아진 것 같나요?

예, 그런 것 같아요. 경험이 많다는 건 중요하죠. 게다가 믿음이 생겼어요. 제가 독일 출신이잖아요. 그래서 꽉 짜인 계획표대로 가르치던 시절이 있었어요. 워크숍을 진행할 때면 늘 일정표대로 했어요. 9시부터 10시까지는 뭘 하고 또 10시부터 11시까지는 뭘 하고 하는 식으로요. 뭔가 변동 사항이 생기면 불안해졌죠. 그런데 언젠가 제 컴퓨터 하드 드라이브가 깨지는 바람에 준비한 일정표도 없이 주말 내내 워크숍을 진행해야 했어요. 전 과정을 일정표 없이 가르친 거예요. 제가 모든 걸 통합했고, 그래서 일정표가 없어도 워크숍을 진행할 수 있다는 걸 알게 됐어요. 그래서 꽉 짜인 일정대로 가르치기보다는 어떤 흐름에 맡기기 시작했죠. 그러자 뭐든 할 수 있다는 생각이 들더군요. 어떤 믿음이 생긴 거죠.

여성들을 위한 워크숍을 열었는데요, 훌륭한 프로그램이었는데 갑자기 그 전날 그게 하기 싫은 거예요. 전혀 하고 싶지가 않은 겁니다. 전 30명의 여성들이 기대에 부풀어 앉아 있는 방으로 들어갔어요. 뭘 할지 모르겠더군요. 그런데 멋진 건 이런 일에는 어떤 자유로움이 있다는 거예요. 수학을 가르치는 것하고는 다르죠. 어떤 여성이 딸과 자신의 관계에 관해 얘기하자 갑자기 워크숍을 진행할 자료들이 다 나오는 거예요. 그래서 전 그 자료를 가지고 결과적으로 이전보다 훨씬 멋지고 놀라운 워크숍을 진행했죠.

탄트라 입문 워크숍에서는 어떤 걸 하십니까?

예를 들어 부부가 있다고 하면, 의자든 바닥이든 그냥 편한 곳에 앉아 서로 마주보게 하고는 이제부터는 둘만의 신성한 시간 속으로 들어간다고 생각하게 합니다. 신성한 시간이란 바로 나와 내 배우자만을 위한 시간이에요. 신성한 시간을 창출하기 위해 우리는 공간에서 어떤 요소들을 제거하게 됩니다. 두 손으로 원망을 집어들고 '나는 이런 원망들을 들어냅니다'라고 말해요. (두 손으로 어떤 물체를 들어서 옆으로 던져버리는 시늉을 한다.) 그러면 상대방은 '나는 이 분노를 들어냅니다'라고 말하죠. 자신들에게 도움이 안 되는 건 뭐든 들어낼 수 있어요. 왜냐하면 서로 어떤 메시지를 전달하려고 한다면 분노나 원망이나 일 때문에 생긴 스트레스가 없는 편이 도움이 될 테니까요.

그런 다음 우리는 '좋아요, 이제 당신들의 신성한 시간을 위해 둘이서 갖고 싶은 걸 들여오세요'라고 말해요. 그럼 부부는 사랑, 결속감, 이완, 긍정적인 대화 같은 걸 들여오지요. 이제 부정적인 것들은 제거되고 긍정적인 것들이 들어온 공간이 마련됩니다.

명심할 건 그걸 할 때 상대가 아니라 자기가 해야 한다는 거예요. 그래서 가령 월경 전 증후군으로 울적한데 배우자가 나는 당신의 월경 전 증후군을 들어낸다고 말하면 안돼요. 나라면 고맙지 않을 거예요. (소리 내 웃음) 그런 다음 상대방에게 존경을 표하기도 합니다. '나는 당신을 존경합니다. 당신은 아주 멋진 남자예요. 오늘 당신 눈빛이 반짝이네요'라고 말할 수도 있지요. 또 칭찬이나 선물 같은 걸 줄 수도 있어요. 실제 선물도 좋고 '여기 내 마음의 열쇠를 드립니다'라고 말하며 상상의 선물을 줘도 됩니다. 그런 다음 자신의 바람과 걱정 그리고 한계에 관해 서로 이야기를 나누죠. 가령 부부가 있을 경우, 아내는 남편이 발마사지를 해줬으면 싶어요. 아내는 2시간 동안 발마사지를 받고 싶은데 남편은 시간이 30분밖에 없어요. 그럼 아내는 '난 2시간 동안 발마사지를 받고 싶은데 당신은 시간이 30분밖에 없는 것 같다. 그런데 무릎 아래만 마사지를 받고 싶다'고 말해요. 그럼 남편이 '나는 당신 발을 30

분 동안 마사지를 해주고 싶은데 일 생각이 날까봐 걱정이다. 그리고 난 마사지를 받고 싶지 않다'라고 하죠. 그런 다음 그 부부는 서로 협상을 해서 타협점을 찾아 서로 발마사지를 해주고, 고맙다고 말합니다. 그런데 부부는 이 신성한 시간 내내 진실로 서로 함께하기로 서약을 했어요. 그래서 전화가 울려도 개가 짖어도 전혀 상관하지 않아요. 아주 중요한 시간이니까요. 그래서 기본적으로 온전히 함께 있기로 서약을 해요. 좀 단순해보일 텐데요, 단순하긴 해도 종종 최고의 해답은 단순한 데 있답니다. 이 의식은 모든 워크숍에서 가장 효과가 좋아요.

그래요?

우리는 지금까지 수많은 사람들을 지도했는데, 중요한 건 어떤 걸 제거해서, 그러니까 정말로 배우자하고 함께 있을 수 있는, 일정한 시간 동안 방해받지 않고 함께 있으면서 두 사람 모두 즐거운 그런 의식을 치를 수 있는 환경을 조성하는 거예요. 사람들은 정말로 진짜, 진짜 그걸 좋아해요. 전 그게 좋아요. 그래서 가르치는 거죠. (소리 내 웃음)

주로 말로 가르치시는 것 같은데.

예. 그런데 그런 사례를 선택해서 그래요. 말로 하지 않는 것들도 있답니다. 하지만 그건 설명하기 더 어려워요. 이걸 싫어하는 사람은 상당히 드물어요. 탄트라가 의식과 성과 난교 파티 같은 것과 연관된, 뭐 대단히 거창한 동방의 밀교 같아 보여도, 왜 책을 보면 그렇잖아요, 사실은 그렇지가 않아요. 탄트라는 실제로 삶의 한 방식이에요. 관계를 맺는 것에 관한 거고, 존재에 관한 것이에요. 자기 자신과 함께 있고 다른 사람들과 함께 있는 것에 관한 거예요. 당신의 에너지와 당신의 삶에 관한 것이에요. 모두 원하는 거죠. 다들 잘 살고 좋은 관계를 맺고 가슴을 열고 사랑을 품고 서로 멋진 사랑을 나누기를 바라죠. 99퍼센트 사람들은 이걸 정말 좋아할 거예요.

가르치고 있는 수련 하나만 더 소개해주시겠습니까?

두 사람이 서로 마주 보고 앉아요. 상대의 가슴에 손을 대고요. 5분 동안 서로 눈을 들여다보며 함께 호흡을 하는 거예요. 간단하지만 아주 효과가 좋은 의식입니다.

어떤 결과가 생기나요?

우리가 보이는 갖가지 일상적인 행위의 그 모든 층들이 단박에 사라져요. 당신은 어떤지 모르지만 전 일을 하면 푹 빠지는 스타일이라 컴퓨터 앞에 앉아 있는데 남편이 들어오면 남편을 한 번 쳐다보고 그러다 먹고 또 전화가 오면 받고, 그런 식으로 진정한 남편과 진정한 나 사이에 베일들이 겹겹이 쳐져요. 일할 때는 진정한 내가 아니라는 말이 아니라 우리가 정말로 함께 있으면 서로 눈을 들여다보는 순간 그 베일들이 걷힌다는 얘기죠. 오늘날 우리 문화는 한 번에 너무 많은 일들을 해요. 삑삑거리고 따르릉거리는 이런 장치들이 우리의 주의를 빼앗죠. 그런데 이 의식을 제대로 진행하면 바로 지금 진실로 서로 함께 있게 돼요. 그리고 보통 가슴이 열리죠. 그래서 사랑을 느끼고, 기분이 좋아지고, 긍정적이 되고, 결속감을 느끼게 된답니다.

가르칠 때 옛날 날 가르친 선생님처럼 내가 가르치고 있구나 그런 생각이 들 때가 있나요? 그러니까 자신의 목소리에서 옛 선생님의 음성이 들릴 때가 있는지?

실제로 그럴 때가 있습니다. (소리 내 웃음) 좀 이상하게 들리겠지만, 특히 한 분이 있어요. 5학년 때 절 가르친 선생님이신데……

5학년 아이들에게 탄트라를 가르치시지는 않았을 테고…….

그럼요. (소리 내 웃음) 탄트라를 가르친 건 아니었어요. 그런데 그분은 혼자서 중얼거리곤 하셨는데, 어떻게 하면 학생들을 수업에 참여시킬 수 있을까 하는 것이었어요. "아, 교실 왼쪽이 주목하지 않으니까 왼쪽을 보고 오른

편을 봐야겠다. 저쪽을 더 봐야 할 것 같은데!" 정말 이상했어요. 그런데 가끔 사람들 앞에 앉아 있으면 그분이 하시던 말씀이 독일어로 들리는 거예요. 정말 아주 이상하죠. 아주 달콤하게 말이에요. 참 놀라운 분이셨어요. 또 가르치는 스타일이나 방법이 싫은 선생님들도 있었는데, 그분들한테서는 하지 말아야 할 걸 배웠죠. (소리 내 웃음)

현대 미국 문화에 탄트라를 가르치는 걸 특히 힘들게 하는 요소가 있나요?
저는 그렇게 힘든 건 없는 것 같아요. 캘리포니아에서 가르치고 있어서 그런지도 모르겠지만. 아무래도 중부하고는 문화가 다르니까요. 그런데 중요한 건, 현재 거대한 한 세대가 은퇴할 시기가 도래하고 있기 때문에 이제 탄트라가 특히 중요해질 것 같다는 거예요. 돈은 있고, 자식들은 다 키웠고, 손자들도 있을지 모르는 베이비 붐 세대 전체가요. 그런 사람들이 30년 동안 함께 살아온 멋진 배우자와 함께 '이제는 뭘 할까?' 고민하고 있어요. 그럴 때 탄트라를 배우면 참 멋질 거예요. 또 사실 꼭 필요하기도 하고요. 앞으로 몇 년간 그런 사람들이 점점 더 많아질 거예요. 그중 대다수는 좀더 영적인 삶을 살고 싶어하죠.

저한테는 탄트라가 꼭 필요하고 또 저하고 아주 잘 맞는 것 같아요. 하지만 그동안 언론에서 탄트라를 섹스 같은 걸로 잘못 다뤄왔기 때문에 한동안은 사람들이 그걸 동양풍의 섹스 의식 같은 걸로 생각하지 않고 좀더 쉽게 받아들일 수 있도록 그 말을 바꿔볼까 고민도 했답니다. 탄트라는 그런 게 아니라 황홀한 삶을 살아가는 영적인 길이에요. 그건 바로 우리 연구소 이름이기도 하지요. 황홀한 삶 연구소요.

선생님들에게는 종종 특히 생각나는 학생들이 있기 마련인데요, 당신에게도 어떤 점에서 특별한 사람이 있나요?
아, 그럼요. 많이 있죠.

어떤 사연인지 하나 얘기해주시겠습니까?

어디보자, 사랑하는 제자들 중 누구 얘기를 해드릴까요? 한 워크숍에 참가한 특이한 부부가 있었어요. 참 좋은 사람들이었는데, 워크숍에 아주 회의적이었어요. 뒤쪽에 앉아서 잘 참여하지 않았죠. 워크숍이 끝날 때까지도 여전히 태도가 소극적이어서 우리가 별로 영향을 주지 못했구나 싶었어요. 잘 받아들이지 못하는 것 같았거든요. 그런데 몇 달 뒤에 그 부부가 전화를 해서 또 워크숍에 등록을 하는 거예요. 그래서 '어라, 참 재밌네, 했지요. 그런데 두 번째 참가할 때 남편이 아주 놀라운 영적 체험을 하게 됐어요. 굉장한 영적 깨달음을 얻고 거기 모인 사람들 앞에서 그 경험을 얘기했지요. 그런데 제가 오래전에 비슷한 경험을 하고서 그걸 묘사할 때 쓴 단어들과 똑같은 단어들로 그 경험을 묘사하는 거예요. 정말 잊지 못할 일이었죠. 멋졌어요. 그러고 나서 그 남자는 아주 많이 변했어요. 오래도록 아내와 함께 살면서 아름다운 가정을 일궜어요. 첫 번째 워크숍에 왔던 그 소극적인 부부하고는 완전 딴판이 된 거죠. 서로 마음을 열면서 아름다운 관계를 맺게 됐죠.

아주 흥미로운 이야기군요. 선생님들과 얘기를 나누다 보니까 종종 전혀 마음을 움직이지 못했구나 싶은 학생들이 결국에는 가장 영향을 많이 받은 걸로 드러나더군요.

정말 그래요. 정말이지 제 맘대로 되는 일이 아니에요. 때로는 별로 성공적이지 못했다고 생각하면서 강습회를 끝내기도 해요. 그런데 6개월쯤 있다가 어떤 사람한테서 이메일을 받는 거예요. 얼마나 많은 걸 배웠는지 모르겠다는 그런 메일을요. 우리가 이 사람들한테 얼마나 많은 영향을 주는지 우린 사실 모르는 거라고 남편이 일깨워주죠. 시간이 흐르면서 전 제가 뭘 가르쳐주든 어떤 식으로든 배워가는 게 있을 거라고 점차 믿게 됐답니다.

"순수한 배움을 향한 열정을
심어줘야 합니다"

잰 초젠 베이스 선 잰 초젠 베이스는 오레곤 주에 있는 대서원 선사(the Great Vow Zen Monastery)
의 공동 설립자이자 공동 주지로 그곳에서 선을 지도하고 있다. 1979년에 수계를 받고 1983년에 화
두 공부를 끝낸 다음, 같은 해에 법을 전하는 권한을 얻어 가르침에 나서게 됐다. 쓴 책으로 《지장보
살 ― 현대적 치유와 전통적인 불교 수행(Jizo Bodhisattva: Modern Healing and Traditional Buddhist
Practice)》이 있다. 소아과 의사이기도 하다.

의대에 가서 소아과 의사가 됐는데, 의사 생활한 지 7년이 지나고 나니까 불
만이 쌓이기 시작하더군요. 그냥 이 일이 내 삶의 목적과 맞지 않는다는 의미
에서 나하고 맞지 않다는 느낌이 들었지요. 오레곤으로 이사를 한 뒤 병원에
서 가르치는 일을 하게 됐는데, 수련의와 의대생을 지도하는 일이었어요. 내
가 어떤 사람인 줄 알게 됐죠. 나는 교사였어요.

이미 8년 동안 의사 생활을 해본 게 도움이 많이 됐지요. 경험이 있어서 환
자들, 특히 가진 게 없는 가난한 환자들을 돌보는 사람들에게 해줄 말이 있
었으니까요. 그래서 그때 내가 왜 가르치는 걸 좋아하는지 명확히 알아보려
고 해봤어요.

가르치는 게 좋은 건 두 가지 때문이에요. 하나는 전 사람들이 혼란스러워
하는 걸 아주 싫어한다는 점이에요. 심지어는 누가 길을 잘못 가르쳐줘도 짜
증이 나요. 배우는 것도 그래요. 배우는 건 너무 재미있어요. 하지만 잘못 가

르치거나 엉망으로 가르치면 재미, 흥분, 호기심 그 모든 게 빠져버려요. 그래 가르치는 게 무엇보다 좋은 이유는 가르친다는 건 무수한 정보에서 아주 중요한 것만을 걸러 단계별로 학습할 수 있게끔 준비해서 기초적인 것부터 고급 단계까지 차근차근 이해할 수 있도록 사람들을 안내할 수 있기 때문입니다. 그리고 처음 배우는 사람에게 생색내는 기색 없이 가르쳐주는 게 중요하지요.

또 가르치는 일에서 제가 정말로 좋아하는 건 그 '아하' 하는 순간입니다. 누군가가 뭐가 뭔지 혼란스러워할 때 그걸 명료하게 제시해주면 이해를 하죠. 그럴 때면 그 사람의 눈빛이 서서히 환해지는 게 보여요. 신발 끈 묶는 법을 배우는 다섯 살짜리든 선불교를 공부하는 불자든 아니면 의대생이든 그건 중요하지 않아요. 사람들이 정말로 뭔가를 이해하게 되는 그 놀라운 순간이 바로 가르침이 주는 보상이지요.

의학을 가르치시다 어떻게 선을 가르치시게 된 건가요?

두 가지 공부를 함께 했습니다. 소아과 수련을 받으면서 선도 공부했죠. 인턴으로 있을 때 명상을 배웠고, 인턴 과정이 끝나자 안식년을 얻어 호주로 가 정기적으로 명상을 하면서 선 관련 서적들을 읽기 시작했어요. 돌아와 마에츠미 로시$^{Maezumi\ Roshi}$ 스승님을 만나게 되어 그분 밑에서 수행을 시작했지요. 그러다 몇 년 뒤 오레곤으로 옮겨 땅을 사고 선 센터를 지었어요. 마침내 선을 지도해달라는 요청이 커져 소아과 의사 일은 차차 접게 됐죠.

사람들이 와서 변화가 필요하다, 문제가 있다, 내가 스스로 고통을 만들어내고 있는 것 같다, 그러니 고통을 줄이고 내면의 행복을 키울 방법을 찾게 해달라고 합니다. 그런 사람들을 가르치는 일에는 무척 만족스러운 뭔가가 있답니다.

진정으로 달라지려고 하는 사람은 얼마 안 됩니다. 예를 들어 건강을 지키는 법은 아주 간단해요. 담배 안 피우고, 정크 푸드 삼가고, 단 것 안 먹고, 운동하고, 충분히 쉬면 됩니다. 하지만 대다수 사람들은 그렇게 하지 않죠. (소리 내 웃음) 그러면서 건강하지 않다고 심란해 해요. 그런데 선을 배우게 되면 곧장 문제의 핵심으로 들어가게 되는 것 같습니다. 즉 인간의 마음 말입니다.

이 책을 읽는 독자 중에는 선이 뭔지 그리고 선을 가르친다는 게 뭔지 잘 모르는 사람도 있을 텐데, 설명 좀 해주시겠습니까?

그럼요. 불교는 기본적으로 교육 체계입니다. 부처님은 종교를 말하지 않았어요. 그분은 마음에 본성에 관한, 우리의 삶 속에서 행복과 불행을 낳는 마음의 구실에 관한 그리고 우리 주변의 사람들의 삶에 관한 교육 체계를 만드신 겁니다.

모든 사람은 일상적으로 고통과 불만을 겪게 됩니다. 늙고 병들고 죽지요. 이것은 피할 수 없는 일입니다. 그러나 마음이 어떻게 보느냐에 따라 그걸 고통이라고 하는 것으로 바꿀 수도 있고, 탐구와 배움의 원천으로 삼아 삶과 죽음이라는 보편적인 진실에 관한 더 심오한 영적 깨달음으로 나아갈 수도 있는 것입니다. 불교에서는 우리 자신이 탐구의 대상이자 탐구의 주체입니다. 우리는 우리 자신을 탐구하는 것이에요. 그리고 그 일차적인 수단이 명상입니다. 우리는 명상을 통해 우리의 마음과 마음속에서 일어나는 끊임없는 생각의 흐름을 잠재워 그 생각들 너머를 들여다보고, 마음속에서 그리고 자아 안에서 실제 어떤 일이 일어나고 있는지 더 깊숙이 들여다볼 수 있게 됩니다.

부처님께서 하신 일이 바로 이것입니다. 부처님의 첫 번째 의문은 '왜 인간은 고통을 겪는가? 무엇이 고통을 낳는가?'였습니다. 그리고 그분은 자신의 마음속을 들여다보면서 고통이 어떻게 생기는지를 보았습니다. 우리가 선을 가르칠 때 하는 일이 바로 그것입니다. 우리는 사람들이 자신의 가슴속을 그리고 자신의 마음속을 똑바로 들여다볼 수 있게 도와줍니다.

그걸 어떻게 가르치시나요?

여러 가지 수행 방식이 있습니다. 어떤 사람들은 책을 읽고 강좌에 나가는 걸 좋아해요. 그런 사람들한테는 자료를 소개하고 그 내용에 관해 토론하는 강좌를 마련합니다. 또 어떤 사람들은 직접적인 경험에 관심이 있어요. 특히 선은 직접 경험에 초점을 맞추는데요, 명상을 통해 그것에 이를 수 있지요. 그런 사람들은 주로 명상 지도를 받으려고 여기에 옵니다. 우리는 앉는 법을 가르치는데, 다양한 자세가 있습니다. 자기한테 맞는 가장 편안한 자세를 찾으면 됩니다. 또 명상에 필요한 여러 가지 도구, 그러니까 다양한 종류의 방석이나 의자 같은 걸 사용하는 법도 가르칩니다. 명상도 종류가 아주 다양합니다. 몸 명상, 호흡 명상, 소리 명상, 자비 명상 등이 있습니다. 우리는 여러 가지 명상을 가르치고 또 어떨 때 어떤 명상을 할지 가르칩니다. 또 명상 수련회도 개최하고 인간관계에 어려움을 겪는 사람들을 위해 영적 수행으로서 관계 맺기에 관한 강좌들도 열고 있습니다. 힘든 감정들, 화나 질투를 다루는 강좌도 있습니다. 내면의 비판자처럼 고통을 일으키는 우리의 내적인 감정들을 다루는 불교적 방법들도 있습니다. 또 성과 영적 수행, 그 둘의 관계에 관한 강좌들도 있어요. 성적 에너지란 뭐고 어떻게 해야 그것을 잘 쓸 수 있는지를 다루죠. 그리고 죽음을 준비하는 강좌도 있는데, 인기가 아주 좋습니다.

그런 강좌들 중에서 하나를 골라 자세히 말씀해주실 수 있나요? 가령 내 안의 비판자를 다루는 강좌는 어떻습니까?

물론이죠. 내면의 비판자는 우리가 해를 입지 않게 보호하려고 어린 시절부터 나타나는 내 안의 목소리입니다. 그것은 우리를 비판해 지각 있는 행동을 유도함으로써 우리가 곤경에 처하는 걸 막아줍니다. 만일 나 자신이 자기 자신을 비판해서 지각 있게 굴면 외부의 비판을 피하게 될 테니까요. 보통 우리 삶에 등장한 그 누군가를 본보기로 삼습니다. 대개 내게 비판적인 부모지요. 그런 비판은 유년 시절부터 들은 말들, 또 나중에 커서 들은 말들입니다.

이런 목소리에 관해 잘 알고 그것이 얼마나 강력한지 의식하는 사람들도 있지만, 명상을 해서 마음을 가라앉힐 때까지는 그 정체를 깨닫지 못하는 사람들도 있습니다. 일단 이 내면의 비판자에 관해 알게 되면 그걸 간파하는 일은 생각보다 쉽습니다.

예를 들어 누군가 사람들 앞에서 연설을 하러 일어나서는 '죄송하지만 연설을 준비할 시간이 없었습니다'라고 한다면, 그것은 청중을 내 편으로 만들려는 살짝 변장한 내면의 비판자입니다. 그러니까 그 내면의 비판자가 연설을 잘 못할 거라고 말하고 있는 거지요. 하지만 그럼 청중이 돌아서게 되지요. '준비도 안된 당신 연설을 듣겠다고 내가 여기 왔다는 거야!'라고 생각할 테니까요.

또 누군가 당신이 만든 파이를 칭찬한다고 해요. 그냥 '고맙다'고 하면 될 걸 '글쎄, 보통 때보다 잘된 게 아닌데'라고 합니다. 이런 식으로 내면의 비판자는 지나치게 신경증적인 목소리가 되어 인생사의 소소한 데까지 끼어들어 우리를 좌지우지할 수 있지요.

우리는 먼저 사람들에게 내면의 비판자의 목소리를 듣게 합니다. 그래서 그 파렴치한 예들을 보여주는 거지요. 유쾌한 방식으로요. 왜냐하면 내면의 비판자를 너무 심각하게 취급하면 거기에 휘둘려 무척 심각한 우울증으로 갈 수 있거든요. 실제로 오늘날 그걸 심리적 척도로 삼아 내 안의 비판자의 목소리가 얼마나 강력하느냐에 따라 자살 위험도를 알 수 있다고 말하는 사람들도 있습니다. 심지어는 살인 비판자라고 하는 것까지 있는데, 그건 '넌 태어나지 말았어야 했어!'라거나 '네가 없어지면 세상이 훨씬 나아질 거야!' 같은 말들을 합니다. 우리는 내면의 비판자를 심각하게 다룹니다. 왜냐하면 서서히 사람의 에너지를 고갈시켜 삶에서 기쁨을 앗아가니까요. 작가가 슬럼프에 빠지는 것도 그것 때문입니다.

그래서 먼저 이 내면의 비판자를 인식하게 만드는 게 중요합니다. 그런 다음 여러 가지 수행을 통해 그 내면의 비판자를 정제해 가장 중요하고 본질적인 것만 남기는데, 그럼 그게 일종의 분별력이·됩니다. 그럼 '음, 존은 나보다 키가 꽤 커'라는 말은 하지만 거기서 더 나아가 '나는 너무 작아 보잘 게 없어'라거나 '난 너무 작아서 할 수 없는 일이 너무 많아'처럼 자신의 가치와 관련된 결론 같은 건 도출하지 않게 됩니다. 아까 말한 연설자의 경우, 그 분별력은 이렇게 말할 겁니다. "지금 난 연단 위에 있다. 비록 원했던 만큼 준비는 못했지만 최선을 다해야지." 그러나 그 말을 다른 사람들한테 하지는 않죠. 내면의 비판자는 전염성이 강하니까요.

수행도 있다고 하셨는데요.

우리가 보통 하는 수행은 방을 둘러본 다음 내면의 비판자에게 그 방에 관해서 말을 하게 하는 겁니다. 그럼 사람들은 이 깔개는 보기 싫은데다 얼룩이 묻었네, 나는 형광등 불빛이 싫네, 또 에어컨에서 나는 이상한 소리 때문에 어쩌네 뭐 그런 얘기들을 합니다. 이런 식으로 내면의 비판자의 목소리를 최대로 틀어놓으면 사람들은 웃기 시작합니다. 그런 다음 반대쪽 목소리를 틉니다. 모든 것이 있는 그대로 괜찮다고 말하는 목소리죠. 그럼 사람들은 '저 깔개는 특색이 있네. 저 얼룩들을 보니 사람들이 이 방을 많이 사용했나 보다, 또 에어컨 소리를 들으니 명상이 잘 되는데'라는 얘기들을 합니다. 그렇게 두 목소리를 오가며 균형을 잡는 거지요. 경제가 무너지고 있는데도 모든 게 완벽하다며 떠들고 돌아다녀서는 안 되니까요. 계속해서 마음을 맑게 하고 가슴을 열어두면 서서히 해낼 수 있습니다.

웹사이트에 들어갔더니 화두 수행을 하신다고 돼 있던데, 그게 뭡니까?

화두란 실존적 위기에 봉착한 사람들에 관한 역사적인 이야기들입니다. 일반적으로 승려가 아주 진지하게 질문을 하는 형식으로 돼 있습니다. '아주 진지하게'란 그 승려가 오랫동안 그 질문을 가지고 씨름했다는 뜻입니다. 어느 유명한 승려가 '개에게도 불성이 있느냐'고 물었습니다. 그건 이 승려가 모든 것은 불성을 갖고 있다는 말을 들었다는 얘기지요. 모든 것은 그 본질에 있어서 그 자체로 흠 없이 완전하고 완벽하다는 얘깁니다. 또는 기독교식으로 말하자면 '모든 것이 신의 창조물이다'라는 거지요. 그 승려는 옴에 걸린 벼룩투성이의 냄새나는 개를 보며 '어떻게 이것이 완벽한 본성을 지녔단 말인가?'라고 생각합니다. 오랫동안 곰곰이 생각하다 마침내 스승에게 물어봅니다. 스승은 말을 돌려서 간결한 문구로 답변을 하는데, 그렇게 함으로써 제자의 마음을 열어 깊은 실재를 보게 하려는 겁니다.

영적인 삶을 사는 거의 모든 사람들은 어디를 가나 화두 하나씩은 들고 다닙니다. 예를 들어 가톨릭교도인 한 여성이 참선 수련회에 왔기에 '늘 따라다니는 문제가 무엇이냐?'고 물었더니, 자신의 문제는 '신 바깥에 어떤 것이 있느냐?' 하는 의문이라고 대답하더군요. 이라크에서 어린이들이 폭격을 당했는데 어떻게 그럴 수가 있다는 말인가? 어떻게 신께서 이런 걸 허용할 수 있다는 말인가? 이 말을 걸러내면 '신 바깥에 어떤 것이 있느냐?'가 됩니다. 그래서 그 여자는 그 주말 내내 그 문제를 깊이 생각하고 자신을 돌아봤습니다. 당신의 컴퓨터는 신의 바깥에 있는가? 당신의 손은 신의 바깥에 있는가? 구걸 표지판을 들고 서 있는 저 길가의 노숙자는 신의 바깥에 있는가? 이렇게 생각해볼 수 있겠죠. 그러므로 화두란 켜켜이 쌓인 혼란을 뚫고 들어가 심오한 진리를 들여다보는 하나의 방법입니다. 화두집을 읽어보면 말도 안 되는 얘기처럼 보일 겁니다. '한 손으로 박수를 치면 무슨 소리가 나는가?' 이런 얘기들이 들어 있으니까요.

예. 보통 그렇더군요.

하지만 그건 실제로 소리에 관한, 무엇보다 깊이 듣는다는 게 뭔가에 관한 아주 심오한 질문입니다. 모든 공안은 정제를 해야 합니다. 그래서 앞의 화두는 '한 손이 내는 소리가 뭔가?' 또는 '하나가 내는 소리는 뭔가?' 또는 '소리란 뭔가?'가 됩니다. 그래서 스승은 제자가 이 질문에서 그 핵심을 정제하도록 도와 듣는 것으로 인도합니다. 그래서 세상의 소리를 듣지 않고서 세상의 모든 소리에 귀를 기울이게 됩니다. 그러니까 한 번도 들어본 적이 없었다는 듯이 귀를 기울이는 거지요. 그럼 아주 흥미로운 통찰에 이르게 됩니다.

기독교식으로 하면, 이렇게 말할 수 있죠. "신의 소리는 무엇인가? 들어보자. 이 소리들 중 신 바깥에 있는 것이 있는가? 들어보자. 신의 목소리는 어떤 소리인가?" 그래서 기독교적 배경을 가진 사람들에게 명상을 가르칠 때는 가만히 앉아서 들어보라고, 완전히 받아들이는 자세로 들어보라고 합니다. '통화 중이면 신이 전화를 할 수 없다'는 기발한 말이 있지요. 늘 생각을 하고 있으면 실재에 관해서 또는 살면서 뭘 해야 하는지를 말해주는 그 음성은 못 듣게 된답니다.

잘 가르치시는 이유가 뭔가요?

전 타고나길 호기심이 많고 배우는 걸 아주 좋아합니다. 배우고 배워도 신나요. 요가를 배운다거나 잘 안 쓰는 손으로 칫솔질을 하는 것처럼 몸으로 배우는 일도 좋아하고, 또 새로운 명상을 배운다거나 새로운 언어를 배우는 것처럼 새로운 방식으로 정신을 훈련시키는 것도 좋아합니다. 마흔이 되자 전 새로운 악기를 배워야겠다는 생각이 들어 교습을 받으며 리코더와 다른 중세 악기들을 연주하는 법을 배웠어요. 지금은 피아노를 배우고 있답니다. 전 정말이지 우리 인간이 여기 지구에 있는 근본적인 이유 중 하나가 배우고 성장하기 위한 거라고, 또 그렇게 할 때 우리가 행복해진다고 생각해요. 배움은 타고난 행복의 원천입니다.

제 부모님은 두 분 모두 교사셨고, 할머니도 선생님이셨어요. 그분들은 아주 훌륭한 선생님이셨고, 그래서 배움과 창조에 관한 사랑을 제게 물려주신 것 같습니다. 그리고 이제 제가 그걸 전하고 있지요. 제게 선을 가르쳐주신 스승님도 아주 좋은 선생님이셨고, 자신이 가르치시는 선을 사랑하셨습니다. 이렇게 좋은 본보기들이 많으면 그걸 따라하는 게 자연스럽고 재미있지요.

아이들이 배움에 흥미를 잃는 것보다 더 나쁜 건 없습니다. 몇 년 전에 어떤 교장 선생님과 이야기를 나눴는데, 그분 말씀이 자신이 보기에 학교의 문제 중 하나는 아이들이 재미만 좇는 거라고 하시더군요. 그러면서 교육 그 자체를 위한 교육관이 사라졌다고 하셨어요.

운동을 하면 몸이 가뿐하지요. 몸은 단련이 되는 걸 좋아합니다. 그런데 마음도 마찬가지예요. 우리가 배울 수 있는 타고난 능력을 발휘하면 기분이 좋고, 또 자신감이 생기고, 뭐든 할 수 있을 것 같고, 세상을 잘 살아갈 수 있을 것 같지요. 배우는 걸 달달 외우는 것으로 만들어 아이들을 돌아서게 하는 현실이 안타깝습니다. 어릴 적부터 순수한 배움을 향한, 그러니까 몸과 마음을 단련시키는 배움을 향한 열정을 심어줄 수 있다면 교육 체계를 바꿀 수 있습니다.

"여러분 자신의 목소리를 찾으세요"

로버트 스미스 신학대학원 교수 앨라배마 주 버밍햄에 있는 샘포드대학교 비선 신학대학원 교수다. 목사 안수를 받은 침례교 목사인 스미스는, 20년간 뉴미션 미션너리 침례교회 목사로 재직하다 신학교로 돌아와 박사학위를 받았다. 켄터키 주 루이빌에 있는 남침례교신학교에서 가르치면서 1996년에는 우수 교수에게 수여되는 핀들리 B. 에지 상을 받았다. 1997년부터는 비선 신학대학원에서 가르치고 있으며, 2005년에는 올해의 교수 상을 받았다. 《춤추는 교리 ― 교리에 따른 설교와 가르침에 생기를 불어넣기(Doctrine That Dances: Bringing Doctrinal Preaching and Teaching to Life)》라는 책을 썼다.

제 전공은 설교학입니다. 설교하는 법, 그러니까 설교를 하는 기술과 준비하는 법을 가르칩니다. 두 강좌를 맡고 있는데요, 가을 학기에 시작하는 기본 강좌와 봄 학기에 시작하는 실용 강좌입니다. 그밖에 설교학과 관련된 고급 선택 과목들도 가르칩니다.

설교하는 걸 어떻게 가르치십니까?

시드니 그레이다누스●의 책들, 특히 《구약의 그리스도 어떻게 설교할 것인가 Preaching Christ from the Old Testament》를 사용합니다. 그레이다누스에게는 자칭 그리스도 중심적인 방법이라는 게 있는데, 전 그걸 학생들에게 설명합니다. 그것은

● Sidney Greidanus. 칼빈신학교와 신학대학원을 졸업하고, 네덜란드 암스테르담 자유대학교에서 박사학위를 받았다. 지금은 칼빈신학교 설교학 교수로 있다.

'신자들의 필요를 파악하는 안목을 가지고 텍스트를 선택한다'는 원칙에서 출발합니다. 저는 제 학생들이 성경 구절을 보고 그걸 통해 신도들에게 필요한 게 무엇인지 알았으면 합니다. 우리는 그걸 텍스트를 해석하고 신도들을 해석한다고 말합니다.

'내일 일을 걱정하지 말라. 내일 일은 내일 걱정할 것이오'라는 마태복음 6장에 나오는 구절을 가지고 설교를 한다고 해봅시다. 자, 부자들한테, 돈 많고 잘사는 사람들에게 그 구절을 설교할 때와 거리에서 살면서 음식을 얻어먹으려고 구제전도단에 오는 사람들에게 설교할 때는 내용이 달라야 합니다. 신자들의 필요를 파악하는 안목을 가지고 텍스트를 선택하라는 말은 바로 이런 뜻입니다. 이것이 그리스도 중심적 방법의 첫 번째 원칙입니다.

둘째 원칙은 '텍스트는 그 문학적 맥락에서 읽어야 한다'는 것입니다. 성경에는 비유도 있고, 복음도 있고, 서한도 있고, 역사도 있고, 예언도 있습니다. 이 각각의 성서적 문학 장르의 형식을 존중하고 그것에 맞춰서 설교를 해야 합니다. 그 텍스트가 어떤 구조로 되어 있고, 그 주제와 목적이 무엇인지 명료히게 설명해야 합니다. 결과적으로 그 텍스트가 우리에게 요구하는 게 무엇인지 물어봐야 합니다. 더 많이 기도하라는 것인지, 회개하라는 것인지, 기뻐하라는 것인지, 생각하라는 것인지, 봉사하라는 것인지를 말입니다. 설교는 구어체로 써야 합니다. 말하듯 써야 한다는 얘기죠. 그래서 설교란 귀를 위한 것입니다. 이런 것들을 가르치지요.

학생이 설교를 하면 목사님이 평가를 해주실 때도 있습니까?
그럼요. 첫 학기는 대체로 강의를 합니다. 저는 학생들과 한 학기에 4차례 만납니다. 제가 맡고 있는 강의가 둘인데, 학생이 각각 16명씩 모두 32명입니다. 처음에는 대략 한 시간 정도 만나는데, 대개 제가 강의 시간에 한 걸 보충해줍니다. 학생들은 절 만나러 올 때 지금까지 자신들이 힘들게 만든 설교의 내용이 적힌 노트를 들고 옵니다. 학생들은 미리 텍스트를 받았고, 저도 공부해

둔 상태죠. 그래서 제가 먼저 그 텍스트에 관해 도움이 될 만한 얘기를 좀 한 다음에 학생들이 해온 과제를 가지고 얘기를 나눕니다.

두 번째 만남은 1시간 30분 정도 걸리는데, 이번에는 학생들이 설교 내용을 확장하고 개정해서 제출합니다. 세 번째 만남은 학생들이 설교를 하기 직전에 가지는데, 두 시간 정도 걸립니다. 그리고 학생들이 설교를 한 뒤에 마지막으로 만나는데, 그때 저와 동료 학생들이 비평을 합니다. 우리는 평가서를 써서 학생들에게 나눠줍니다. 학생들의 설교를 DVD로 보면서 두 세 시간을 보내는데, 저는 의문을 제기하면서 물고 늘어지려고 합니다.

그런데 그 설교는 모의 설교인가요, 아니면 일요일 예배 때 실제로 하는 설교인가요?

저는 예배라고 부릅니다. 신에게는 예배당에서 행해지는 설교 못지않게 중요한 것입니다. 시험용 설교나 모의 설교가 아닙니다. 진짜 설교고, 정말 사람들 앞에서 하는 설교입니다. 그리고 우리는 모두 신의 말씀을 갈구하는 영적인 욕구가 있습니다. 때로는 친척들이 참석하기도 하고 부모나 동료 학생들 그리고 동료 교수들이 참석하기도 합니다. 진짜 예배입니다.

설교를 한다는 것은 학문이라기보다는 기술 같아서 가르치기가 더 힘들겠다는 생각이 드는데요. 그동안 이런 기술을 가르치면서 무슨 비법 같은 거라도 개발하셨는지요?

기술은 기술이죠. 저는 모든 사람은 그 자신의 음성을 찾아야 한다는 전제에서 출발합니다. 전 학생들이 그냥 따라하려고 하기보다는 각자 나름대로 받아들여 자기 것으로 만들기를 바랍니다. 그러면 다양한 사람, 다양한 문화, 그리고 다양한 민족한테서 방법과 기법들을 모아서 그중 가장 좋은 걸 택해 자기 것으로 만들 수 있습니다.

많은 학생들이 설교를 한 번도 해본 적이 없어서 겁을 냅니다. 그런 학생들에게 저는 이렇게 말합니다. "여러분들의 목소리를 찾으세요. 읽고 공부하고 다른 사람들 말에 귀를 기울이면 마침내 여러분들의 목소리를 찾게 될 것이고, 신이 하사하신 그 재능에 감사하게 될 겁니다."

그래서 그게 아주 중요합니다. 우리는 비디오를 보고 책을 읽으면서 스타일이 다른 남녀의 다양한 설교들을 접합니다. 저는 스타일이 다른 것에 관해서는 늘 포용적입니다. 저는 학생들이 모든 문화에서 가장 좋은 걸 알아보기를 바랍니다. 그래서 제 생각에 모든 문화를 망라해서 뛰어난 기법이나 예술적 장치라고 생각되는 것들이 있으면 학생들에게 보여줍니다.

여기는 여러 나라 학생들이 있습니다. 백인도 있고 아프리카계 미국인도 있고, 여학생도 있고 남학생도 있습니다. 또 마라노*에다가 목사와 전도사의 자녀들도 있습니다. 그래서 저는 거대한 뷔페 연회를 베풀듯 그 모든 걸 차려줍니다. 마음껏 즐기고 말하고 토론할 수 있게 말이지요. 그래서 많은 변화를 겪고 한 학기가 지나면 자신이 얼마나 성장했고 얼마나 자신 있어졌는지 깨달으며 놀라길 바랍니다.

좌뇌를 많이 쓰는 학생이 있는가 하면 우뇌를 많이 쓰는 학생도 있습니다. 그래서 전 양쪽 뇌를 다 쓰게 해서, 분석적인 사람은 좀더 상상력이 풍부한 사람이 되게 하고 상상력이 풍부한 사람은 좀더 분석적인 사람으로 만들려고 합니다. 다양하게 하려고 합니다. 그러다 보면 어떻게든 자신의 목소리를 찾게 됩니다.

목사님께서 좋은 선생님이 되신 이유가 어디에 있다고 생각하십니까?
저는 아프리카계 미국인의 전통에서 이른바 선배 목회자들 또는 신앙의 아버지들로 알려진 분들과 가까이 있는 축복을 누렸습니다. 이분들은 나이 지긋한 설교자들과 목회자들로, 제 인생의 각각 다른 시기에 제가 연설하고 목

● 중세 스페인과 포르투갈에서 박해에 못 이겨 기독교로 개종한 유대인.

회 활동을 하는 방식만이 아니라 가르치는 방식을 형성하는 데도 많은 도움을 주신 분들입니다. 그러니까 제가 좋은 선생이 될 수 있던 이유 중의 하나는 본보기가 될 만한 분들이 많았다는 겁니다. 신학교에서 공식적으로 그리고 비공식적으로 절 가르쳐주시고 인도해주시며, 강의실 밖에서도 시간을 내서 절 지도해주신 훌륭한 선생님들이 있었기 때문입니다.

또 다른 이유를 들자면 설교하는 게 재미있습니다. 전 그걸 성스런 즐거움이라고 합니다. 제게는 재미있는 일입니다. 저는 일하러 가는 게 아니라 영혼의 놀이터에 갑니다. 고되지 않습니다. 물론 전 할 일을 해야 합니다. 그래요, 강의 준비를 하자면 많이 노력해야 합니다. 하지만 저는 그 일이 아주 즐겁습니다. 저는 제 일을 사랑합니다.

또 만일 제가 좋은 교사라면 그건 제가 학생들을 사랑하기 때문일 겁니다. 저는 학생들 집에서 함께 시간을 보내고, 함께 저녁을 먹으러 가고, 또 그 자녀들을 안아주고 아프면 병문안을 갑니다. 전 그런 일들을 합니다. 수업 첫날 학생들에게 이렇게 말합니다. "저는 먼저 여러분들의 목자가 되고 싶고, 그 다음에 여러분들의 친구가 되고 싶습니다. 그리고 난 다음에 어쩌면 여러분들의 교수가 될 수도 있을 겁니다." 저는 목회를 하면서 가르칩니다. 저는 관계를 형성합니다. 어쨌거나 제가 유능하다면 그건 제가 목자이자 교사였기 때문입니다. 그것이 제 가르침의 힘이었습니다.

신앙의 위기를 겪거나 한때 소명을 받았다고 생각했지만 확신을 잃어버린 학생들이 있나요?
그럼요.

그런 문제는 어떻게 대처하십니까?
음, 그런 일은 최고에게 일어납니다. 예레미야가 그런 일을 겪었죠. 예레미야는 '나는 말하지 않을 것이다'라는 말로 시작해 '나는 말하지 않을 수 없다'

로 끝을 냅니다. 그러니까 예레미아는 그 일을 겪었습니다. 최고의 목사들이 신앙의 위기를 겪었고, 그래서 저는 개인적으로 그건 좋은 일이라고 생각합니다. 신앙의 위기를 겪게 되면 더는 의심할 수 없는 지점을 찾고 또 찾으며, 마침내 거기에 도달할 때까지 소명을 의심하게 하니까요. 환상, 그건 좋지 않아요, 환상에서 환멸로, 환상을 깨는 데로 나아가는 것, 그것이 신앙의 위기입니다.

전 신앙의 위기를 겪었습니다. 스무 살 때 더는 설교를 하지 않겠다고 결심했죠. 전 열일곱에 설교를 시작했습니다. 그리고 의심을 불러일으키는 갈등을 겪었어요. 목사님께 사표를 내자, 저를 열심히 돌봐주신 두 분의 장로님이 저와 애기를 하고 얘기를 들려주시고 함께 기도하셨습니다. 제가 환상에서 환멸로, 그러다 마침내 깨달음에 이를 때까지요.

그러니 갈림길에 이르는 건 좋은 일입니다. 그러면 진실로 부름을 받아 지금의 일을 하고 있다고 결론을 내리게 됩니다. 그것은 뼛속에 강철을 심는 것입니다. 그런 경험은 우리를 강하게 만들어 다시 신앙의 위기가 찾아올 때, 그 때는 어떤 위기가 찾아오더라도 이겨내게 해줍니다.

예전보다 설교하기가 더 어렵다는 생각을 하시는지요. 그러니까 과거에는 사람들이, 애들도 포함해서, 가만히 앉아서 잘 들었지만 요즘은 문화가 그래서 사람들 집중력이 모자란데다 텔레비전이나 컴퓨터나 DVD 같은 시각적 자극을 너무 좋아들 하잖습니까. 요즘 사람들도 옛날 사람들만큼 설교에 귀를 기울입니까?
맞는 말씀입니다. 우리는 시각 중심의 세상에 살고 있습니다. 광고들하며 뉴스에서 나오는 그 간단한 논평들하며, 그런 것들이 사람들의 주의력에 영향을 미치고 있습니다. 하지만 설교가 한물갔다고 생각하지는 않습니다. 바울이 말했듯 저는 모든 사람에게 모든 것이 됩니다. 그러니까 그리스 사람에게는 그리스인이 되고 유대 사람에게는 유대인이 됩니다. 달리 말해 전 효과적인 방법을 채택해서 어떤 사람들 앞에서도 설교를 할 수 있습니다.

이런 말이 있지요. 아프리카 속담 같은데, 현명한 선생은 귀를 눈으로 바꾸는 사람이라고요. 그러니까 말을 가지고 그 말의 이미지를 창출할 수 있는 사람이죠.

카튼 패치 가스펠*을 쓴 클래런스 조단Clarence Jordan은 고린도 후서 5장 19절에 나오는, '하느님께서는 그리스도 안에서 세상과 화해하시었다'라는 구절을 알기 쉽게 바꿨습니다. '화해'라는 말 대신 '껴안다'라는 말을 써서 이렇게 의역했습니다. '하느님께서는 그리스도 안에서 세상을 다시 껴안으셨다'라고요.

그래서 저는 우리의 접근 방식을 바꿔서 사람들이 사는 곳에 맞춰야 한다고 생각합니다. 불특정 다수를 향한 밀들의 홍수 속에 살고 있는 지금 사람들에게 어떻게 말할까요? 이미지를 사용하는 겁니다. 예수님도 그렇게 하셨습니다. '천국은 밀과 눈물이 뿌려진 들판과 같다'고 하셨지요. 이 '같다'라고 말하는 건 이미지고 메타포입니다. 우리는 사실 그쪽으로 나가야 합니다. 목사라면 본 걸 말해야 합니다. 왜냐하면 사람들에게는 말한 걸 보는 게 중요하기 때문이지요. 그냥 그걸 듣는 게 아니라요. 이미지가 그 차이를 만듭니다.

● Cotton Patch Gospel. 카튼 패치 버전이라고 부르는 조단 목사의 복음서 번역본은 미국 남부 흑인 노동자들이 이해할 수 있게 쉽고 구어체 표현을 사용한 것으로 유명하다.

"여러분 바깥에 있는 게 아니에요. 여러분 안에 있습니다"

캐서린 로스 섹시 댄싱 샌프란시스코 주 베이 에어리어에서 9년째 섹시 댄싱을 가르치고 있다. 캐나다 출신인 캐서린은 학비를 벌려고 섹시 댄싱을 시작했다고 한다.

전 섹시 댄싱을 가르쳐요. 주로 여성들이 배우는데, 가끔 커플들도 옵니다. 온갖 종류의 섹시 댄싱이 있는데, 주로 폴 댄싱*을 가르쳐요. 그게 요즘 아주 인기가 좋거든요. 공중에서 추는 일종의 성인용 춤이죠. 또 스테이지 댄싱과 섹시 요가처럼 바닥을 기어 다니는 플로어 워크 그리고 랩 댄싱**도 가르치는데, 랩 댄싱은 일종의 오락이자 춤이에요. 이런 춤들은 몸매를 가꾸는데 아주 좋은데, 그래서 신나고 섹시하게 몸매를 가꾸고 싶은 여성들에게 적합해요. 더 강하고, 더 섹시하고, 더 매력적이고, 자신의 성과 더 확실하게 연결된 것 같은 그런 기분을 느끼고 싶은 사람들에게 적합하죠.

● 무대 위에 서 있는 장대를 중심으로 선정적으로 추는 춤.
●● 스트리퍼 등이 손님에게 몸을 밀착시키거나 무릎에 앉아 추는 관능적인 춤.

그럼 먼저 그런 춤을 추어보이면서 가르치나요?

일반적으로는 제가 먼저 춤을 추면 그걸 지켜보고 있다가 따라 하죠. 어떤 강좌에서는 제 경험을 바탕으로 체조들을 고안해서 배우는 사람이 스스로 운동 감각을 익히고 그걸 몸과 연결되게 합니다. 그런 경우에는 제가 시범을 보일 일은 없어요. 그냥 배우는 사람이 자신 안에서 동작을 발견할 수 있는 체조를 하나 만드는 거죠. 하지만 저는 대체로 말로 가르칩니다. 단계별로요. 그러니까 그냥 DVD를 보면서 따라하는 그런 게 아니에요. 저는 단계별로 조금씩 가르치면서 잘못되기 쉬운 부분들을 모두 지적해줍니다. 그런 다음 피드백을 주죠. 그런 식으로 설명하고, 보고, 피드백을 주는 식으로 진행합니다. 짝을 지어서 하거나 단체로 배우기 때문에 자기들끼리도 피드백을 해준 답니다.

가르치는 방식이 발레나 탱고를 가르치는 것하고 별 차이가 없다고 봐도 될까요?

그렇죠. 예술대학에서 그래픽 소프트웨어를 가르쳤는데, 거기서도 마찬가지로 가르칠 내용을 단계별로 나눠서 조금씩 설명했어요. 그런데 이 춤은 여성의 정체성과 자신감에 개인적으로 아주 밀접하게 연관되어 있기 때문에, 좀더 자신감이 필요한 것 같아요. 그래서 자신감을 북돋워주려고 멋지다고 말해줍니다. 그런데 발레처럼 형식이 훨씬 더 엄격한 춤을 가르친다면 그럴 필요가 없지요. 제대로 맞게 추는지에만 집중하면 되지, 배우는 사람의 기분이 어떤지, 어떻게 받아들이고 있는지 신경을 쓰지 않죠. 그런데 제 강습은 운동이라서, 그러면서도 여성에게 힘과 권위를 불어넣어주기도 하기 때문에 계속해서 아주 긍정적으로 하려고 해요. 그래서 나쁘다느니 틀렸다느니 부정확하다느니 그런 말은 하지 않아요. 하지만 좀더 우아하게 출 수 있도록 하고 몸이 얼른 따라오지 못할 때는 고쳐주려고 합니다.

그러니까 자기표현을 강조하시는군요. 그래서 외적인 뭔가를 따라하게 하기보다는 자기 내부에 있는 뭔가로 시작해 그것을 양식화할 수 있게 도와주시는 거군요.

그렇다고 볼 수 있어요. 하지만 폴 댄싱은 달라요. 그건 기술이 아주 중요한 춤이죠. 특별한 기술을 배워야 해요. 기둥에 몸을 붙여 지탱하는 아주 특이한 방식들이 있어요. 폴 댄싱은 6개월 배워도 중급을 넘어서기 힘들어요. 왜냐하면 상체의 힘뿐 아니라 어깨와 골반 사이의 중심 근력을 키워야만 하니까요. 그러나 다른 춤들은 자기표현의 여지가 훨씬 많아서, 섹시 댄싱을 소개하는 기본 과정에서 실제로 그 동작들을 통해 자신을 표현하라고 격려를 해줍니다. 제가 해주는 건 그냥 시작에 지나지 않는다는 걸 이해해야 하죠. 만일 어떤 지침을 따른다면, 자신만의 동작을 만들어 음악을 사용해 자신을 표현할 수 있어요.

직업 댄서가 되려고 배우는 사람들은 얼마나 됩니까?
15퍼센트쯤 되는 것 같아요. 가끔 나는 폴 댄싱을 배우러 왔다고 딱 정해서 오는 사람들도 있어요. 많지는 않죠. 그런 사람들이 제 강습의 주요 대상은 아니에요.

하고 많은 것들 중에 왜 섹시 댄싱을 배울까요?
신나잖아요. 정말 힘을 많이 쓰고 땀을 쏟게 되고요. 아드레날린이 팍팍 솟지요. 저는 여성적인 섹시 댄싱을 가르치는데, 그런 춤을 추게 되면 자신의 여성성과 다시 결합할 수 있어요. 일반적으로 직장 여성들은 여성성을 감추고 살아요. 엄마들 경우는 진즉에 포기해버렸고요. 그래서 섹시 댄싱의 주된 효과는 여성성과 재결합하는 데 있어요. 거기다 몸매까지 가꿀 수 있으면 정말 훨씬 더 재미있죠. 멋지게 보이려고 이 춤을 배워요. 파트너 앞에서 출 수 있게 말이죠. 여러 면에서 에어로빅을 배우는 것보다 더 신나죠.

섹시 댄싱이 여성에게 힘과 권위를 불어넣어준다고 하셨는데, 반대로 그런 춤은 여성을 '대상화'한다고 주장하는 페미니스트들도 있는데요.

예, 알고 있어요. 아주 오래된 주장이죠. 저도 젊을 때는 정치 운동을 하면서 포르노 반대 시위에도 참가했어요. 그래서 그런 주장을 잘 알고 있죠. 그런데 정말로 다행스러운 게 이곳 베이 에어리어는 전반적으로 성을 긍정적으로 보는 페미니즘을 받아들이는 분위기예요. 저도 그 쪽이랍니다. 그런 페미니즘은 우리의 성을 부정하지 않고 경의를 표하며, 어떤 식으로든 자기 좋을 대로 나눌 수 있다고 보죠.

저도 사람들 앞에서, 노동자들한테서 대상화된 경험이 있답니다. 폭행을 당한 기분이었죠. 스트립 클럽에서는 성적 상품으로 보이는 게 저절해 보여요. 특히나 그런 걸 수용하는 구조가 있고, 금전적인 이득이 있으니까요. 개인적인 경험으로 보면 고객들은 자신들의 성적 욕구 때문에 이용당한다고 생각하더군요. 걸어다니는 지갑으로 보일 때가 많죠. 일단 흥분만 시켜 놓으면 쉽게 이용할 수 있는 그런 존재요. 슬픈 일이죠. 하지만 인간적으로 보일 때도 있어요. 여성의 손길을 고대하고 사랑을 바라는, 고독하고 연약한 존재들로 말이죠. 또 별로 절박하지 않은 고객들도 있는데, 종종 아주 잘생겼어요. 그런 사람들은 무척 존중하는 태도로 감상하는 편이죠.

선생님이 있었나요, 아니면 혼자 배우신 건가요?

제가 이 춤을 배울 때는 따로 가르치는 곳이 없었어요. 하지만 주변에 이런 춤을 추는 사람들이 있었죠. 제 사촌도 몰래 섹시 댄싱을 했어요. 사촌과 얘기도 하고 또 나를 격려해준 좋은 친구도 있었어요. 그 친구는 예술가였고, 저도 예술대학에서 9년 넘도록 시각 예술을 했어요. 그러다 클럽에서 일하는 여성들의 모임을 알게 됐는데, 멋진 사람들이었어요. 스트리퍼들 사이의 자매애는 놀라워요.

그럼 독학하신 거군요.

스트립 클럽에 가서 무용수들을 지켜봤죠. 그리고 대학에서 현대무용도 공부하고, 나중에는 현대 벨리 댄싱도 배웠고요. 클럽에서 일하면, 8시간을 일한다고 치면, 그동안 내내 춤추는 게 아니라서 앉아서 다른 무용수들이 춤추는 걸 볼 수 있어요. 또 저는 타고나길 흔드는 걸 좋아해요. 20대 초반에는 일주일에 3번 정도 클럽에 가서 춤을 췄죠. 다른 사람들 춤추는 걸 지켜보기도 했고, 다른 사람이 추는 걸 따라 하기도 했어요.

당신에게 춤을 배우고 확 달라진 사람들이 있나요? 그 얘기 좀 해주시겠어요?

그 여자는 자신의 여성성하고는 담을 쌓고 살다가 제게 왔어요. 성공한 직장 여성으로 좋은 경력에 좋은 가정을 가졌지만, 성적인 면에 있어서는 죽어 있다고 볼 수 있었죠. 언젠가부터 자신의 일부를 잃어버린 거예요.

춤을 배우기 시작했는데, 몸치였어요. 잘 안됐죠. 어딘가 끊어져 있었어요. 그러다 강습을 받으면서 마침내 우아한 여성성과 연결되기 시작했어요. 걸음걸이가 달라지고, 공간 속에서 몸의 움직임이 달라지는 걸 자신도 느끼고 다른 사람들도 그렇게 본다는 걸 알게 됐죠. 그래서 정말로 자신이 좀더 육감적이고, 좀더 섹시하고, 좀더 매력적이고, 그리고 좀더 생생하다고 느꼈어요.

기쁨을 느끼기 시작했죠. 자신의 움직임이 좀더 느슨해지고 좀더 자연스러워지고 있다는 걸 느끼게 됐어요. 강습을 받으면서 더는 동작을 따라하지 않고 자신의 동작을 만들어냈는데, 그 육감성이 보이더군요. 마치 여성들이 그곳으로 빠져들 때처럼요. 강습 중에 그런 걸 볼 때가 정말 좋아요. 때로는 모두 한꺼번에 그러기도 하고, 몇 명이 그럴 때도 있어요. 그러면 공기의 밀도가 높아지고 홀린 듯 움직이기 시작하면서, 아주 아름답고 섹시한 동작을 연출해 우리 모두 감탄하죠. 그러면서 자신들이 얼마나 많이 변했는지 깨닫습니다. 이제는 인생에서 좀더 많은 기쁨과 행복을 느끼게 됐다는 걸 깨닫는 거죠.

애초에 왜 자신의 성과 절연되는 현상이 생기나요?

엄마가 돼 엄마 노릇을 하다 보면 자신의 성적 정체성에 맞게 사는 게 부적절하게 생각될 수 있어요. 그렇지 않은 여성들도 있는데, 모성에서 성적 정체성을 분리시키지 않는 엄마들을 만나면 아주 즐겁죠. 하지만 어떤 여성들은 엄마라면 모름지기 '엄마'처럼 살아야 한다고 생각해요. 그래서 남편한테도 '엄마'가 되는 거예요. 그냥 엄마 역을 떠맡는 거죠. 멋진 일이긴 하지만 조금 지나면 뭔가가 빠져버려요. 엄마 노릇을 하다 보면 강하고 '보살피는', 그러니까 자신이 가진 정체성에서 남성적인 면이 좀더 강해지면서 여성의 관능성을 유지해주는 관계를 갖지 못할 지경까지 이르는 거죠. 그래서 저는 여성들이 자신들의 그런 부분을 회복할 수 있게, 그걸 다시 자신의 정체성 속에 통합할 수 있게 도와줍니다. 워크숍을 시작하면서 주로 이런 말을 합니다. "이건 여러분 바깥에 있는 게 아니에요. 여러분 안에 있습니다." 여성들은 원래 성적이고, 타고난 관능적인 존재예요. 그런데 이런저런 이유로 다른 환경에서 살아가기 위해 그걸 접어야 했던 거죠.

그럼 사람들이 확 바뀌면 아주 잘 가르친 게 되겠군요.

그렇죠. 많이 봤는데도 볼 때마다 놀라요. 어느 날 오후 섹시 댄싱 입문 강좌에 뻣뻣하고 긴장한 모습으로 들어왔다가, 떠날 때가 되면 서 있는 자세가 달라져 있어요. 그리고 신이 나서는 어서 빨리 집에 가 거울 앞에서 춤을 추고 싶어하는 표정이 역력하죠. 또 다른 사람에게 보여주고 싶어하는 것 같기도 하구요. 다들 홍조를 띠며 떠난답니다.

"우리 앞에 간 사람들이 우리의 선생님들입니다"

트라후이톨리니(에르네스토 콜린 알베레스) 스페인어와 아스텍 춤   캘리포니아 주 산 호세에서 카풀리 토나레케(Calpulli Tonalehqueh)라는 단체와 함께 아스텍 춤과 문화를 가르친다. 또 로스앤젤레스에 있는 고등학교에서 스페인어를 가르쳤으며, 지금은 스탠퍼드대학교 교사 교육 과정에서 신참 교사들의 멘토가 되어주고 있다. 30세인 그는 이 책에서 인터뷰한 선생님들 중 가장 젊은 두 사람에 속한다. 강하면서도 부드럽고 감성적인 열정이 느껴졌다.

인터뷰를 해달라는 요청을 받고 몸 둘 바를 몰랐습니다. 제가 너무 젊은 것 같고, 교사로서 갈 길도 머니까요.

아스텍 춤을 가르치는 얘기부터 해볼까요?

아스텍 춤 단체에서 아스텍 춤과 문화를 가르칩니다. 아스텍 춤을 추게 된 지는 14년 됐습니다. 그리고 아스텍 춤을 가르치고 배우는 걸 주제로 박사학위 논문을 썼습니다. 사람들이 카풀리라고 하는 체계를 통해 삶을 꾸리는 것은 아스텍의 전통입니다. 카풀리는 여러 가족들이 모여 공동 출자로 농사를 짓고, 살아가는 데 필요한 모든 일을 해결하는 협동조합이었죠. 모든 카풀리에는 공식적, 비공식적인 교육 제도가 있었습니다. 가정에서 자식들을 비공식적으로 가르치기도 했지만 카풀리에 공식적인 교육 제도도 있었죠. 공립에다 의무교육을 실시하고, 시험도 보는 학교였습니다. 아이들은 신화와 전설부터 수학에 이르기까지 모든 걸 노래와 춤을 통해 배웠습니다.

현대 미국에도 아스텍 춤과 언어와 예술, 노래를 가르치는 카풀리가 있습니다. 제가 가르치는 카풀리에는 학부모 모임이 있어서 자녀들을 아스텍 방식으로 키우는 문제를 서로 이야기합니다.

제가 가르치는 아스텍 춤 단체는 정말 적극적이고 체계적으로 전통적인 방식들을 탐구해서, 배우고, 기억하고, 혁신하고, 재창조하려고 노력합니다. 우리 단체에서 가르치고 배우는 방식은 수천 년 동안 멕시코에서 행해진 방식들을 재현한 겁니다. 우리는 아이들을 키우는 모임, 아스텍 문화를 학문적으로 연구하는 강좌, 초급반부터 시작하는 춤 강좌들, 노래 강좌, 그리고 가죽이나 깃털, 도자기나 구슬 등을 재료로 공예를 배우는 아스텍 예술 강좌 등을 열고 있습니다. 우리 단체에 오면 배울 데가 천지입니다.

우리는 몰입을 통해 아스텍 춤을 가르치는데, 기억을 통해 말을 하는 사람들도 있습니다. 아스텍 춤을 출 때는 동심원들 안에서 춥니다. 그 원들은 인정, 지위, 경험에 따라 형성됩니다. 중심부에서 가까운 원들일수록 좀더 노련한 무용수들이 있죠. 중앙에는 땅, 공기, 불, 물의 4가지 원소들을 상징하는 제단이 있고요. 또 중앙에는 북들도 있습니다. 중앙에서 가장 가까운 원들은 가장 경험이 많은 무용수들이 차지합니다. 동작에 가장 자신이 있고 어떻게 춤을 이끌지 잘 알고 있습니다. 그 바깥의 원은 그 다음으로 경험 있는 이들로, 그리고 그 다음 원은 경험이 가장 적은 사람들로 채워져 있습니다. 그러니까 보고 배울 사람이 많은 거죠. 다음은 어떻게 추라고 말해주는 사람은 아무도 없고 그냥 춤을 추지만, 늘 다른 사람들이 따라하는 겁니다. 앞에 있는 사람이 추는 걸 보고 다음에는 어떤 스텝을 어떻게 밟을지 알 수 있기 때문이죠. 아주 효과적인 교육법입니다. 또 언제나 좌우에도 사람들이 있기 때문에 역시 보고 따라할 수 있습니다. 그래서 몰입을 통해 배우는 겁니다.

맞고 틀린 것도 없고, 성공도 실패도 없기 때문에 스트레스가 없습니다. 가슴을 열고 그냥 많은 얘기들을 합니다. 늘 이런 식이죠. "우리 모두 우리의 첫날을 보냈습니다. 우리 모두 어떤 지점에 도달했습니다. 그리고 우리 모두 더 나아지는 걸 배웠습니다. 그냥 들으세요. 그냥 움직이세요. 그냥 해보세요."

우리는 또한 인간은 몸 안에 패턴, 수학, 리듬, 음악, 춤을 좋아하는 타고난 성향을 갖고 있다고 봅니다. 불가사의하다고 말하고 싶지는 않지만 패턴에 관해서는 타고난 뭔가가 있습니다. 인간은 패턴을 아주 잘 받아들이고 아주 빠르게 익힙니다.

아스텍 춤은 4분의 8박자로 되어 있습니다. 기본 동작들이 있고 거기에 장식적인 동작들이 따르면서 춤은 패턴을 따라 진행됩니다. 그래서 첫 시간에는 비틀거리지만 두 번째 시간에는 어떤 동작들이 반복돼 다음에는 어떤 동작을 어떻게 할지 알게 됩니다. 그건 마치 알파벳으로 단어를 만드는 것과 비슷해요. 아스텍 춤도 똑같습니다. 50가지 기본 동작을 가지고 360가지 춤을 추는데, 모든 춤은 그냥 이 50가지 기본 동작을 다른 식으로 배열한 것일 뿐입니다. 알파벳을 다른 식으로 배열해 다른 단어를 만드는 것과 마찬가지죠.

또 아스텍 춤에는 서양 문명에서는 그다지 얘기하지 않는 것이 있는데, 조상, 정령, 정기 같은 개념입니다. 아스텍 춤을 출 때 사람들이 하나의 원으로 연결돼 같은 방식으로 움직이면서 정기를 내뿜으면, 그리고 같은 광경을 보고 같은 소리를 듣고 같은 향을 맡게 되면 뭔가가 일어납니다. 그 동작과 그 소리, 그 의식에서 어떤 조화가 생깁니다. 어떤 정기 같은 것이 생겨서 나를 휘감습니다. 모든 원이 나를 중심으로 돌면서 날 휘감게 되는데, 내가 거기에 따르며 집중하게 되면 정기가 날 들어 올립니다. 그 정기는 나 자신의 몸 안에, 나 자신의 역사 속에 있는 거라서, 그건 마치 그렇게 있는 걸 기억해내는 것과 같습니다.

우리는 우리 선조들이 정말로 우리에게 온다고 믿습니다. 우리는 사람이 죽으면 진짜로 죽는 게 아니라 형태만 바뀌어 정기가 된다고 믿습니다. 그래서 그 전에 춤을 춘 사람들이 우리와 함께하며 우리를 안내하고 도와줍니다.

조화가 깨지지 않도록 해주는 거죠. 우리 앞에 간 사람들이 우리의 선생님들입니다.

고등학교에서 스페인어를 가르쳤고, 지금은 신참 선생님들에게 멘토링을 하고 있는데, 그런 일을 하는 데도 아스텍 문화가 많은 영향을 미치나요, 아니면 이런 일과 아스텍 전통을 가르치는 일은 전혀 별개인가요?

전혀 별개라고는 생각하고 싶지 않습니다. 아스텍 전통은 진정한 내 일부이자 내 가치관을 형성하고 있으니까요. 만일 내가 진정성을 가지고 뭔가를 가르치게 된다면 아스텍 전통의 영향이 드러날 것입니다. 그러나 공교육 제도 안에서 제가 가르치고 지도하는 일에 아스텍 춤을 가르칠 때의 어떤 정신 같은 게 들어갔다고 확실하게 말은 못할 것 같습니다.

공식적인 교육 제도 안에서는 해야 할 일이 다릅니다. 주의 수준, 문서로 된 교사 자격 요건, 학위 요건, 학교가 돌아가는 방식이 따로 있습니다. 이 분야에서 성공하게 도와주려면 그 체계가 어떻게 돌아가는지 잘 알고, 거기서 성공할 수 있는 방법을 가르쳐줘야 합니다. 그런 의미에서 아스텍을 가르치는 것과 공교육 체계 안에서 가르치는 일은 별개라고 말할 수 있을 겁니다.

왜 선생님이 되기로 하셨습니까?

대학에서 치카노Chicano ● 학과 스페인어를 복수 전공했습니다. 저는 늘 멕시코계 미국인으로 산다는 것에 뜨거운 관심을 갖고 있었습니다. 치카노학은 여러 학문을 망라하고 있습니다. 예술, 시민권, 역사, 노동, 운동, 교육, 심리학, 법, 문학, 그리고 시를 통해서 멕시코계 미국인의 삶을 배웠습니다. 저는 우리의 문화 그리고 제 정체성에 관련된 것이면 뭐든 매료됐습니다.

● 멕시코계 미국인을 뜻하는 말로 스페인어 'Mexicano'를 줄인 것이다. 본래 멕시코에서는 세련되지 않은 하층민을 가리키는 말로 멸시하는 뜻이 포함돼 있었지만, 1960년대 중반에 와서 멕시코계 미국인의 주체성 확립을 꾀하는 젊은 세대가 자신들을 가리키는 말로 쓰게 됐다.

치카노를 연구하다 보면 자주 이런 메시지를 접하게 됩니다. 우리는 언제나 공동체에 속해 있으며 자기가 속한 공동체에 보답해야 한다는 겁니다. 대학에는 소수 민족이 많지 않고 학위를 받는 치카노들은 드뭅니다. 학교를 중퇴하거나 제적을 당하는 학생도 많습니다. 그런데 여기까지 왔다면 그건 다른 사람들의 희생이 있었기 때문입니다. 우리 앞에 간 사람들, 시민권 운동에 참여해 싸운 이들 말입니다. 보답을 해야 한다는 생각이 싹트게 됩니다. 왜 선생님이 됐는지 그 이유를 대야 한다면 이것일 겁니다. 저는 진심으로 공동체에 보답해야 한다는 생각을 받아들였습니다. 대학에서 일하며 공부할 때 교육학과에서 일을 했기 때문에, 교육학과 교수들을 많이 봤습니다. 전 가르치는 일로 보답하기로 마음을 먹었습니다. 그리고 저와 같은 사람들, 노동 계층에다가 이민자인 멕시코계 미국인들을 가르치고 싶었습니다. 스페인어 교사 자격증이 있었지만 특별한 스페인어 수업을 하고 싶었습니다. 스페인어가 모국어인 사람들을 위한 수업을 말입니다. 그러니까 그런 사람들에게 쓰는 법을 가르치고 자신들의 문학과 문화를 가르치고 싶었습니다.

그래서 학사학위를 받은 뒤 공립 고등학교에서 스페인어가 모국어인 학생들을 가르치다가 로스앤젤레스에 히스패닉 독립 학교를 설립하는 일을 돕고, 그 학교에서 가르쳤습니다. 그 학교는 멕시코에서 이민 온 노동자 계층을 위한 작은 학교라 교육 과정을 그런 학생들의 필요를 충족할 수 있도록 짰습니다.

그런 경험을 하시면서 가르치는 건 기술에 가깝다고 여기셨나요 아니면 학문이라고 생각하셨나요?

애, 저도 그런 논쟁에 관해 들었습니다. 사람들은 열정적인 사람에게 끌립니다. 저는 늘 우리의 문화, 우리의 역사, 우리 민족에 열렬한 관심이 있었고, 그래서 늘 지식과 배움에 목말라했습니다. 저는 제가 있는 곳에 애착이 강했고 그래서 가르칠 때면 정말 행복했습니다. 거기가 제가 있고 싶은 곳이었습니다.

저는 제 전공 분야를 잘 알고, 학위를 취득하면서 그 규칙과 방법, 기준과 기본 사항들을 충분히 잘 알고 있습니다. 게다가 열정이 있었습니다. 저는 젊고 활기차고 또 학생들에게 관심이 있었습니다. 제 삶이나 학생들의 삶은 별로 동떨어지지 않았죠. 저는 학생들과 아주 비슷했습니다. 학생들은 저를 역할 모델로 바라볼 수 있었습니다. 왜냐하면 자기들이 자라면 저와 같은 모습일 텐데 전 자신만만하고 성공한 사람이었으니까요. 대학을 나왔으니까요.

교사와 학생 사이의 문화적 격차 얘기를 자주 하는데요, 제게는 해당되지 않는 얘기입니다. 저는 학생들이 좋아하는 음악을 좋아하고 자기들끼리 쓰는 말을 다 아니까, 다들 웃길 수가 있었죠. 속어도 잘 알고 농담도 많이 알고 있었습니다. 제 가족이나 학생들의 가족이나 다를 바가 없었습니다. 저도 멕시코 쪽에 친척들이 있었습니다. 모든 것들이 비슷했죠.

그러나 이런 것들을 넘어서 저는 정말로 학생들에게 관심이 있었습니다. 같은 선생님들 중 그런 분들이 많다고는 얘기 못하겠습니다. 제가 가르친 학교는 교사가 90명이었습니다. 수십 년씩 근무하신 분들도 많았지만, 대부분 넌더리를 냈습니다. 학생들에게 관심도 없었습니다. 이런 말 하기 뭐 하지만 대다수 선생님들이 월급만 축내고 있었습니다. 십자말풀이를 복사해 와서 그걸 학생들한테 하라고 시키고는 교실 뒤쪽에 앉아 신문을 읽거나, 아니면 비디오를 틀어주고는 학생들을 조용히 시키는 교사들도 있었습니다.

학생들은 금세 눈치를 챕니다. 누가 자신들에게 관심이 있는지 없는지 잘 알고 있습니다. 그 판단에 따라 관심을 끊거나 받아들이거나 합니다. 저는 정말로 학생들에게 인간적으로 관심을 가졌습니다. 스물한 살부터 가르치기 시작했는데 학생들 중에는 열여덟 살짜리도 있었습니다. 축구 코치도 했습니다. 점심시간에는 돌아다녔고요. 금요일 밤에 열리는 축구 시합에도 갔습니다. 주스를 잔뜩 들고요. 제가 뭘 말했는지는 거의 중요하지 않았습니다. 제가 관심을 갖고 있었기 때문에 학생들은 저를 좋아했습니다.

고등학교 때 선생님 한 분이 그러시더군요. "학생들은 선생이 뭘 가르치려고 했었는지는 10퍼센트 정도만 기억하지만, 자신들을 어떻게 대했는지는 절대로 잊지 않아. 1학년이든 5학년이든 9학년이든 말이야." 그런데 그분은 그 세 학년을 두루 가르친 분이셨어요. 그러면서 '학생들이 원하는 건 관심을 가져주는 사람'이라고 하셨습니다.

교사 훈련을 받을 때 누구도 준비시킬 수 없는 일이 있습니다. 그건 교사가 갖게 되는 절대적이고 무한한 힘입니다. 종종 그 힘은 나중에야 나타나는 거라서, 선생은 학생의 인생에 자신이 어떤 영향을 미쳤는지 알지도 못합니다. 그러다가 몇 년 뒤에 만난 학생의 입을 통해 자신의 말 한마디가 그 한 사람의 인생을 바꿔놓았다는 말을 듣게 되는 거죠. 학생들이 절 다시 찾아와 저한테 영감을 받아 대학을 갔다, 스페인어를 공부하게 됐다, 아스텍 춤을 추기 시작했다는 말들을 합니다. 또 선생은 학생의 목숨을 구하기도 합니다. 가정에서 성적 학대를 당한 일을 저한테 처음으로 말한 학생들도 생각납니다. 곧바로 아동보호 기관에 전화를 했죠.

비극적인 사연을 지닌 학생들도 있습니다. 그런 아이들에게는 교사가 생명줄입니다. 부모가 약물 중독인 아이들, 길거리에서 살아가는 아이들, 아무도 몰래 14살에 창녀로 살아가는 아이들도 있습니다. 자신의 정체성을 감추고 살면서 그 문제로 정말 고뇌하는 동성애자 아이들도 있습니다. 그런 아이들이 자신의 성적 정체성을 밝힐 수 있도록 도와주면 큰 짐을 덜어주는 겁니다. 선생은 그런 아이들이 새롭게 살아갈 수 있게 도울 수 있습니다. 저한테 찾아와 제 도움을 받은 학생들이 많습니다. 어디 가면 도움을 받을 수 있을지 알려주기도 했고, 그냥 얘기를 들어주거나 아니면 함께 울기라도 했습니다.

8장

Conversations with Great Teachers

소외된 사람들을
가르친다는 것

"인문학은 우리가 소중히 여기고 믿는 바를 가르쳐줍니다"

자네트 라일리 클레멘트 프로그램 매사추세츠대학교 다트머스 캠퍼스의 부교수로, 영어와 여성학을 강의한다. 지난 3년간 바드 칼리지 클레멘트 강좌에서 인문학도 강의했다. 클레멘트 강좌는 교육적으로 경제적으로 혜택을 받지 못한 성인들을 대상으로 예술, 문학, 윤리학, 미국사를 가르치는 프로그램이다. 1995년 맨해튼에서 시범적으로 도입됐고, 이제는 14개 주에서 100회 이상 개최되고 있다. 학비는 없고, 책과 교통비 그리고 보육 서비스가 제공된다.

클레멘트 프로그램에서는 인문학만 가르칩니다. 학생들은 8개월 동안 미국의 역사와 윤리학과 미술사와 문학 강좌를 하나씩 수강합니다. 글쓰기 수업도 섞여 있습니다. 또 모든 강좌는 사람들 앞에서 말하는 법을 가르칩니다. 의견을 표현하는 법을 가르치면 사고 능력이 향상된다는 걸 알았기 때문이죠. 강의 시간뿐 아니라 일상에서도요. 우리는 학생들이 인문학을 접함으로써 비판적 사고 능력만 키우기를 바라는 게 아니라 인문학을 통해 삶이 풍요로워지기를 바랍니다.

클레멘트 프로그램은 참가자들이 대학에 진학하게 되리라는 기대에서 출발한 게 아닙니다. 물론 대학에 가게 될 경우 바드 칼리지에서 얻은 6학점을 인정받을 수 있긴 합니다만, 그것보다는 학생들에게 자의식을 심어주는 게 주된 목적입니다.

클레멘트 프로그램에서 지금까지 세 차례 강좌를 맡으셨는데요, 어땠습니까?

성인 강좌가 다 그렇듯 어려운 점이 있습니다. 클레멘트 강좌는 시작할 때는 학생 수가 꽤 많습니다. 25명에서 30명 정도로 시작하죠. 그러다 연말 쯤 되면 15명으로 줄어듭니다. 혜택 받지 못한 사람들이 모이다 보니 가정 문제나 경제 문제 또는 건강 문제 등으로 중간에 그만두는 이들이 많습니다. 아무리 지원을 많이 해줘도 그래요.

하지만 과정을 끝까지 다 이수한 사람들로 보자면, 이 프로그램은 엄청난 성공작입니다. 인생을 바꿔주기 때문이죠. 바로 어젯밤에 졸업식이 있었습니다. 자신의 목소리를 찾은 12명의 우리 학생들을, 이제 자기 안에 주도권과 힘이 있음을 느끼고 있는 우리의 학생들을 지켜보았습니다. 대다수가 지역 대학에서 학업을 계속할 방법을 찾고 있고 매사추세츠대학교 다트머스 캠퍼스에 진학할 생각을 하고 있는 학생도 있습니다. 이 프로그램을 끝까지 다 이수한 학생들에게 클레멘트 프로그램은 진정 인생을 바꾸는 계기가 됩니다.

불우한 사람들에게 시급한 일은 좀더 현실적인 것, 그러니까 직업을 갖는 데 필요한 능력을 갖추는 거라고들 하는데요.

실제적인 기술, 그러니까 직업에 필요한 능력은 어디서나 습득할 수 있습니다. 배관공이나 전기공이 되는 법을 배울 데는 많아요. 하지만 인문학은 우리가 소중히 여기고 믿는 바를 가르쳐줍니다. 그리고 매일같이 사회 속에서 접하는 문제들을 어떻게 생각할지 가르쳐주고, 의견을 표현할 수 있는 언어를 제공해줍니다. 또한 평생 배울 수 있는 방법도 제공한다고 전 생각합니다.

2년 전에 길버트라는 학생을 만났는데요, 올해 졸업식에 왔더군요. 길버트는 이제 매일 시를 읽습니다. 그전에는 읽어본 적이 없었죠. 그런데 이제는 시가 자신에 관해 생각하고 세상에서 경험하는 일을 이해하는 방식이 된 겁니다. 그리고 시에서 즐거움을 얻고 있습니다. 인문학은 세상을 보고 경험하는 방식을 살펴볼 수 있게 해줍니다. 사람들에게는 그게 정말 소중한 겁니다.

학생들 반응이 특히 좋은 작품들이 있습니까?

두 번째 강좌 때 지미 산티아고 바카Jimmy Santiago Baca의 시 한 편을 소개했죠. 학생들 대다수가 소수자였기 때문에 미국에서 이민자들에 관한 인식이 어떤지 보여주는 바카의 시들 중 한 편을 가져간 것입니다. 이곳 매사추세츠 주 뉴베드포드에는 이민 1세대들이 많습니다. 작년에는 연방 경찰이 이민자들을 많이 끌어들이는 지역 공장 한 곳을 급습하는 큰 사건도 있었습니다. 여기서는 이런 문제가 주요 현안입니다. 학생들은 바카의 시에서 이민에 관해 말하고 이민을 이해하고 거기에 수반되는 정서를 표현하는 방식을 찾아내는 것 같더군요.

그리고 올해는 학생들이 랭스턴 휴스Langston Hughes의 시 〈영어 B에 관하여 Theme for English B〉를 정말 좋아하더군요. 휴스는 그 시에서 교육과 교육의 가치뿐 아니라 인종 얘기를 합니다. 특히 우리가 서로 어떻게 배우는지 그리고 백인 교사가 흑인 학생들한테서 어떻게 배우는지 말합니다. 학생이 교사한테 배우는 방식도 마찬가지입니다. 학생들은 다양한 수준의 교육을 받고 다양한 경험을 가진 사람들이 뒤섞여 살아가는 미국 사회에 공감했습니다. 학생들은 자신이 더 큰 화제의 일부라는 걸 알게 되고, 그래서 참여하는 겁니다.

선생님 시간에는 고전도 다루는 걸로 알고 있는데요, 학생들이 잘 따라오나요?

철학 시간에는 플라톤과 칸트 그리고 밀을, 문학 시간에는 셰익스피어를 공부합니다. 현대 작품들도 함께 다루려고 노력합니다. 그래서 시대를 넘어서 주제가 어떻게 전달되는지를 보여주려고 하지요.

철학책을 접하게 되면 학생들은 평생 읽은 책 중에서 가장 어려운 것 같다고 합니다. 하지만 강좌가 끝날 때쯤이면 논리가 뭐고 추론이 뭔지, 그리고 철학자들이 어떤 거창한 문제들을 제기했는지 알게 됩니다. 우리는 철학이 제기한 문제 중심으로 철학을 공부합니다. 그러니까 어떻게 사는 것이 잘 사는 것인가? 무엇을 해야 하고 어떻게 해야 하는지 고민해야 하는 윤리적 결정들은 어떻게 내릴 것인가? 이렇게 문제 중심으로 생각하죠.

바로 어젯밤 졸업식에서 한 학생이 그러더군요. 이제 누가 소크라테스나 플라톤 얘기를 해도 무슨 말을 하는지 알 수 있어서 구경꾼 같은 기분이 안 든다고요. 그런 것도 이 강좌가 지닌 진정한 힘이라고 생각합니다.

토론 위주의 세미나 수업을 하십니까?

물론입니다. 수업은 학생들의 참여를 이끄는 방식으로 진행됩니다. 구두 발표뿐 아니라 텍스트를 보고 비판적으로 의견을 말하고, 그런 다음 비판적으로 글을 쓸 수 있도록 꾸며져 있습니다.

혹시 이런 교육을 받아서 학생들이 가족이나 이웃들한테 소외감을 느낄 거라는 생각은 들지 않습니까?

재미있는 질문이군요. 우리는 강좌가 진행되는 동안 줄곧 평가를 합니다. 그런데 자신들이 속한 공동체에서 소외감을 느낀다고 말한 학생은 없었습니다. 가족이나 친구들이 지지하고 도와주려고 달려오는 걸 봅니다. 올해 졸업식에는 그 어느 해보다도 가족과 친지들이 많이 참석했습니다. 이 일을 진정으로 가치 있게 여기는 것 같습니다.

매사추세츠대학교 학생들을 가르치는 것과 비교할 때 클레멘트 강좌에서 가르치는 것은 어떻습니까?

클레멘트 강좌는 100도짜리 인문학 과정 같은 것입니다. 비유를 들자면 예전에는 있는지도 모르던 텍스트들을 이해하기 시작하고 거기에 비추어 사물들을 보게 될 때, 학생들 얼굴이 환해집니다. 능력을 키워 대화에 참여할 수 있게 될 때는 흥분이 일지요.

주된 차이라면 수업 준비와 글쓰기 능력입니다. 클레멘트 학생들은 흔히 글쓰는 걸 힘들어 합니다. 보통 학부생들이 갖고 있는 자신감이 없습니다. 저처럼 다 큰 어른들을 가르치는 일은 언제나 도전입니다만, 더 재미있긴 합니다. 삼사십 대의 사람들을 가르치기 때문에 같은 어른들이라 공감할 일이 훨씬 많아 그런 것 같습니다. 문제는 너무나 오랫동안 학교와 담을 쌓고 살다 보니 작문 실력이 딸려 보충 수업을 해야 하는 사람들이 있다는 겁니다. 또 좀더 높은 차원에서 사고할 수 있도록 도와주기도 해야 하고요. 그러다 보면 같은 걸 또 가르쳐야 하고, 처음부터 다시 가르쳐야 하는 일도 많습니다. 또 새로운 방식을 생각해내서 가르쳐야 할 때도 많고요.

그런 새로운 방식들 중 생각나는 게 있습니까?
저는 클레멘트 강좌에 텍스트를 꼼꼼히 읽는 걸 중시하는 문학 이론인 신비평New Criticism을 들여왔습니다. '꼼꼼한 독서'가 어떤 건지 실제로 학생들에게 보여주었죠. 텍스트의 형식적 요소와 언어적 장치, 그것 자체의 구조를 상세히 들여다보고 분석해서 보여줬습니다. 그런 식으로 아주 객관적이고도 구체적으로 접근하니까 그냥 학생들을 앉혀놓고 텍스트에 관해 토론하라고 하는 것보다 훨씬 효과적이더군요. 전문 용어들을 가지고 학생들을 준비시키는 것이 중요하다는 사실을 알게 됐습니다.

클레멘트 강좌에서 또 하나 특히 성공적인 건, 1997년에 계관 시인인 로버트 핀스키Robert Pinsky가 수집한 미국인들이 좋아하는 시에 나오는 시들을 가지고 한 수업이었습니다. 저는 학생들에게 시 한 편씩을 고르게 하고 수업 시간에 그 시에 관한 느낌을 발표하게 했습니다. 학생들 반응이 정말 좋았죠.

생각나는 학생들이 있나요?
클레멘트 프로그램이 지닌 놀라운 일 중 하나는 과정을 다 마치고 졸업하는 학생들 하나하나와 어떤 유대감을 느끼게 된다는 점입니다. 제 문학 강좌는 4개월짜리지만, 그렇다고 제가 다른 시간에 모습을 드러내지 않는 건 아닙니다. 졸업 작품을 준비하는 걸 도와주기도 하고 음식을 가져가기도 합니다.

졸업식 날 밤 졸업장을 받으려고 등장하는 학생들을 보면 정말 친근감이 듭니다. 그러니 여러 가지 면에서 학생들 모두 제게는 특별하죠.

군이 한 명만 고르라고 한다면 올해는 베스를 뽑겠습니다. 베스는 나이 지긋한 아프리카계 여성인데요, 처음 왔을 때는 이걸 해야 하나 말아야 하나 했죠. 내가 왜 여기 있는 건가 싶은 그런 표정이었어요. 그래서 처음에는 아주 조용했습니다. 그러나 몇 주 지나고 나니까 말이 늘더군요. 여덟 달이 다 되니까 학생들이 베스를 졸업식 연사 중 한 명으로 뽑았습니다. 그리고 베스는 진짜로 자기 반을 대표해 졸업식에서 연설을 했습니다. 시 한 편을 소개하면서 클레멘트 얘기를 했죠. 학우들 대다수가 하고 싶은 이야기를 대신해 준 겁니다. 졸업식장에 앉아 있던 우리 교직원들 눈에는 어느새 눈물이 흘렀습니다. 이 학생들에게 일어난 일이 정말 감동적이어서요.

클레멘트 프로그램이 학생들에게 자신을 표현할 수 있는 능력을 갖게 해줬다고 말씀하셨는데요, 잘 듣게도 해줬나요? 그러니까, 동료나 친구들의 말만이 아니라 시대적으로나 환경적으로 거리가 있는 작가들의 위대한 작품에도 귀를 기울일 수 있게 해줬느냐는 겁니다.

그럼요. 그런데 글로 된 텍스트를 통해서 그런 결과를 얻어낸 건 아닌 것 같습니다. 우리는 1년 내내 학생들을 다양한 문화 행사에 데려가려고 합니다. 올해는 블랙 랩 레퍼토리가 토니 모리슨의 《가장 푸른 눈The Bluest Eye》을 각색해 만든 연극을 봤습니다. 반응이 정말 압도적이었습니다. 돈이라고는 없는 사람들이 극장을 나서면서 기부를 다 하더군요. 또 셰익스피어 연극도 봤고, 미술관에도 갔습니다. 학생들은 이제 이런 문화 행사를 자신들도 접할 수 있는 것으로, 자식들을 데려가 함께 즐길 수 있는 것으로 여기기 시작했습니다. 그것이 자신들이 얻어낸 듣는 능력이죠. 참 대단한 일이라고 생각합니다.

어젯밤 제 동료 하나가 클레멘트 프로그램이 어떤 변화를 일으키고 사람을 어떻게 변모시키는지를 이야기하면서 졸업식을 시작했습니다. 저는 진심으로 그런 점이야말로 클레멘트 프로그램이 가진 가장 강력한 힘이라고 생각합니다. 졸업생을 많이 배출해서 우리의 능력을 증명하는 데 클레멘트 프로그램의 목적이 있는 게 아닙니다. 1년에 10명에서 12명의 졸업생을 내, 지금까지 45명이 졸업했습니다. 이 졸업생 한 명 한 명이 자신이 배운 걸 갖고 자신이 사는 곳으로 돌아갔습니다. 그런 식으로 한 지역 사회에 변화가 생기는 거라고 전 생각합니다. 마가렛 미드의 말이 생각나는군요. 적은 수의 개인들이 세상을 바꿀 수 있다는 걸 결코 의심하지 말라고 했죠. 여태까지 모든 변화가 그런 식으로 일어났다면서요. 그런 변화를 일으키는 데 클레멘트 프로그램이 한몫하고 있다고 생각합니다. 그래서 전 이 일을 사랑합니다.

현대 사회가 안고 있는 문제들을 해결하는 데 문학이나 철학 또는 예술이 꼭 도움이 된다고는 볼 수 없다고 생각하는 사람들이 있습니다. 도움이 될 수는 있겠지만 반드시 그런 건 아니라고 말이죠. 수업 시간에 사회적 현안에 관해서는 얼마나 토론을 하십니까?

수업 시간에 우리가 하는 토론이 변화에 관한 건 아니라고 생각합니다. 우리가 하는 토론은 우리가 읽는 텍스트에 맞춰져 있습니다. 저는 중요한 변화란 학생의 내면에서 일어난다고 생각합니다. 학생들은 언어를 발견합니다. 예술 작품에 관해 말할 수 있는 능력을 찾아내는 겁니다. 그런 다음에 그 능력을 세상을 보고 세상에 관해 말할 수 있는 능력으로 바꿉니다. 저는 바로 거기서 변화가 생길 수 있다고 봅니다. 작년에 말린이라는 학생 하나가 제 문학 강좌에 들어왔는데요, 두 달인가 두 달 반인가 지났는데 몹시 화가 나 있더군요. 왜 그런지 물었죠. 그랬더니 이제는 신문을 봐도 길거리를 걸어다녀도 비판적으로 생각하지 않을 수가 없다고 하더군요. 더는 뭘 모르는 사람이 아니라고요. 모든 걸 살피고 분석한다는 것이었습니다. 전 그런 능력이야말로 인문학이 누군가에게 줄 수 있는 훌륭한 도구라고 생각합니다.

"있는 그대로 받아들이고
어떤 사람이 되려고 하건 인정해줘야죠"

베티 마틴 여성 수감자 교육 내가 켄터키 소도시에서 자라서인지 온화하고 겸손한 태도로 느릿느릿 하면서도 부드럽고 감미롭게 말하는 베티 마틴의 음성을 들으니 고향에 돌아온 기분이 들었다. 마틴 은 공립 초등학교 교사로 있다가 은퇴한 뒤 오클라호마 주 테프트에 있는 닥터 에디워리어 교도소에 서 여성들을 가르치기 시작했다. 텍사스에 근거를 두고 있는 무종파 기독교 봉사 단체인 뉴라이프 비 헤이비얼(NewLife Behavior)이 만든 교육 과정에 따라 수업을 진행한다. 우리는 목요일 오후에 이야기 를 나눴는데, 교도소에서 일주일에 한 번 있는 수업일은 다음 날 아침이었다.

첫 남편과 사별한 뒤 우리 교회 장로님 한 분이 제가 교사로 있다가 은퇴한 걸 아시고는 교도소에서 봉사를 해줄 수 있느냐고 묻더군요. 그러마고 했지 요. 벌써 10년이 됐네요.

지금 우리 반에는 22명의 여성들이 있답니다. 13주짜리 강좌인데요, 신앙 에 기초한 프로그램을 운영하고 있지요. 해야 할 게 정해져 있지만, 여성들에 게 말도 시키고 자기 의견을 발표하게도 하면서 수업에 참여시키려고 합니 다. 그냥 성경만 공부하는 게 아니라 어떻게 행동해야 할지도 공부하지요. 그 러니까 어떻게 해야 인생을 바꿔 더 나은 삶을 살 수 있을까, 그런 공부를 하 는 거랍니다. 아주 좋은 강좌예요.

수업 중에는 성서에 나오는 이야기들을 많이 한답니다. 성경 구절들도 읽 고요. 그러면서 가족과 가족의 구실 그리고 인간관계에 관해 얘기를 많이 하 지요. 자신이 문제 가정 출신이었다는 걸 깨닫는 학생들이 많아요. 더 나은 가정을 만들려면 어떻게 해야 할지 알고 싶어하지요.

우리는 모든 강좌에서 그 여성들에게 자신감을 부여하려고 애를 써요. 망가진 가정 출신들이 아주 많아서 대다수가 자존감이 아주 낮답니다. 마음을 담아 격려해줍니다. 당신들은 가치 있는 존재며 하느님은 당신들을 사랑한다는 걸 깨닫도록 애를 쓰지요. 그러니 자신을 사랑해야 하며 또 자신도 뭔가 보람 있는 일을 할 수 있다는 걸 알려주려고 노력합니다. 인생이 망가졌을지는 몰라도 아직은 가치 있는 존재랍니다. 좋은 사람들인데 나쁜 일을 좀 한 거지요.

죄는 밉지만 죄인은 사랑하자는 말씀이군요.
예, 맞습니다.

다들 가족이 있나요? 없는 이들도 있을 것 같은데요.
(슬픈 어조로) 혈혈단신인 이들도 있답니다. 의절했거나 그냥 가족이 없는 경우지요. 교도소를 나가면 도움을 받거나 뭘 얻을 데도 전혀 없는 사람들도 있어요. 그런 여성들은 우리가 보살펴 주는데, 큰 도움이 되는 듯해요. 매주 가고, 한 달에 두 번은 거기서 예배도 본답니다. 우리가 하는 일을 아주 고맙게 여겨요. 자기들을 위해 거기 와서 가르친다는 걸 잘 알지요.

아이들이 있는 여성도 많은데, 부모나 조부모가 그 아이들을 맡아 기르고 있어요. 그래서 걱정이 많지요. 남편이 있는 이들도 있고 독신인 이들도 있어요. 19세부터 77세까지 연령대가 다양하답니다.

자기가 원해서 선생님 강좌를 듣던데, 원래 기독교인들인가요?
대다수가 하느님을 믿지만, 기독교 원리에 따라 사는 이들은 드물지요. 기독교인이 된다는 게 어떤 의미인지 모르는 사람이 많아요. 도움이 필요한 사람들이 많지요. 우리 프로그램에서는 성경에서 말하는 기독교인이 된다는 것이 무엇이고 기독교인으로 산다는 게 어떤 것인지 가르쳐주려고 노력한답니다. 더 낫게 살 수 있다는 걸 그 여성들도 깨닫는 것 같습니다.

처음 거기서 가르치게 됐을 때 익숙하지 않은 삶의 모습들을 봤을 것 같은데요.
예, 그랬지요. 확실히 그랬어요. 처음에는 좀 걱정이 되더군요. 하지만 그 여성들도 그냥 사람이라는 걸, 대다수가 젊은이들이라는 걸 알게 됐지요. 반사회적인 행동을 했기 때문에 갇혀 있는 사람들이었지요. 교도소에 봉사하러 오는 걸 정말 겁내는 사람들도 있답니다. 우리는 겁낼 필요 없다고 말해줘요. 이 여성들 대다수가 인생을 바꾸고 싶어하니까요. 물론 성실하다고 볼 수 없는 이들도 있다는 걸 알지만, 우리는 비판하지 않습니다. 있는 그대로 받아들이고 어떤 사람이 되려고 하건 인정해줘야지요. 이제 이 일을 한 지가 10년이 됐답니다. 고맙게 생각하고 있어요. 전 이런 일을 하고 싶었거든요.

어떤 면에서 고맙다는 건가요?
이 여성들이 성장해서 인생을 바꾸고 자기 자신을 좋아하게 되는 걸 볼 수 있으니 고맙다는 거지요. 그 사람들은 우리한테 고맙다지만 우리는 그 사람들에게 고마워한답니다. 제가 재혼을 하고 나서는 새 남편도 이 교도소에서 가르치고 있답니다. 중독성 물질 남용에 관한 기독교인의 자세를 주제로 강좌를 진행하고 있지요. 약물에 중독되거나 아니면 그런 약물을 파는 일이나 또는 그런 약물을 사려고 돈을 훔치는 일에 연루된 여성들이 많아요.

마약 중독자들 대다수가 결국 감옥에 가게 되는 것 같던데요.
그래요. 이 여성들 중에도 남자 친구나 남편 또는 연인이 마약 밀매 자금을 마련하는 데 이용당한 이들이 많아요. 곤경에 처하는 건 여자들이지요.

10년 동안 가르치면서 교사로서 더 나아졌다 싶은 게 있으신가요?

이 여성들을 보는 시각이 달라진 것 같습니다. 좀더 이해심이 많아지지 않았나 싶어요. 비판적으로 보지 않게 된 것 같아요. 그리고 가르치면서 그 여성들을 좀더 토론에 많이 참여시키고, 그 여성들의 기분이 어떻고 어떤 일들을 겪었는지 얘기할 기회를 주는 법을 배웠지요.

이 프로그램이 아주 성공적인 것 같군요. 하지만 분명 실패한 경우도 있었을 텐데요.

그래요. 때로는 중간에 그만두는 사람도 있답니다. 또 교도소를 나갔다 다시 돌아오는 사람들도 좀 되고요. 하지만 이 강좌를 끝까지 이수한 이들은 재범률이 더 낮답니다. 연구 결과로 나와 있지요. 그리고 이제 다른 주들도 이 프로그램을 많이 실시하고 있어요.

하지만 다시 들어오는 사람들도 있답니다. 그중 한 사람이 그러더군요. 집으로 돌아갔을 때 친구들을 변화시킬 수 있을 거라고, 좋은 영향을 끼쳐 도와줄 수 있을 거라고 생각했답니다. 그런데 잘 안됐다고 하더군요. 얼마 안 돼 다시 옛날로 돌아가게 됐다고요. 우리 프로그램에서 강조하는 것 중 하나는 함께 있는 사람들을 변화시켜야 한다는 거랍니다. 노는 물을 바꿔야 하니까요.

초등학교 때 제가 가르친 애들도 두 명 그 교도소에 들어왔더군요. 힘들었답니다. 특히 가깝게 지내던 아이가 들어왔을 때는요. 너무 창피해 하더군요. 이제는 복역을 마치고 직업 교육도 끝내고 좋은 직장을 얻고 잘 살고 있어요. 하지만 아주 괴로웠답니다.

중간에 그만두는 사람도 생깁니다. 또 보안 수준이 더 낮은 교도소로 옮겨가기도 하고요. 제가 가는 곳은 보안 수준이 중간 정도인 교도소인데, 종종 보안 수준이 더 낮은 시설로 옮겨가기도 해요. 그러니 잘된 일이지요. 그러면 더 적응하기도 쉽고 때로는 집 가까운 곳에 있을 수도 있으니까요.

성공 사례로 특별히 생각나는 학생들이 있나요?

사실, 바로 생각나는 사람이 둘 있어요. 한 사람은 어찌나 자존감이 낮았던지 다른 사람 눈도 똑바로 쳐다보지 못했어요. 그런데 제 강좌가 끝날 때쯤 자신을 좋아하게 됐고, 자신을 가치 있는 존재로 여기면서 뭔가를 성취할 수 있다고 느끼게 됐죠. 또 한 여성은 글을 거의 읽지 못해서 우리가 '읽기 쉬운' 성경책을 갖다줬어요. 게다가 읽는 걸 도와주는 사람까지 생겨서 아주 좋아진 걸 볼 수 있었지요.

자존감이 낮은 사람들을 어떻게 바꿔주십니까?

성경에 나오는 이야기를 통해 하느님이 우리를 사랑하신다는 걸 가르친답니다. 하느님께서는 이웃을 내 몸처럼 사랑하라고 하셨습니다. 그러니까 자기 자신을 사랑해야 하는 거지요. 우리는 우물가의 여인 같은 예들을, 그러니까 좋은 삶을 못 산 이들에게 예수님께서 관심을 기울이는 그런 이야기들을 많이 인용한답니다. 이 수업을 받으면서 달라지는 모습을 볼 수가 있어요. 그 여자들이 변하는 모습을 보고 있으면 정말 놀랍지요. 얼굴을 보면 알 수가 있어요. 볼 때마다 놀라워요.

얼굴이 어떻게 달라지는데요?

부드러워지는 것 같아요. '이봐요, 나도 가치 있는 인간이란 말이에요. 그렇게 나쁜 인간이 아니라고요'라고 말하는 것만 같지요. 전 놀라워요. 눈만 봐도 알 수 있어요. 자신을 좋아하고 있는 것 같고 하느님을 자신의 삶 속으로 받아들이고 있는 것 같아요. 빛이 나는 사람들도 있답니다. 전 여러 곳에서 가르쳐봤어요. 도시 학교에도 근무했고, 4, 5, 6학년을 한 교실에서 가르치는 시골 학교에서도 가르쳐봤어요. 다 좋았습니다. 하지만 이 일은 달라요. 정말 보람이 있어요. 이 교도소 봉사 사업은 수감자들에게 아주 유익하고 도움이 많이 되는 것 같습니다. 이 일에 참여할 수 있는 게 그저 고마울 뿐이지요.

학교에서 가르치는 것과 교도소에서 가르치는 게 분명 아주 다를 테지만 같은 점도 있지 않나요? 다시 옛날로 돌아가 교실에 선 기분이 들지는 않으세요?

(소리 내 웃음) 그래요. 정말 그렇답니다. 선생이라서 아직도 이렇게 다양한 사람들과 만나고 있지요. 수용자들 중에는 몸만 어른이지 어린애 같은 이들이 많답니다. 잘난 척하는 게 아니라요, 어떤 의미에서는 우리 모두 어린애들이니까요. 다들 사랑받기를 원하고, 관심을 가져주었으면 하고, 자신이 가치 있는 존재라는 걸 알아주길 바라잖아요.

"가르친다는 건 사심 없이 베푸는 것이죠"

사이나 트레이스먼 교도소 명상과 요가 지도 시애틀 지역의 수감자들에게 요가와 명상을 가르친다. 교도소 요가라는 비영리 단체를 설립해 교사들을 양성했고, 지금은 시애틀 지역 구치소 한 곳과 교도소 한 곳, 소년원 두 곳에서 요가 프로그램을 운영하고 있다. 18세 때 요가에 입문해 21살에 요가 강사 자격증을 취득했다. 지금 29세인 트레이스먼은 6년째 수감자들에게 요가를 가르치고 있는데, 간수들뿐 아니라 수감자들도 요가 강습이 수감자들에게 긍정적인 변화를 가져온다고 말한다.

한 번에 5명에서 15명을 가르칩니다. 자발적으로 참여하죠. 수업은 보통 신체적인 요가 자세뿐 아니라 명상에 초점을 맞춥니다. 주로 명상을 집중적으로 합니다. 사람들의 사고방식을 바꿔서 살아가면서 생기는 대결 상황과 문제들을 새로운 방식으로 해결할 수 있게 도와주는 것이 우리가 하고 싶은 일이기 때문입니다. 그래서 교도소에서 봉사하기를 원하는 교사들을 지도할 때 신체적인 요가 자세가 아니라 명상과 요가 철학에 더 신경을 써야 한다고 강조합니다. 명상을 해본 사람들 반응은 아주 좋아요. 명상이 가장 좋았다고들 합니다. 명상은 많은 이들에게 긍정적인 영향을 미치거든요.

수업은 보통 1시간 15분간 진행됩니다. 밖에서는 1시간 30분 동안 하는데 안에서는 좀 줄였어요. '안'은 교도소를 말하는데요, 여기 사람들은 오래 집중하는 걸 힘들어하는 경향이 있어서요. 대체로 안에서 수업을 할 때는 직감에 의존해야 하고 그 반에 관한 느낌과 사람들의 반응을 챙겨야 합니다. 하지만 사실 가르친다는 게 다 그렇잖아요. 그래서 계획표 같은 건 다 던져버리고 그때그때 상황에 맞춰야 할 때도 있답니다.

안에서 하는 수업과 밖에서 하는 수업의 가장 큰 차이는, 이 안 사람들은 살아오면서 상당히 큰 부상을 당해서 신체 지각이 꽤 결여되어 있는 경우가 많다는 거예요. 그래서 완전히 새로운 방식으로 자기 몸과 가까워지고 또 자신의 정서와 가까워지는 기본적인 원칙들을 가르치죠. 아주 기초적인 데에서 시작하지만 수련이 지니는 정신적인 측면과 깊이를 빠트리지는 않아요.

또 다른 차이는 안에서는 되도록 진실해야 한다는 것입니다. 그냥 어떤 배역을 연기하는 게 아니라 진심으로 마음을 열고 다가가면 사람들은 훨씬 더 잘 받아들입니다. 그래서 전 제가 어떻게 요가의 덕을 봤는지 얘기합니다. 아주 겸손하게요. 그리고 때때로 요가 원리에 따라 살지 못한 일도 얘기합니다. 때로는 요가가 아니었으면 전 완전히 강박증에 걸린 얼간이가 됐을 거라고도 해요. 이 생각 저 생각 헤매고 다니느라 아무것도 못하는 그런 사람 말이에요.

그러니까 요가 덕분에 정말 제 인생이 바뀐 거죠. 그래서 사람들에게 요가를 그토록 알려주고 싶은 거랍니다. 모든 사람들한테요. 특히나 위기에 처해 있거나 어딘가 기댈 데가 절실한 사람들한테요. 왜냐면 제가 힘들던 시절에 요가가 큰 도움이 됐으니까요. 그래서 제가 고군분투하던 시절 얘기를 하면서 제가 인간임을 보여줍니다. 가르친다는 건 정말이지 인간적인 문제입니다.

이 사람들은 당신을 비판하지 않아요. 그러니 당신 역시 이 사람들을 판단하지 않고 들어가서 그냥 그 사람들과 동등한 위치에 서서 자신이 알고 있는 걸 알려주고 당신의 소소한 일상을 함께하면 정말로 돌아오는 게 있답니다. 이건 아주 보람 있는 일이에요.

어떻게 교도소에서 요가 강좌를 열 생각을 하셨나요?
제가 요가 강사가 되려고 수련을 하고 있을 때 정치범들을 위한 워크숍에 갔다가 한 남자를 보게 됐어요. 6년간 복역하고 막 출소한 사람이었는데, 4년을 독방에 갇혀 있었다고 하더군요. 그래서 아주 폐쇄적이고 몸도 좋지 않았어요. 그 워크숍은 정치 활동가들을 위한 캠프에서 열렸는데, 전 자원봉사로 안마를 해주고 있었죠. 그런데 그 남자가 한 30분간 간단한 안마를 받더니 굉장한 치유 효과를 경험하고는 마음을 활짝 연 거예요. 그동안 캠프에서 행동거지가 좋지 않고 말썽을 일으켜 마음이 아주 넉넉한 이들도 감당이 안 된다고들 했거든요. 그런데 안마를 받은 뒤 정말 마음을 열고 태도가 부드러워졌어요. 그래서 도움이 절실한 사람들은 바로 이런 사람들, 그러니까 감옥에 갇혀 있는 사람이겠다 싶더군요. 시애틀로 돌아와 교도소 자원봉사 담당자를 만났고, 그때부터 이 일을 하게 된 거랍니다.

명상을 가르치는 얘기 좀 해주시겠어요? 명상이 정말 어떤 건지 잘 몰라서요.
전 아주 간단하게 합니다. 명상이란 기본적으로 마음의 증인석에 가 앉는 거라고 말해요. 그래서 자신의 마음 앞에 아주 편안한 의자가 하나 있다고 상상하고 거기 가서 앉으라고 합니다. 그리고 자신이 무슨 생각을 하는지 아무 판단도 하지 말고 그저 바라보라고 하죠. 중요한 원칙은, 마음이 해야 하는 말이 무엇인지 알지 않고서는 마음을 침묵시킬 수가 없다는 거예요. 명상이란 자신을 좀더 잘 알려고 하는 겁니다.

우리는 종종 하루 종일 같은 생각을 하고 또 합니다. 생각은 돌고 돌아요. 그래서 그 과정에 개입하는 데에서 시작합니다. 그 첫 단계들 중 하나가 책임을 지는 것입니다. 자신의 생각과 행동에 책임을 지는 데서 출발합니다. 바로 이 점이 요가를 할 때 명상이 그토록 중요한 이유 중 하나입니다. 그러면 자각이 깊어집니다. 변화가 일어나기 시작합니다. 한순간에 되는 일이 아니죠. 단계별로 진행되는 과정입니다. 이게 기본적인 명상입니다.

때로는 용서 명상을 집중적으로 하기도 합니다. 그 명상은 정말 반응이 좋아요. 용서를 구하면 자신이 아주 자유로워지기 때문이죠. 먼저 자기 자신에게 용서를 구하고, 그러고 나서는 자신에게 나쁜 짓을 한 다른 사람들을 마음으로 용서하는 겁니다. 범죄를 저지르는 사람들은 대개 정신상의 어떤 불균형이나 후천적인 행동 때문에 그렇게 됩니다. 때로는 과거에 어떤 일을 당해서 그것 때문에 범죄를 저지르는 경우도 있어요. 그런 사람들이 명상을 통해 그런 걸 좀더 완벽하게 이해하는 법을 배우는 겁니다. 아무것도 책임지는 일 없이 그저 어떤 식의 행동을 계속하는 희생자로 자신을 보지 않고, 책임을 지는 법을 배우는 거죠.

그냥 가만히 앉아 있으면 마음이 차분해지고 평화로워진다는 건 낭설입니다. 수행을 많이 한 사람도 거기에 이르자면 어느 정도 시간이 걸립니다. 명상은 하는 방법도 가지가지고 또 아주 어렵게 생각될 수도 있습니다. 그래서 저는 이런저런 기법을 따를 필요도 없고 완벽하게 할 필요가 없다고 합니다. 그냥 가만히 앉아서 '앞으로 10분 동안 정신을 똑바로 차리고 내 생각들을 지켜보겠다'라고 마음을 먹으라고 합니다. 그럼 된 겁니다. 그게 명상을 하는 거예요. 그렇게 시작하는 것이 좋아요.

가령 조깅 같은 것과 비교할 때 요가가 특히 좋은 이유는 뭡니까?
전 수업을 명상으로 시작하면서, 요가 동작과 자세는 움직이는 명상이라고 말합니다. 그래서 호흡 수련부터 하죠. 호흡을 의식하는 겁니다. 명상에서 호흡은 마음을 모으는 효과적인 수단이에요. 그래서 신체적인 수련을 하는 동안 정말 집중하려면 호흡을 이용하라고 합니다. 마음이 오락가락하면 얼른 호흡으로 돌아오라고요. 그런 의미에서 움직이는 명상이죠. 늘 생각이 어디 있는지 알아채고, 그 생각들을 호흡으로 그리고 지금 이 순간으로 그리고 자기 몸으로 모으도록 해야 합니다. 그냥 생각만 하고 있으면, 그래서 자아가 할 수 있는 한 모든 자세를 최대로 잘 취해야 한다고 부추기게 되면, 자기 자신을 몰아붙이면서 몸의 반응에는 주의를 기울이지 않게 돼 부상을 당할 수가 있기 때문입니다. 이렇게 깨어 있는 상태를 유지하면 자신의 몸에 관해 정말 잘 알게 됩니다. 그러니까 그것은 늘 살펴보는 것이고, 그래서 자기 인식을 향상시키는 것입니다. 산스크리트어로는 스바드아야svadhyaya, 즉 자기 탐구라고 합니다. 몸으로 어떤 자세를 취하고 있어도 여전히 그 증인석에 앉아 자신을 관찰할 수 있답니다.

성공 사례로 특히 생각나는 사람이 있나요?
(잠시 가만히 있다.) 대여섯 명이 한꺼번에 생각나는데요. 그러나 가장 먼저 생각나는 사람은 헤로인에 중독돼 평생 감옥을 들락거리던 한 여성입니다. 요가 수업에 들어온 첫날은 거의 집중을 못하더군요. 얼굴이 온통 상처투성이었어요. 자세 하나를 취하려고 애를 쓰더니 결국 드러눕고 말았는데, 그러더니 공처럼 몸을 말고서 덜덜 떨기 시작했어요.

아직 금단 현상에 시달리고 있었군요.
예. 그러니까 특수 시설에 수용돼야 했는데 왜 안 그랬는지 이유를 모르겠더군요. 격리되기가 싫어 자신의 상태를 용케 감췄나 봐요. 첫 수업이 끝날 무렵에는 화장실로 달려가 토하기까지 하더군요. 제가 가서 좀 누워 쉬라고 말했죠. 하지만 다음 주에도 꼭 와달라고 했어요. 그 여자는 매주 왔고, 점점 좋아지더니 그 반에서 가장 강해졌어요. 여름이 끝날 무렵 그 반은 수강생이 넘쳐났는데, 그 여자가 돌아다니며 요가 덕분에 살아났다며 사람들을 모았던 거예요. 만나는 사람마다 붙들고 다시는 헤로인을 하지 않을 거고, 어서 빨리 나가고 싶고, 나가서도 요가를 계속 하겠다고 말했어요. 매주 새로운 사실을 깨닫거나 요가 수행으로 내면에서 새로운 힘을 얻어 제게 왔어요. 여름이 끝날 무렵에는 날마다 요가를 했지요. 시작할 때는 아무 힘도 없고 근육도 전혀 없었는데, 정말로 강해졌어요. 아무런 의지도 자신감도 없던 사람이 정말 생기발랄하고 멋지게 변했죠.

감동적인 얘기네요. 그러니까 수업이 없는 날도 혼자 요가를 한 건가요?

예. 요가 매트가 없었는데도 문제가 되지 않았죠. 매일 명상을 조금씩 하면서 몇 가지 중요한 자세를 해보다가, 얼마 뒤에는 매일 할 수 있게 자기한테 맞는 자세를 가르쳐달라고 했어요. 전 매주 좋은 자세를 생각해서 따로 가르쳐줬어요. 의욕에 넘쳐 혼자 수련을 하더군요. 여름이 끝날 무렵에는 그렇게 쌓인 자료가 엄청 많아졌죠.

실패 사례도 있을 텐데요.

예. 대체로 수업마다 잘 안 통하는 사람들이 한두 사람 있어요. 아주 힘든 시기를 보내고 있어서 집중을 못하는 경우도 있고요 아니면 그냥 새로운 걸 한번 해보고 싶긴 한데 그다지 진심이 아닌 경우도 있어요. 하지만 그런 사람들도 봐주면서 잘하고 있다고 격려를 많이 해주려고 해요. 그런 사람들을 차별해서는 안 됩니다. 사실 이런 게 가장 필요한 사람들이 흔히 그런 사람들이니까요.

하지만 모든 사람들이 요가를 좋아하는 건 아니고, 그렇다고 해도 괜찮아요. 보통은 한 번 해보면 정말 좋아하지만, 다 그런 건 아니죠. 수업에 들어왔다가 영적인 요소가 있다는 걸 알고는 싫어하는 사람들도 있어요. '이거 종교예요? 난 기독교인이라 종교면 나가겠어요'라고 말하는 사람들도 종종 있어요. 그래서 저는 요가가 영적인 수련이라는 점과 요가 수행은 어떤 종교를 갖고 있든 상관없다는 얘기를 누누이 강조한답니다.

가끔은 적절하지 못한 행동을 하는 사람도 있어요. 하지만 수업을 시작할 때마다 자기 자신을 존중하고 서로 존중하고 교사와 수행을 존중하라는 얘기를 먼저 해둡니다. 만일 그럴 수 없다면 나가달라고 하지요. 물론 그런 일은 없었지만요. 그런데 무슨 일이 생기면 수업에 참여한 다른 사람들이 먼저 소리를 질러요. '이봐, 끼어들지 마. 내가 수행하는데 방해가 되잖아'라고요. 또 그렇게 정중하게 말하지 않을 때도 있고요. (소리 내 웃음)

6년 전 처음 가르쳤을 때와 비교하면 지금이 더 나아지셨나요?

그럼요.

어떻게 변하셨나요? 뭐가 좋아졌습니까?

주로 안정감 차원이죠. 처음에는 무대 공포증이 심했어요. 그냥 사람들 앞에 있는 게, 모두 날 쳐다보고 있는 게 영 거북했어요. 이제는 아주 많이 편해졌어요. 수업 진행이 상당히 매끄러워졌어요. 저는 제 식대로 가르치려 하기 보다는 여러 가지로 시도해봅니다. 뭘 가르치건 간에 자기에게 맞는 방식을 찾아내는 데는, 자기만의 스타일을 찾아내서 편안해지기까지는 시간이 걸리죠.

아주 보람 있는 일 같군요.

우리가 하는 요가는 카르마 요가라고, 사심 없이 베푸는 겁니다. 어떤 보답도 바라지 않고 진심으로 그냥 베푸는 거죠. 전 진심으로 훌륭한 교사란 바로 그런 일을 하는 사람이라고 생각합니다. 좋은 선생님은 젊음뿐 아니라 인간을 믿고 지식의 힘을 믿기 때문에 그렇게 하는 거죠. 제가 좋아한 선생님들한테서 전 늘 그런 느낌을 받았습니다. 그분들은 온전히 진실한 마음으로 가르쳤어요. 가르친다는 건 바로 사심 없이 베푸는 것, 바로 그것 같아요. 이런 일을 하게 된 걸 정말 다행으로 여기고 있습니다. 아주 보람 있어요. 보람보다 더 좋은 보수는 없죠.

"모든 사람의 얘기는 중요해요. 모든 사람의 고통은 귀중한 거예요"

로데사 존스 여성 수감자 예술 교육 배우, 가수, 무용수, 감독, 작가다. 수감 여성들을 위한 극단인 메데이아 프로젝트를 창설했고, 그 책임자로 있다. 많은 상을 받은 존스는 전세계를 돌아다니며 강의도 하고 워크숍도 개최했다. 계절 노동자의 딸로 태어나 플로리다에서 자란 존스는 제왕 같은 풍모에 울림이 있는 다채롭고 감수성이 풍부한 목소리를 지녔다.

15년 전 캘리포니아 주 예술위원회가 절 고용했어요. 시립 교도소에 가서 수감여성들에게 에어로빅을 가르쳐달라고요. 지금 와 생각하니, 그 사람들 뭘 해야 좋을지 모른 거예요. 그래서 '음, 로데사 존스를 데려오는 거야. 무용수고 잘 나가니까' 한 거죠. 그때는 에어로빅 열기가 대단했어요. 예술가가 그런 전화를 받으니 참 황당했죠. 에어로빅하고 갱생이 뭔 상관이람 했지요.

그래도 나는 그러겠다고 했어요. 예술위원회가 기특하게도 그런 여성들에게 아주 현대적으로 뭔가를 해서 영향을 주고 싶나 보다 했지요. 그 위대한 안무가, 마사 그레이엄*이 늘 그랬죠. 캘리포니아 사람들은 뭐든 가능하다고 생각한다고.

저는 들어갔어요, 그것도 당장. 그리고 이 사람들은 사실 에어로빅에 관심

● Martha Graham(1894~1991). 현대 무용 발전에 크게 공헌한 20세기 최고의 독창적인 무용가 중 한 사람.

이 없다는 걸 알았죠. 하지만 난 배우니까 '좋아, 어떻게 주목하게 만들지?'라고 생각했어요.

첫 한 달은 그냥 되는대로 했어요. 최신 유행하는 옷으로 차려입고 거들먹거리며 들어갔죠. 그때 텔레비전에서 방송한 〈솔리드 골드〉에 나오는 대니얼처럼요. 막 마흔을 넘긴 때였는데, 그 여자들은 정말 나한테 매료됐어요. 게다가 난 흑인이고 그 여자들 대다수가 흑인 아니면 히스패닉이었으니까요. 흑인 여자들과 갈색 여자들이 똑바로 앉아서 날 주목하더군요.

나로서는 그런 곳에 긍정적이면서 뭔가 교육적인 환경을 조성하려고 그랬던 거예요. 날 빤히 쳐다봐도 괜찮았어요. 다가와서 누구냐고 물어봐도 좋았어요. 그러더니 그 여자들이 '저 체육 선생은 정말 거칠어. 지 멋대로야'라고 말하기 시작했죠. 그렇게 사람들은 날 따라 체육관으로 왔어요. 난 간단한 걸 했어요. '소리와 동작'이라고 배우, 일반인, 아이, 어른, 십대와 함께하는 훈련이었어요. 호흡하고, 말하고, 지금 여기에 있는 법을 가르쳤어요. 진실로 지금 여기에 있을 수 있다면, 어디든 갈 수 있어요. 모든 사람을 집중하게 할 수 있다면 교사와 지도자로서 안전한 환경을 조성할 수 있죠.

처음 한 달은 이것저것 해봐야 했어요. 마흔 나이에 난 아주 몸매가 좋았죠. 허리 재기,* 물구나무 서기, 후굴 자세,** 다리 찢기 등을 했어요. 또 내 인생 이야기도 들려줬어요. 그냥 내가 살아온 이야기요. 수요일 오전 11시에 이 도시의 이 감옥까지 오게 된 사연을 말하죠. 16살에 아이를 가진 얘기며, 약물과 위험한 남자들을 오간 얘기며, 잘못된 곳에서 사랑을 찾은 그런 경험들을 들려줬어요. 그러자 넋을 놓고 듣더군요. 사람들은 내가 할 수 있고 내가 기꺼이 나누려고 하는 모든 것에 빠져들었어요.

내 얘기가 사람들의 기억을 건드렸죠. 자기들도 한때는 치어리더였고 무

● 누운 상태에서 가슴을 위쪽으로 향하고, 손과 발 위에 몸을 실어 활 모양으로 휘는 동작.
●● 선 자세에서 손이 바닥에 닿도록 몸을 뒤쪽으로 구부리는 자세.

용수였던 거죠. 심지어는 한때는 미스 블랙 캘리포니아를 놓고 다퉜지만 코카인에 찌들어 살인까지 하게 된 여자도 있었어요. 제 목표는 '난 창녀고, 난 마약 중독자고, 나는 코카인 중독자고, 난 필로폰 중독자고, 난 도둑'인 그런 곳에서 그 여자들을 데리고 나가는 거였어요. 이런 것들은 다 스스로 붙인 이름이죠. 그래서 난 이렇게 말했어요. "예전에는 당신들은 훨씬 더 중요한 사람들이었어요. 그때는 어떤 사람이었나요? 삶이 상처를 입기 전에는 어떤 사람이었고 어디에 있었고 뭘 하려 했었나요?" 나는 그 여성들에게 자기들이 과거에 누구였는지를 상기시켰어요. 그러자 과거에 자신이 어떤 모습이었는지 내게 보여주고 싶어하더군요. 갑자기 우리는 모두 고향 친구라도 되는 것처럼 장난을 쳤어요.

그리고 난 이 모든 걸 기록했어요. 일기를 썼죠. 좋아, 만일 내가 가르치고 소통하고 조사를 하려면, 그러니까 어떻게 해서든 내가 이 여자들에게 지금 예술가이자 활동가(그때는 내가 활동가인지도 몰랐지만요)인 사람과 함께 여성 문화의 중심에 앉아 있다는 인상을 주려 한다면, 이런 곳에 있는 사람들에게 뭘 가르칠 수 있는지 알아봐야겠다. 이런 곳에서 우리는 무엇을 나눌 수 있을까? 난 이런 생각을 했어요.

아마 제 머릿속과 가슴속에는 많은 게 있었을 테지만 교도소 같은 곳에서 가르치기 시작하면서 내가 매일 한 일을 평가하는 게 정말 중요해지더군요. 왜냐하면 가능한 한 유동적이고 유연해야만 했으니까요.

그러자 원을 만들어 친밀감을 조성해야겠다는 걸 금세 알겠더군요. 난 원을 아주 좋아하는데, 교사라면 원 안에는 누구나 들어오고 나갈 수 있다는 걸 잘 알 거예요. 서열 같은 것도 없지요. 내게는 원이 많은 의미가 있답니다.

말 그대로 둥근 원을 말씀하시는 건가요?
예. 둥글게 앉거나 서는 거죠. 언제나요. 서로 볼 수 있잖아요. 그러면 누구나 원 중앙으로 들어와 얘기할 수 있어요. 특히 문제가 있을 때 말이에요. 아주 다행스럽게도 내가 그런 문제의 대상이 되곤 했어요. 누군가가 '나는 저 여자가 싫어. 진절머리가 나. 오늘 수업 안 받을 거야'라고 말하는 거예요. 그럼 난 '나와서 그 얘길 해볼래요?'라고 말해요. 그럼 갑자기 전적으로 새로운 걸 가르치는 수가 생기는 거예요. '왜냐하면 자기, 현실 사회에서는 함께 있기 싫다고 사람 뺨을 갈기거나 때리거나 총을 쏘고 돌아다니면 안 돼요. 그럼 자기가 다치니까. 그러니 이걸로 그런 감정은 지워버려요'라고 말할 수 있으니까요.

때로는 서로 아주 가깝게 지내다가 한쪽이 배신감을 느끼는 경우도 있어요. 뭔 일이 생기든 선생은 그걸 이용하죠. 한 여자가 울면서 무척 화를 낸 일이 있었어요. 다른 여자가 그 여자랑 함께 있기 싫어했는데, 그게 다 립스틱 하나 때문이었죠. 립스틱을 가진 여자가 다른 사람들한테는 다 립스틱을 빌려주면서 그 여자한테만 빌려주지 않았던 거예요. 둘은 소꿉놀이를 하면서 부부 역할을 하고 있었는데, 립스틱을 가진 여자는 상대 여자가 립스틱 바르는 게 싫었어요. 왜냐하면 그 여자가 남편 역을 하고 있었으니까요. 눈물로 과거사를 흘러 보내는 건 멋진 일이죠……. 또 사람들에게 고통을 상기시키는 것도요.

또 다른 일도 생각나는데, 한 젊은 여자가 자기가 당한 끔찍한 일을 이야기하고 있었어요. 학교에서 자기를 따라다니던 남자한테 납치돼 강간을 당한 이야기였죠. 그 이야기를 하면서 숨 막히게 울며 떨었어요.

그런데 한 여자가 이 여자 얘기를 듣다가 참을성 없이 말하는 거예요. "아, 그건 아무것도 아니야. 난 무슨 일을 당한 지 알아." 그러자 선생인 내가 말했죠. "잠깐, 잠깐만요. 무슨 말이에요? 어떻게 여기 앉아서 이 여자 얘기가 아무것도 아니라고 말할 수 있어요? (우리는 모두 울고 있었거든요.) 이 여자 얘기가 아무것도 아니라는 거예요? 모든 사람의 얘기는 중요해요. 모든 사람의 고통은 귀중한 거예요. 그러니 이참에 모든 사람들에게 말해야겠네요. 여러분들에게 그런 끔찍한 일들이 일어나서 정말 마음이 아파요. 그런데 다시는 그게 아무것도 아니라고 말하지 마세요. 왜냐하면 이 순간 이 사람이 이야기하는 걸 포기하려고 하니까요."

원래 얘기를 하던 여자가 화를 내려 하다가 움츠러들었는데, 그게 중요하다는 내 말에 갑자기 귀를 기울이는 게 눈에 뜨였죠. 자기에게 일어난 이런 끔찍한 일을 이야기할 수 있다는 것만으로도 중요한 일이었어요. 그리고 우리 전부에게도 좋았고요. 그때까지 아무도 그 여자에게 '안됐다'라고 말해주지 않았을 거예요. 아무한테도 얘기하지 않았을 테니까.

선생이라면 준비를 하고 있다가 학생들이 자기 살아온 이야기를 한다든가 '뭔가를 알려줄' 때를 기다려야 해요. 2~3일이 지난 뒤, 그건 아무것도 아니라고 하던 젊은 여자가 돌아와 원 안으로 들어오더니 그러더군요. "엘리스한테 하고 싶은 말이 있어. 아무것도 아니라고 말해서 미안해. 난 여태껏 어떤 년한테도 사과한 적이 없었어. 하지만 존스 선생, 당신 말이 맞아요. 그리고 엘리스, 미안해, 그런 일을 당했다니 안됐다." 그러더니 울음을 터트리며 펑펑 울더군요. 와아, 나도 같이 울었죠.

이런 곳에서는 이런 놀라운 일들을 다 헤치며 나가야 해요. 공기는 어찌나 두꺼운지 칼로 잘라야 할 것 같죠. 다들 꽁꽁 무장하고는 '건들지 마, 참견마'라고 이마에 써 붙이고 있는 것만 같아요. 다들 정말 이상한 곳들을 보고 왔으니까요.

예술을 가르치는 선생 노릇을 하는 예술가로서 난 시각 예술이 아주 쓸모가 있다는 걸 알았어요. 시라는 이름으로 말들을 쏟는 방법을 찾는 것도 아주 귀중한 일이었어요, 그러니까, 이런 사람들한테는. 왜냐하면 이 사람들은 대부분 진상을 만났고, 그 진상이 아주 어리석은 멋쟁이라는 걸 알았기 때문이죠.

교사라면 다들 하는 말이겠지만, 주려고 하는 만큼 배우게 되죠. 이 수감자들, 주로 여성들인 이들을 가르치다가 난 인생이 바뀌게 됐어요. 덕분에 훨씬 많은 것에 감사하게 됐어요……. 덕분에 감사를 실천하게 됐죠. 정말로요.

그럼 마흔 전에는 교도소에서 일하신 적이 없었나요?

없었죠. 캘리포니아 주 예술위원회의 일은 했지만, 유치원생들을 가르쳤어요. 그러다가 이 일에 바로 뛰어든 거죠. 해보고 싶더군요, 특히 교도소에서 하는 일이라.

남자 형제가 여덟이라 미국 교도소에 대해서 좀 알고 있었죠. 동생 리처드는(고이 잠들기를), 그 모든 게 무너졌을 때 아티카(뉴욕에 있는 보안 단계가 가장 높은 교도소. 무너졌다는 얘기는 1971년 1000명이 넘는 죄수들이 가담한 폭동 사건을 말한다. 그때 39명이 사망했는데, 그중 29명이 수감자였다)에 있었죠. 게다가 형제 중에 경찰도 둘이예요.

리처드는 열다섯에 쇠사슬에 묶인 죄수가 되어 플로리다에 있는 래포드 주립 교도소에 수감돼 있었어요. 가장 좋아하는 동생이었죠. 리처드 위로 형이 둘 있었는데, 그 시절에는 멋쟁이들이었어요. 존스가의 청년들이었죠. 리처드는 형들보다 아홉 살이나 어렸는데, 형들처럼 되고 싶어했어요. 남자로 인정해주길 바란 거죠. 그래서 더 거칠어지겠다고 마음을 먹었어요. 우리 오빠들은 여자들을 좋아하는 그런 남자들이었어요. 여자들이 많았죠. 그런데 리처드는 무자비한 기둥서방 노릇을 하면서 여자들에게 끔찍한 짓들을 했어요. 남자로서 위신을 세우고 자기 재산을 지킨다는 명목으로요.

어떻게 보면 가만히 들어줘야 할 때와 개입할 때를, 그러니까 아까 '그게 아무것도 아니라고 말하지 말라'고 하면서 중간에 끼어든 것처럼 멘토링을 해줘야 할 때를 알고 있기 때문에 교사로서 성공한 것 같다는 생각도 드는군요.

그래요, 맞아요. 전 그걸 배워야 했어요.

어떻게 배우신 건가요? 시행착오를 통해서?

예. 그래서 실수를 너무 많이 했지요. 그리고 제 자랑이나 하다가 끝내고. 최악일 때 우리 엄마 같기도 했을 테고요. (소리 내 웃음) 나한테 배운 아주 재미있는 외부 출신 학생들이 있었는데, 그중 한 명이 어떤 기자한테 하는 말을 엿들었는데, 그러더군요. "우리는 그 사람들과 우리를 구별하지 않아요. 우리는 모두 여자고, 같은 문제로 씨름하고 있으니까요. 그러니 저 사람들과 우리 같은 구별은 없어요. 그냥 우리죠."

누가 자기 자식을 데려 갔다는 얘기 같은 걸 할 때면 전 한숨을 푹 쉬면서 말했어요. "그래요, 끔찍한 일이에요. (차분하게) 그럼 어떻게 할까요?" 하다가 (이번에는 소리를 지르며 흥분한 척하면서) "어떻게 할래요? 약을 끊어야지! 약을!" (이번에는 다시 차분하게) "우리 자식들, 우리 가족들, 우리가 속하던 곳을 되찾으려면 어떻게 해야 할까요? 우리 부모들이 감옥 간 자식들 대신 손자 손녀를 돌보지 않고 편안한 노후를 보낼 수 있게 해주려면 우리는 뭘 해야 할까요?"

하지만 시행착오를 거쳐야 했지요. 일기에다 빠짐없이 기록해뒀죠. 분통을 터트린 일까지 기록할 정도로 솔직하게 썼어요. '오늘 나는 사람들 얘기를 잘 듣지 않았다. 오늘 나는 그 사람한테 화를 내지 말았어야 했다.' 이런 식으로요. 그러다 몇 사람을 잃었죠. 내가 너무 둔하게 굴어 다시 안 오는 사람들도 있었어요. 무뚝뚝한데다 시끄럽고 과장도 심하고 감정적인 내 장광설이 듣기 싫어서 말이죠. 내가 처음에는 많이 그랬거든요. 그래서 언제 어떻게 해야 하는지 배워야 했죠. 듣는 것도, 정말로 듣는 법도 배워야 했고요.

그 사람들은 숱한 일들을 겪었어요. 산을 넘고 물을 건너왔어요. 그런 누군가가 와서 당신보고 '내가 무슨 일을 겪었는지 알아요?'라고 말한다면, 그건 당신을 비밀을 터놓을 수 있는 믿을 만한 상대로, 당신도 많은 일을 겪어본 그런 사람으로 본다는 얘기죠. 어떻게 유익하고 의미 있는 대화를 시작할까요?

훌륭한 선생님들이 하는 일이 그런 일일 거라고 생각해요. 여러 가지 방식으로요. 초등학교, 중고등학교, 대학교……. 이런 곳에 있는 선생님들은 인간애가 넘칠 거예요. 훌륭한 선생님이라면 그럴 거예요. 그게 있어야 훌륭한 교사죠. 인간애 말이에요. 그리고 아이들은 그걸 알아보죠. 정말 그래요.

뭘 가르친다고 하시겠습니까?

난 여성들에게 창조적인 과정을 통해 자신의 인생을 건지는 방법을 가르쳐요. 그 여성들이 사회로 돌아갈 때, 자기 가족에게 돌아갈 때 걸어갈 수 있는 다리를 제공한다는 얘기입니다. 예전에 있던 곳으로 돌아갈 수 있는 기본적인 수단을 제공한다는 얘기죠. 지금 내가 그렇게 많은 사람을 구했다고 말하는 게 아니랍니다. 우리 사회가 관심을 가져줘야 하는데, 곳곳에서 보이는 게 상냥한 무시죠.

저는 그 여성들이 겪은 일들을 표현하게 하려고 해요. 자신들이 겪은 일들을 견디고, 그리고 말할 수 있게 하려고요. 그런 다음 예술가, 창작자, 여신, 갱들의 엄마로서 비틀거리고 넘어지면 기꺼이 잡아주기도 해야죠. 제게는 아주 영적인 일이에요. 영혼을 불러내야 하니까요. 내가 종교적인 사람이라서가 아니라 '좋아, 영혼아, 나는 이 문을 열었다. 모두 울부짖고 있어. 어떻게 할까?' 이런 식이니까요. 그리고 늘 정말로 멋진 일이 일어나죠.

사람들은 날 신뢰해요. 나는 그 사람들에게 다가갈 수 있고 나한테는 믿음을 주는 기가 있어요. 하지만 내가 준비됐을까요? 눈물보가 터질 것에 대비해서? 노발대발할 수도 있는데?

사람들이 감옥에 가게 되는 데에는 여러 가지 복잡한 사정이 있겠지만, 어쨌거나 인생의 어떤 시기에 선생님을 만나지 못해 그랬다고 볼 수 있을까요?

아, 맞아요, 정말 그래요. 게다가 이 세대, 이 잃어버린 세대들은 정말로 길을 잃어버렸어요. 교회, 학교, 가정 같은 제도가 다 무너져버렸으니까요. 스티비 원더가 부른 그 멋진 노래, 있지요. "당신처럼 하는 법을 보여주세요, 어떻게 할지 보여주세요."

시민권 시대에는 흑인들이 감옥이 가지 않았어요. 몇 사람 빼고는요. 그리고 누명을 써서 간 사람들 빼고는요. 학교를 다녔고, 대학을 다녔고, 교회를 다녔죠. 친숙한 구조들이 있었지요. 이웃과 공동체요. 그런데 시민권 운동이 성공하고 나서는 그 모든 게 무너지기 시작했어요. 능력 있는 이들은 다 교외로 나갔죠. 도심을 떠나버렸어요.

그리고 그 과정에서 가족들이 흩어졌어요. 교회들이 무너졌고요. 아시다시피 교육 제도도 무너졌죠. 정부의 기반 시설도 무너졌고요. 도심이 무너지기 시작한 거죠. 그러니 맞아요, 다 그 모든 곳에 선생님들이 없어서…….

안전 요원들을
가르친다는 것

"가르치는 모든 게 심각해야 합니다.
목숨이 달린 일이니까요"

다니엘 푸슨 해병대 훈련 교관 미시시피 주 빅스버그에서 자라 1997년에 해병대에 입대했다. 지금은 사우스캐롤라이나 주 패리스 아일랜드에서 신병들에게 기본 훈련을 가르치고 있으며, 또 해병대 훈련 교관으로 일하고 있다. 패리스 아일랜드는 해병대 신병들의 1차 훈련소다. 신병들은 이곳에서 훈련을 마치고 나면 다른 곳으로 옮겨 훈련을 더 받게 된다.

신병들의 기본 병사 훈련 과정을 맡고 있습니다. 12주짜리입니다. 12주 동안 한 부대를 가르치는데, 12주가 지나면 다시 그 다음 부대가 옵니다. 훈련 교관은 신병들에게 전장에서 생존하기 위해 알아야 할 모든 것을 가르쳐야 합니다. 응급 처치와 군장 메는 법부터 전투 중 알아야 하는 기본적인 사항에 이르기까지 말입니다. 신병들이 알아야 할 모든 것을 우리는 시범을 통해 가르칩니다. 우리가 하는 것을 보고 나서 신병들 스스로 해봅니다. 훈련은 크루서블The Crucible이라는 지옥훈련을 마지막으로 끝이 납니다. 크루서블(54시간 동안 이어지는 신병 훈련의 절정. 밥도 못 먹고 잠도 못 잔 채 라이플 총 말고도 22킬로그램의 군장을 메고 78킬로미터를 행군하면서 많은 테스트를 거치고 장애물을 이겨내야 한다. 육체와 정신의 한계를 시험하는 도전이다)은 그동안 배운 모든 것을 테스트하는 훈련입니다.

그럼 대체로 시범을 보이면서 훈련을 시키는 거군요.

그렇습니다. 그게 가장 많은 부분을 차지한다고 볼 수 있습니다. 물론 강의도 합니다. 보통 강의처럼 실내에서 자료를 가지고 가르치죠. 제가 가르치는 것 중 하나가 응급 처치입니다. 머리 부상부터 가슴이나 복부 부상 때 석션하기,* 그리고 열이나 추위로 생기는 병들까지 모든 것을 가르칩니다. 강의를 하고 나서 실습도 합니다.

그런 일을 모두 훈련 연습이 아니라 실제로 전장에서, 심지어는 전투 중에도 할 수 있게 가르치는 게 큰 일일 것 같은데요.

그렇습니다. 그래서 우리는 체력 단련 시간에 신병 하나를 따로 불러내 '자네는 오늘 일사병으로 쓰러진다'고 말해둡니다. 그래서 그 신병이 가짜로 쓰러져도 다른 병사들은 실제 상황으로 알고 대처하게 됩니다. 또 다른 방법은 해병 중에 전투 경험이 있는 병사들이 많은데, 해병들을 불러 실제 경험담을 들려주게 하는 겁니다. 그 방법도 상당히 도움이 됩니다.

훈련을 마치지 못할 것 같거나 실제로 마치지 못한 병사는 없었나요?

여기 들어오는 신병들은 대체로 해낼 수 있고, 대부분 끝까지 해냅니다. 그러나 맨 처음에 와서 훈련을 받으면 확실히 깜짝 놀랍니다. 오래된 비유를 들자면, 불에 데기 전에는 그게 어떤 건지 모르는 거죠.

신병들 대부분은 여기 와서도 정말 해병이 되고 싶어하지만, 다시 생각해보는 병사들도 있습니다. 그래서 훈련 기간에 찾아와 기본적으로 여기 있고 싶지 않다고 말하는 신병들을 여러 번 보게 됩니다. 그런 문제를 어떻게 다루냐고요? 선임 교관이었을 때 그런 신병이 있으면 남자 대 남자로, 인간 대 인간으로 앉아서 왜 이곳에 왔는지 물어봤습니다. 신병 모병관과 통화를 하게

● 흡입기를 통해 상처 부위에서 피나 이물질을 빨아내는 것.

도 하고, 어떤 때는 부모님이나 인생의 안내자 구실을 하던 사람과 통화를 하게 합니다. 보통 그게 전부입니다. 그러니까 옳은 선택을 했다는 걸 확인해 주고, 왜 여기 들어왔고, 왜 이 일이 좋은지, 그리고 자신이 할 수 있다는 것을 재확인해주는 거죠. 신병들에게는 많은 도움이 됩니다. 그래서 다시 동기를 부여받고 훈련을 계속 받게 됩니다.

일반인들은 영화 같은 데서 보고 해병대 훈련이 진짜 힘들다고 알고 있는데, 온통 힘들기만 한 건지 아니면 격려 같은 것도 해주면서 부드럽게 대하는 면도 있는지 궁금하군요.

힘들다고는 말하지 않겠습니다. 긴장을 많이 하고 계속 움직이고 생각을 하게 훈련이 짜여 있느냐고 묻는다면, 예, 그렇습니다. 거기에, 그러니까, 부드러운 면도 있느냐고요? 그렇습니다. 일요일마다 교회에 갈 수 있습니다. 교회에 가라고 강요하지는 않지만 가진 종교가 뭐든 간에 영적 발달을 강조합니다. 신을 믿으라는 것도 아닙니다. 그건 그냥 자기 자신을 믿는 것일 수도 있습니다. 거기 가서 재충전을 하고 긍정적인 누군가와, 그러니까 시기를 북돋워줄 수 있는 누군가와 얘기를 하는 겁니다. 그런 면도 분명 있습니다.

훈련 교관은 만날 대놓고 소리만 지르냐고요? 절대 아닙니다. 우리는 아주 소중한 시간을 갖습니다. 훈련 교관과 신병들이 앉아 살아온 얘기를 하면서 무엇이 올바른 일인지 대화를 나누죠. 할리우드가 보여주는 신병 훈련은 사람들을 끌려고 만든 겁니다. 똑같지 않습니다.

신병들을 훈련시키는 것 말고 해병 교관들 교육도 맡고 계시다던데, 맞습니까?

네. 분대 교관입니다. 저한테는 12명의 해병들이 있는데, 말하자면 전 그 12명의 멘토입니다. 그 일이 하루의 75퍼센트를 차지합니다. 저는 분대원들을 훈련 장소들로 데리고 다니며 신병들이 뭘 하고 있고, 훈련 교관들이 이 신병들을 어떻게 훈련시키고 있는지 가르칩니다. 훈련의 전 과정을 설명해줍니다.

이 훈련을 마치고 훈련 교관이 되면 뭘 할 건지 알 수 있게 도와주는 사람이 접니다. 저는 분대원들에게 신병들을 어떻게 가르치고 어떻게 평가할지 가르칩니다. 이것도 시범을 통해 가르칩니다. 강단에 서서 하는 게 아닙니다. 해병대에서는 기초 훈련도 또 통솔하는 법도 대체로 시범을 통해 가르칩니다.

훈련 교관은 자신이 하는 일을 전체적으로 이해하고 있어야 합니다. 신병 훈련 과정의 목표가 무엇인지를 알아야 하는 거죠. 그 훈련의 목적이 무엇인지, 그 목적을 이해시키는 일이 제 주된 임무 중 하나입니다.

훈련 교관으로서, 분대 교관으로서 여러 해 동안 가르치는 일을 해오셨는데, 이 일을 처음 시작할 때와 비교해서 가르치는 사람으로서 달라진 점이 있나요, 아니면 기본적으로 달라진 게 없나요?

(소리 내 웃음) 확실히 달라졌습니다. 이제는 실제로 사람의 마음을 읽을 줄 알게 됐습니다. 차분해지는 법과 다른 사람 얘기를 경청하는 법도 알게 됐습니다. 제가 모든 걸 다 알고 있다고 생각하지 않습니다. 전 그 사실을 잘 알고 있습니다. 자기가 모든 답을 알고 있다는 믿는 선생은 실패하게 돼 있다고 전 생각합니다. 배운다는 건 끊임없는 과정이라는 사실을 잘 알고 있습니다. 전 확실히 변했습니다.

해병 교관이 사람들 얘기를 경청하는 법을 배웠다고 하면 놀라는 사람들도 있을 것 같은데요.

아, 예. 들어야 합니다. 오해하지 마십시오. 분명 하루 종일 명령을 내리게 됩니다. 하지만 병사들의 반응을 살피지 않는다면……, 훈련 과정이 끝나면 전 신병들에게 뭐가 가장 힘들었는지, 어떻게 했으면 더 잘 배울 수 있었을지 물어봅니다. 교관들 훈련을 끝낼 때도 마찬가지입니다. 그때마다 교관 평가서를 만들게 해서 그걸 읽고 활용합니다. 활용하지 않을 거면 뭐 하러 물어보겠습니까.

확실히 자기가 가르치고 있는 사람들 말을 귀 기울여 들어야 합니다. 바보가 아닙니다. 다 자란 어른들이에요. 그리고 초등학교 1학년 때부터 좋은 선생님도 만나고 나쁜 선생님들도 만나봤을 겁니다. 가르치는 사람으로서 더 나아질 수 있는 유일한 길은 자기한테 배우는 사람의 말을 경청하는 것입니다. 물론 적절한 때 말이죠. 얘기를 듣고 필요하다면 바꿔야 합니다. 그렇게 못한다면 그냥 인생 전부를 말아먹는 거라고 생각합니다.

특히 또렷하게 생각나는 신병이 있습니까?

예. (소리 내 웃더니 그 신병 이름을 말한다.) 선임 훈련 교관으로 첫 회기 때 만난 신병이었습니다. 안짱다리라 걷는 걸 몹시 힘들어 했죠. 동작에 절제가 없고 매끄럽지도 못했습니다. 신체 지구력도 없고 그렇게 똑똑해 보이지도 않았고요. 적어도 처음에는 말입니다. 신체검사를 어떻게 통과했는지 모르겠더군요.

훈련이 절반쯤 지나고 나니까 이 신병이 좋아지기 시작하더군요. 정말 그랬습니다. 훈련이 끝날 때쯤에도 최고는 아니었습니다. 그러니까 모든 시험을 100퍼센트 통과하지도 못했고, 가장 빨리 달리지도 못했죠. 사실 거의 꼴찌였습니다. 그렇지만 그 정신력은 놀라웠습니다. 한 번도 불평하거나 포기한 적이 없었습니다. 막 고등학교를 졸업한 아이가 해병으로 변신해가는 모습이 놀라웠습니다. 제가 지금껏 본 신병들 중 가장 좋아하는 친구입니다.

어쩌다가 해병대 교관이 되셨습니까?

해병대에 있는 걸 좋아하기 때문이죠. 해병대는 제게 많은 걸 줬습니다. 전 삶의 방향을 잡지 못했습니다. 고등학교 졸업하고 대학을 갔다면 바로 낙제를 했을 겁니다. 그런데 해병대에 들어가서 훈련을 잘 받게 됐습니다. 그러자 새로운 문이 열렸습니다. 여행도 할 수 있고, 탁월하고 놀라운 사람들도 만나게 된 것입니다.

그래서 해병대에 보답하고 싶었습니다. 훈련 교관이 되는 게 한 방법이었죠. 해병대가 뭔지 모르는 이들을 제 경험으로 가르칠 수 있었습니다. 가르치고 돕고 지도하고 조언을 할 수 있었죠. 솔직히 말하면 해병들의 멘토가 돼주고 지도하는 일을 전 절대적으로 사랑합니다. 해병들한테서 배우고 또 그렇게 배우는 게 좋습니다. 그렇기 때문에 신병들뿐 아니라 여기 해병들도 가르칠 수 있는 건 확실히 특전입니다. 저는 그 일이 정말 즐겁습니다. 해병대에 보답할 수 있고, 제가 열여덟 살 때 바로 들어와 존경하게 된 그런 사람들 중한 명이 될 수 있어서 정말 기쁩니다.

그동안 교관님께 영향을 미친 분이 있었습니까?
있었습니다. 해병대에 있으면서 여러 상황에서 존경하는 분들을 많이 만났습니다. 하지만 제가 늘 존경하는 분이 한 분 계십니다. 그분은 이 사실을 모르실 겁니다. 문제가 생길 때마다 늘 생각나는 분입니다. 그분이라면 이렇게 했을까 저렇게 했을까 생각하는 거죠. 로버트 오언스라는 분입니다. 제가 해병대에 들어올 때 그분은 특무상사셨습니다. 늘 시범을 보여주셨는데, 우리 앞에서 이런저런 시범을 보이던 모습을 잊을 수 없습니다.

해병을 훈련시키는 일은 시간도 많이 걸리고, 대충 할 수 있는 일이 아닙니다. 자신이 갖고 있는 모든 걸 쏟아부어야 합니다. 왜냐하면 이 신병들이 곧해병이 돼 전우의 목숨을 구하려고 훈련한 걸 써먹어야 할지도 모르니까요. 그 사실을 늘 염두에 둬야 합니다. 모든 것이 그 임무를 위해 있는 겁니다. 싸워 전투에서 승리하기 위해 말입니다. 가르치는 모든 걸 심각하게 취급해야합니다. 목숨이 달린 일이니까요.

"늘 초심자의 마음으로 돌아가야 합니다"

롭 마가오 민간인과 법 집행 요원 무예 지도 롭 마가오는 코네티컷 주 특수기동대 소속 형사다. 또 경찰서 14군데에서 현직 경찰관들을 대상으로 하는 연수 훈련을 담당하고 있으며, 경찰대와 연방 조직, 군대와 대테러 진압 부대의 훈련도 맡고 있다. 아이부터 어른까지 민간인을 대상으로 하는 무술과 호신술 강좌도 열고 있다. 무술 경력이 20년이 넘은 마가오는 유술*과 고주류 가라테**유단자다. 공인된 고급 록업*** 체포와 진압 교관이며, 지상 전투 교관이고, 수갑과 경찰봉을 사용하는 법을 가르치는 훈련 교관이자 가상 시나리오 모의 훈련 교관이기도 하다.

처음에 어떻게 무술을 배우게 됐습니까?

동부 코네티컷에서 조부모님과 어머니 손에서 컸습니다. 아버지는 12살 이후로 못 봤습니다. 4학년 때 처음 유도를 시작했는데, 사범님이 아파서 도장을 닫았죠. 그러다 십대 때 자전거를 타고 가다가 일본식 한자가 쓰인 간판을 보게 됐습니다. 무슨 말인지도 몰랐지만 무술을 가르치는 곳일 거라 짐작하고는 문을 두드렸죠. 어느 여자 분이 나오시기에 무술을 가르치는 곳이냐고 물었더니, 대답은 안 하고 내일 오라고만 하셨습니다. 여러 번 가야 했는데, 나중에 알고 보니 그 여자 분의 남편이 사범이셨는데, 제가 갈 때마다 계셨으면서도 얼마나 진지한지 알아보려고 그렇게 한 거였습니다. 그분은 전통적인

● 일본의 전통 무술로 유도의 원형이다. 상대방을 메치는 기술, 타격, 무기 방법 등이 있어 유도보다 실전적이다.

●● 가라테의 한 분파.

●●● 'Law Officers Combat Kinetics Unarmed Panoply'의 줄임말로, 무기 없이 맨손으로 체포와 진압을 하는 것.

가라테를 가르쳤습니다. 아주 진지하게요. 그분 밑에서 배웠는데, 그분이 제 인생을 완전히 바꿔놓았죠.

그분을 만났을 때 전 힘든 시기를 보내고 있었습니다. 아버지는 떠나고, 할 아버지는 편찮으시고, 이모는 암에 걸리고, 어머니는 상당히 우울해 하셨죠. 정말 힘들었는데 의지할 데가 없었습니다. 그런 제게 가라테가 탈출구가 돼 줬습니다. 전 그분 밑에서 수련을 시작했습니다. 몇 년이 지나자 그분은 제게 초보자들을 가르치게 하셨습니다. 그렇게 절 지도자로 기르기 시작한 거죠.

전 지금도 제 제자들을 그런 방식으로 지도하고 있습니다. 일찍 가르치는 걸 배우게 되면, 세월과 더불어 기술만 배우게 될 뿐 아니라 가르치는 것도 배우게 되는 것 같습니다. 검은 띠를 딸 때쯤이면 싸우는 기술뿐 아니라 가 르치는 기술도 익히게 되는 거죠.

전 그분의 영향을 많이 받았고, 그래서 언젠가는 저도 가르치고 싶다는 생 각을 하게 됐습니다. 그리고 한 번도 수련을 중단하지 않았습니다. 경찰대학 을 다닐 때도 주말에 훈련을 했습니다.

어떻게 무술을 지도하시나요? 시범을 보여주면 수련생들이 따라하나요?
예. 기본적으로는요. 보통 수련생들이 오면 먼저 지켜보게 한 다음 매트로 데 려옵니다. 전 초보, 중급, 고급으로 반을 나누지 않습니다. 초보자는 좀더 잘 하는 사람을 보면서 배운다고 생각하니까요. 따라야 할 본보기를 보고 배우 면 자기도 수련을 하면 어떻게 되는지 알게 됩니다. 그리고 고급반 학생들은 새로 온 학생들을 가르치면서 배우게 됩니다.

수련생들은 기술이나 체력 수준이 아주 다양합니다. 어떤 이들은 몸 상태 가 아주 좋지만, 몇 년 동안 운동을 하지 않은 사람들도 있기 때문에 어떻게 가르칠지 조절을 해야 합니다. 하지만 저는 모든 사람을 받아들이고 모두 똑 같이 대합니다. 수련을 하겠다고 오면 전 처음에 여기에 왜 왔는지, 목적은 무엇인지, 수련을 통해 뭘 얻으려고 하는지부터 물어봅니다. 그런 다음 제가 도울 수 있을지 제 자신에게 물어봅니다. 그럴 수 있을 것 같으면 그 사람들을 심리적으로, 정신적으로, 그리고 신체적으로 더 강하고 더 건강하게 만들어줄 수 있는 건 뭐든 다 합니다. 제가 맞지 않다는 생각이 들면 도와줄 수 있는 다른 사람을 찾아봅니다. 제가 어떤 학생에게 가장 적합한 사람은 아니라는 걸 알려면 지도자로서 충분히 성숙해져야 합니다.

무술은 계통이 다양합니다. 수천 년 동안 아무것도 변치 않는 채 대대로 내려오는 방식대로 하는 아주 전통적인 것도 있고, 시대에 따라 변해 오면서 현대적인 방식을 채택하는 것도 있습니다. 저는 그 두 가지 방식을 결합하려고 노력합니다. 우리 도장의 슬로건 중 하나는 '전통적인 무술과 현대 호신술의 만남'입니다.

역사를 아는 것도 중요하지만 우리는 전혀 다른 세상에 살고 있습니다. 여기는 봉건제가 지배하는 일본이 아닙니다. 현대인들이 직면하는 위협은 노상강도나 차량 탈취, 테러리스트의 공격 같은 것인데, 100년 전에는 없던 일이죠. 1400년 전에는 권총 공격 같은 건 걱정할 필요도 없었습니다. 그래서 누가 와서 옛 언어와 옛 관례대로 배우려고 한다면 저는 정말 가르칠 자격이 안 됩니다.

저는 현대 호신술만 가르칩니다. 어떤 동기 부여 강연자가 그러더군요. 모든 사람은 세 종류로 나눌 수 있다고요. 대부분의 사람은 양에 속한답니다. 자기 일을 열심히 하는 그런 사람 말이지요. 그리고 1퍼센트 정도는 약탈자랍니다. 먹이를 찾는 늑대들 말입니다. 그리고 다른 사람들을 보호해주는 양치기 개인 사람들도 있답니다. 경찰관과 군인들이죠. 저는 양치기 개가 돼야 한다는 생각으로 사람들을 가르칩니다. 경찰이든 아니든 정신을 똑바로 차리고 살려고 노력해야 합니다. 편집증 환자처럼 굴라는 게 아닙니다. 늘 주의를 게을리하지 말아야 한다는 거죠.

언제든 목숨을 잃을 수 있습니다. 한순간입니다. 제 품에서 죽어간 사람들이 많았습니다. 그 사람들이 죽어가면서 마지막으로 본 사람이 저였습니다.

한결같이 무슨 일이냐고 물었습니다. 무슨 일이 일어났는지 알지도 못했습니다. 일이 닥치는 걸 보지 못한 겁니다.

무술을 가르칠 때는 엄청난 책임감이 따릅니다. 전 태도가 나쁘거나 배우는 목적이 불량한 사람은 절대 받아들이고 싶지 않습니다. 9·11 사태를 보세요. 조종실에 들이닥쳐 항공사 직원들을 공격한 테러리스트들 중 플로리다에서 무술을 배운 사람들도 있었습니다. 가능한 한 신속하게 사람들을 제거하는 법을 배운 겁니다. 그래서 제 도장에 오는 사람들은 법을 집행하는 사람이 아니면, 그리고 제 제자 중 하나가 그 신원을 보증할 수 없으면, 반드시 전과 기록이 확인돼야 합니다.

유도를 가르칠 때 정신적인 요소는 얼마나 됩니까?
그건 제가 조심을 하려고 하는 부분입니다. 할리우드가 무술을 정신적인 것과 심지어는 종교와 결합하려고 했으니까요. 그 두 가지를 섞으면 안 됩니다. 완전히 다른 거니까요. 제게 무술은 끊임없는 자기와 맞선 싸움이라는 의미에서만 정신적인 것입니다. 경쟁자는 바로 자신입니다. 자기 자신만을 탓할 수 있을 뿐입니다. 사람들은 다른 사람이 공격을 당해도 도와주지 않습니다. 10명이나 15명이 보고 있으면서도 말입니다. 그래놓고서 뒤에 가서는 다른 사람들이 도와줄 줄 알았다고 합니다. 육체적으로 강하고 건강해야 한다는 게 제가 사람들에게 가르치려고 하는 것입니다. 왜냐하면 싸움을 하게 되면 심장이 벌렁거리고 몸이 덜덜 떨려서 몸을 맘대로 못 쓰니까요. 운전하고 가는 데 누가 앞에서 뛰어든 적 있습니까?

아, 그럼요. 아드레날린이 엄청 솟던데요.
공격을 당하면 느낌이 그 천 배는 됩니다. 현금 지급기 앞에 서 있는데 모르는 사람이 다가와 얼굴에 권총을 갖다대면 말입니다. 만일 자신에 관한 믿음이 없고, 정신을 똑바로 차리고 있지 않으면, 마음과 몸과 정신이 강하지 못하면, 꼼짝도 못하는 겁니다. 사람들은 흔히 비상사태가 벌어지면 잘 해결할 수 있을 거라고 생각하지만 천만의 말씀입니다. 훈련받은 만큼 하게 됩니다. 임기응변 같은 건 없습니다. 그래서 저는 평생 배우고 있습니다. 훈련을 통해 준비를 갖춰놓지 않으면 아무것도 이겨낼 수 없습니다.

그렇다면 말씀하시는 그런 정신력의 핵심은 사실상 훈련이군요.
맞습니다. 그건 언제나 정말로 열심히 훈련을 하고 노력해서 더 나아지려고 하는 자세입니다. 왜 그런지는 모르겠는데, 훈련은 하면 할수록 배워야 할 게 더 많아집니다. 이해가 되실지 모르겠습니다만. 그리고 더 배워야 할 게 없다는 생각이 든다면 그건 정신력을 잃어버린 겁니다. 늘 초심자의 자세로 돌아가야 합니다. 얼마나 오랫동안 해왔건 간에, 처음 했을 때와 똑같은 집중력과 투지와 열망을 가지고 모든 걸 열심히 해야 합니다. 그런 정신력은 뭔가를 사랑했을 때만, 그것에 관해 열정이 생겼을 때에만 생깁니다. 제게는 그런 게 정신력입니다. 절대 굴하지 않는 것, 결코 중단하지 않는 것, 늘 정신을 똑바로 차리는 것, 매일 훈련을 하는 것, 말하자면 경건하게, 그리고 더 나아지려고 노력하는 자세입니다. 매트 위뿐만이 아니라 인간으로서 더 나아지려고 열심히 노력하는 것이고, 그래서 마침내 다른 사람들에게 돌려주고 가르쳐주려고 열심히 노력하는 겁니다. 내가 배운 것을, 내 지식을 끊임없이 다른 사람에게 주고 전달하는 것, 그것이 저한테는 제가 하는 무술과 관련된 정신적인 면입니다.

제 생각에 많은 도장들이 그 점을 망각한 것 같습니다. 도장을 가보면 10곳 중 9곳은 수련생이 지도자에게 경건하게 고개를 숙이거나 스승님이나 사부님이라고 부릅니다. 그런데 강요된 존경입니다. 지도자가 강습 시간의 반도 가르치지 않습니다. 그냥 수련생들에게 고함을 지르며 명령하고 수련생들은 그대로 따릅니다. 선생이 뭘 할 수 있는지 보여주지 않습니다. 그랬다가는 수련생들이 떠날까봐 또는 나쁘게 보일까봐 두려워하기 때문이죠.

전 완전히 다릅니다. 존경이란 강요하는 게 아니라 얻어야 하는 것이라고 생각합니다. 사람들은 참된 지도자를 따릅니다. 그래야만 해서가 아니라 그렇게 하고 싶어서요. 전 제가 왜 수련생들을 지도하는지 강습 때마다 증명합니다. 수련생들이 팔굽혀 펴기를 하고 윗몸 일으키기를 할 때 저도 늘 함께합니다. 저는 수련생 하나하나와 대련을 합니다. 그리고 그런 일이 없기를 바라지만 언젠가 제 수련생 중 하나가 절 이긴다면, 그건 선생인 제게 최고의 경의를 표하는 일이 될 겁니다. 제가 그렇게 가르친 거니까요. 제가 수련생들을 3~4년 전만 해도 아무것도 모르는 존재로 생각하다가 이제는 도전적인 존재로 간주한다면, 그건 최고의 칭찬이 되는 겁니다. 저 문을 걸어 들어온 모든 수련생에게 제가 거는 목표는, 내 곁에 충분히 오래 머문다면, 언젠가는 절 능가할 수 있게 해주는 겁니다. 저보다 더 나아지게 해주는 겁니다. 제 아들이 자라 언젠가는 저보다 더 좋은 집과 더 좋은 직업을 갖고 더 나은 인생을 살게 되길 바라는 것과 같죠.

민간인 수련생 중에서 특히 기억나는 사람이 있나요?
물론입니다. 아주 자주 떠오르는 수련생이 있습니다. 8년 전 경찰관인 한 친구가 찾아와서는 자기한테 조카가 하나 있는데 엉망으로 커서 마약 중독에 무장 강도까지 했다고 하더군요. 그 친구는 그 아이가 바뀔 수 있다고 생각해서 데리고 있었습니다.

　　저한테는 말썽을 일으킨 사람에게는 무술을 가르치지 않겠다는 규칙이 있었지만, 친구는 그 아이를 데려왔습니다. 처음 6개월 동안은 그냥 함께 달리기만 했습니다. 매일같이요. 그 아이는 달리고, 달리고 또 달렸습니다. 저는 계속 밀어붙였고, 그 아이는 포기하지 않았습니다. 그러더니 깨끗해지더군요. 하루에 헤로인을 15봉이나 먹어 곧 죽을 것 같은 아이였는데 말입니다. 그 아이가 변하고 싶어한다는 걸 알 수 있었습니다. 그 아이는 계속해서 저와 함께 노력했습니다. 기본적으로 좋은 아이라는 걸 알 수 있었죠.

그래서 그 아이에게 무술을 가르치기 시작했습니다. 아이는 점점 건강해지면서 피부색도 바뀌더군요. 태도도 바뀌고요. 말도 하기 시작했고, 좀더 외향적이 되어갔습니다. 아이는 저와 훈련을 계속했습니다.

그 아이가 이제 20대 초반입니다. 전문대를 졸업하고 구급차 구급대원으로 일하고 있죠. 아직도 우리는 함께 훈련을 합니다. 그 아이는 자기 인생을 바꾼 겁니다. 그 전에는 인생에 긍정적인 모델이 없던 거죠. 아무도 인생을 바꿀 수 있다고 얘기해주지 않은 겁니다. 그런데 이제 세상에 나가 매일 밤 사람들을 도와주고 있습니다. 그러면서 종종 삼촌과 내가 아니었으면 그리고 무술 훈련을 받지 않았더라면 자기가 어찌 됐을지 알 수 없다고 얘기합니다. 아마 감옥에 갔거나 죽었을 거라고요.

지금까지는 민간인을 가르치는 이야기를 했는데요. 법 집행관들을 지도하는 얘기 좀 해주시겠습니까?

매년 훈련 프로그램을 운영하는 우리 경위 중 하나가 현역 대상 프로그램을 마련하는데, 호신술과 관련된 프로그램이 늘 하나는 있습니다. 그럼 그 사람이 저와 제가 가르친 다른 한 사람을 찾아옵니다. 그럼 저희가 그 훈련을 구성하죠.

어느 해엔가는 교내 총격 사건 상황을 가정해서 훈련했습니다. 학교에서 총을 들고 날뛰는 사람에 관해 이야기하고 어떻게 대응할지 그리고 건물 안에 있는 모든 사람의 안전을 확보하려면 어떻게 할지 얘기들을 나눕니다. 그 훈련은 실제 일어난 교내 총격 사건 비디오를 시청하는 것부터 시작합니다. 범인이 어떻게 들어오는지, 옷차림은 어떤지, 어떤 몸짓을 하는지, 어떤 무기를 지녔는지 연구하죠. 그런 다음 어떻게 대처할지 연구합니다.

그런 다음 빈 학교나 회사 건물 같은 곳으로 가서 배역을 정해 생생하게 모의 훈련을 합니다. 경찰들은 전화를 받고 시뮤니션 총, 그러니까 총신을 제거하고 페인트볼 같은 게 나오는 총신으로 교체한 진짜 총으로 무장하고 들어옵니다. 그리고 훈련받은 대로 합니다. 건물 안으로 들어가 대열을 맞춰 복도를 지나서 방 안으로 들어가고, 용의자를 보게 되면 대화를 하고 인질들을 도망치게 하는 등 배운 대로 다 합니다. 직접 몸으로 해보는 겁니다. 연기도 나고 큰 소음도 들리고 여기저기서 불빛이 번쩍거립니다. 언젠가는 이런 일을 겪을 테니까 임무를 수행해야 하는 상황을 만들어내려고 하는 거죠. 이런 실전 같은 모의 훈련을 마치고 나면 다시 강의실로 돌아가 우리가 한 모든 행동을 재검토합니다.

현실에 근거한 훈련을 하는 게 무엇보다 중요합니다. 하루 종일 강의실에 앉아 있을 수도 있지만, 장비를 차고 방으로 들어가 누군가가 어떤 여성의 머리에 총을 대고 있는 걸 보고 신체적으로 대응하며 훈련받은 대로 하는 건 완전히 다른 겁니다. 압박감을 받으며 몸으로 그 일을 해야만 한다면, 그런 훈련을 해보는 것보다 더 좋은 건 없습니다.

경찰관들에게 육탄전 기술도 가르치십니까? 그게 당신이 하는 무술과 좀더 가까울 텐데요.

예. 무엇보다도, 보통 경찰한테서 허리에 차고 있는 모든 장비를 제거한 다음에 법을 집행하라고 한다면, 솔직히 말해 대다수가 못할 겁니다. 그래서 저는 경찰들에게 경찰들이 얼마나 자주 총을 빼려다가 밀어 넣게 되는지, 테이저건 *이 작동하지 않는 경우가 얼마나 많은지, 또 최루 스프레이가 소용없는 사람이 얼마나 많은지 설명하려고 합니다. 그럴 경우에는 몸싸움을 하게 됩니다. 그런데 할 수 있을까요? 그럴 수 없다는 걸 알고 놀라는 경찰들이 많습니다.

육탄전이나 무술 훈련은 매주 끊임없이 해두지 않으면 잊어버리기 쉽습니다. 스트레스를 받는 상황에서 해야 할 경우에는 임무를 수행하지 못하게 됩

● 작은 쇠 화살을 쏘아 전기 충격을 가하는 총처럼 생긴 무기.

니다. 누군가가 도발을 해서 주먹들이 날아다니기 시작하면 끊임없이 훈련을 해오지 않는 이상 배운 대로 할 수가 없습니다. 모든 일선 경찰들이 매주 그런 훈련을 합니다. 어떤 곳에서는 매일 하는 곳도 있습니다. 우리 관할 지역에서는 제 두 손으로 누군가를 붙잡아 체포하지 않고는 한 주도 지나가는 법이 없습니다.

저는 경찰들에게 허리에 찬 무기들에 의존하지 말라고 합니다. 제시간에 손에 쥘 수도 없고 또 소용이 없을 수도 있으니까요. 그러면 몸만 남는 겁니다. 이 자를 저지할 수 있을까? 그게 바로 제가 무술을 배운 이유입니다. 저는 사람들을 저지해 다른 사람들을 보호하려고 무술을 배웠고 또 실제로 사람을 다치게 하지 않고도 저지할 수 있습니다. 아무도 해치고 싶지 않지만, 누가 다른 사람을 해치는 것도 원치 않습니다. 그리고 그 사람이 다른 사람에게 입힌 것보다 더 많은 손상을 입는 것 역시 바라지 않습니다.

어떻게 극도의 긴장 상태에서 임무를 수행할 수 있게 가르치느냐고 물어보려고 했는데, 이미 답변을 하신 것 같군요. 반복적인 훈련만이 비결이라고 하신 것 같은데요.

확실히 그렇습니다. 실제로 제 도장에 와서는 텔레비전에서 본 그 모든 멋진 기술들을 배우고 싶다고들 하는데, 그러자면 몇 년 동안 같은 걸 반복하고 반복하기를 수천 번은 해야 한다는 점을 설명해주려고 합니다. 뭘 잘하자면 그렇게 해야만 하니까요. 끊임없이 훈련해 본능으로 만들어 생각지 않아도 나올 수 있을 때까지 해야 합니다.

잘 가르치시는 비결이 뭐라고 생각하십니까?

전 유머를 많이 씁니다. 저보고 개그맨이 돼야 했다고 말하는 수련생들도 있습니다. 웃음은 큰 도움이 됩니다. 긴장을 풀어주고 사람들을 하나로 묶어주니까요. 그리고 인간적인 면을 보여주죠. 웃게 만들 수 있으면 집중하게 할 수 있습니다. 그러면 배우는 사람은 더 많은 걸 배우게 됩니다. 가르치는 것도 배우는 것도 재미가 있어야죠.

배우는 사람은 가르치는 사람을 좋아해야 합니다. 안 그러면 잘 배우지 못합니다. 저는 수련생들과 통하는 게 많습니다. 이런 건 가르칠 수 없는 것 같습니다. 더 좋아질 수는 있지만, 연습을 해서 익힐 수는 없는 겁니다. 그건 관계를 맺는 것과 같습니다. 에너지를 쏟아야 하는 일이죠.

가장 큰 비결은 학생이 된다는 게 어떤 건지 잊지 않는 겁니다. 뭔가를 배우러 간 첫날, 겁도 나고 불안하기도 하던 그 기분을 기억하고 있어야 합니다. 학생이 없으면 선생도 없습니다.

"훈련이 목숨을 구합니다"

빈스 던 소방 훈련관 40년 넘도록 뉴욕시 소방국에서 근무했다. 소방관으로 7년, 간부로 9년, 그리고 그 뒤 25년간은 소방서장으로 재직했는데, 1984년부터 1999년까지는 맨해튼 중심부에서 근무했다. 1975년부터 가르치는 일을 시작해 소방국뿐만 아니라 맨해튼대학교와 존제이대학교 그리고 국립소방학교에서도 가르쳤다. 또한 전국을 돌며 워크숍과 세미나를 개최하고 소방 활동과 관련된 책들을 4권 출간했으며, 《소방서(firehouse)》와 《WNYF ─ 뉴욕 소방대원들과 함께(With New York Firefighters)》라는 잡지에도 정기적으로 글을 기고하고 있다. 뉴욕 악센트가 강한 열정적인 어조로 이야기했다.

뉴욕이나 다른 대도시에서 소방관이 되려면 체력검사와 필기시험, 신체검사를 통과해야 합니다. 소방 활동은 노동 강도가 세기 때문에 신체적으로 적합해야 합니다. 상체와 하체의 힘이 좋고 폐활량도 좋아야 합니다. 소방대원에게 이건 정말 중요한 요건입니다. 그런 검사들을 통과하고 나면 훈련을 받게 됩니다. 루키 스쿨^{rookie school}이라고 신참 학교에서 6개월간 훈련을 받습니다.

훈련은 이론과 실습 두 가지로 구성돼 있습니다. 이론을 공부할 때는 필기시험을 보고, 실습은 불타는 건물 안에서 실전 훈련으로 진행됩니다. 실제로 건물 안에다 불을 붙이고 연기를 낸 다음, 신참 소방대원들을 이 연기가 가득한 스모킹 룸 안으로 들여보냅니다. 그 안에서 불을 끄고 수색하는 법을 배우죠. 소방 활동이 힘든 것 중 하나는 보지 않고 일을 해야 한다는 겁니다. 소방용 마스크를 쓰고 연기가 자욱한 건물 안으로 들어가면 실제로 아무것도 안 보입니다. 그래서 소방대원들은 몇 년에 걸쳐 불타는 건물을 감으로 통과하는 능력을 익힙니다. 이런 불타는 건물 안에서 하는 훈련은 아주 위험합니다. 실제로 신참대원들이 죽는 경우도 있습니다. 중요한 훈련이지만 위험하기도 해서 철저하게 감독해야 합니다. 불타는 건물 안에서 소방대원을 잃는 일은 무척 안타까운 일이지만, 종종 일어나는 일입니다.

말했다시피 소방 활동은 손을 많이 쓰는 일이라 소방대원들은 손기술을 익혀야 합니다. 소방 호스를 잡아당기고, 사다리를 설치하고, 호스 물줄기 방향을 돌리고, 매듭을 짓고, 지붕을 절단하고, 강제로 문을 열고, 골목길에 사다리로 다리를 놓는 일들을 실전 훈련을 통해 익힙니다. 호스 스트랩 묶는 법도 배웁니다. 그건 물을 틀면 호스가 떨어지는 걸 방지하기 위해 난간이나 화재용 비상 계단*에 호스를 묶을 때 쓰는 겁니다.

루키 스쿨을 나오면 개별 지도를 받습니다. 신참 때는 보통 고참 소방관이 데리고 다니면서 보호해줍니다. 또 전국에 있는 모든 소방관들은 정기적으로 수행 훈련을 받게 됩니다. 우리는 매년 소방대원들의 능력을 평가합니다. 스모킹 룸에다 마네킹들을 놔두고 수색해 구조하는 훈련을 시키고, 미로를 만들어 보이지도 않는 낯선 곳에서 임무를 수행하는 훈련을 시킵니다.

매주 소방서 안에서도 훈련을 합니다. 매듭 묶기, 사다리 들어올리기, 구조 작업 중 지붕을 타고 미끄러져 내려오기 등을 연습합니다. 또 실내를 어둡게 하고 소방용 마스크를 착용한 다음 마네킹을 수색하면서 인명 구조 연습을 합니다. 사실상 우리를 '소방관'이 아니라 '소연관'이라고 불러야 합니다. 연기 자욱한 곳에서 불은 거의 보지 못하니까요.

또 소방 활동 훈련도 합니다. 저는 맨해튼 중심지에서 근무했는데, 거기에는 고층 건물이 많습니다. 다행히도 고층 건물 화재 사건은 그다지 많이 일어나지 않지만, 일어났다 하면 어마어마합니다. 그래서 고층 건물 소유자의 허락을 받아 토요일이나 일요일 아침에 15개 소방대 100명의 소방대원이 함

● 건물 외벽에 딸린 철제 다리.

께 소방 훈련을 합니다. 스모크 머신으로 한 층을 인공 연기로 가득 채웁니다. 모두 소방복과 소방용 마스크를 완전히 착용하고 로비로 들어가서 소방대원들을 배치합니다. 소방차 두 대는 소방 호스를 연기 나는 층에 연결하고 다른 소방차 두 대는 지원을 합니다. 소방대원들은 호스 줄을 끌고 계단을 통해 화재가 난 층으로 올라갑니다. 물론 물은 틀지 않지만 연기가 자욱한 층까지 호스를 끌고 갑니다. 그리고 두 대의 사다리차가 수색과 구조를 할 팀을 데려옵니다. 연기가 가득 찬 층 바닥에는 마네킹들을 놓아두고 희생자들이 타고 있는 엘리베이터는 층간에 세워둡니다.

이 훈련은 한 시간 정도 진행되는데 막바지에 이르면 다들 온몸이 흠뻑 젖습니다. 훈련이 끝나고 나면 강당으로 내려가는데, 거기서 모든 팀장들은 차례로 일어나 자신이 한 일을 설명합니다. 몇 번째 도착해 어떤 임무를 수행했다는 식으로요. 그 다음에는 과장들이 일어나서 자신들이 한 일을 설명합니다. 이 훈련은 제가 참여한 훈련 중 가장 정교한 훈련이었습니다.

간부가 되면 주로 가르치는 일 같은 게 많아지는데, 아이디어와 전략에 관해 이야기를 하기 때문입니다. 상관들도 훈련을 계속하는데, 그게 주로 가르치는 일입니다.

일을 할 때 훈련을 받아야 하는 직업은 많습니다. 그런데 소방관이 힘든 건 훈련받은 것을 비상사태 때, 아드레날린이 분출하는, 손에 땀을 쥐게 하는 그런 상황에서 써야 하는 데 있지 않나 싶은데요. 그런 일을 잘 해낼 수 있게 냉정을 유지하는 법은 어떻게 훈련시키십니까?

아주 좋은 질문입니다. 응급 업무에 있어서는 그 부분이 큰일입니다. 군인이든 경찰관이든 소방관이든 냉정을 유지해야 합니다. 소방 활동에서는 훈련을 받으면, 이렇게 연기가 가득 찬 건물 안에서 실전 훈련을 해봤으면, '뭘 해야 하지? 1단계, 호스 줄을 끌고 현장까지 가야 한다. 2단계, 마스크를 제대로 써야 한다' 같은 식으로 생각이 진행됩니다. 그래서 충분한 훈련을 받게 되면, 다들 소리를 질러대고, 연기가 가득차서 보이는 건 아무것도 없고, 층에서 층으로 불길이 넘실대는 응급 상황에서도 주변의 혼돈 속으로 빨려들지 않고 모든 걸 차단하면서 오로지 훈련받은 대로 해야 할 일에만 집중하고 또 집중하게 됩니다.

한 사람 한 사람 하는 일이 다 중요합니다. 소화전을 찾고 마스크를 착용하고 불속에서 신속하고 민첩하게 돌아다닐 수 있을 만큼 호스를 충분히 늘어트리고, 억지로 문을 열고 들어가 물을 틀고 물 뿌릴 방향으로 호스 끝을 맞춰 밸브를 돌리고, 불타는 곳으로 들어갈 때는 호스 물줄기를 위쪽으로 향하게 하고 조금씩 기어서 들어갑니다. 첫 번째 방, 두 번째 방, 세 번째 방……. 보이는 게 거의 없습니다. 머리 위로 뜨거운 물이 떨어지는 데 연기 사이로 불꽃이 보이나 찾습니다. 불꽃이 보이면 그쪽 방향으로 호스 물줄기를 돌립니다. 방 위쪽이 식습니다. 바닥도 식히려고 물줄기를 뿜습니다. 앞으로 계속 움직입니다. 앞으로 계속. 그러다 보면 열기가 수그러들고 있다는 느낌이 들고, 그러면 호스를 가지고 가까운 창가로 갑니다. 안개처럼 뿜어져 나오는 물줄기를 끄고 연기를 불어 날릴 수도 있습니다. 그러고 나면 불을 껐다는 걸 알게 됩니다.

물론 불을 못 끌 때도 있습니다. 너무 뜨겁고 불길이 거세서 건물 안으로 들어갈 수 없을 때도 있습니다. 공중에 대고 물을 뿜으며 밖에서 불과 싸워야 할 때도 있습니다. 이 역시 스모크 하우스에서, 그 불타는 건물 안에서 훈련을 하면서 배웁니다. 그래서 실전 훈련이 그렇게 중요한 겁니다. 훈련을 받지 않으면 그때가 닥칠 때 행동 지침도, 집중력도 가질 수가 없을 테니까요. 우리는 그때를 진실의 순간이라고 합니다.

저술 활동이 가르치는 데 도움이 됩니까, 아니면 가르치는 일이 저술 활동에 도움이 되나요?

제대 군인 원호법 덕분에 대학을 다녔습니다. 17세에 해군에 들어갔다가

1959년에 대학에 들어갔죠. 그러다 1976년에 석사학위를 취득하려고 대학으로 돌아갔습니다. 그때 지도 교수에게 어린 애들과 함께 수업을 듣고 싶지 않다고 했더니 개별 지도를 받고 논문을 써도 된다고 하더군요. 그 교수는 박사였지만 소방 활동에 관해서는 아는 게 없었기 때문에, 전 전문 용어를 쓸 수가 없어서 아주 상세히 묘사하고 설명을 해야 했습니다. 아무튼 그 덕분에 글을 쓸 능력이 생겼죠.

어떻게 시작했는지 생각이 납니다. 1977년에 브롱크스에 배속됐는데 화재가 났습니다. 방화 사건이었는데, 끔찍했죠. 건물이 무너졌어요. 그래서 추가 조사를 한 다음 논문을 썼죠. 그 뒤에 끔찍한 비극이 일어났습니다. 1978년 8월 2일이었는데, 소방관 6명이 화재 현장에서 벽 하나가 무너지는 바람에 사망한 겁니다. 그래서 제 논문들이 출판됐죠. 그 일과 관련이 있었기 때문에요. 그리고 마침내 《화재 건물의 붕괴Collapse of Burning Buildings》라는 책을 쓰게 됐고, 현재 강의 교재로 사용하고 있습니다.

맨해튼대학교에서 가르칠 때 강의 계획안을 만들다가 강의를 논문 쓰듯 진행해야겠다는 생각이 들었습니다. 한 번의 수업이 책의 한 장이 될 수 있게 그렇게 진행해야겠다고요. 그렇게 방재 설계에 관한 강좌 전체를 진행했습니다. 그러니 가르치다 글을 쓰게 된 거죠. 소방국 기관지에도 글을 쓰기 시작했습니다. 돈 되는 일은 아니었지만, 그냥 그래야만 할 것 같아서요.

제 글은 대부분 1차적인 조사로 구성됩니다. 플래시 오버*와 백 드래프트 폭발,** 건물 붕괴에 관해 씁니다. 벽들이 붕괴될 때 조각들이 얼마나 멀리 떨어지는지 측정하고 밖으로 나가서 불길이 어떻게 커지는지도 살펴보고 건

---

* 건물 안에 불이 났을 때 어느 정도 시간이 지나면서 대류와 복사 현상 때문에 일정 공간 안에 열과 가연성 가스가 축적돼 발화 온도에 이르게 되면, 일순간에 폭발해 건물 전체가 화염에 휩싸이는 현상이다.
** 역화라고도 한다. 산소가 부족하거나 훈소 상태에 있는 실내에 문을 갑자기 열거나 해서 산소가 일시적으로 다량 공급될 때 실내에 축적되어 있던 가연성 가스가 단시간에 폭발적으로 연소하면서 화재가 폭풍을 동반해 실외로 분출되는 현상이다.

물이 어떻게 폭발하는지도 봅니다. 화재 뒤에는 돌아가서 확인을 합니다. 가스 폭발은 아닌지 확인하죠. 그리고 사진도 찍습니다.

말씀을 듣고 있으니 배움을 향한 열정이 대단한 것 같습니다. 그런 열정에서 가르치려는 열정이 나왔다고 해도 될까요?

어릴 때는 끔찍한 학생이었다는 얘기를 해야겠군요. 그러니 배움의 열정 같은 게 어디 있었겠습니까? 소방관은 진급을 하려면 교육을 받고 시험을 봐야 하는데, 소방 간부들이 강의실에서 얘기하는 걸 듣고 또 현장에서 활동하는 모습을 보니 경외심이 생기더군요. 대개 고등학교만 마친 노동자 계층 출신인데, 그런 사람들이 강의를 하는 걸 보다 열정이 생긴 겁니다.

그러다 퀸스대학교에서 심리학과 생물학, 사회학 강의를 들었습니다. 그런데 그 교수들이 수세기 동안 대대로 내려온 지식들을 얘기하더군요. 그러니까 그 학문에 관해서요. 저는 강의실에 앉아 교수들의 얘기에 귀를 기울였는데, 감동적이었습니다. 그러다 제가 가르치고 글을 쓸 능력이 되니까, 열정이 생기게 된 거죠.

제 인생에서 결정적으로 중요한 시절을 소방서에서 보내지 않았다는 말씀을 드려야겠군요. 제게 영향을 미친 건 대학입니다. 전 대학교수들과 또 소방관 교육을 담당한 소방 간부들한테 많은 영향을 받았습니다. 소방서 일은 했지만 그곳에 있지는 않았습니다. 제게 지속적인 영향을 미친 건 대학과 그런 교수들이었습니다. 지금도 전 말할 수 없이 그 대학의 교수들과 소방 간부들을 존경합니다. 그러니까 다른 선생님들한테 배움을 향한 열정을 얻은 것이죠. 그러다 가르치게 됐습니다.

그런데 말입니다, 전 강단에 서는 걸 무서워합니다. 제가 가장 무서워하는 일이 청중 앞에 서는 거랍니다.

평생을 불타는 건물 속으로 들어간 사나이 입에서 그런 말이 나오다니요.

압니다. 우습게 들릴 겁니다. 하지만 가르치는 일만큼 겁나는 일도 없습니다. 사실입니다. 전 타고난 선생이 아닙니다. 강연이 있기 전날 밤이면 속이 메슥거립니다. 늘 약 좀 먹어야 할 것 같습니다. 다행히도 그런 적은 없긴 합니다만. 대신 전 두려움에 맞섭니다. 지금도 그렇습니다. 하지만 일단 말이 나오고 나면 괜찮아집니다. 사람들은 잘한다고 하는데, 겁나는 건 어쩔 수가 없어요.

글을 쓰는 건 아주 좋습니다. 정말이지 글을 쓰고 있으면 몸에 양이온이 흐르는 것 같습니다. 저는 글쓰는 걸 사랑합니다. 1988년에 첫 책을 썼는데, 지금 그 책을 개정하고 있습니다.

오랫동안 소방대원들을 가르친 교육자로서 소방대원들이 힘든 상황 속으로 들어갈 때 꼭 기억했으면 하는 것은 무엇입니까?

제가 늘 말하는 것은 훈련을 하는 것이 중요하다는 겁니다. 훈련이 목숨을 구합니다. 거기에는 의문의 여지가 없습니다.

또 자기가 한 일에 관해 생각을 하라는 얘기를 꼭 해주고 싶습니다. 그동안 이것이 제 삶의 비밀이었습니다. 소방관이 된 뒤로 처음 20년 동안은 전 아무 생각이 없었습니다. 화재가 난 건물 안으로 달려 들어갔다 달려 나오고 일이 끝나고 나면 '휴우' 한숨을 내쉬고 소방서로 돌아와서는 껄껄 웃곤 했습니다. 그러고는 싹 잊어버리고 집에 가서 아내와 저녁을 먹었죠.

그런데 브롱크스에 부서장으로 배속돼 제 밑에 많은 사람들이 있게 되니까, 어, 저 사람들을 내가 책임져야 하는구나 싶더군요. 그래서 생각을 하기 시작했죠.

자기가 한 일을 생각하다 보면 글을 쓰게 됩니다. 그리고 가르치기 시작하죠. 오늘 정확히 여기서 무슨 일이 있었는지, 뭘 했는지 생각합니다. 엄청난 화재가 일어났으면 글을 쓰면서 그걸 재현하려고 노력합니다.

어떤 불이 나서 어떻게 진압했는지 씁니다. 불이 나 바닥의 일부가 무너졌고 굴뚝이 무너져 한 명이 다쳤다, 이런 식으로요. 상당히 흥미로운 일입니다. 그런 다음 제가 한 일을 생각해서 글을 쓰고, 그것까지 쓰게 되면 글은 점점 극적으로 되거나 생생해 집니다.

언젠가 소방관 한 명을 구한 일이 생각나는군요. 사다리를 타고 올라가 지붕 위에 갇혀 있는 사람을 구조했죠. 부활절 일요일 이른 아침이었습니다. 그 소방관을 데리고 내려와 안아주었습니다. 무뚝뚝한 사나이였습니다. 분명 그날 아침 집으로 돌아가 한마디도 하지 않은 채 가족과 함께 식사를 했을 겁니다.

하지만 저는 집으로 돌아가 그 사건을 기사로 썼습니다. 몇 년이 지나니 50편의 글이 모이더군요. 제가 한 일을 쓴 글들이죠. 경찰이나 소방관, 군인 같은 사람들은 대부분 자기들이 한 일을 생각하지 않습니다. 그래서 모든 사람들에게 가장 하고 싶은 말은 자신이 한 일에 관해 생각을 하라는 것입니다. 이렇게 말하면 감상적으로 들리겠지만, 그걸 떠올려 글로 써놓으라고 말하고 싶습니다. 그럼 신참 소방대원들을 교육시킬 때 보조 교재로 쓸 수도 있습니다. 자기가 한 일에 관해 생각하기 시작하면 모든 걸 잘 이해하게 됩니다.

"좋은 선생님은 좋은 지도자입니다"

캐시 미첼 FBI아카데미 강사 35년 동안 법을 집행하는 일을 했고, FBI 특수요원이 된 지는 20년이 됐다. 현재는 버지니아 주 콴티코에 있는 FBI아카데미에서 가르치고 있다.

여러 가지를 가르쳤습니다. 신참 요원들도 가르치고 경찰간부학교에서도 가르쳤습니다. 하지만 제가 이 동네에서 유명한 이유는 FBI 안에서 교수법을 가르치고 있기 때문입니다. 열심히 한 덕분에 그 분야에서 명성을 얻었습니다. 어쩌다 보니 강사와 교수 개발이 제 특기가 됐고, 그래서 더 열심히 하려고 노력했습니다. 누구나 가르치는 재주를 타고나는 것 같지는 않습니다. 그러니 교육을 받아야만 되는 것이고, 그래야 더 잘할 수 있게 되는 겁니다. 인터폴의 초청을 받고 프랑스 리용*으로 가서 강연을 하기도 했습니다.

가르치는 선생님들을 가르치니 당신이 FBI 교육부인 셈이군요.
맞습니다. 요약을 아주 잘하시네요. 전 여기서 강사 개발 프로그램을 만들었

---

* 인터폴 본부가 있는 곳.

습니다. 5~6년 전에 이곳에 한 가지 문제가 있다는 걸 알게 됐습니다. 이곳에서는 교수법을 가르치지 않는 겁니다. 그래서 일종의 강사 개발 연수원을 만들어 성인교육 원리 중심의 40시간짜리 강좌를 만들었습니다. 그걸 1주일 안에 다 끝내야 하기 때문에 열심히 하게 됩니다. 들어오는 순간부터 마지막 날까지요. 강좌를 이수한 사람들이 자격증을 받아가지고 떠나면 마음이 뿌듯합니다. 지금까지 배운 걸 강의실에서 잘 쓸 것이라는 사실을 입증했으니까요.

그렇게 강좌를 이수한 사람들 상당수가 몇 년 뒤 다시 와서는, 실제 가르치면서 여기서 배운 걸 적용할 수 있었고 그래서 이전보다 훨씬 잘 가르칠 수 있었다는 얘기를 합니다.

FBI의 강사들에게 어떤 자질을 길러줘야 훌륭한 강사가 될 수 있을 거라고 생각하십니까?

여기는 학문 기관이 아닙니다. 그리고 우리 일은 법의 집행과 국가 안보이기 때문에, 여기 있는 강사들에게 교육의 원칙을 알려주는 게 제 일입니다. 상당히 기초적인 것부터 시작해야 합니다.

가장 심오한 원칙 중 하나는 교육이란 학생 위주로 진행돼야 한다는 겁니다. 아주 중요한 개념인데 종종 잘 수용되지 못합니다. 교육은 배우는 사람 위주로 해야 합니다. 신참 요원을 가르치든 25년 경력자를 가르치든 간에 교육생들에게 필요한 것, 그리고 임무 수행을 더 잘하기 위해 배워야 하는 것을 가르쳐야 합니다.

또 제가 말하는 원칙은 강의를 하는 것과 가르치는 것은 전적으로 다르다는 겁니다. 사람들은 이 둘을 구별하지 못하고 흔히 지나칩니다. 강의는 일방적입니다. 다른 사람들에게 필요한 지식을 전달해주는 겁니다. 듣는 사람이 그 지식을 어떻게 사용하느냐는 자신에게 달려 있습니다. 강사의 일은 지식을 전달하는 데서 끝납니다. 이게 강의입니다.

가르치는 사람이라면 그 이상을 해야 합니다. 선생은 지식을 제공하고 나서 결과를 기대합니다. 선생은 학생이 지식을 습득했는지, 그래서 그 지식을 활용할 수 있는지 알아봐야 합니다. 학생은 행동을 바꿔서 어떤 걸 더 잘하게 될 거라는 조짐을 보여줘야 합니다. 그러므로 가르친다는 건 쌍방향입니다. 일방적으로 강의를 하는 것하고는 다릅니다. 종종 사람들은 이 점 역시 잘 이해하지 못합니다.

또 상호작용적인 체험 학습이 정말 효과적이라고 생각합니다. 그건 어느 정도 실제로 해봐야 하는 겁니다. 성인들은 스스로 뭘 알아야겠다고 마음을 먹습니다. 선생이 이걸 알아야 한다고 말해주는 것하고는 다르죠.

언젠가 우리는 모든 상급 강사들에게 와서 자격증을 갱신하라고 했습니다. 물론, '내 경력이 20년째인데 나보고 이걸 하라는 거냐?'며 투덜거리는 사람들도 있었죠. 하지만 모두 다시 왔고 전 상호작용적 학습을 중점적으로 얘기했습니다.

프로그램에다 10분짜리 상호작용적 강의를 하는 활동도 집어넣었습니다. 주제는 자기가 고를 수 있었습니다. 전에 이런 걸 해본 적이 없어서 '뭐야, 장난해?'라고 말하더군요. 하지만 분명 그 어떤 활동보다 재미있었을 겁니다. 야구공을 던지는 법과 초밥 먹는 예절을 가르친 사람도 있었습니다. 아무튼 했습니다. 서프보드에 왁스를 칠하는 법을 가르친 사람도 있었습니다. 요점은 상호작용적 방법이 어떤 것인지 배워야 한다는 것이었고, 그래서 상호작용적 방식으로 학생들을 가르쳐야만 한다는 것이었습니다. 그 실습이 가장 효과가 좋았습니다. 강사들이 돌아가 그 새로운 강사 개발 프로그램에서 배운 방식대로 가르치면서, 좀더 상호작용을 할 수 있는 능력을 갖고 체험 학습을 구성할 수 있었으니까요.

또 제가 길러주려고 하는 것은 리더십입니다. 교육자는 자신을 지도자로 생각해야 합니다. 하지만 그런 경우는 아주 드뭅니다. 좋은 지도자의 자질을 보면 그게 곧 좋은 선생님의 자질일 때가 많습니다. 변화를 낳을 수 있고 뭘 가르치건 간에 더 크고 더 나은 일을 할 수 있게 인도하니, 지도자인 거죠. 정말 이 점을 명심해야 합니다. 그리고 학생은 선생이 이런 사람이라는 걸 잘 알고 있습니다.

요원들을 훈련시키는 일도 직접 담당하고 계신데, 어떻게 체험 학습을 할 수 있게 가르치는지 예를 하나 들어주시겠습니까?

통합 사건 시나리오라는 게 있는데요, 수사 방법을 실무에 적용하기 위해 만든 겁니다. 이걸 통해 15가지에서 20가지에 이르는 다양한 수사기법을 사용할 수 있게 가르칩니다. 그리고 물론 수사 방법을 가르치는 일은 인터뷰와 심문 그리고 다른 법 관련 강좌들과 밀접한 연관성을 띱니다.

우리는 가상 사건을 조사하는 시나리오를 구성합니다. 지금은 재난 모금 사기 사건으로 하고 있습니다. 허리케인이 강타했다고 하는데, 우리는 사기가 아닌가 조사합니다. 재무 조사로 시작해서 사건을 조작하는 증인을 만들고, 그러다 보면 무기 같은 것들도 연관이 됩니다. 정보 제공자들을 찾아내게끔 시나리오를 짜서 합의 감시, 그러니까 정보 제공자들에게 도청기를 달아 대화를 녹음하게 하고 또 다른 다양한 일들을 하게 합니다. 작은 것들이 모이고 모여서 그 모든 것이 합해지는 데서 절정에 이르게 됩니다. 그럼 수색 영장을 신청해 용의자들을 체포하고, 현장 증거들을 수집하고, 용의자들을 심문합니다. 그런 다음 모의 법정에서 증언을 청취하는 것으로 이 모든 게 끝납니다. 배운 것들을 거시적인 맥락에서 적용하는 거죠. 이것이 우리가 하고 있는 가장 규모가 큰 상호작용적인 활동 중 하나입니다.

좀더 규모가 작은 것으로는 재무법을 가르치는 제 강사들 중 하나가 만든, 폰지형 사기*에 기초해 만든 사건 시나리오가 있습니다. 가짜 다이아몬

---

* 1920년대 플로리다에서 찰스 폰지가 유령 회사를 차려두고 부동산 개발 투자자를 모집한 데서 유래했다. 뒤에 투자한 사람의 돈으로 앞서 투자한 사람의 이자를 지급하는 다단계 금융 사기를 말한다.

드, 인포머셜* 자금 세탁 같은 요소들이 들어 있습니다. 그리고 강의를 듣는 사람들을 나쁜 놈들과 희생자들, 요원들로 나눕니다. 이 사건을 해결할 때쯤 되면 어떤 법규가 적용되고, 어디서 위법 상황이 발생했으며, 기소할 수 있는 것과 기소할 수 없는 것이 무엇이고, 자금 세탁법은 어떻게 적용하는지, 자산을 몰수할 수 있는 방법은 있는지 없는지 알게 됩니다. 그리하여 마지막에 가서는 형법과 형사 소송, 그리고 그것을 적용하는 방법을 명확하게 이해하게 됩니다. 이런 활동은 그런 법규들을 단조롭게 설명해주는 강의를 듣는 것하고는 다르죠.

제가 보기에는 FBI아카데미에서는 권총 같은 화기부터 운전에다 법, 범죄 수사 기법까지 아주 다양한 것들을 가르쳐야 한다는 게 가장 힘든 일 같은데요.

그렇습니다. 하지만 가르치는 분야가 다양하다고 해도 성인교육의 원칙은 똑같습니다. 이런 원칙을 그 다양한 분야에 어떻게 적용하느냐가 관건이죠. 저는 강사들을 데려다가 이런 이야기를 합니다. "당신은 정말 명사수고 총 쏘는 법을 확실하게 가르쳐줄 수 있으니까 훌륭한 화기 강사다. 하지만 한 반을 가르친다는 게 정말 어떤 건지 알고 있느냐? 그 한 사람 한 사람을 모두 사수로 만드는 법을 정말 알고 있느냐?" 모든 사람이 똑같이 총을 잘 쏘지는 못하니까요. 그런데 그게 신체적인 능력 차이에서 비롯된 게 아닐 수도 있습니다. 실제로 남녀 사에는 신체적 차이가 있을 수도 있지만 정보 처리 과정이 상이한 것이 능숙한 화기 조작을 방해하는 원인이라는 연구 결과들도 있습니다. 제가 강사 자격증 반을 운영하는 목적은 뭘 가르치든 효과적으로 가르칠 수 있게 하자는 데 있습니다. 우리 강사들은 여러 분야를 가르치고

---

* 인포메이션(information)과 커머셜(commercial)의 합성어다. 상대적으로 정보량이 많은 상업 광고를 의미하며, 구체적으로는 뉴미디어를 통해 상표나 상품 관련 정보를 제공해 소비자의 구매 욕구를 불러일으키는 광고 형태로, 소비자의 이성적 반응에 초점을 맞춘 광고 수단이다.

있지만, 성인교육의 기본은 똑같습니다. 저는 이런 기본적인 것들이 심문 기술이나 화기를 사용하는 법 또는 호신술을 가르치는 것만큼이나 중요하다는 점을 강사들에게 이해시켜야 합니다.

그동안 인터뷰 도중에 자신이 뭘 할 줄 아는 것과 다른 사람이 그걸 할 수 있게 가르치는 것은 다른 문제라는 얘기가 여러 번 나왔습니다.

그렇습니다. 그동안 힘든 것 중 하나가 그 점을 이해시키는 일이었습니다. 큰 사건들을 해결한 사람을 강사로 데려오려고 합니다. 그 방법을 알고 있으니 그걸 다른 사람들에게도 잘 가르칠 수 있을 거라고 생각하는 거죠.

자기가 알고 있는 지식을 다른 사람들도 배울 수 있게 바꿀 수 있는 재주를 모든 사람이 갖고 있는 건 아닙니다. 종종 자기 분야에서는 최고인데 교실에 들어가면 최악인 사람들이 있습니다. 그런 사람들은 지식이 내재화 돼 있어 다른 사람들이 차근차근 이해할 수 있게 단계별로 나누는 법을 망각하고 있거나, 잘 모릅니다. 그래서 저는 자기 분야밖에 모르는 그런 전문성만 따지는 것에 반대합니다. 분명 자기 분야의 전문성을 갖고 있어야 하지만 정말 훌륭한 FBI 요원이나 분석가라고 해서 늘 최고의 강사가 되는 건 아니거든요.

애초에 가르치는 데 왜 관심을 갖게 됐습니까?

FBI에 들어오기 전에 13년 동안 경찰 생활을 한데다 늘 법을 집행하는 일을 가르치는 데 관심이 있었습니다. 법을 집행하는 일이 제 삶이었지만 제 전공은 저널리즘과 형사행정학이었습니다. 제가 처음으로 가르치는 데 흥미를 갖게 된 건 콜로라도에서 경찰관으로 재직할 때, 8학년 학생들을 가르친 일이 계기가 됐습니다. 한 학기 내내 인권이나 민주주의, 소비자 권리와 시민권 같은 실제적인 법을 상호작용적 접근법으로 알기 쉽게 가르쳤죠. 학기 말에 학생들이 판사 검사 등을 맡아 모의 재판을 했습니다. 저는 그 프로그램을 진행하면서 그 수업이 위험에 놓인 많은 아이들에게 어떤 영향을 미치는지 보았습니다. 정말로 가르치는 게 즐거웠습니다. 그래서 FBI 요원이 되고, 자격이 되자마자 경찰강사학교를 마치고 가르치는 일을 시작할 수 있었습니다.

거기서부터 이 모든 일이 시작된 것 같습니다. 여기 FBI아카데미에서요. 그래서 제가 보답을 할 수 있고, 그 미래에 영향을 미칠 수 있는 곳이 바로 여깁니다. FBI에 20년을 있었는데, 그중 거의 10년을 이곳에서 보내고 있습니다. 정말 좋습니다.

전공이 이쪽이 아니라 어떤 때는 강사로서 심히 부적합하다고 느꼈습니다. 그래서 이미 형사행정학 석사학위가 있었지만 버지니아대학교에서 2년을 공부해 교육학 석사학위까지 땄습니다. 제가 한 일 중 가장 잘한 일이 아니었나 싶어요. 그렇게 배운 덕분에 여기 FBI아카데미에서 강사 개발 프로그램을 짤 수 있었습니다. 이제는 박사과정이 다 끝나가고 있는데요, 성인교육을 주제로 한 박사 논문이 완성 단계입니다.

우리 시대에 와서 법 집행 영역에서 여성들의 기회가 상당히 확장됐는데, 그동안 경력을 쌓아오면서 대체로 그런 문제에서 자유로웠습니까 아니면 힘들 때도 있었나요?

남성이 지배적인 영역에서 일하면서 저는 여성으로서 여러 일을 겪었습니다. 좋은 일도 있고 나쁜 일도 있었죠. 제가 FBI에 들어온 이유 중에 하나도 그런 일과 관련이 있었습니다. 북부 콜로라도에 있는 작은 경찰서에서 경찰관으로 있었는데, 13년간 재직하는 동안 여경이 저 하나였습니다. 그래서 아무 곳으로도 옮길 수가 없었습니다. 형사과로 가고 싶었지만, 거기는 남자 천하라 남자들이 허락해주지 않으니 들어갈 방법이 없었죠. 현실을 알게 되자 전 더 큰 곳에 가서 더 나은 일을 해야겠다고 마음을 먹었습니다. 그래서 FBI에 들어갔는데, FBI는 제게 많은 문을 열어주었습니다. 어떤 차별도, 여성들이 부딪히게 되는 그 어떤 문제도 겪지 않았으니 운이 좋은 거죠. 제가 보기에는 아직도 남녀 차별은 존재하고 있습니다. 남성 위주의 직업에서 여성들이 어디까지 진출할 수 있느냐 하는 문제에 관해 사회의 인식이 바뀌지 않는 한 그 차별은 사라지지 않을 것 같습니다. 그러니까 점점 좋아지고는 있다고 해도, 싸움은 아직 계속되고 있지요.

10장
Conversations with Great Teachers

정치가와 사업가를
가르친다는 것

"가르친다는 건 영감을 주는 문제입니다"

마이클 앤사 기업 컨설턴트 기업을 위한 '교육 이벤트'를 기획하고 진행하는 일을 전문으로 하는 컨설팅 회사에서 일한다. 가나에서 태어나고 자랐으며, 대학에 가려고 미국으로 건너왔다. 컨설턴트가 되기 전에는 호스피스 시설의 카운슬러, 고등학교 영어 교사, 학교 관리자로 일했다. 컨설턴트로서 미국을 비롯한 전세계 기업들과 함께 일한다. 우리가 대화를 나눌 때도 시카고, 독일, 앙골라에서 일하고 막 돌아왔는데, 다음 주에는 싱가포르로 떠날 예정이었다. 잘 생긴 용모에 카리스마를 갖춘 앤사는 외국 태생이라는 사실을 전혀 알 수 없는 유창한 영어를 구사했다.

제가 하는 일은 모두 교사 생활을 하다 배운 겁니다. 교사 생활을 하면서 배운 게 세 가지 있는데, 이 일에는 그게 필요합니다. 첫째, 좋은 질문을 할 수 있어야 합니다. 그냥 아무렇게나 구닥다리 질문을 해서는 안 됩니다. 올바른 질문을 해야죠. 그런 다음 대답이 나오면 그걸로 뭔가를 해야 합니다. 둘째, 들을 줄 알아야 합니다. 그리고 마지막으로, 추상적인 것에서 구체적인 것으로, 다시 추상적인 것으로 아주 매끄럽게 옮겨갈 수 있어야 합니다. 전 모두 이런 걸 할 수 있는 줄 알았습니다. 그런데 그렇지가 않더군요. 컨설팅이나 가르치는 일을 하는 사람은 이 세 가지 능력을 확실하게 갖춰야 합니다.

뭘 가르치십니까? 역사 선생님은 역사를 가르치고 화학 선생님은 화학을 가르치는데 기업 컨설턴트는 뭘 가르치나요?
제가 가르치는 것은 리더십입니다. 그런데 그게 실제로 무슨 말일까요? 전 동기를 부여하는 법을 가르칩니다. 리더로서 갖춰야 할 정신을 가르칩니다. 좋은 코치가 되는 법을 가르칩니다. 문제를 해결하면서 성장할 수 있는 방식을 가르칩니다. 여러 가지로 말할 수 있지만 기본적으로 제가 가르치는 것은 리더십입니다.

그런 걸 가르칠 때 기본적인 원칙 같은 게 있나요, 본인이 발견하신?
우리 회사는 두 사람이 세웠는데, 1960년대 시민권 운동 시대에 풀뿌리 운동을 한 결과물입니다. 그때는 협력이나 지역 사회 활동과 관련된 모든 생각이 새로운 것이었습니다. 사람들, 특히 이익집단들끼리 어떻게 하면 서로 지리멸렬한 대화가 아니라 어떤 기준에 따라서, 거의 과학적으로 대화를 하게 할 수 있을까 고심했습니다. 그래서 한 가지 방법을 생각해냈죠. 만남의 자리를 만들어 꼭 의견이 같지 않더라도, 방법이나 접근 방식이 다르더라도 협력하게 만드는 그런 방법을 말입니다. 우리 회사가 갖고 있는 모든 지적 자산은 거기에서 싹튼 겁니다. 우리는 협력 모델들을 갖고 있습니다. 정교한 것도 있고 간단한 것도 있죠.

컨설팅이란 지식 체계가 아니라 사실상 접근법과 과정에 관한 것입니다. 그리고 그것이 제가 지금껏 배운 것입니다.

그럼 어떻게 보면 당신의 일은 메타 교육이라고 할 수 있겠군요. 그러니까 가르치는 법 또는 코치하는 법을 가르치는 것 말입니다.
예. 또는 코치들을 지도하는 법을 가르친다고도 할 수 있죠.

당신과 당신 회사가 하는 일에 관해 잘 모르는 사람들을 위해, 당신이 가르치는 건 비즈니스 스쿨 강좌에서 가르칠 수도 있는 그런 것이라고 말해도 될까요?
그렇다고 할 수 있습니다. 비즈니스 스쿨 강좌에서는 조직 개발이나 조직 행동이라고 부르는 분야입니다. 그러나 이 일을 하기 위해서 그런 게 필요하지는 않습니다. 그 분야의 최신 연구 동향이나 이론을 놓치지 않는 것으로 충분합니다. 그리고 좀 전에 제가 언급한 그 세 가지 능력을 갖추면 됩니다. 그리고 그밖에 이 일을 하려면 대인다운 면이 있어야 합니다. 종종 아주 다양한 사람들과 함께 긴장된 상황에서도 편안하면서도 창의적인 능력을 발휘할 수 있어야 하고, 몇 분 안에 중재나 제안이나 해답으로서 고객에게 뭐가 필요할지 읽어내는 능력이 있어야 하기 때문입니다. 또 우리는 고객을 보면 그 조직을 알 수 있습니다. 고객한테 활기가 느껴지거나 아니면 이해나 의사소통에 어려움이 있어 보이면, 그 조직도 그렇다고 보면 됩니다. 고객과 일하는 데 어려움이 있다면 그게 바로 그 조직 내의 문제일 수 있습니다. 그 문제를 알아낼 수 있다면, 그 고객과 하는 일은 성공 가능성이 높아지는 겁니다.

우리는 여태 당신이 하는 일이 교육이라고 얘기했는데, 일종의 치료라고도 할 수 있지 않을까요?

(소리 내 웃음) 제 동료들 중에는 그 말에 동의하지 않는 이들도 있을 것 같군요. 저는 이 일을 집단 역학●적 관점에서 봅니다. 저는 조직이란 개인들의 기하급수적인 복제일 뿐이라고 생각합니다. 그러니 문화는 그 기하급수적인 성장을 둘러싼 것입니다. 사람들이 모이면 문화가 생깁니다. 그러니 집단 심리를 이해하려면 개인 심리를 이해해야 합니다. 그런데 이건 하나의 시각입니다. 유일한 시각도 아닐뿐더러 이걸 순전히 비즈니스적인 시각이라고 말하는 이들도 있습니다. 하지만 개인적으로 당신이 누구인가와 한 집단에서 어떤 사람이 되는가는 전혀 별개의 문제이기 때문에, 우리가 집단 내에서 어떤 사람이 되는가를 이해하는 게 정말 중요하다는 얘기를 저는 늘 합니다. 제가 어떤 조직에서 일하게 된다면 전 그 집단의 역학이나 그 조직의 역학을 이해하

● 실험적 사회과학 연구 방법의 하나로, 집단 운영을 원활하게 하기 위해 집단이라는 장을 중력장이나 전자기장처럼 힘의 작용으로 생각해서 집단 구성원의 상호 교섭 관계에 작용하는 힘을 연구하는 사회학 또는 심리학의 한 분야.

고 싶습니다. 그게 회사의 문제가 무엇인지 고객이 말하는 것만 듣고 떨며 걸어 들어가는 것보다 훨씬 더 낫습니다.

리더십을 가르치고 계신데, 우리 문화는 리더십을 열망하고 있는 건가요?

제가 보기에는 미국을 비롯해 전세계 거의 모든 조직이 그런 리더십을 결여하고 있는 것 같습니다. 사람들은 전문성을 인정받아 승진을 해서 리더가 됩니다. 하지만 전문성이 좋은 리더의 필요조건은 아닙니다. 어떤 조직에 들어가 일을 잘하면 계속 승진을 하지만, 문서를 잘 처리하고 자기 일을 잘한다고 해서 좋은 리더가 될 수 있는 건 아닙니다. 그래서 리더 기근 현상이 생기는 거죠.

리더는 조직을 운영하기 위한 전략적 지능뿐 아니라 정서적 지능도 갖춰야 하며, 도덕적 기준도 갖추고 있어야 리더가 헛소리를 하지 않는다는 걸 사람들이 압니다. 지금 어떤 조직이든 보면 위에 있는 사람들, 보통 남자들인데요, 그 사람들은 다 자기들끼리만 모여 있습니다. 퇴직하면서 크게 한몫 챙깁니다. 그리고 알다시피, 책상에 앉아 있는 그 이름 없는 남녀들은 그런 사람들의 레이더에 들어오지 않습니다. 모든 사람들에게 영향을 미치는 리더는 거의 없는 것 같습니다. 하지만 참된 리더는 말을 하면 사람들이 그 말을 믿고, 또한 그 리더가 이익 이상에 마음을 쓴다는 걸 압니다.

이 책에서 인터뷰한 사람들 중 당신만 특이한 점이 있는데, 그건 한 장소, 심지어는 어떤 한 나라에서 가르치지 않고 전세계를 돌아다니며 가르친다는 겁니다. 사람들을 교육할 때 보면 문화별로 차이가 있던가요?

그렇다고도 볼 수 있고 아니라고도 볼 수 있습니다. 답변을 회피하는 것 같지만, 이렇게 대답할 수밖에 없군요. 제가 성공한 건 전세계를 무대로 일하면서 어느 정도 겸손하게 접근했기 때문입니다. 저는 물어보는 자세로 접근하며, 또 어떻게 하면 상대방에게 맞출까를 끊임없이 생각합니다. 현지 문화를 다 익혀야 한다고 생각하는 사람은 아닙니다. 가령 중국에서 일하는 비결 같은 게 따로 있다고 믿지 않습니다. 중국인이든 아프리카인이든 다 마찬가지라고 생각합니다. 다들 이 사람이 날 갖고 놀려고 이러는 건가 아니면 정말진지한 사람인가 가늠해봅니다. 정말로 신경을 쓰고 있는지 궁금한 거죠. 그리고 만일 그렇다고 생각하게 되면 일이 잘 풀립니다. 그게 제가 세계를 무대로 일하는 방식입니다.

요즘은 솔직히 말해 제가 미국인이 아니라 아프리카인이라는 게 도움이됩니다. 미국 사람들은 대부분 모르지만, 세계는 정말로 미국을 좋아하지 않습니다. 그리고 지금은 그 어느 때보다 그런 상황이라 전 사람들을 만나면얼른 제가 아프리카에서 자랐다는 얘기를 합니다. 그래야 점수를 많이 따니까요. 최근 들어 미국은 세계에서 신뢰와 존경을 많이 상실했습니다.

사람들은 어디를 가나 다 똑같습니다. 존중받기를 원하고 상대방이 정말로 관심이 있는지, 또 안심할 수 있는 인물인지 알고 싶어한다는 점에서 말입니다. 만일 이 모든 조건이 충족된다면 사람들은 그 사람이 하는 얘기를 듣습니다. 그리고 그걸 좋아하고 받아들일 수도 있습니다. 하지만 미국의 전문가들처럼 전문성만 갖고 접근한다면 실패하게 될 겁니다. 특히 유럽이나 중동지역에서는요.

고대 아테네에는 젊은이들의 출세를 도와주는 소피스트라고 하는 선생들이 있었는데요. 플라톤의 대화편을 보면 그 소피스트들이 비웃음을 사죠. 진리나 도덕적으로 더 나아지는 법을 가르치는 게 아니라 출세하는 법을 가르친다고 해서요. 컨설턴트라는 직업이 그저 기업의 이익을 최대화하는 걸 도와주는 일은 아닐까 싶어 회의가 들 때도 있습니까?
저한테는 기업이나 비영리냐가 더는 문제가 되지 않습니다. 전 그게 그렇게단순한 거라고 생각지 않고, 또 우리가 기업 없는 세계에서 살아갈 수 있을거라고 생각하지도 않기 때문입니다. 우리 모두 기업이 생산한 것으로 입고,

먹고, 살아갑니다. 그래서 그렇게 흑백 논리로 생각하지 않습니다. 그러면서도 전 사회적 책임이란 우리의 도덕적 명령이라고 생각합니다. 그래서 우리 회사는 사람People, 지구Planet, 이윤Profits이라는 이 세 가지 'P'를 믿습니다. 인력 개발, 환경 책임, 이윤에 신경을 쓰면서 거기에 기여하는 기업에 집중합니다. 가령 우리는 무기를 만드는 회사하고는 일하지 않습니다. 인간을 위한 일을 많이 하는 회사를 좋아합니다. 그래서 제가 더 큰 컨설팅 회사로 옮기지 않는 겁니다. 우리 회사는 정말 그런 가치를 신봉하니까요.

마오쩌둥 식으로 말하면, 이것은 기업을 통해 더 나은 세상으로 가는 대장정인가요?
그렇습니다.

그럼 가르친다는 것은 무엇입니까? 사람들을 변화시킨다는 건가요?
변화는 모르겠습니다. 가르친다는 것은 영감을 주는 문제입니다. 가르친다는 것은 사람들의 경험을 인정해주고 다른 걸 경험할 수 있게 해주는 것입니다. 그것이 책일 때도 있고 때로는 어떤 본보기일 때도 있습니다. 제가 생각하기에 최고의 교사는 이미 알고 있는 걸 표현할 수 있는 언어를 제공하는 사람입니다. 진짜로요. 제가 만난 최고의 선생님들이 제게 해주신 게 그겁니다. 새로운 걸 보여주기도 했지만, 제가 그분들을 기억하는 이유는 이미 내가 진실로 알고 있는 것에 말과 몸과 뼈대를 더해주셨기 때문입니다. 컨설턴트로서 제가 그런 일을 할 수 있다면, 전 가장 유능한 컨설턴트가 될 겁니다.

"지식을 물려주는 게
다음 세대를 도와주는 길이지요"

에밀 존스 정치 멘토 일리노이 주 상원의장이다. 한때 시카고 석공 감독관을 지낸 존스는 1960년 존 F. 케네디 대통령 선거운동 자원봉사자로 정치에 입문해, 1972년에는 일리노이 주 하원의원에, 1982년에는 주 상원의원에 당선했다. 버락 오바마의 멘토로서 선거운동 기간 동안 집중적인 주목을 받았는데, 비판자들은 존스를 일러 그 옛날 정치가의 전형이라고 했다. 우리는 2008년 8월, 민주당 전당대회가 열리기 몇 주 전에 시카고의 기념비적 건축물인 제임스 톰슨 센터에 있는 존스의 사무실에서 이야기를 나눴다. 걸걸한 저음에 말투가 느렸다.

정치적 리더의 목표 중 하나는 정계에 나오는 젊은 세대에게 멘토링을 해주는 거라고 생각하시는 것 같은데, 맞습니까?

기본적으로 그렇습니다.

그동안 멘토링을 하시면서 일반적으로 가르쳐주려고 한 생각이나 교훈 같은 게 있습니까?

사람들은 종종 정치가나 정치를 자신과 동떨어진 것으로 봅니다. 그런데 그렇지 않아요. 그저 살아가는 하나의 방식이지요. 완전히 다른 별개의 것이 아니에요. 다른 일하고 다를 바 없어요. 일하는 방식이나 과정은 똑같습니다.

제가 공직에 처음 선출될 때 한 원로 의원께서 성향이 달라 보이거나 출신 지역이 다른 의원들을 사귀라고 조언을 해주셨어요. 그래서 그렇게 했죠. 농장을 경영하는 사람들 사회가 어떤 건지 빠삭하게 다 알게 됐고, 일리노이에 있는 탄광들에 관해서도 상당히 많은 걸 알게 됐어요. 그리고 이런 특수 지역 구를 대표하는 의원들도 알게 됐죠. 그렇게 알고 나면 서로 공통된 관심사가 있는지 찾아봐야 해요. 그러면 좀더 효과를 볼 수 있어요.

그건 끊임없이 배우는 거예요. 제가 대학에서 읽은 책들, 르네상스 시대 마키아벨리가 쓴 《군주론》과 2000년도 더 전에 손자가 쓴 《손자병법》은 아직도 유효해요. 이런 책을 읽는다면 더 잘할 수 있어요.

아직도 그 책들을 읽습니까?

예, 가끔씩요……. 특정한 이슈에 관해 어느 쪽으로 결정을 내릴지, 또는 의원들과 어떻게 타협할지 끊임없이 결정을 내려야 하는 위치에 있으니까요. 이런 결정을 내려야 할 때 들여다보면 늘 좋은 참고가 됩니다.

사람들은 종종 선출된 자리에 있으니까 다 알 것이라고 생각하는데, 그렇지 않다는 걸 제 스스로 인정해야 합니다. 그리고 그렇기 때문에 다양한 주제에 관해 할 수 있는 한 모든 지식을 습득하려고 해야 하며, 주변에 똑똑한 사람들을 둬야 합니다. 주변에 똑똑한 사람을 두면 많은 걸 배우게 됩니다. 그런데 안 그러면 곤란해지죠.

마키아벨리는 어떤 지도자가 똑똑한지 아닌지 알아보려면 그 주변 사람들을 보면 된다고 했어요. 주변에 똑똑한 사람들이 있으면 그 지도자는 틀림없이 명석한 겁니다. 그런 사람들을 뽑은 사람이니까요. 되도록 가장 똑똑한 사람들을 주변에 둬야 합니다. 많이 아는 사람을 곁에 두는 걸 겁내서는 안 됩니다. 위치가 확고해져요. 정치가들은 흔히 너무나 불안해합니다. 총명하고 명석한 사람이 곁에 있어도 걱정할 필요 없습니다. 오히려 그걸 고마워하게 됩니다.

주로 젊은 사람들에게 하고 싶으신 말이 배움의 문을 열어놓으라는 것 같군요.

맞습니다. 거기 스프링필드 주 의회는 꼭 대학 캠퍼스 같습니다. 대학에 가면 여러 집단이 있지요. 그런 집단들을 파벌이라고 할 수 있어요. 그 집단들이 함께 모여 있는데, 그런 사람들을 개인적으로 알아야만 해요. 다른 의원들 활동에 깊숙이 관여하게 되면 아주 효과적입니다. 출신 배경도 다르고 문화도 달라요. 방금 여기서 나간 아이러 실버스타인(일리노이 주 제8지역구 상원의원. 내가 도착할 때 에밀 존스와 이야기를 나누고 있었다)처럼요. 그 사람은 유대인이죠. 전 아이러한테서 많은 걸 배웠어요. 그 사람은 정통 유대인입니다. 전 그 사람의 종교를 존중합니다. 그 사람의 문화를 존중하는 차원에서 안식일에는 모임을 잡지 않아요. 이런 것들이 끊임없이 배우게 되는 것들입니다.

의원님은 버락 오바마의 멘토이기도 한데요, 오바마에게는 뭘 가르치셨습니까?
버락 오바마가 처음 시카고에 와서 풀뿌리 운동을 할 때 알게 됐습니다. 1985년인 것 같습니다. 오바마가 쓴 책을 읽고 나서 이 사실을 알게 됐어요. 오바마는 이미 주 상원의원에 선출됐는데, 제 사무실에 항의를 하러 왔었어요. 제가 참여하기를 바랐어요. 거리에서 그 사람들을 본 적이 있었고, 제 사무실로 초대해 학교 중퇴 문제를 논의한 적이 있었죠. 그 그룹을 좋아했고 관심사도 같아서, 우리는 일에서 좋은 협력 관계를 이어갔어요.

오바마는 주 상원의원에 선출된 뒤에 날 찾아와서는 말했어요. "의원님과 저는 서로 잘 알고, 의원님께서는 제가 열심히 일하는 걸 좋아한다는 사실을 알고 계십니다. 그러니 주저하지 마시고 어떤 힘든 일이든 제게 맡겨주십시오. 최선을 다하겠습니다."

전 오바마에게 말했습니다. 여기서는 양당 의원들을 모두 알고 또 여러 지역 출신의 의원들을 아는 게 도움이 많이 될 거라고요. 같은 지역 사람들하고 어울려 다니지 말라고요. 남부 의원들과 사귀라고 했지요. 오바마는 그렇게 했습니다. 그러니까 제가 배운 걸 전해준 거지요.

다른 문제에 관해서도 말씀해주셨나요?

음, 좀더 현실적이 되라고 했어요. 정부의 운용 방식을 바꾸겠다는 이상을 가지고 여기에 들어올 수는 있지만 현실적이 돼야 한다고 말이죠. 가령 윤리 법안을 발의할 때요. 선거 자금법을 개혁할 때 오바마를 앞에 내세웠는데 임시 법안이 너무 광범위해서 양당에서 모두 반대가 많았고, 심지어는 당원들도 반대했어요. 그 법안을 통과시키려면 어떤 식으로든 바꿔야 했지요. 오바마는 그 점을 이해했고, 그래서 의원들과 협력해 필요한 수정을 가해 통과시켰지요. 전 오바마에게 말했어요. 자네가 통과되기를 바라기 때문에, 자네가 좋다고 생각하기 때문에 통과가 안 될 수도 있다고 말이죠. 이 법안에 투표해 달라고 요청할 의원들 견해를 이해하고 존중해줘야 한다고 했어요. 타협하는 걸 배우라고, 하지만 본인이 제안한 법안의 주안점이나 요점까지 잃어버려서는 안 된다고 조언을 했지요.

지나치게 타협을 하게 되면…….
원칙을 타협하지 않는 한 괜찮습니다. 원하는 걸 다 가질 수는 없지요. 예컨대 버락 오바마가 밀어붙인 그 윤리 법안의 경우, 보통 의원들은 회기 중에 정치자금을 받을 수 있었는데, 오바마는 그걸 바꾸려고 했지요. 회기 중에는 자금 조달을 할 수 없도록 말이죠. 반대가 많았지요. 하지만 지금 우리는 의회 회기 중에는, 그러니까 의사당 안에서는 자금 조달을 할 수 없게 됐습니다. 그 점은 타협하지 않았죠. 어떤 문제들에서는 절대 기본 원칙을 타협해서는 안 됩니다.

정치에서 누가 누구의 멘토가 될 때 대개 누가 먼저 그 관계를 시작합니까? 멘토인가요 아니면 지도를 받는 사람인가요?
어느 정도 사람 성격에 달린 일입니다. 더 어린 사람이 초롱초롱한 눈망울로 찾아오지만, 나이든 사람의 눈에 들면 불려가 일을 처리하는 법을 배우게 되지요. 완전히 딴판인 사람도 스프링필드에 왔는데, 그 사람은 뛰어들어와서 소리를 지르며 난동을 부리곤 했어요. 동료 의원 중 하나가 한쪽으로 불러다가 말했지요. "저기 기사석 보이나? 거기 아무도 없네. 뉴스에 나가고 싶어서 그러는 거라면 시간 낭비하는 걸세. 그러니까 그냥 의원들한테 말하고 있는 거라면 부질없는 짓을 하고 있는 거야." 그리고 그걸로 끝났죠. 나이든 의원들이 때때로 젊은 의원들에게 알려주는 게 바로 그런 것들입니다.

지금 이 시점에서 버락 오바마에게 충고를 한마디 하신다면(우리는 2008년 민주당 전당대회가 열리기 몇 주 전에 이야기를 하고 있었다)?
변치 말라고 말하고 싶어요. 오바마는 아주 지적인 사람이라 천박한 정치, 그러니까 아주 지저분한 공격을 좋아하지 않아요. 버락은 그런 사람이 아닙니다. 그런 걸 좋아하지 않고, 그래서 한 번도 그런 적이 없어요. 우리는 대화를 나눌 때마다 그런 문제를 얘기했습니다. 늘 싸움에 말려들지 않으려고 노력하지요. 힐러리 클린턴과 경선을 하던 중에도 왜 더 공격하지 않느냐고 말하는 사람들이 있었어요. 하지만 버락은 그런 일을 좋아하지 않았어요. 선거 쟁점에 좀더 충실했어요. 지성과 현실 감각을 겸비하고 있었기 때문에 유권자들에게 더 많은 신뢰를 주었지요.

또 가르치시는 어떤 원칙들이 있습니까?
그 책들에 관해 물으셨는데, 벽에도 손자에서 따온 구절 하나가 걸려 있습니다. "적이 오지 않을 것이라고 믿지 말고 적이 올 때를 대비하라." 언제든 문제가 생길 수 있으니 늘 대비를 해야 합니다. 늘 준비가 돼 있어야지요. 저는 이런 얘기를 친구들과 동료 의원들, 제가 멘토링을 해주고 있는 사람들에게 합니다. 어떤 사람이 어떤 법안을 가지고 아무도 반대하지 않는다고, 반대하는 사람이 아무도 없다고 말하면 전 이렇게 말하지요. 하지만 누군가는 반대할 테니 대비를 해둬야 한다고요. 공격해 올 때를 대비하고 있어야 합니다. 공격은 있기 마련입니다.

의회에는 신참 의원들을 위한 프로그램이 있고, 오리엔테이션도 합니다. 하지만 오리엔테이션을 통해 배울 수 없는 것이 많습니다. 하원의원으로 일하던 첫 회기 때 그 사실을 깨달았습니다. 의회의 서기한테도 필요한 지식을 얻을 수 있어요. 그러니 사람들을 사귀어놓아야 합니다. 사람들을 알아놓으면 많은 걸 배우게 돼요. 그것이 제가 알려주려고 하는 겁니다.

지금 일리노이대학교의 폴 사이먼 연구소와 함께 일하고 있는데, 세대 간 교육 문제를 다루고 있지요. 사람들은 여러 해 동안 한 분야에서 일하다가 은퇴를 하면 수년 동안 습득한 지식을 가지고 가버립니다. 그럼 그런 지식은 사라지는 거예요. 그래서 우리는 젊은이들을 교육하는 데 그런 사람들을 참여시키려고 노력 중입니다. 자신들이 습득한 지식을 물려줄 수 있게요. 지식을 물려주는 것, 그것이 다음 세대를 도와주는 길이지요.

그러니까 사람들을 끌어들이고 소통하고 인간관계를 맺고, 이런 것들이 의원님의 멘토링 주제 같은데요.

그렇지요. 그런데 사람들을 끌어들이는 일이 가장 중요합니다. 박식한 사람일수록 그런 일을 잘합니다. 저는 의원들을 부르면 제가 줄 수 있는 모든 정보를 제공하려고 합니다. 그런 다음 둘러앉아 의논을 하지요. 그렇게 논의 과정에 끼게 되면 자기 일이라 생각하고 좀더 긍정적인 태도로 응합니다.

저는 우리 의원들에게 일을 처리할 때 좋아하지 않을 수도 있는 사람을 끌어들여야 한다고 말합니다. 그래야 일이 잘 풀린다고요. 일리노이 주 사형 제도에 관련해서 중요한 법이 있었습니다. 저는 버락에게, 버락은 사법위원회에 있었는데요, 이 일을 성사시키는 게 자네 일이라고 했지요. 이전에 그 법안을 통과시키려다가 이미 실패했고, 또 경찰과 검찰 측에서 반대를 많이 했지요. 버락은 이런 반대자들과 함께 앉아서 그 개혁 법안의 초안을 만들었습니다. 그 사람들을 데려와서 논의 과정에 참여시킴으로써 성공적으로 법안을 통과시킬 수 있었어요. 의회에서 거의 만장일치로 통과를 시켰지요. 만일 버락이 그 사람들을 끌어들이지 않았다면 그 법은 통과되지 못했을 겁니다. 그러니까 사람들을 끌어들이는 게 아주 중요하지요.

그러니까 버락은 훌륭한 학생이었군요.

그렇습니다. 훌륭한 학생이었어요. 아주 총명한 사람입니다. 무척 똑똑해요. (전화가 울리자 존스 의원은 곧 다음 약속을 가겠다고 말한다. 전화를 끊자 메시지가 왔다는 자동응답기 벨이 울리는데 벨소리가 〈대부〉의 주제곡이다.)

저 음악을 들으니까 생각나는군요. 버락 오바마가 당신을 자신의 정치적 대부라고 했다던데, 사실입니까?

그 영화를 좋아합니다. 범죄 영화가 아니에요. 사람이 살아가는 이야기고 문제에 대응하는 방식에 관한 이야기지요. 버락이 언젠가 절 만나러 와서는 그러더군요. "의장님, 당신에게는 많은 힘이 있습니다." 그래서 제가 그랬지요. "내가 무슨 힘을 갖고 있다는 건가." 그랬더니 그러더군요. "당신은 미합중국 상원의원을 만들어줄 힘을 갖고 있습니다." 그래서 이렇게 얘기했죠. "만일 내게 그런 힘이 있다면 그렇게 해줄 만한 인물이 있나?" 그러자 버락이 그러더군요. "접니다."

선거 운동 기간에 버락을 지지하지 않는 두 사람이 있었지요. 버락이 전화를 걸어 그 사람들 얘기를 하기에 한 번 알아보겠다고 했지요. 그리고 그 사람들과 대화를 했는데, 한 사람이 적대적이었어요. 하지만 제가 마음을 돌려놓았고, 두 사람은 버락과 버락의 입후보 문제를 적극 지지하게 됐지요.

그 사람들 마음을 어떻게 돌려놓으셨는데요?

(소리 내 웃음) 그런 문제가 생길 것을 전 알고 있었어요. 버락이 바로 그 문제를 물은 거지요. 두 사람이 아주 열정적으로 참여하게 되자 버락이 어떻게 된 거냐고 묻더군요. '제안을 하나 했다'고 했지요.

……거부할 수 없는? (함께 소리 내 웃음)

버락에게는 '모르는 게 낫네'라고 했어요. 그리고 말았지요. 예비선거에서 승리한 뒤 대화합 조찬회가 열렸는데, 버락이 모든 사람들에게 고맙다는 인사를 했어요. 그리고 제게 와서 '제 정치적 대부에게 특별히 감사드립니다'라고 했지요. 그런데 그게 언론으로 흘러들어가 알려지게 된 겁니다. 저한테는 대자녀들이 있어요. 전 가톨릭교도입니다. 저한테도 대부, 대모가 있었어요. 그러니까 대부모란 누군가를 돌봐주는 사람이고, 그 사람을 위해 있는 겁니다. 그런 맥락에서 버락이 날 대부라고 한 거지요.

(인터뷰에 응해줘 감사드리고, 책이 나오면 꼭 보내드리겠다고 말했다.)

책이란 건 아주 재밌어요. 거, 이탈리아에 갔더니, 피렌체였나, 아무튼 거기서는 성직자들을 교회에다 묻더군요. 그런데 거기에 또 누가 묻혀 있는지 아십니까? 니콜로 마키아벨리였어요. 깜짝 놀랐어요. 마키아벨리를 못된 작자라고 생각하는 사람들도 있습니다. 그럼 왜 성직자들과 함께 묻혔겠습니까? 마키아벨리는 망명 중에 《군주론》을 썼어요. 정계에 들어갔을 때 정치가 그렇게 돌아가는 게 아니라는 것을 알게 됐지요.

대학 다닐 때 인문학 강의들이 가장 재미있었습니다. 정말 좋아해서 늘 들었죠. 루프 칼리지(후에 시카고 최초의 아프리카계 미국인 시장을 기념해 해롤드 워싱턴 칼리지로 이름이 바뀌었다)에서요. 인문학 강의를 한 선생님이 정말 훌륭했어요. 그분은 시, 산문, 셰익스피어를 가르쳤지요. 햄릿……. "너 자신에게 진실하라." 자신에게 거짓말을 해서는 안 됩니다. 너무 많은 정치가들이 자기 자신에게 거짓말을 합니다. 자신에게 늘 진실해야 합니다. 자기 자신에게 진실한 사람은 성공하게 됩니다.

삶의 어느 영역에서나 통용될 수 있는 훌륭한 충고로군요.

정치는 삶의 어느 영역과 다를 바 없습니다.

"저는 변화의 산파입니다"

마이클 벨 기업 컨설턴트 기업과 비영리 조직 양쪽을 모두 위해 일하는 컨설턴트다. 인파트너십 컨설팅(InPartnership Consulting)의 공동 창업자이자 사장이며 CEO로, 진보적인 사회운동 지도자들을 발굴하는 록우드 리더십 프로그램(Rockwood Leadership Program)에서 워크숍도 개최한다.

리더십이란 사람들에게 영감을 주고 동기를 부여하며 목적의식을 통해 비전을 공유하게 만드는 개인의 능력입니다. 진정한 리더십은 철저함에서 나오는 것이라 이 세상에서 우리가 이루고자 하는 일에 우리의 가슴과 머리와 정신을 모두 가져다 맞추는 능력의 문제라고 생각합니다. 진정한 리더십의 동력은 목적의식과 이어주는 능력입니다. 나는 무엇을 하러 이 세상에 태어났는가? 목적의식과 결합시키는 것이 진정한 리더십의 동력입니다.

워크숍뿐만이 아니라 한 학기 정도 되는 긴 강좌를 통해서도 교육을 하고 계신데, 일주일짜리 워크숍에서는 어떻게 가르치십니까?
워크숍을 시작하기 전에 준비 과정에서 하는 일이 많습니다. 워크숍에 참여하는 사람들은 각자 최소한 15명의 동료들한테 그 개인의 리더십에 관한 평가를 받게 됩니다. 직원, 동료, 선배, 상사 또는 그 사람을 회장으로 선출한 이사회 등이 이런 평가를 하게 됩니다. 한 사람이 리더로서 이 세상에서 갖고 있는 영향력을 보여주는 총체적인 그림이 나오게 됩니다. 그런 다음 자신이 이루고자 하는 것이 무엇인지, 왜 이런 프로그램에 참여하게 된 건지, 리더로서 어떤 단계에 있는 것인지 참가자가 직접 사적인 에세이를 써야 합니다.

그러고 나면 우리는 다 함께 앉아서 그걸 모두 읽습니다. 이때쯤 되면 저는 그 사람이 어떤 종류의 리더인지, 리더로서 어떤 영향력을 갖고 있는지 꽤 잘 알게 됩니다. 전 일주일 동안 워크숍을 어떻게 진행할지 계획을 갖고 있습니다. 어떻게 문제를 제기하고, 어떻게 장점은 살리면서 문제점은 있는 그대로 직시하게 할 것인지, 그리고 참가자는 어떤 노력을 해야 할지 미리 생각해 둡니다. 이런 워크숍을 통해 우리가 주려고 하는 건 진실이라는 선물입니다. 즉 진정한 대화라는 선물이죠. 우리는 참가자들에게 진실한 대화로 안내하는 문을 통과하게 합니다(우리는 아치형의 구조물을 세워놓고 실제로 그렇게 합니다).

목적에서 시작합니다. 무엇을 하려고 이 세상에 태어났는가? 우리는 목적을 상기시키고, 그렇게 하기 위해 일련의 연습을 시킵니다. 우리는 리더십을 닦으려는 사람들에게 고공 다이빙법을 씁니다. 그래서 우리는 기본적으로 곧장 뛰어내려 친숙하고 편안한 데서 목적에 관한 대화 속으로 참가자를 이끌고 들어갑니다.

거기서부터 대화의 주제는 비전으로 옮겨갑니다. 가장 고귀한 열망은 무엇인가? 그게 이뤄지면 세상이 어떻게 달라질까? 그런 다음 가치에 관해 얘기합니다. 어떤 가치에 따라 일을 하는가? 어떤 가치관과 믿음을 갖고 있는가? 어떤 필터를 통해 세상을 바라보는가? 타인에 관한 반응을 형성하게 된 어린 시절에 받은 메시지들은 어떤 것이었나? 그러니까 직원이든 자금주든 자원봉사자든 간에 다른 사람이 방으로 들어오는 걸 볼 때 나타날 수 있는 그런 반응 말입니다.

그 다음에는 소통 능력을 봅니다. 실제로 참가자들에게 다른 이들이 쓴 평가서를 보여줍니다. 그럼 보통 어리둥절한 반응을 보입니다. 자신이 세상에 갖고 있는 영향력에 관해 자신이 생각하는 바와 다른 사람들의 생각은 늘 다르니까요. 바로 그때가 이른바 전환 학습이 일어날 수 있는 기회입니다. 그것은 이미 알고 있는 지식에 덧붙이는 그런 학습이 아니라 세상을 보는 관점, 자신을 바라보는 시각 그리고 다른 사람들과 함께 일을 하는 접근 방식을 바꾸는 학습입니다. 그래서 우리는 그때를 이용해 자기 자신에 대한 모든 허구와 환상을 벗겨내고 세상이 자신을 어떻게 바라보는지 있는 그대로 직시할 수 있게 해주려고 합니다. 만일 그런 진실 속으로 들어갈 수 있을 만큼 겸손한 사람이라면 우리의 코치를 받을 수 있고, 더 나은 리더가 될 수 있는 몇 가지 수단을 더 받게 됩니다.

거기에는 리더십에 관한 어떤 이데올로기가 담겨 있는 것 같군요. 우리는 다들 '내가 하자는 대로 하든지 아니면 떠나'라는 식의 리더들이 익숙한데요. 직원들이 자신을 어떻게 생각하는지 신경도 안 쓰는……
맞습니다. 명령하고 통제하는 리더들이죠.

그런 사람들 때문에 힘들지는 않나요? 아니면 어떤 워크숍인지 다 알고 들어옵니까?
5년 전까지만 해도 우리 회사는 《포춘》이 선정한 세계 25대 기업, 그것도 미국과 유럽에 있는 글로벌 기업하고만 일했다는 말씀을 드려야겠군요. 금융, 석유, 거대 제조업체들 말입니다. 메르세데스 벤츠, 쉘, 크라이슬러, 선마이크로시스템즈, IBM, 켈로그 같은 회사들이 우리 고객이었습니다.

그렇게 이름을 밝혀도 되나요?
물론이죠. 성공하는 리더십 모델은 명령과 통제가 아닙니다. 성공하는 리더십 모델은 정보가 풍부한 환경을 창출하고 그런 환경에서 리더가 협력을 조장하는 모델입니다. 이것은 감성 지능이 낮고 명령과 통제로 운영되며 꼭 필요할 때 필요한 것만 알려주는 환경과 대조됩니다. 그런 환경에서는 일을 잘할 수 없다는 것을 보여주는 연구 결과들이 많이 나와 있습니다. 그런 모델은 확실히 X세대*와 Y세대**한테는 안 통합니다. 사람은 다들 존경받는 환경을 원합니다. 그건 어느 세대든 마찬가지입니다. 다들 자신이 하는 일이 자신의 가치관과 맞아떨어지는 환경에서 일하고 싶어합니다. 함께 일한 사람들을 보면 어느 세대건 간에 변화를 편하게 받아들이지 못합니다. 변화는 쉽지 않습니다.

그래서 리더에게는 나이와 성별과 인종 등이 다 다른 그 모든 다양한 유형의 직원들을 위한 환경을 조성하는 일이 아주 중요합니다. 리더란 직원들을 위해 있는 것이고 직원들이 일을 잘할 수 있는 환경을 만들어주기 위해 존재합니다. 말씀하신 그 옛날식 리더십은 '내가 환경을 창출한다. 그 환경은 날 위한 것이다. 날 위해 일하기 싫으면 딴 데 가서 일해'라는 식이죠. 이런 식의 리더십으로는 런던이든 칼라마주***나 댈러스든 또는 두바이든 이제 그 어디에서도 더는 성공할 수 없다는 걸 우리 눈으로 직접 보고 있습니다. 오늘날의 직장에서는 이런 종류의 리더들은 잘 나가지 못합니다.

이제 직장이 복잡해져서 개인이 아니라 팀이 일을 처리합니다. 어떻게 함께 일할 수 있을까? 개인이 아니라 팀이 중심이 되는 환경을 마련할 때는, 개개인의 성취가 아니라 협력과 협동, 공동 권한과 권한 위임에 적합한 환경을 어떻게 창출할 것인지 생각해야만 합니다. 세대가 바뀌고 직장 환경이 복잡해졌기 때문에 글로벌한 환경에서 일을 처리하는 데는 새로운 협력 모델들이

---

* 미국에서 1965년 이후에 태어난 세대를 가리키는 말로, 1991년에 나온 더글러스 쿠플런드의 소설 제목에서 비롯됐다. 자기주장이 강한 신세대를 말한다.
** 전후 베이비붐 세대가 낳은 2세들을 가리키는 말로, 컴퓨터를 자유자재로 다루는 10세 안팎의 어린이를 말한다. Y세대는 다른 나라 문화나 다른 인종에 관한 거부감도 적다. 말을 배우기도 전에 TV에서 흘러나오는 음악을 들었고, 모방 심리, 호기심, 패션에 관한 관심도 아주 크다.
*** 미시건 주 서남부의 도시.

필요합니다.

또 직원들도 다양해졌습니다. 40년대부터 60년대의 직장은 동질적인 사람들로 구성되어 있었습니다. 25세에서 45세 사이의 남성, 백인 중심 사회였죠. 이제는 바뀌었습니다. 앞으로 2015년이 되면 신입사원의 86퍼센트가 여성 아니면 유색 인종이 될 겁니다. 백인 관리자라고 해도 새로 들어오는 차세대 리더들을 관리하고 동기를 부여하고 같은 비전을 공유하게 만들 방법을 모색해야만 할 것입니다. 게다가 훌륭한 관리 능력 말고 문화적 역량도 갖춰야 합니다. 차이를 넘어서 일을 잘할 수 있는 문화적 역량을 갖춰야 합니다.

말씀을 듣고 있으니 거울을 들고 자기 모습을 들여다볼 수 있게 해주는 일을 하고 있구나 하는 생각이 드는군요. 힘들 것 같습니다. 거울에 비친 자기 모습을 좋아하지 않는 사람들도 있을 테고 또 보려고 하지 않는 사람들도 있을 것 같은데, 어떻게 하십니까?

웃으면서 그럽니다, 전 사람들에게 자기 자식이 못생겼다는 얘길 해주면서 돈을 받는 사람이라고요. 제 말에 귀를 기울이게끔 점잖게 진심을 담아 말합니다. '아기를 좀더 자세히 살펴보시고 우리의 장점이 뭐고 단점은 뭔지 그리고 우리가 정말로 사랑하는 이 존재를 저 밖의 현실 세계로 내보내려면 어떤 준비를 시켜야 할지를 알아봅시다'라고요. 수강 시간의 40퍼센트 정도를 아름다움과 추함이 모두 담긴 그 사진을 갖고 들어가서 리더십 수강자들에게 얘기하는 데 씁니다. 그럼 수강자들은 '이런 얘기를 들으려고 등록한 게 아니다. 우리가 듣기 싫은 소리를 알려주려고 우리 돈을 받았다는 거냐?'고 합니다. 그럼 전 '대단히 감사합니다. 이 문제에 조치를 취하고 싶으면 연락주십시오'라고 말합니다. 그리고 전 떠납니다. 그러니까 제가 실제로 하는 일은 진실을 말하는 것이고, 사람들이 제게 얻게 될 것은 자료에 근거한, 있는 그대로 진정한 모습임을 알려주는 겁니다. 그리고 그 순간이 되면 사람들은 선택해야 합니다.

사실상 저는 산파입니다. 개인과 집단과 팀과 조직이 달라질 수 있도록 도와주는 산파입니다. 더 나은 리더가 될 수 있게, 더 성공적인 리더십을 갖춘 팀이 될 수 있게 기꺼이 달라지겠는가? 다가올 세상에서 성공할 수 있도록 이 조직을 준비시키겠는가?

보고 싶지 않을 수도 있는 자신의 모습을 들여다보게 하는 무슨 기법이나 묘책이라도 있으십니까?

기법이나 묘책이 필요한 일이 아닙니다. 사실들만 모으면 되는 거죠. 자기가 스스로 창출한 모습을 조합하는 것 말고 아무것도 강요하지 않습니다. 그것은 제 생각이 아니라 그 주변 인물들의 평가입니다. 강제적인 건 아무것도 없습니다. 제 말도 아니고, 제가 꾸며낸 것도 아니며, 제 의견이 들어간 것도 아니니까요. 그저 전 그 사람들과 관련된 모든 정보를 모아서 하나의 그림을 완성한 것뿐입니다. 그래서 그 힘은 진실 속에 있습니다. 진실의 힘은 강력하니까요.

어떻게 이런 일을 잘 하시게 됐나요?

아버지가 장의사였습니다. 장의사는 수백 년간 이어진 우리 집안의 가업입니다. 사람들이 와서 자식을, 형제를, 자매를, 부모를 묻는 걸 보면서 자랐습니다. 이걸 해줄 걸 저걸 해줄 걸, 이런 말을 해줄 걸 저런 말을 해줄 걸하고 후회들을 하더군요. 이랬더라면 저랬더라면……. 아주 어린 나이에도 왜 안 해준 건데, 왜 지금까지 기다린 건데 궁금하더군요. 그래서 저는 현재가, 바로 지금이 얼마나 소중한지 깊이 깨닫게 됐습니다. 고쳐야 할 게 있으면 당장 고쳐야지 왜 기다려? 말할 게 있으면 지금 당장 말해야지 왜 기다려? 그래서 사실에 당의를 입히지 말자고 굳은 결심 같은 걸 하게 됐습니다. 사실은 관 속에 있으니까요. 죽은 사람은 돌아오지 않지요.

전 장남이었습니다. 그래서 집에 남아 가업을 이어야 하는 거였습니다. 아버지는 저를 코넬대학교에 보내는 데 많은 돈을 썼죠. 코넬대학교에는 정말 재능 있는 아프리카계 미국인들이 많았습니다. 코넬대학교에 들어감으로써 전 이 나라의 모든 흑인 가정들과 저를 연결해주는 유산 속으로, 차세대 지도자들의 대열 속으로 들어가게 된 겁니다.

그런데, 맙소사, 코넬대학교에 들어간 뒤 제가 게이라는 사실을 알게 됐습니다. 그리고 그 사실을 깨닫는 과정에서 제 모든 꿈과 기대와 제가 발을 들여놓은 그 유산을 버려야 했습니다. 그냥 시골 남부의 게이로, 버지니아로 돌아가 기독교를 믿는 게이로 살아갈 수는 없었습니다. 게이가 아닌 채로, 남부의 기독교인으로서, 아프리카계 미국인으로서 살아가거나 아니면 게이로 살아야 하는 거였죠. 진정한 나 자신이 어떤 건지 생각하고 또 생각하면서 어떤 사람으로 살 것인지 알아내야 했습니다. 어릴 적의 모든 경험들, 여태까지 배운 모든 것들을 가지고 나 자신의 삶을 만들어가야 했습니다. 그것은 그동안 제가 계획한 삶도 아니고 맹세코 제 부모님이 원한 삶도 아니었죠.

그런데 다행스럽게도 부모님 모두 그분들의 성장 배경에도 불구하고 저를 있는 그대로 받아주셨습니다. 제가 게이라는 사실을 받아들이셨죠. 돈독한 관계는 끊어지지 않았습니다. 하지만 저는 나만의 새로운 인생을 꾸려가야 했습니다. 아주 용감하게 제 길을 걸어가야 했습니다. 그리고 제가 그렇게 해야 했기 때문에 다른 사람도 그럴 수 있도록 도와줄 수 있게 된 겁니다.

특히 영향을 받은 선생님들이 있었나요?

가장 큰 영향을 주신 분들은 부모님이죠. 제 어머니는 교사셨습니다. 두 분 모두 자신의 일에서 가치관이 확고했던 분들입니다. 두 분 모두 자신이 받고 배운 걸 다른 사람들에게 기회를 주는 데 사용해야 하며, 다른 사람들의 모범이 돼야 한다고 생각하셨습니다.

"강의를 아주 열심히 준비합니다"

한나 라일리 볼스 고위 경영자 교육 과정 하버드대학교 공공정책학 부교수로, 케네디 스쿨 고위경영자 과정에서 강의한다. 하버드 경영대학원에서 경영학 석사학위를, 케네디스쿨에서 공공정책 석사학위를, 스미스 칼리지에서 문학사 학위를 취득했다. 볼즈는 성에 초점을 맞춰 협상과 리더십을 연구한다. 2003년, 우수한 교육자에게 수여하는 마누엘 카발로 상을 받았다. 볼즈는 케네디 스쿨 경영자 과정에서 많은 강의를 맡고 있다. 우리는 볼즈가 교수회 의장으로 있는 '여성과 권력'이라는 프로그램에서 진행하는 강의와 관련해서 얘기를 나눴다. 그 강좌는 1년에 한 차례, 5월에 일주일동안 열린다.

케네디 스쿨은 여성과 권력이라는 프로그램을 만들어 2002년에 첫 수업을 했습니다. 뛰어난 경력을 갖고도 정상에 오르지 못한 여성들에게 추가적인 경영 훈련을 시켜주려고 만든 프로그램이죠.

우리는 민간 부문과 비영리 단체, 그리고 정부나 군대에 있는 여성들을 모집합니다. 민간 부문 여성들은 어떤 형태든 공공 리더십을 발휘한 적이 있었다는 것을 증명해야 합니다. 자선단체에서 일을 했다거나 공직에 입후보한 경험이 있다거나 비영리 단체의 위원회 같은 데서 일한 경험 말입니다.

저는 교수회 의장입니다. 커리큘럼을 짜고 일주일 내내 강의를 여섯 개 합니다. 일반적으로 리더십을 집중적으로 강의하지만, 성에 대한 논의도 군데군데 집어넣습니다. 제 연구 분야인 성과 협상의 문제, 여성들이 고위직으로 가는 길에 관해서도 이야기를 합니다.

일차적으로 사례 중심 교육을 하는데, 그건 이 프로그램에서 강의하는 다른 교수들도 마찬가지입니다. 우리는 모의 실험을 하고 사례를 보고 토론하고, 또 야간에는 연사들도 모십니다.

사례 중심 교육을 하면 귀납적인 분석을 할 수 있습니다. 그래서 그냥 생각해야 할 걸 얘기해주는 게 아니라 문제를 내주는 겁니다. 그럼 학생들 스스로 분석하고 토론하는 과정에서 학습 요점이 나옵니다. 학생들이 개인별로 그리고 단체로 특정 문제를 분석하면서 스스로 배우는 거죠. 저는 늘 일반적인 이론을 분명하게 보여줄 수 있는 사례들을 선택하려고 합니다. 그래서 어떤 경영자가 특정 상황에서 한 일을 토론하는 데서 그치는 게 아니라 이런 특정 사례를 어떻게 일반화할 수 있을지 알아보도록 말입니다.

이런 사례 연구 방법이 지닌 한계점은 종종 일반화에 도달하지 못할 때가 있다는 겁니다. 학생들은 특정 사례에서 일반화를 도출하는 데 애를 먹습니다. 왜냐하면 일반론과 특정 사례가 세세한 구석까지 일치할 거라고 생각하기 때문입니다. 이럴 경우에는 다른 사례들과 갖는 연관성을 명확하게 보여줘 학생들이 비교하면서 생각할 수 있게 해주면 됩니다.

실제 사례들입니까, 아니면 가상 사례들인가요?
대부분이 진짜 일어난 일들입니다. 가상 사례도 실제 사례들을 짜깁기한 것입니다. 그 시뮬레이션과 협상 연습은 현실 세계에서 일어난 일들을 추상화한 것들로 합니다. 가령 어떤 비즈니스 상황을 가상한 비디오를 이용하기도 하는데, 주인공이 주도권을 잡으려고 하지만 처음부터 어리석은 결정을 하는 그런 내용이죠. 처음에는 초반 10분만 보여주고 주인공이 어떻게 하고 있는지 물어봅니다. 잘한 일은 뭔가? 잘못한 일은 뭔가? 그런 다음 다시 10분간 비디오를 더 보여준 다음 어떻게 하면 주인공이 필요한 제휴를 맺을 수 있을지 생각해보라고 몇 가지 협상-분석 개념을 소개합니다. 그런 뒤에 비디오의 마지막 부분을 보면서 일어난 일을 분석하고, 저는 그걸 이용해서 이론적인 개념 몇 가지를 더 소개합니다.

또 실제에 있던 일도 이용합니다. 일례로 NAACP●가 위기에 놓인 때 밀리 에버스 윌리엄스Myrlie Evers-williams가 의장직을 맡은 사례를 가지고 강의를 했습니다. 그 강의를 시작하기에 앞서 저는 기관을 이끌 때 생기는 특수한 도전들을 잘 다루고 있는 책들을 먼저 읽습니다. 여기서 기관이란 일반적인 조직과 대조되는 것으로, 시간을 두고 발전해온 가치 지향적인 조직이자 일과 사람들을 소중히 여기는 단체입니다. 이런 기관에 속한 사람들은 사실상 개인적으로 그 기관을 자신과 동일시합니다. 여성과 권력 프로그램에 들어오는 경영자들 중에는 기관을 이끌고 있거나 아니면 그런 사람들과 함께 일하는 사람들이 많아서, 일반적인 조직과 다른 기관을 이끌 때 생기는 도전과 장애 그리고 기회에 관해 수업 전에 이미 폭넓은 대화를 나눌 수 있습니다. 그런 다음에 NAACP의 사례를 구체적으로 들여다보며 무엇이 위기를 초래했고 밀리 에버스 윌리엄스가 위기를 전환시키고자 어떤 일들을 했는지 얘기를 나눕니다. 전 그 사례를 분석하면서 기관과 리더십에 관해 더 깊이 대화를 할 수 있도록 이끕니다.

여성과 권력 프로그램의 수강생 규모는 50명 정도라, 교수의 처지에서 큰 문제는 교수가 얘기를 하면 수강생들이 의견을 말하게 하는 게 아니라 수강생들끼리 대화를 나누게끔 토론을 이끄는 겁니다.

이 프로그램의 목적에는 여성들이 유리 천장●●을 부술 수 있게 도와주는 것도 들어 있나요?

아, 그럼요. 수강생 중에는 정상까지 올라간 여성들도 있는데, 자신들 경력의 이 최종 단계가 어떤 양상을 띨지 생각해보려고 여기에 왔죠. 이 프로그램과 관련해 가장 놀라운 일 중 하나는 강의 첫날 여성들이 일어나 자기소개를 하

● National Association for the Advancement of Colored People, 유색인지위향상협회. 유색 인종의 헌법적 권리와 지위 향상을 위해 만든 인종 혼합 단체.
●● 여성이나 다른 집단이 높은 자리에 올라가지 못하게 막는, 눈에 보이지 않는 장벽.

는 그 순간이 마치 불꽃을 점화하는 것 같다는 겁니다. 아, 나 같은 사람들이 이렇게 많구나 싶어서 흥분하는 기색이 역력하죠. 실제로 이사까지 승진한 여성들 주변에는 여성 동료들이 많지 않습니다. 그런데 여기 와서 갑자기 50여 명의 동료들을 만나게 되는 거죠. 자기가 몸담고 있는 조직이나 사는 곳 출신이 아닌 여성들을 말입니다. 정말 다양한 사람들이 모입니다. 텍사스 출신의 평생교육원 원장부터 사우디아라비아에서 온 여대 총장까지 있죠. 여군과 기업체 이사도 있습니다. 하지만 이 여성들은 각자의 야망과 탁월한 업적과 능력을 들여다보고서 서로 친해집니다. 프로그램이 진행되는 일주일의 대부분이 서로 가까워질 수 있는 시간을 마련해주는 데 쓰입니다.

수강생들 중에는 이제 막 아이를 낳은 초보 엄마도 있고, 임신 중이거나 아이를 가져볼까 생각 중인 사람들도 있습니다. 자식들을 다 키워 내보낸 경우도 있고 곧 그렇게 될 사람들도 있지요. 또 남편이 은퇴한 경우도 있고 자기가 은퇴를 앞두고 고민하는 사람들도 있습니다. 그러므로 이런 인생의 단계들에 다 해당하게끔 대화를 이끌어서 서로 의견을 주고받을 수 있게 해줘야 합니다.

매일 아침 우리는 수강생들을 서너 그룹으로 나눠서 각자 자신이 겪고 있는 문제를 얘기하게 합니다. 그러면 그룹 내의 다른 사람들이 자신의 생각을 얘기하면서 문제를 해결하게 도와줍니다. 정말이지 이 프로그램에서 체험할 수 있는 가장 의미 있는 경험 중 하나입니다. 참가한 여성들은 이 프로그램을 정말 좋아해 첫해부터 동기회가 생겼다는 말씀도 드리고 싶군요.

이 프로그램이 수강생들에게 장기적으로 어떤 영향을 미치고 있습니까? 동기회가 활발하다는 건 상당히 긍정적인 영향을 미치고 있다는 뜻인데요.
아직까지 체계적인 자료는 없습니다. 전 그냥 한 번 와봤다가 잊어버리는 사람들보다는 아주 만족한 사람들 얘기를 더 많이 듣게 되니까 제가 갖고 있는 자료는 분명 편향돼 있을 겁니다. 하지만 우리 프로그램에서 다양한 것을 얻어가는 것 같습니다.

그중 하나가 인맥입니다. 여성들은 그 덕을 보고 거기에 투자하는 것 같습니다. 다른 사람이 직장을 잡게 해줬다거나 직업상 중요한 충고를 해줬다고 자랑삼아 이야기하는 여성들이 있는데, 동기들한테 받는 것뿐 아니라 베푸는 것도 아주 좋아하더군요.

교육학적으로 봤을 때 이 프로그램의 목적은 여성들에게 자신이 하는 일을 새롭게 통찰할 수 있는 기회를 제공하는 것입니다. 교육대학원에 제롬 카간이라는 교수가 있는데요, 그분 말씀이 초등학교에서 대학에 이르기까지 교육의 목적이란 친숙하지 않은 걸 친숙하게 해주는 것이라고 하더군요. 그래서 젊은 세대에게 세계에 관해 가르치는 것이 우리가 하려고 하는 일이라고요. 하지만 직업 교육, 특히 경영자 교육에서는 친숙한 걸 친숙하지 않게 만드는 것이 우리가 하고자 하는 일입니다. 일상적으로 하는 일을 다른 렌즈들을 통해 바라볼 수 있는 틀을 제공하려고 하는 것이죠. 그리하여 새로운 렌즈를 통해 바라봄으로써 새로운 통찰을 얻고, 나아가서는 새로운 일을 하게 되거나 이전에는 시도해보지 못한 새로운 전략적 접근법을 개발할 수 있기를 바라는 것이죠.

우리 프로그램을 이수한 한 여성이 일종의 남성 전용 클럽에 들어간 얘기를 해주더군요. 그 여성이 우리 프로그램에 들어올 때 정말 이사가 되려면 한동안 알아서 해야 할 거라고 하더래요. 그 여성은 늘 기업가였고, 언제나 회사의 일부를 소유했기 때문에 새로운 회사에서도 지분을 갖고 싶었죠. 그래서 돌아가서 우리 프로그램에서 다룬, 다른 수강생들한테도 많은 지지를 받은 협상 전략을 써서 상당히 많은 걸 얻어냈다더군요. 그리고 이사가 된 지 좀 지나서 이사진이 신선함을 잃게 됐을 때 사실상 그 여성이 다른 이사들을 다시 일으켜 세웠다고 했어요. 이사회에 새로운 에너지를 불어넣은 거죠.

우리 프로그램이 성공한 건 개념과 전략들만 배우고 마는 게 아니라 인맥도 형성할 수 있기 때문이라고 봅니다. 게다가 변화란 위험이 따릅니다. 수강생 중에는 경력과 리더십 문제를 생각하면서 지금 하는 일보다 뭔가 더 큰 일을 해야 하는 게 아닐까 고민하는 여성들이 있습니다. 정말로 새로운 일들을 하자면 용기가 필요합니다. 그래서 전 우리가 가르친 개념을 사회적 인맥이 떠받쳐준 게 효과가 있었다고 생각합니다.

명성이 자자한 교육자 상을, 분명 잘 가르치기 때문에 받으셨을 텐데요. 교사로서 성공하신 비결이 무엇입니까?
준비를 아주 열심히 합니다. 강의를 준비하는 데 많은 노력을 기울이고……. 그러나 준비를 잘하는 것만으로는 충분하지 못하죠. 전 개념을 전달할 때도 재미있고 흥미롭게 전달하려고 신경을 많이 씁니다. 똑똑한 사람들이 듣기에 재미있고 흥미로우면서도 살아가는 데 유익하다고 느낄 수 있게 말입니다. 그 부분에 신경을 많이 쓰죠.

또 연구가 뒷받침 돼 있는 현실적인 내용으로 강의를 진행하려고 많이 노력합니다. 이런 프로그램에 참가하는 것이 그냥 재미로 해보는 일이나 부질없는 자기 성찰의 기회가 되지 않도록 말이죠. 그래서 전 말합니다, 내가 이걸 사용하는 것은 실제로 관련된 훌륭한 연구가 진행돼 있기 때문이다, 그 연구 결과를 알려줄 테니 왜 이것이 여러분이 하는 일과 관계가 있고 여러분과 관련되는지 얘기해보자고요.

제가 교육자 상을 받게 된 또 다른 이유가 있다면, 제가 리더십의 예들을 인구통계학적으로 폭넓게 제시한 자료들을 쓰거나 채택하려고 많은 노력을 기울이기 때문일 겁니다. 그래서 전 게이인 여성 경영자가 아시아 남성과 협상하는 예도 보여줄 수 있습니다. 그런데 리더십의 예를 찾으면, 특히 우리 사회에서는 십중팔구 백인 남성이 떠오를 겁니다. 이런 지위에 백인 남성이 압도적으로 많이 올라 있기 때문에 우리는 소박하게 백인 남성의 속성과 리더십의 역량을 연결 짓습니다. 바로 이런 논리에서 오바마의 예가 젊은 흑인 남성들의 마음을 부풀게 하는 겁니다. 오바마를 보면서 '나도 저렇게 될 수 있다, 나도 잘하면 저렇게 될 수 있다'고 생각하는 거죠.

　많은 수강생이 제 수업의 진가를, 일반적인 원리들을 말해주고 또 그런 것들이 다양한 유형의 사람들에게 적용된다는 걸 보여준 데에서 찾는 것 같습니다. 제 수업을 들은 젊은 여성들이 그러더군요. 이전에 들은 리더십 강좌에서는 남성 리더들만 예로 나와서 '나한테 해당되는 얘기가 아니다'라는 생각을 했다고요.

　그래서 저는 연구를 하는 사람들보다 훨씬 많은 시간을 강의에 쏟아 붓습니다. (소리 내 웃음) 그런데 그게 좋더군요.

"배울 수 있는 분위기를 마련하는 게 가장 중요한 방법입니다"

조지 슐츠 정치 멘토   교육계와 기업계, 정계에서 오랫동안 탁월한 경력을 쌓아왔다. MIT와 시카고 대학교의 교수였고, 4개의 각료직을 비롯해 정부의 요직을 두루 거쳤다. 노동부 장관, 재무부 장관, 예산관리처장을 역임한 뒤 레이건 대통령 시절에는 국무부 장관으로 취임해 1982년부터 1989년까지 재임했다. 1989년 이후에는 저술가이자 기업의 이사로서, 그리고 공화당 행정부의 정책 고문으로서 활발히 활동했다. 탁월한 미국인에게 수여하는 레이건 상, 성실하고 탁월한 공직자에게 수여하는 엘리엇 리처드슨 상, 탁월한 정치가에게 수여하는 존 위더스푼 메달 등 많은 상을 받았다. 지금은 후버 연구소의 토마스와 수잔 포드 특별 연구원으로 있다.

사람들은 공직에 입후보해서 정계에 들어섭니다. 또 대학에 있으면서 정책 관련 글들을 쓰고 정치적인 이슈에 의견을 밝히다 밀턴 프리드먼*처럼 아주 영향력이 커지는 사람들도 있습니다. 그 다음에는 저처럼 그 중간에 있는 사람들이 있습니다. 전 대학에 있다가 행정부에 들어갔습니다. 각료는 대통령이 지명하고 의회가 인준합니다. 그래서 전적으로 정계에 들어선 것도 아니지만 그렇다고 상아탑에 있는 것도 아닙니다. 그 중간에 있는 거죠. 제가 그런 경우입니다. 당신 책에 제 얘기를 쓰고 싶다는 편지를 받았을 때, 교육자로서 제 경험과 생각에 관심이 있을 거라고 생각했습니다.

가르치는 일을 이상하게 시작했습니다. 전 프린스턴대학교의 미식축구

---

* Milton Friedman(1912~2006). 자유방임주의와 시장 제도를 통한 자유로운 경제 활동을 주장한 미국의 경제학자로, 1976년 노벨 경제학상을 받았다.

선수였습니다. 2차 대전이 발발하기 전이었죠. 전쟁에서 돌아와 4학년에 복학했는데 컨디션이 최고였어요. 그래서 올해는 나의 해가 될 거라고 생각했지요.

그런데 시즌이 시작되기 전에 무릎 뒤쪽에 클리핑*을 당했어요. 무릎을 심하게 다쳐서 다시는 경기를 할 수 없게 됐죠. 그러자 신입생 수비진 코치를 해보겠느냐는 제의를 받았어요. 그때 우리 대학에는 신입생 팀과 대학 대표 팀이 따로 있었거든요. 재능 있는 선수들이 모여 있어서 수비진이 어떻게 돌아가는지 알게 됐지요. 선수들 나이가 나랑 비슷해서 우리는 그냥 함께 운동을 했어요.

이제 와 생각해보니, 뭘 가르치는 가장 좋은 방법은 배울 수 있는 분위기를 마련해주면 된다는 걸 그때 알게 된 것 같습니다. 신입생들은 절 코치라고 생각하지 않았어요. 가까이 있으면 뭔가를 배우게 된다는 걸 알았고, 그걸 좋아했죠. 물론 저도 그게 좋았습니다.

성인이 돼서는 평생 교사로 산 것 같습니다. 국무장관 같은 일은 가르치는 일이 아니라고들 하겠지요. 하지만 실제로 뭔가를 관리할 때, 대학에서든 기업에서든 아니면 정부에서든 간에, 자신을 포함해 모든 사람이 배울 수 있는 분위기를 조성해놓으면 뛰어난 집단이 생기는 것 같더군요. 다들 배우는 걸 좋아해서 밤이면 일부러 퇴근을 시켜줘야 해요. 전 늘 그런 분위기를 조성하려고 했고, 좋은 결과를 얻었습니다. 아주 유능한 사람들을 끌어들여 내 편으로 만들었으니까요.

정부에 들어가려면 어떤 배경이 있어야 가장 유리한지 사람들은 알고 싶어하죠. 음, 제 경우로 말씀드리자면, 가르침에 관해 그런 태도를 갖고 선생 노릇을 한 게 아주 좋은 준비가 됐습니다.

게다가 정부에 들어가기 전에 시카고대학교 총장이었는데, 그 일을 하면

● 공을 안 가진 상대방을 뒤쪽에서 접근해 부딪치는 반칙.

서 충분한 준비가 된 겁니다. 왜냐면 총장이란 책임질 일은 많아도 실제 권한은 전혀 없는 직위니까요. 대학을 운영하고 자금을 끌어와야 합니다. 학생들에게 열심히 배우라고 명령할 수는 없는 노릇이니 배울 분위기를 조성해줘야 합니다. 교수란 사람들은 일대일로 만나면 아주 좋은 사람들이지만 모아놓고 회의를 하면 벽창호나 다름없는데다 이래라 저래라 말할 수도 없어요. 교우들한테도 기부하라고 명령을 할 수 없고. 그러니 설득하는 게 일이에요. 그 조직의 목적을 달성하는 법을 배우도록 사람들을 도와주는 게 할 일이지요.

정부에 들어가 각료가 돼도 동일한 문제에 봉착합니다. 백악관이 있고, 백악관 일을 처리해야 해요. 그런데 의회라는 게 있어서 의회가 승인해주지 않으면 한 푼도 쓸 수가 없어요. 게다가 의회는 완강해요. 그 모든 선거구들에다 책임질 일도 많은데, 근본적으로 하고 있는 일이 정당해야 하고 사람들을 설득할 수 있어야 권한이 생기는 거지요.

멘토 얘기를 하면 당신 이름이 자주 거론되는데요. 가령 콘돌리자 라이스 국무장관한테도 멘토링을 해주셨다고요.

어떤 관리자의 지위나 이런 자리에 있다 보면(주변을 손으로 가리킨다. 우리는 지금 후버 연구소에 있는 슐츠의 연구실에서 얘기를 나누고 있다), 콘디 라이스처럼 뭔가를 할 준비가 되는 사람들이 몰려들게 됩니다. 그럼 얘기를 나누게 되는 건데, 그게 멘토인 거죠. 그냥 제 경험에서 우러나오는 이야기를 좀 하게 되는 겁니다. 가장 중요한 얘기는 방금 말씀드린 것입니다. 배울 분위기를 조성해줘야 한다는 것. 그러면 곁에서 일하고 싶어할 것이고, 최고의 인재들이 몰리게 된다는 것 말입니다.

브라이스 할로^{Bryce Harlow}라고 놀라운 사람이 있었어요. 제가 아는 한 가장 노련하고 사려 깊은 의회 관련 인물이었는데, 노동부 장관으로 있을 때 절 돌봐주신 분이죠. 그분이 하신 말씀이 있어요. "반드시 지킬 생각이 없으면 절대로 약속을 해서는 안 된다. 약속을 했으면 아무리 힘들어도, 목이 달아나는 한이 있어도 지켜라. 그게 신용이니까." 전 그 말이 멘토링을 할 때 정말 명심해야 할 사항이라고 생각합니다. 약속을 하는 건 쉬워요. 이행하는 게 어렵지. 그렇게 쉽게 약속을 하면 안 됩니다. 그리고 '이 바닥에서는 신용이 돈이다'라고 했는데, 그 말이 제 마음에 와서 꽉 박혔어요. 사람들이 당신은 믿을 수 있는 사람이라 생각하고, 당신이 무슨 말을 하면 그대로 한다는 걸 알게 되면 성공하는 겁니다. 높은 신용을 유지해야만 합니다.

중요한 일을 맡으면 아주 열심히 해야 합니다. 그런 일에는 정신적으로나 육체적으로 엄청난 힘과 인내가 필요하니까요. 로널드 레이건과 있을 때였는데, 그분은 제가 배움에 관해 가진 태도를 천성적으로 타고난 듯 보였습니다. 누구를 가르친 경험은 없었지만요. 제가 국무장관으로 있었을 때 레이건이 외교 정책에 관해 중요한 결정을 내려서, 뭔지 생각은 안 나는데, 아무튼 제가 그 결정을 발표하고 설명하는 일을 맡게 됐어요. 아주 힘들게 연설문을 만들어서 가져갔더니 그걸 읽고 레이건이 완벽하다고 하더군요. 그러더니 잠시 의미심장한 표정을 지으며 가만히 있더니 덧붙였어요. "물론 나라면 그런 식으로 하지 않았을 겁니다."

그러더니 4분 정도 그 연설문에다 메모를 해서는 돌려주더군요. 한 곳에다 '이야기'라고 써놓았더군요. 나는 그걸 보면서 대통령이 그 내용을 개인화했다는 걸 깨달았습니다. 레이건이 그러더군요. "당신은 이 연설을《뉴욕 타임스》에 실리게 국무부 보고서로 작성했지만, 나는 국민들을 향해서 연설을 합니다. 좀 추상적일 수도 있는 주장을 할 때는 이야기식으로 해야 들어줍니다. 그래야 이해하지요."

저는 속으로 '아, 이 사람은 타고난 선생님이구나. 텔레비전을 보는 국민들에게 뭔가를 알려주고 싶어하는구나'라고 생각했죠.

배울 분위기를 조성하는 것과 관련해서 말씀을 하셨는데요, 아시다시피 그런 분위기가 전혀 안 돼 있는 기업들과 기관들이 있습니다. 어떻게 해야 그런 분위기를 조성할 수 있을까요?

그런 분위기를 조성하자면 문제를 공유해야 합니다. 뭘 다루고 있든 간에 문제가 무엇인지 알아야 하고, 그런 뒤에는 그걸 다른 사람에게 알려줘야 합니다.

또 모든 사람의 의견을 기꺼이 청취해야 합니다. 맘대로 하게 내버려두라는 게 아니라 의견을 표명하게 해, 논의에 포함시켜서 거기서 어떤 결론을 도출하라는 겁니다. 그렇게 과정에 참여하게 되면 전적으로 동의하지 않는 결정도 지지하게 됩니다. 그럼 그 결정은 그냥 지시만 할 경우에는 갖지 못할 정당성을 띠게 되죠. 전제 정치가 잘 안 될 때도 있다는 게 아니라, 그런 정치는 정당하다고 느껴본 적이 없다는 겁니다. 또 일을 수행하는 사람들이 시간과 노력을 들이지 않아서 일이 제대로 돌아가지 않는 것을 많이 봐왔습니다. 그래서 모든 사람의 의견을 청취하는 게 그런 학습 분위기를 조성하는 데 아주 큰 요인이라고 생각합니다.

MIT와 시카고대학교에서 교수 생활을 하셨는데요, 그 경험이 나중에 하게 된 일들을 처리하는 방식에 결정적인 영향을 미쳤나요?

물론입니다. '사업에만 이윤이 있다'고들 하는데, 전 전혀 그렇게 생각하지 않습니다. 얼른 눈에 띄지 않아서 그렇지 가르치는 일에도 이윤이 있습니다. 강의를 잘하면 학생들이 뭔가 배우게 됩니다. 학생이 뭔가를 배웠다는 것, 그게 이윤입니다. 시험 답안지를 걷어 채점을 해 누가 못 했는지 알아보는 게 아주 싫었습니다. 잘 하길 바라야지요. 그래야 배웠다는 걸 알게 되니까요. 그런데 전혀 이해도 못한 답안지를 본다면 뭔가 잘못되고 있는 거죠. 왜냐하면 능력이 있는 애들이니까요. 좋은 환경에서 선생 노릇을 해본 경험이 있다면, 뭐 그렇게 좋은 곳이 아니라고 해도 아무튼 그런 경험을 해봤다면 큰 만족을 얻었을 겁니다.

"세상이 어쩔지 생각해보라고 합니다"

데이비드 킹 초선 의원 프로그램 책임자 하버드대학교 정치연구소가 운영하는 초선 의원 프로그램의 교수회 의장이다. 러시아 연방 하원을 위해 비슷한 프로그램들을 감독했고, 한국, 니카라과, 칠레, 볼리비아의 입법부 설계 문제에도 자문을 했다. 또한 하버드대학교 존 F. 케네디 행정대학원에서 공공정책 강의를 맡고 있다. 의원에 당선되면 일이 정신없이 생긴다. 사무실 배정 추천이 있고, 보좌관 지원서들이 쇄도하고, 민주당과 공화당 모두 초선 의원들을 위한 오리엔테이션을 개최한다. 11월 말이나 12월 초가 되면 나흘간 하버드대학교에서 초선 의원 프로그램이 진행된다. 모든 초선 의원에게 초청장이 가지만, 보통 65에서 85퍼센트 정도가 응한다. 우리는 킹이 책임을 맡고 있는 초선 의원 프로그램과 의회에서 진행되는 멘토링에 관해 이야기를 나눴다.

사람들은 아주 다양한 경험을 하다가 의회에 들어옵니다. 주 의회 의원으로 있다가 들어오는 경우가 전형적이죠. 평균 40대 후반이고 많은 경험을 해본 이들한테 선거운동 때 내세운 이슈 같은 걸 가르치려 해서는 안 됩니다. 또 그런 척도 해서는 안 되고요. 가령 대체로 의료보험 정책이나 교육 정책을 이슈로 내세워 선거운동을 했다면, 그런 걸 주제로 가르치는 경우, 의원들 자신의 편견을 확인하는 시간밖에 안 되는 겁니다. 게다가 사람들은 자기가 듣고 싶은 얘기만 듣습니다.

그래서 이 프로그램은 여러 부분으로 나눕니다. 그중 하나가 예산 처리 절차를 전체적으로 개괄하는 건데요, 예산이 실제로 어떻게 처리되는지 또 그 과정에서 어떤 곤혹스런 문제에 부딪히게 되는지 알아봅니다. 그런 다음 우리는 하원 세출위원회 의원들한테 얻은 개요를 가지고 재선에 성공하려면 그런 제도에서 어떻게 돈을 얻어내야 할지에 관해서도 알아보는데……. 기본적으로 초선 의원이 방금 배운 그런 제도를 영속시키는 건 끔찍한 일입니다. 이런 두 개의 북엔드를 갖고서 우리는 의원들이 장기적으로 볼 때 어떤 것이 책임 있는 행동인지 토론하게 되길 바랍니다.

또 대통령 집무실과 의회 사무실이 어떻게 돌아가는지도 다룹니다. 대통령은 의원 개인들과 접촉하는데요. 무엇을 기대할 수 있는지, 뭘 요청할 수 있는지, 절대 요청해서는 안 되는 일은 뭔지, 실제로 다수당과 소수당은 어떻게 대하는지, 이렇게 의원들이 좋아할 것 같은, 알아두면 요긴한 몇 가지 문제를 다룹니다.

1996년 이후로 제가 사용하는 일반적인 틀은 의원들의 단기적인 관심사에 영합하거나 또 의원들이 지금까지 다룬 그런 종류의 문제들을 언급하는 것이 아니라, 앞으로 20년간 의원직에 있을 수도 있다고 가정하고 멀리 내다보는 겁니다. 우리는 하버드뿐 아니라 미국 내 모든 연구소에서 찾아낼 수 있는 최고의 학자들의 도움을 받아 유전학 연구, 인구 성장, 세계화가 경제에 미치는 영향, 환경 문제의 관점에서 볼 때 앞으로 20년 후의 세계의 모습을 그려봅니다. 그리고 바로 지금, 아니면 앞으로 10년이나 15년 동안 무엇을 할 수 있을지, 그런 행동이 역사의 시곗바늘을 어느 쪽으로 움직이게 할지를 의원들 스스로 생각해보게 합니다. 잠깐 동안 국민의 신뢰를 받는 단기 의원이 아니라 오랫동안 국가적이고 세계적인 이익을 수호하는 사람으로서 말입니다.

앞으로 20년을 내다보게 하면 방금 끝난 선거는 잊게 됩니다. 그리고 이런 식으로 접근하면 의원들이 묻지 않았을 수도 있는 문제들을 물어보게 된다는 점에서 흥미롭습니다. 과연 앞으로 어떤 과학 기술이 출현하게 될까? 7개 주에서 스페인어를 공용어로 쓰면 어떤 정치적 파장이 생길까?

그 다음으로 실제 삶과 연관된 문제를 다룹니다. 우정을 쌓고 가정을 지키는 것 말입니다. 프로그램이 진행되는 동안 현직 의원들이 한 차례 와서 배우자와 자녀들과 맺는 관계에 관해 얘기하는 시간을 갖습니다. 비공개로 진행되며 아주 솔직한 대화가 오갑니다. 부정을 저지르는 경우도 있고, 이혼율도 무척 높고, 남남처럼 사는 경우도 아주 많습니다. 엄청날 정도로 장시간 일을 하고 어딜 가나 잘한다는 소리를 들으면서 어떻게 결혼 생활을 유지하고 아이들 생일 파티에 참석할 것인가? 몇 년씩 그런 경험을 하고 있는 선배 의원들 얘기를 듣는 건 아주 유익한 일입니다.

우리가 보기에 가장 유익한 건 의원들이 서로 얘기를 하게 된다는 겁니다. 형식적인 소개를 하지만 아주 편하게 합니다. 모든 의원들이 일어나서 각자 5분간 왜 하원의원에 입후보했고, 어떤 일을 하기를 원하며, 자신이 정말 누군지 얘기합니다. 자신이 어떤 사람인지 보여주는 거죠. 진짜 어디 출신이고, 가슴속에는 어떤 생각을 품고 있고, 어떤 세계관을 갖고 있으며, 어떻게 그런 세계관을 갖게 됐는지 말입니다. 민주당이니 공화당이니, 북부니 남부니, 서부니 동부니 갈려도 의원들은 공통점이 참 많습니다. 의회에 들어오는 사람들은 일반 기업에 가면 훨씬 많은 돈을 벌 사람들입니다. 그러니 돈 때문에 의회에 들어온 게 아닙니다. 또 그렇다고 권력 보고 들어온 것도 아닙니다. 세상을 바꾸려고 온 거죠. 유권자들은 이 말을 믿지 않습니다. 하지만 의원들이 이 방으로 들어와 진심에서 우러나는 대화를 나누며 각자의 얘기에 귀를 기울이는 것, 그것이 훨씬 더 의미 있는 일입니다. 이때 처음으로 양당의 초선 의원들은 동료들의 얘기를 귀담아 듣는 겁니다. 이 전에, 그러니까 의원으로 당선되고 나서 그 짧은 기간 동안 양당 의원들이 함께 만나는 게 되는 건 사무실 배정 추첨을 할 때, 그 잠깐 동안 뿐입니다.

우리가 하는 일이 이겁니다.

이 프로그램을 마치고 나면 의원들이 그 가치를 느끼는 것 같던가요?
평가는 아주 좋습니다. 그래서 해마다 개최할 수 있는 거죠. 우리는 110회 의원들을 통해 111회 의원들을 모집하는데, 선배들이 하버드 프로그램에 참여하라고 독려하는 거죠. 그리고 우리는 참가한 의원들과 몇 년 동안 접촉을 유지합니다. 또 여기에는 훌륭한 교수들이 있습니다. 그 교수들이 훌륭한 것은 상상력을 일깨우기 때문입니다. 경이로운 부분이 있지요. 상상력을 동원해 세상이 어떨지 생각해보라면서 의원들을 익숙하고 편안한 환경에서 새로운 미지의 영역으로 데려 갑니다. 언제나 훌륭한 교육 방식이죠.

그동안 이 프로그램을 이수한 의원들을 봐왔을 텐데요, 백신이 듣던가요? 그러니까 이 프로그램이 효과가 있어 보이던가요?

대답하기가 쉽지 않군요. 첫째, 백신이 정말 효과가 있었는지 아닌지 판단하기가 어렵습니다. 대체로 소용이 없는 것 같습니다. 효과라면 의원들이 다른 의원들을 잘 알게 됐다는 점이죠. 하지만 현재 하원의 리더십은 아주 강력해서 위원회 배속과 선거자금을 통제함으로써 보답을 해주는 터라, 우리가 제공하는 이런 초당적인 접근법은 대개 아주 실망스런 결과를 보여주고 있습니다.

우리 프로그램을 이수한 의원들은 마지막 날이면 다들 눈물까지 글썽이며 양극단으로 치닫는 워싱턴의 분위기에 빨려들지 말고, 서로 협력해서 일하고 동기생으로 만나자고 맹세를 합니다. 그리고 때로는 정말 그렇게 하는 의원들도 있습니다. 하지만 대다수는 출세하기 위해 지도부와 협력을 하게 되죠. 지도부가 초당적인 게 이익이 된다고 생각을 하지 않는 한 새로운 의원들을 데리고 계속해서 양극화된 환경을 창출합니다. 우리는 할 수 있는 한 최선을 다하고, 최선의 것을 희망합니다. 하지만 해가 가도 의회 내의 양극화 현상을 줄이는 일에서는 소득이 없습니다.

새로 선출된 의원이 의회에 들어가면 공식적으로든 비공식적으로든 멘토링이 많이 진행되나요?

멘토링은 비공식적으로 진행되는 게 대부분이지만 아주 빈합니다. 대체로 의원들은 내용도 잘 모르면서 투표를 하게 됩니다. 의원들은 전공이 있어서 한 가지 이슈는 전공을 하고 두 가지 이슈를 부전공합니다. 의회에서는 이런 식으로 말하죠.

"의원님 전공은 뭡니까?"

"교통 정책입니다."

"부전공은요?"

"K-12* 교육과 습지가 환경에 미치는 영향입니다."

그러니까 의원 개개인이 대처할 수 없는 문제들이 아주 많은 거죠. 그런데 소속 위원회에서는 그런 문제들을 심의합니다. 그래서 전문적인 의견 제공자 cue-giver를 택해야 합니다. 의원들은 자신이 전공하는 분야 빼고는 거의 모든 분야에서 의견 수용자 cue-taker가 되며 자기가 알아서 전문적인 의견 제공자를 선택해야 합니다.

그래서 의회 첫날부터 나와 생각이 비슷한 사람, 같은 지역구 출신, 자기가 잘 모르는 정책 분야를 잘 알고 있는 사람을 찾게 됩니다. 그런 사람들이 전문적인 의견 제공자가 되는 거죠. 의회에서 즉석 투표 같은 건 없습니다. 주 의회에서도 마찬가지입니다. 전문적인 의견 제공자들이 먼저 투표를 하게 됩니다. 자신들이 전문적인 의견 제공자라는 걸 의식하면서 투표를 하죠. 그럼 의견 수용자들은 전문적인 의견 제공자들이 어떻게 투표하는지 보고 따라서 투표를 합니다.

또 의회 대표단에 있는 선배 의원에게 의지하게 됩니다. 같은 주 출신의 초선 의원에게 멘토링을 해주는 게 그 선배 의원의 일이죠. 그러므로 멘토링은 비공식적으로, 대개 당 안에서 진행되며 전문적인 의견을 제공하는 사람과 그 의견을 받는 사람을 둘러싸고 행해지는 경향이 있습니다. 그리고 의회 대표단에 있는 선배 의원에게도 의존하고요.

● 유치원생부터 12학년(우리의 경우 고3) 학생들까지 인터넷으로 연결해 교육하려는 미국의 정보 교육 프로그램의 이름.

그 다음 멘토링 관계를 조성하는 데 도움이 되는 구조적인 기구가 의회 총회 안에 두 개가 있습니다. 그 하나가 원내 총무 제도입니다. 그것은 일종의 거미줄처럼 형성되어 있습니다. 꼭대기에 최고 원내 총무가 있고, 그 다음에는 원내 부총무들이, 그 다음에는 지역 원내 총무들이 있습니다. 이 지역 원내 총무들이 자신의 지역구 출신 의원들을 할당받아 사귀게 됩니다. 이런 식으로 원내 총무는 초선 의원들의 생각을 알 수 있게 됩니다. 그리고 투표를 독려할 때 이런 원내 총무 제도를 통해 다른 의원들의 생각을 알아내는 거죠.

원내 총무는 의원들의 지역구에 관해 자세히 알고 있어야 하지만, 원내 총무의 일은 의원들에게 어떻게 투표하라고 하거나 의원들이 어떻게 투표할지 알아내는 것에서 끝나는 게 아닙니다. 의원들을 반드시 살아남게 하고 재선의 기회를 손상시키지 않는 것도 원내 총무가 해야 할 일입니다. 그래서 만일 당신이 원내 총무고 제가 초선 의원인데, 제가 어떤 이슈에 관해서는 아는 바가 없다고 한다면 원내 총무인 당신은 이렇게 말합니다. "음, 지도부는 찬성표를 던지기를 바라지만 내 생각에는 당신 지역구에는 이러저러한 문제가 있으니까 반대표를 던지는 게 좋을 것 같습니다." 그러니까 이런 원내 총무 제도에서 멘토링과 비슷한 관계가 나옵니다.

또 멘토링과 비슷한 관계를 낳는 것은 공화당의 최고위원회와 민주당의 정책조정위원회입니다. 이 위원회들은 의원들을 특정 위원회에 배속시키는 일을 합니다. 그래서 만일 제가 A 위원회에 있는데 B 위원회로 옮겨가고 싶다면 이런 집단들을 상대해야 합니다. 거기서 멘토링 관계가 형성됩니다.

또 의원들을 보면 알겠지만, 대체로 싹싹하고 붙임성이 좋으며 외향적이라는 사실을 잊지 말아야 합니다. 그래서 그 사람들은 멘토들을 자연스럽게 찾아냅니다.

이 프로그램의 가장 중요한 목표 중 하나가 멀리 내다보며 생각하도록 하는 것이라는 생각이 드는데요. 환경 문제부터 예산 적자에 이르기까지 미국이 안고 있는 심각한 문제들 태반이 정치 지도자가 5년이나 10년, 20년 앞을 내다보는 게 아니라 그저 6개월 앞만 내다보기 때문에 생기는 거 아닌가 싶기도 한데요.

예, 정말 그렇습니다. 정치학에서 인센티브는 단기적이지만 이해는 장기적입니다. 의원들을 멀리 내다보게 하려면 의원들을 뽑는 선거인들이 멀리 내다보고 생각해야 합니다. 만일 선거인들이 지구 온난화 문제를 생각하고 말한다면 의원들도 반응을 보일 겁니다. 다음 선거는 그 장기적인 관심사에 관해 의원들이 뭘 했느냐로 결정될 테니까요. 그러므로 이 나라의 문제는 어떻게 하면 국민들이 멀리 내다보고 생각해서 자신들의 대표한테도 같은 걸 기대하게 만들 수 있을까 하는 겁니다.

대의제의 문제점 중 하나는 좀더 고상하다는 점만 빼면, 우리와 똑같은 사람을 공직에 앉힌다는 겁니다. 좀더 정직한 점을 빼면, 좀더 똑똑하다는 것만 빼면 꼭 우리 같은 사람들을 말입니다. 그렇게 하면 민주주의는 성공하지 못합니다. 우리가 뽑은 공직자들한테 우리가 보는 것은 꼭 우리 같은 사람들입니다.

우리가 멀리 내다보기를 요구하고, 우리가 초당적인 자세를 요구하고, 우리가 더 많이 대화하자고 요구하지 않는 한, 우리 대표들한테서 그걸 기대할 수는 없습니다. 왜냐하면 그 사람들은 우리와 똑같으니까요.

이 책을 준비하다 보니 모든 걸 가르치는 관점에서 바라보게 됐는데요. 교수님 말씀을 듣고 있자니 우리 국민들을 의식 있는 민주 시민으로 교육하는 문제를 정말 진지하게 생각해봐야 할 것 같습니다.

정말 그렇습니다. 그렇게 됐으면 좋겠고 또 그렇게 되기를 기원합니다.

감사의 말

너그럽게도 시간과 노력을 들여 인터뷰에 응해준 51명의 선생님들에게 감사드린다. 날 사랑하고 지지한 아내 제나 찬 스무트와 날 격려한 친구 메츠거에게도 고마움을 전한다. 사람들 얘기에 귀를 기울이면 지혜를 얻게 된다는 걸 평생을 통해 보여준 고 스터즈 터클에게 많은 빚을 졌다. 날 믿어준 에이전트 존 스턴필드에게도 어떻게 보답을 해야 할지 모르겠다. 또 지금 있는 그대로 옛 제자들과 지금의 제자들에게도 고마움을 전하고 싶다.

옮긴이의 글

대한민국에서 교육 문제는 가장 뜨거운 문제이면서도 가장 공허한 문제다. 교육은 언제나 중요한 문제였지만, 요즘처럼 누구나 교육 이야기를 하고 가정까지 해체될 정도로 교육에 열을 올리지는 않았다. 그런데 참으로 안타깝다 못해 절망스러운 것은 이렇게 교육을 향한 관심이 모든 걸 태워버릴 정도로 열렬한데도 이 나라에서는 전반적으로 교육다운 교육이 행해지고 있지 않다는 사실이다.

우리는 가르친다는 것이 뭐고 배운다는 게 어떤 건지 더는 말하지 않는다. 대신 경쟁을 이야기하고 학원 얘기를 하고 스펙 얘기를 한다. 늦은 저녁 시간에 초등학생이 가방을 메고 햄버거나 김밥을 손에 들고 거리를 돌아다녀도, 기러기 아빠라는 슬픈 가장들이 고시원 같은 데서 생활하며 돈 버는 기계처럼 살아가도, 장밋빛 미래를 위해 일시적으로 치러야 할 희생 정도로 여기거나 그냥 무심하다. 이렇게 이해할 수 없는 일이 교육이라는 이름아래 행해지는 이 이상한 나라에서는 남들보다 앞서는 게, 같은 교실에서 공부하는 친구들과 경쟁에서 이기는 게 교육의 1차적인 목표다. 게다가 궁극적인 목표라고 해봐야 학교 시험 잘 보고 대학 시험 잘 봐, 돈 많이 주는 번듯한 직장 잡아 호의호식하는 게 고작인 것만 같다. 정말 이런 게 교육의 목표일까? 인생의 목표가 고작 그런 것이어야 하는 걸까? 그것도 누구나?

왜 교육 현장에서 경쟁 이야기가 그렇게 버젓이 횡행하는가? 왜 자라나는 아이들한테 고작 주입식 학교 성적으로 존재 가치를 매기는가? 왜 극소수를 위해 다수가 들러리가 돼야 하는가? 도대체 교육의 목표가 무엇이길래? 누구를 위한, 무엇을 위한 교육이길래? 무엇이 반성과 비판과 사색과 탐구의 장을 미친 듯이 앞만 보고 달려야 하는 경쟁의 장으로 만들어버렸으며, 개성과 연대와 협력을 말하는 것이 아니라 경쟁만을 부르짖게 만들었는가? 머리로 생각하자면 가슴만 답답해질 뿐이다.

그런데 여기 그 답답함을 조금이라도 뚫어줄 책이 있다. 대한민국의 교육 문제에 관한 직접적인 해결책을 제시하고 있지는 않지만 교육이란 어떠해야 하는 건지, 가르친다는 것은 뭐고 배운다는 것은 어떤 것인지, 그리고 교사와 학생의 관계는 어떠해야 하는지 보여주면서 교육의 근본을 일깨우는 책이다. 그것도 생각하기 좋아하고 말하기 좋아하는 이론가의 이야기가 아니라 30년이 넘도록 인문학을 가르쳐온 선생님이자 작가가 평생을 교육 현장에서 진정한 가르침을 펼친 선생님들, 또 학교가 아니라 해도 뭔가를 가르치면서 인간애를 실천해 온 사람들과 만나 가르친다는 것에 관해 이야기를 나눈 기록이다.

이 책에는 초등학교 1학년에게 읽기와 쓰기를 가르치는 선생님부터 대학에서 물리학이나 철학을 가르치는 교수들까지, 뇌를 수술하는 법을 가르치는 외과 의사부터 요리, 발레, 서커스, 섹시 댄싱, 악어 레슬링 등을 가르치는 강사들까지, 정계와 재계, 예술계와 스포츠계뿐 아니라 생활 현장과 소외 지역과 교도소에 이르기까지, 분야와 장소를 막론하고 교육이 행해지는 온갖 현장에서 최고의 교사들로 인정받은 51명의 선생님들이 나온다. 분야는 달라도 그 선생님들이 들려주는 이야기는 한결같다. 가르친다는 것은 인간애의 발로라는 것이다. 신뢰와 열정과 관심과 헌신과 사명감이 없다면 참된 교육은 없다는 것이다. 그러면서 이 모든 소중한 가치들이 교육 현장에서 어떻게 구현되고 어떤 결실로 이어지는지 생생하게 들려준다.

미국이라는 한정된 공간에서 진행된 인터뷰라 지역적 한계나 문화적 한계 같은 걸 느낄 수도 있겠지만, 교육의 본질은 어느 시대나 어느 곳에서나 동일할 것이다. 교육의 주체는 교사와 학생이며, 둘 사이에는 신뢰가 있어야 하고, 그 신뢰란 학생을 향한 교사의 관심에서 비롯된다는 근본적인 사실 말이다. 지은이는 교사의 관심을 교육을 실어나르는 물결이라고 말한다. 그것이 없다면 교육은 진행될 수 없다. 교사가 학생을 염려하고 학생의 미래를 믿지 않는다면, 인간의 변화 가능성을 신뢰하지 않는다면 교육이란 진행될 수 없는 것이다. 그러므로 교직이란 그냥 직업이 아니다. 아이들을 좋아하고 가르치는 게 좋아서 교직을 선택했다면 직업 선택을 잘못 한 거라고 한 늙은 교사는 말한다.

또 학생이 교사한테 배우는 것은 지식만이 아니다. 학생은 무엇을 배웠는지는 다 잊어도 교사가 자신을 어떻게 대했는지, 교사가 어떤 자세로 수업에 임했고, 어떻게 가르쳤는지는 잊지 않는다고, 평생을 교직에 몸담은 교사들은 말한다. 그러니 우리가 교사에게서 배우는 것은 지식 자체라기보다는 인간과 지식을 대하는 태도 같은 것이다.

또 가르치고 배운다는 것은 객관적인 시간 '크로노스' 안에서 이뤄지는 일이 아니라 학생에게 맞춰진 '카이로스' 안에서 이뤄지는 일이다. 보통 집단적으로 교육을 해야만 하는 교사의 가장 큰 문제가 바로 이것이다. 집단으로 가르치면서도 학생 하나하나를 다 알아야 한다는 점 말이다. 한 초등학교 교사는 학생 개개인의 숨은 가능성을 발견할 수 있게 해달라고 늘 기도했다고 말한다. 겉으로 보이는 모습이 아니라 어린 몸 안에 감추고 있는 그 아이만이 가진 뭔가를 찾아낼 수 있게 해 달라고 말이다.

이렇게 가르치는 일에, 학생에게 헌신을 하고서도 대체로 그 결실을 바로 거두지 못하는 게 교사의 운명이다. 그리하여 교사의 노력이란 병 속에 담아 바다에 던지는 편지 같은 것이라고 이 책은 말한다. 누가 그걸 읽어볼지 당장은 알지 못한다. 먼 훗날, 까마득히 잊고 있었는데 답신이 오는 순간 교사는 가장 큰 보람을 느낀다. 그러니 교사는 학생의 미래에 모험을 거는 사람이다. 학생의 미래를 믿지 않는다면 교육도 없다.

결국 교육에서 가장 중요한 것은 교사의 자질임을 이 책은 보여준다. 학생을 향한 교사의 믿음과 관심이 없다면, 교사를 향한 학생의 신뢰가 전제되지 않으면 아무것도 이루어지지 않는다는 건 엄연한 사실이다. 그리고 더 나아가서 이 책은 인류의 역사가 이어질 수 있는 것도, 인간이 인간이 될 수 있는 것도 다 교육 덕분이라는 사실을, 누군가 우리를 가르쳐주는 사람이 있기 때문이라는, 늘 잊고 사는 진실을 일깨운다.

교사들뿐 아니라 가르치는 일에 종사하고 있거나 그럴 생각을 하고 있는 사람들을 위한 책이기도 하지만, 모든 사람을 위한 책이기도 하다. 당장의 학교 성적이나 대학 입시 문제로 골머리를 앓고 있는 대한민국의 모든 학부모와 학생들, 찬찬히 우리 교육 현실을 들여다보면서 어디서부터 손을 대야 할지 몰라 난감해하는 정책가들에게 이 책이 인류의 역사와 인간성의 완성이라는 좀더 큰 틀에서 교육을 바라볼 수 있는 여유를 주고, 가르치고 배운다는 일이 인간들 사이에 행해지는 참 따뜻한 일이라는 것을 떠올리는 계기가 됐으면 좋겠다. 인류의 역사가 가능하고 우리가 인간인 이유는 다 교육 덕분이니까. 또 가르친다는 것은 인간애에서 비롯되는 일이니까 말이다.

습관적으로 하는 행위를 돌아다보며 그 의미를 새겨볼 수 있게 해주는 것도 독서가 갖는 또 하나의 힘인 것 같다. 가르친다는 게 뭔지, 배운다는 게 뭔지 돌아보며 그 의미를 새겨볼 수 있는 책이다.